『합신채플』

Hapshin Chapel

Copyright ⓒ 2015 by Hapdong Theological Seminary

Pubilshed by Hapdong Theological Seminary Press
Kwangkyojoongang-ro 50,
Yeongtong-gu, Suwon, Korea
All rights reserved

『합신채플』

초판 1쇄 발행 | 2015년 3월 30일

편집인 | 정창균
발행인 | 조병수
펴낸곳 | 합신대학원출판부
주 소 | 443-380 수원시 영통구 광교중앙로 50 (원천동)
전 화 | (031)217-0629
팩 스 | (031)212-6204
홈페이지 | www.hapdong.ac.kr
출판등록번호 | 제22-1-2호
인쇄처 | 예원프린팅
총 판 | (주)기독교출판유통(031)906-9191

값 16,000원

ISBN 978-89-97244-23-2   93230
*잘못된 책은 교환해드립니다

「이 도서의 국립중앙도서관 출판시도서목록(CIP)은 e-CIP홈페이지(http://www.seoji.nl.go.kr/ecip)와 국가자료공동목록시스템(http://www.nl.go.kr/kolisnet)에서 이용하실 수 있습니다.
(CIP제어번호: CIP2015009041)」

저작권법에 의하여 한국 내에서 보호를 받는 저작물이므로 저자와 출판사의 허락없이
내용의 일부를 인용하거나 발췌하는 것을 금합니다.

『합신채플』

합신대학원출판부

발간사 • • •

지금 우리는 합신 35년 역사에 이 일을 처음으로 시도하고 있습니다. 우리는 『합신 채플』 발간을 통해 역사를 캐냄으로써 깊이 숨어있던 우리의 또 다른 얼굴을 찾아내고자 합니다.

나는 오랫동안 합신 채플에 참석하면서 현직에 있는 교수들의 -최근에 은퇴한 분들을 포함하여- 설교를 듣다 보니 주옥같은 설교들을 과거의 한 시점에 그냥 묻어버리기 아깝다는 생각을 가졌습니다. 때로는 영혼에 큰 감동을 일으키고, 때로는 명료하게 신학을 풀어주고, 때로는 목회자의 삶의 방향을 멋지게 제시해주는 설교들이 적지 않았기 때문입니다. 자료란 묻히면 폐물이고 찾으면 보물이므로, 되도록 그 설교들을 글로 남겨두고 싶다는 바람을 품었습니다.

이제 고맙게도 이런 희망이 이루어져 우리는 여러 사람의 노력에 힘입어 『합신 채플』을 펴냅니다. 비록 여기 싣는 모든 설교가 반드시 합신의 공통 사상을 이루는 것은 아닐 수 있을지라도, 대체로 우리가 지향하고 있는 이념을 보여줌으로써 동료들과 후학들이 의지할 나침반 역할을 할 것이라 기대하는 마음과, 또한 신학교 교수들은 대체로 이렇게 설교한다는 것을 보여줌으로써 오늘날 설교에 어떤 길잡이 역할을 할 것이라 기대하는 마음을 가져봅니다.

굳게 믿기로는, 『합신 채플』은 설교가 신학교의 한 가지 이념적 사명이라는 것을 여실히 보여줄 뿐 아니라, 신학교수들에게도 생명처럼 중요한 사명의 실제임을 보여줄 것입니다.

2015. 3. 15.

합동신학대학원대학교 총장

조병수 목사

머리글•••

합신은 개교할 때 부터 지금까지 매주 3일의 경건회와 하루의 자체기도회를 가집니다. 경건회에서 선포된 메시지들은 강의실에서 이루어지는 강의와는 다른 차원에서 모든 재학생의 경건훈련에 큰 역할을 합니다. 학교 안팎의 많은 이들이 홈페이지에 올려지는 동영상을 통하여 경건회에서 행해진 설교를 들어왔습니다. 그러나 더 많은 이들이 더 많은 곳에서 합신 교수들의 설교를 접할 수 있도록 그 설교들을 책으로 발간했으면 좋겠다는 요청이 지속적으로 있어왔습니다. 그래서 그동안 교수들이 경건회에서 행한 설교들을 엮어서 "합신채플"을 발간하게 되었습니다. 개교 초창기부터 이미 합신 교수들의 신학을 대변하는 "신학정론"을 발간해온 것에 비하면 교수들의 설교를 대변하는 설교집 발간은 많이 늦은 감이 있습니다. 그러나 이제라도 합신 채플을 발간하게 된 것은 우리의 큰 기쁨입니다.

여기에 수록한 28편의 설교들은 합신 교수들이 2009년-2012년 사이에 경건회에서 행한 설교입니다. 설교를 한 28명 교수들의 설교 가운데서 각각 한편씩 선별하였습니다. 이 가운데는 이미 퇴직을 하여 합신의 현직 교수로 재직하지 않는 분들도 있습니다. 그러나 합신을 위하여 오랜 세월 헌신하신 은퇴 교수님 혹은 명예교수님들의 설교를 처음 발간하는 교수설교집인 『합신 채플』에 실어서 그분들이 전하셨던 메시지를 다시 듣는 것도 큰 의미가 있는 일이므로 여기에 실었습니다. 설교는 설교자가 속한 분과를 중심으로 구약, 신약, 조직신학, 교회사, 설교학, 선교학, 기독교교육학의 순서로 엮었습니다.

이렇게 첫 얼굴을 내미는 『합신 채플』은 앞으로 매년 정기적으로 발간되어, 합신 교수들의 설교를 대변하는 설교집으로 자리매김하게 될 것입니다. 그리하여 합신의 신학을 대변하는 "신학정론"과 함께 합신의 진면목을 드러내는 일에 기여하게 될 것입니다. 아무쪼록 이번에 발간하는 합신채플이 여러 곳에서 많은 이들에게 다양한 방식으로 유익을 끼치게 되기를 기대합니다. 발간을 위하여 오랜 시간 수고를 아끼지 않은 출판부의 신현학 실장님을 비롯한 직원들과 설교문의 교열 등으로 협력해주신 교수님들께 감사를 드립니다.

2015. 3.

편집인 정창균

차례 · Contents

04 • 발간사
　　　총장 조병수 (신약학)

06 • 머리글
　　　편집인 정창균 (설교학)

13 • 우리를 찾아오시는 여호와
　　　윤영탁 (구약학·명예교수)

33 • 마지막 소망
　　　김성수 (구약학·은퇴)

43 • 불타는 떨기나무
　　　성주진 (구약학)

61 • 요나의 신앙
　　　현창학 (구약학)

89 • 호렙산의 엘리야
　　　김진수 (구약학)

105 • 부활생명을 사는 성도
　　　박형용 (신약학·명예교수)

119 • 죽음을 통과한 자들의 삶
　　　유영기 (신약학·은퇴)

135 • 반석위에 세운 교회
　　　조병수 (신약학·총장)

153 • 찬양의 영광과 능력
　　　김추성 (신약학)

165 • 간청의 기도
김수흥 (신약학·前초빙교수)

179 • 모범적인 목회자
신복윤 (조직신학·명예총장)

191 • 하나님 인도의 세 가지 원리
송인규 (조직신학·은퇴)

209 • 영과 진리 안에서 하는 예
이승구 (조직신학)

233 • 믿음을 따라 죽었으며
김병훈 (조직신학)

257 • 내가 물려받은 영적유산
김명혁 (역사신학·명예교수)

273 • 목회와 신학 그리고 소명
김영재 (역사신학·은퇴)

287 • 하나님의 영광을 위하여 하라
오덕교 (역사신학·은퇴)

301 • 새 언약의 사랑
안상혁 (역사신학)

325 • 하나님 나라에 들어가는 그리스도의 종
한성진 (역사신학)

341 • 다인종교회
이순근 (기독교교육학)

355 • 푯대를 향하여
박영선 (설교학·석좌교수)

367 • 더 중요한 것과 덜 중요한 것
정창균 (설교학)

379 • 처음 행위를 가지라
이승진 (설교학)

391 • 진리를 향한 열정
김학유 (선교학)

409 • 열정의 불꽃을 살리자
김만형 (기독교교육학)

427 • 수직적 제자훈련
김명호 (기독교교육학)

445 • 세상 속의 교회, 교회 속의 세상
방선기 (기독교교육학)

459 • 폭풍 속에서 하나님의 인도와 나의 순종
정경철 (선교학)

합동신학대학원대학교 교수 설교집 1

합신채플

우리를 찾아오시는 여호와

열왕기상 3장 1-15절

윤영탁 (구약학·명예교수)

이 내용은 여러분이 잘 아시고, 설교도 많이 들으셨을 것입니다. 오늘 읽은 본문을 보면 1-3절까지는 정치적인, 경제적인 문제를 아주 간략하게 소개하고 그 후에 3절 이하에서 종교적인 문제에 대해서 집중적으로 다루고 있습니다.

언약의 하나님이 찾아오심

그럼 3절 이하에서 핵심 메시지는 무엇인가? 우리가 설교를 한다고 하면 제목을 어떻게 잡아야 될 것인가를 생각해 보았습니다. 어느 것이 핵심인가? 제사 의식이 핵심인가? 어떤 분들이 '천 번'을 문자적으로 해석해서 천 번을 채운다, 그런 분도 있는데 그런 것 같지는 않습니다. 왜 그런가 하면 같은 내용이 담겨 있는 역대하 1장 6절을 보면 천 마리라 그랬어요. 천 번이 아니고 제물을 천 마리 드렸다. 결국 제사 의식에 있는 것 같지는 않아요. 또 한 가지는 솔로몬의 라이벌이던 아도니아도 보면 의식에 있어서는 대단했지요. 제사장도 있었고 요압 장군도 있었고 왕자들이 다 모였으며 제물도 다 갖추었습니다. 환경도 넉넉하고 좋은 상태에서 대단한 의식을 거행했습니다. 그러나 이것은 자기의 필요를 위해서 종교를 이용하는 것일 뿐이지 정말 하나님이 받으실 만한 예배는 아니었다고 우리가 생각을 합니다.

특별히 5절을 보면 "여호와께서 솔로몬의 꿈에 나타나셨다"고 하였습니다. 거긴 하나님이란 말씀도 있는데, 여호와, 언약의 하나님이시죠. 언약의 하나님께서 솔로몬을 찾아주셨습니다. 제가 '우리를 찾아오시는 여호와' 이렇게 제목을 잡으니까 상당히 은혜가 되더라고요. 다르게 제목을 잡을 수도 있습니다. 저는 하여튼 깨달음을 가지고 이것이 핵심이라고 보았습니다. 여호와께서 주권적으로 자기 언약을 맺으셨던 다윗과 다윗의 아들이지요. 우리가 잘 아는 사무엘하 7장 12절 이하에 보면 다윗에게 '네 아들에게 내가 왕위를 영구히 보존하게 해주겠다'는 언약의 말씀을 하셨거든요. 그래서 언약을 재확인하는 내용이라고 생각을 했어요.

사실 하나님의 임재란 사활적인 문제입니다. 그래서 제가 기도 드릴 때나 다른 때 설교할 때에, 하나님 내일 예배에 찾아오실 거지요? 어린아이같이 그렇게 기도를 드려본 적이 있습니다. 심각하지요. 하나님이 임재하시지 않는 곳에 우리의 의식이 대단한들 무슨 쓸 데가 있습니까? 그것을 별로 심각하게 느끼지 않는다면 문제입니다. 목회자가 매번 말씀을 전할 때 마다 주님이 계시다! 기쁘지요. 주님이 우리 예배를 받으신다, 우리가 주님 앞에서 경배드린다, 부족하지만 모든 죄를 다 용서함 받고 새로운 힘을 얻고 새로운 은혜를 얻어 가지고 일주일을 시작할 것이다, 이럴 때 성도들도 그렇고 제직회도 달라질 것이고 당회도 달라질 것이 아니겠습니까? 정말 산 교회가 될 것입니다. 합신의 채플도 마찬가지지요.

구약 시대는 구름과 연기로 나타냈지만 지금은 수준이 높은 때지요. 마음속으로 영적으로 다 느끼는 거예요. 주님이 이곳에 계시고 주님 앞에 예배를 드린다, 주님이 우리 예배를 받으신다, 그렇게 제목을 잡았더니 저로서는 상당히 은혜가 되고 이 시간에 주님이 이 자리에 계시다 하는 확신을 하고, 또 여러분도 그런 마음으로 말씀을 들으시기를 소원합니다.

우리를 찾아오시는 하나님! 하나님이 우리를 찾아오신다 할 때 솔로몬을 찾아오실 때 아까도 말씀드렸습니다만 언약의 하나님을 저는 쉽게 한번 생각해봤습니다. 딸이 외국에 유학을 갔는데 그 딸을 생각할 때, 아무 그냥 연락도 없이 느닷없이 가서 나 여기 만나러 왔다, 그렇게 하지는 않지요. 늘 기도하고 이메일도 보내고 어떤 때는 소포로 필요한 것들을 보내기도 합니다. 자주 전화로 건강하냐, 공부는 어떠냐, 뭐가 필요하냐, 하면서 상당한 관심을 가지고 교통하다가 내가 언제 가마, 하고 이제 찾아가는 거지요. 우리를 찾아오신다는 것은 우리를 구원해주시고 우리를 자녀 삼아 주신 아버지로서 우리를 그동안 보호하시고 인도하시면서 하나님이 늘 뜻을 품으시다가 일정한 때 우리를 찾아오시는 거예요. 다른 종교에는 없는 현상이 아닌가, 그렇게 생각을 합니다. 그리고 찾아오셔서 솔로몬에게 질문하셨지요? 얼마나 참 감사한지 모르겠어요. 그냥 영으로 여기 계시다 하는 게 아니고 각자 마음속에 찾아오셔서 말씀을 하신! 대화하시는 거지요. 그래서 예배드릴 때 주님께로부터 말씀을 듣잖아요? 그리고 또 간구도 합니다. 그러니까 대화를 하시는 거예요. 너는 구하라, 그렇게 말씀하셨습니다. 그냥 오셔서 어떤 모습으로든지 현현(顯現)하심이 다가 아닙니다. 나타나셨다가 그냥 사라지신 것이 아니고, 내가 네게 무엇을 해주면 좋겠는가를 '너는 구하라!' 간단하게 그냥 말씀을 하셨어요.

이렇게 하나님이 찾아오셔서 대화하시는 것은 지식을 얻기 위해서나 정보를 수집하기 위해서 하신 것이 아니지요? 이것을 우리가 신학적으로는 수사학적인 질문이라고 말을 하지요. 성경에 그런 예가 많아요. 우선 창세기 3장 9절 보면 아담, 하와가 죄를 지은 후에 숨습니다. 두렵고 떨려서 피했어요. 하나님께서 그들을 버려두지 않으시고 공포의 고통 가운데 있는 그들을 찾아오셨습니다. 저주의 대상으로서 심판 받을 사람들인데 그냥 내버려두지 않고 금방 찾아오셨어요. 너희들 여기서 뭐 하느냐? 왜 여기 있느냐? 주님은 다 아시죠. 그런데 찾아오시는 것이고, 오셔서 말씀을 하시는 겁니다. 그런 예가 많이 있지요. 엘리야가 호렙산에서 엘리야답지 않게 호소합니다. 나를 죽여 주십시오 그럴 때, 너 왜 여기 와 있느냐고 찾아오신 것입니다. 모르시는 거 아니지요. 낙심한 선지자, 그답지 않게 나약해진 그에게 찾아오시고 다시 그를 회복시키셔서 또 현장에 보내시는 경우를 우리가 볼 수 있습니다.

유명한 사역자들에게만 나타나시는 것이 아닙니다. 천한 하갈 여종에게도 찾아가셨습니다. 쫓겨나서 사막에서 절망 가운데 있는데 여호와의 사자가 나타나서, 네가 어디서 왔으며 어디로 지금 가느냐고 하십니다. 모르시는 거 아니지요. 형편을 잘 아시고 그 같은 처지에서 사랑 어린 동정심을 가지시고 같은 수준에서 말씀을 하시는 것입니다. 그래 마음 놓고 얘기를 합니다. 하나님은 항상 자신의 백성에게 찾아오셔서 말씀하십니다.

하나님의 마음에 합당한 요구

이런 얘기를 하나 들었어요. 어떤 대학 입시생이 필기시험을 다 끝내고 이제 면접을 하는데 면접관이 여러 가지 서류를 다 보겠지요. 서류 보면서 아버지는 뭐 하시는가를 물어 봤어요. 지금 아버지는 밖에서 기다리고 계세요. 정보(information)를 드리는 거지요. 아마 면접관이 한심하게 생각했을 거예요. 면접생에게는 일점이 당락을 좌우하는 거 아니겠어요. 예를 들어 내가 사회학과를 지망했다면, 우리 아버지께서 사회에 공헌을 많이 하시는데 얼마나 희생적인지 내가 너무 존경스러워서 저도 아버님의 뒤를 따라서 사회학과에 지망했습니다, 이런 정도로 해야 되지 않겠어요? 그런데 아버지가 밖에서 기다리신다고 하니, 그럼 빨리 나가봐라 그랬겠지요.

오늘도 하나님께서 우리 각자에게 너 필요한 게 뭐냐고 물으신다면 특별히 3학년 학우들, 한 번 심각하게 생각해보세요. 여러분이 진짜 필요한 게 뭐에요? 솔로몬의 대답도 정말 성령님께서 인도하신 것 같은데 주님의 마음에 맞았습니다. 얼마나 아름다운지 모르겠어요. 여러분을 보니까 현실감이 생겨 가지고 설교 원고가 뒤죽박죽이 되네요. 순서가 무슨 필요가 있겠어요? 3학년 졸업반, 얼마나 중요한지 몰라요. 긴 시간이 필요한 건 아니에요. 어느 때 순간적으로 되는 것이 아니고 점진적으로 되는 것이지만, 그 순간 순간에 하나님을 의존하고 하나님께 아뢰는 것이 중요합니다. 마음에 정리가 된 것이 얼마나 필요한지 몰라요. 3학년이 교문을 나가기 전에 뭔가 좀 정리해가지고 솔로몬과 같이 하나님의 마음에 합당한 그런 간구를 아뢰면 좋겠어요. 저도 다 신학교 졸업한 사람이니까요.

솔로몬의 오늘 예배 자세를 보면 그 때만 그가 왕이 되었으니 대단한 의식을 가지고 하나님께 매달린 게 아니라 그는 신앙인으로서 항상 하나님이 기뻐하시는 한결같은 생활을 했던 것 같아요. 그리고 이것이 그가 왕이 된 첫날이 아니고 아마 이런 제사 예배가 어느 정도 지속되지 않았는가, 그렇게 생각을 하게 됩니다. 거기 보면 그가 하나님 앞에 이렇게 천 번의 제사 혹은 천 마리의 제사를 드렸다는 것인데, 이게 히브리어로 현재진행형으로 돼 있어요. 우리말로는 과거형같이 되어 있습니다. 아무튼 그 날만 특별하게 벼슬을 얻었으니 감사도 하고 감격해서 그런 것이 아니라, 항상 지속적인 그런 변함없는 정신이 있었던 것이 아닌가 하고 생각합니다.

예배라는 것이 그렇지요. 지금까지 일주일 동안 그가 하나님을 경외하고 하나님 말씀을 순종하면서 하나님을 의지하다가 정해진 날 나와서 예배드리잖아요? 그것이 중요한 것이지 예배 시간 그 때만 경배하겠다는 것은 안 되지요. 그런데 우리 인간은 참 타락한 근성이 있어가지고 그런 것이 있죠. 그런데 솔로몬은 그렇지 않았다는 이것이 아주 중요해요. 항상 변함없는 거예요. 대인 관계에서도 그렇습니다. 변함이 없어야지요. 저 사람은 신실한 사람이다, 하는 평판을 얻어야 그 사람의 말을 믿게도 되고 그 사람을 신뢰해서 그에게 내 마음을 털어 놓기도 하고 상부상조하는 길이 열리게도 됩니다.

여러분도 3학년이다 해가지고 이 때만 주님께 매달리면 주님이 속을 다 들여다보시니까 좋아 안 하실 겁니다. 자녀들이니까 돌봐 주시긴 하지요. 부모가 자녀들을 다 알면서도 어릴 때에는 해줄 거 해주지 않습니까? 졸업하면 본격적으로 전문가들이 돼야 하고 헌신하는 사람이 돼야 하는데, 하나님이 기뻐하시는 자세로 변함없이 주님을 의지하고 그렇게 예배도 드리고 신앙생활을 하기를 바랍니다. 솔로몬은 참 하나님께 그런 특별한 사랑을 받은 사람입니다.

두 번째로, 3절에 솔로몬이 여호와를 사랑했다 그랬는데, 우리말 성경은 "솔로몬이 여호와를 사랑하고 그의 아버지 다윗의 법도를 행하였다"고 했습니다. 히브리어는 좀 다르게 번역할 수가 있어요. 아버지의 법도를 잘 순종하여 준행함으로써 여호와를 사랑했다. 실천적인 사랑입니다. 그의 아버지가 자기에게 유언도 했지요. 하나님을 잘 섬겨라 그래야 네가 복을 받는다고 유언을 하셨거든요. 그 말씀을 본인도 얘기했죠. '우리 아버지 다윗이 하나님을 잘 섬겼습니다.' 아버지의 말씀을 잘 따라서 실천함으로써 여호와를 사랑했다, 이것이 우리에게 부족합니다. 강의 시간에 믿음의 선배에게 듣든지 설교 말씀을 듣고서, 우리를 교훈하신 분들의 신앙에서 우러나오는 교훈을 받아들이고서, 혹은 직접 말씀을 통해서 우리가 느끼고서 그것을 행하는 것이 하나님을 사랑하는 것이 아니겠어요?

성경 말씀에도 보면 마태복음 5장 19절, "누구든지 이 계명을 행하며 가르치는 자는 천국에서 크다"고 하셨습니다. 그런데 우리가 이 첫 번째를 많이 놓치지요. 행하는 거는 잘 하지 않고 가르치니까 힘이 없는 거예요. 목회할 때 홈런 한 방 치겠다, 그런 생각을 하면 안 됩니다. 20년 30년 이상 목회를 하는데 절기마다 같은 설교를 할 수 없잖아요. 어떻게 늘 새로운 설교로 홈런을 치겠어요? 팔이 견뎌내지 못할 것입니다. 9이닝 동안에 매번 홈런을 쳐봐요. 그 목회자 견뎌내겠어요? 이렇게 말씀을 계속 순종하며 목회자 자신이 하나님을 경외하면 그게 다 인격에 스며들어 가지고 교인들이 목사님을 신뢰하고 존경하게 되는 겁니다. 그분의 말씀은 생활에서 우러나는 것이다, 하고 받아들이는 거예요. 30년 40년 목회를 해도 성도들이 그 때 그 때마다 또 새로운 것을 배우고 성장하게 되는 것이죠. 솔로몬은 얼마나 훌륭한지 모르겠어요. 스무 명 아들 중에서 이 솔로몬과 같은 아들은 없었습니다.

그의 아버지도 행함에서 결정적인 결점이 있었죠. 율법을 어긴 결점이 있습니다. 그런데 박윤선 목사님의 글을 보면 아주 귀한 말씀이 있어요. 다윗은 종교적 실수는 없었다고 했습니다. 도덕적 실수는 있었으나 철저히 회개했다 그것입니다. 스무 아들 중에 열아홉 명은 어느 쪽을 봤는가? 도덕적인 실수를 봤겠죠. 우리가 다 잘못된 자식이죠. 다른 사람을 볼 때 실패만 보는 거예요. 종교적인 면을 봐야죠. 다 실수가 있어요. 나나 여러분 개인은 실수가 없나요? 다른 사람을 다 그렇게 보면 무사할 수가 있나요? 저 사람은 저런 실수가 있고, 이 사람은 이런 실수가 있다, 다 실수가 있는데 우선 나부터도 종교적으로 그분은 본받을 만하다고 봐야 합니다. 정말 하나님을 사랑하고 하나님께 순종하는 그것을 봐야 합니다. 그럼 다른 사람이 자기를 볼 때도 아, 이분은 바로 보는 사람이다, 하고 자기도 용서함을 받고 자기도 대우를 받는 거지요. 솔로몬은 참 실천적인 사랑을 했습니다. 자녀가 부모의 말씀을 순종하지 않으면서 엄마 아빠, 사랑한다고 하면 괴롭지요. 부모의 말씀 잘 순종하면서 부모님 공경하면 얼마나 만족하겠어요. 이것을 우리가 배워야 합니다.

하나님이 쓰시는 사람

세 번째 우리가 배워야 될 것은 항상 감사하는 생활을 했다는 것입니다. 특별히 그 아버지에 대해서, 아버지 덕분에 제가 아버지를 대신하여 왕이 되었습니다, 하고 감사했습니다. 아들이 스물인데 밧세바의 다섯 번째 막내아들이니 왕위가 쉽지 않은 그런 환경이에요. 성경 어떤 데의 소개에는 헷 사람 우리아의 아내 밧세바의 아들이라고 오명(stigma)이 붙어 있어요. 저 솔로몬은 누구누구의 아들이다 그거지요. 아마 아버지는 살해당하고 엄마가 그냥 유린당한 그 막내이다, 하는 식으로 다른 왕자들은 그를 우습게 봤겠지요. 그러나 솔로몬은 그렇게 생각하지 않았어요. 정말 나의 나 된 것은 하나님 은혜라고 여겼습니다. 자기가 왕이 되리라고 기대했겠습니까?

하여튼 이 왕자들 가운데 특별히 헤브론에서 난 네 아들, 그 중에 압살롬하고 아도니야 두 인물이 문제였죠. 내가 왕이 돼야 하겠다고 나섰습니다. 하나님은 그런 사람 쓰지 않으세요. 하나님이 허락하신 아버지의 권위를 무시하고 도전하였고 하나님의 뜻을 살피지도 않았습니다. 하나님이 솔로몬을 세우시겠다 하시면 동생이라도 솔로몬을 도와야지요. 어쨌건 하나님이 이 사람을 쓰신다 그러면 도와야 합니다. 나도 할 수 있다고 삐져 나가면 그 가지가 잘리기 쉽습니다. 특별히 고등학교 때 동급생들이 과도한 라이벌 의식으로 사회에 문제가 많은 것을 우리가 보게 되지요. 실은 동급생이 얼마나 좋아요. 나보다 잘되면 돕는 거예요. 자기도 잘되는 거고 다른 사람들도 키울 수 있는 것입니다.

본문 말씀 가운데 보면 질문에 대해 솔로몬이 무엇을 대답했죠? 솔로몬이 무엇을 구했나요? 자기에 대한 것은 하나도 구하지 않았어요. 자기 얘기는 안 했으니 이상한 사람입니다. 한자로 쓰면 아소주대(我小主大), 저는 어린아이고 주님의 백성은 크다고 하였습니다. 주님의 백성은 크다, 주님의 나라 주님의 교회는 크나 저는 작습니다. 제가 오래 전부터 창세기 1,2,3장의 원복음을 많이 묵상도 하고 강의도 하였습니다만, 솔로몬이 뭘 구했죠? 역대하 1장에 보면 "선과 악을 구별하는 지혜를 주십시오" 했습니다. 제가 이 내용을 읽으면서 창세기 3장을 떠올렸습니다. 하와가 선악을 분별하는 문제를 가지고 결국 타락하였지요? 우리 조상이 그것으로 죄를 졌거든요. 그것은 하나님의 주권에 속한 것입니다.

제가 이 부분을 읽으면서 하나님이 정말 기뻐하셨을 것이라고 생각했습니다. 인류의 조상이 그 문제를 가지고 나를 배반하고 자기가 그냥 주인처럼 주권 행사를 하겠다, 해서 내가 심히 괴로웠는데 너는 그것을 바로 깨달았구나! 주님의 마음에 든 것입니다. 이 대목에서는 주님의 성호를 세 가지로 썼어요. 엘로힘도 쓰고, 여호와도 쓰고, 여긴 아도나이 곧 주님이라 하였습니다. 가만히 생각할 때 정말 솔로몬은 하나님을 주님으로 모셨다고 생각한 것입니다. 여러분이 예수님을 어느 정도로 생각하고 있나요? 그것이 아주 중요합니다. 내 인생과 내 모든 것의 주님이시다. 솔로몬은 "저 자신과 저의 모든 것이 다 주님의 것입니다"라고 했던 것입니다. 제가 그것을 또한 선악의 문제는 주님께 속한 것으로 보았던 것인데, 하나님께서 얼마나 기뻐하시겠어요. 여러분이 목회를 하든지 뭘 하든지 그게 항상 문제가 되는 것입니다.

제가 늘 그런 얘기를 하지요. 이를테면 해운대 같은 피서지에 가서 막 쓰레기를 버리는 것은 선한 것이고 자기 집 문 앞에 쓰레기를 버리는 것은 악한 것이라고 많이 해석들을 하는 거예요. 그렇게 그냥 다 자기 중심적입니다. 골목에서 나와야 되는데 내가 나올 때 사람들이 길을 막아서는 것은 악한 것이고 다른 사람이 나올 때 내가 막는 것은 선한 것이라고 생각한다는 것이죠. 우리 졸업생들, 합신은 참 감사하게도 헌신적인 선교사들을 많이 배출했습니다. 뉴스레터가 오는데 읽어보면 얼마나 고생을 많이 하는지 눈시울이 뜨거워요. 제가 지금 연금으로 사는 사람인데, 이런 얘기를 해서 죄송합니다만, 조금씩 후원금을 보내요. A라는 동문에게 보내고 B라는 동문에게 보냅니다. A라는 동문은 "교수님 은퇴하고 어려우실 텐데 감사합니다. 이러 이런 데 썼습니다" 그러면 아주 흐뭇합니다. B라는 동문은 감감무소식이라. 어떻게 된 거지, 하고 속으로 괘씸하다는 생각이 듭니다. 그러다가 제가 회개했어요. '이거 안 되겠습니다. 나에게 잘하면 좋다고 하고 내 마음에 좀 껄끄럽고 불편하면 서운하다고 하니 그게 온당한 일인가!' 주님이 만일 그렇게 하신다면 우리가 살아남겠어요? 그래서 안 되겠습니다, 주님께 다 맡겨야 하겠습니다, 그런 생각을 한 적이 있습니다.

이제 쉬운 말로 하면 솔로몬은 제 성공이나 성패의 문제는 주님께 달려 있다고 믿었습니다. 이제 이 말씀으로 마치겠는데 성경에는 성공이란 말이 없어요. 시편 1편 3절에 보면 그의 율법을 묵상하고 말씀대로 사는 사람은 그가 하는 모든 일에 형통하리라고 하였습니다. 형통이란 말이 사실 현대식으로 얘기하면 성공이란 말이거든요. 제가 이스라엘에서 공부할 때 룸메이트 한 사람이 있었어요. 그 룸메이트는 이스라엘에서 요구하는 것은 태어나면 곧 유대주의자, 유대 종교인이라 그것입니다. 이 사람은 정치학과인데 그것에 대해 반대 운동을 하는 챔피언이에요. 아니다. 난 이스라엘에서 태어났지만 종교는 나의 자유다, 그런 사람이었습니다. 한참 얘기하다가 히브리어로 당신은 앞으로 성공할 것입니다 그러더군요. 67년, 68년이니 오래 전 얘기입니다만 다른 사람에게 긍정적인 말을 하는 것은 항상 오래가는구나 하고 느끼게 됩니다. 지금도 생각하면 그 히브리인 친구의 말이 생각나요. 이 짤라크(צלח) '성공하다' 라는 동사는 항상 사역 동사로 되어 있어요. 성공하게 한다. 형통이란 말도 다 그렇게 돼 있습니다. 아브라함의 노종이 이삭을 위해서 아내를 얻으러 갈 때 "여호와께서 네 길을 성공하게 하시리라"고 한 말도 이 짤라크 동사, 사역 동사로 나와 있어요. 우리 모든 사람에게 성공하고 잘 되는 것은 누가 그렇게 해주는 거지요? 주님이 해주시는 겁니다. 그래서 솔로몬이 고백하길, 주님께서 저에게 형통하게 하십니다, 성공의 왕으로서 모든 일을 성공하게 해주시는 분이십니다, 라고 했습니다.

다 맡기고 드리는 신앙

주님을 나의 주로 고백한다는 문제 앞에서, 제가 간증을 잘 안 하는데 오늘은 간증을 좀 할까 합니다. 제가 대학교 3학년 때 부활절 절기였어요. 저는 모태 신앙이지만 적당히 지내던 신자였는데, 부활절 때는 모두 진지하지요. 그때 주님이 찾아오셔서 내가 네 죄를 대신해서 십자가에서 죽었다, 이것을 확신시켜 주셨어요. 제가 그때 고꾸라져 가지고 새 사람이 돼서 당신은 나의 주인, 아도나이시라고 고백했습니다. '제가 당신에게 갚을 것이 아무것도 없습니다.' 그때 만주에서 나와 고아원에서 일하다가 학교에 다녔는데 형편이 어려웠지요. 집도 없고, 부모님도 고아원에서 경영하는 과수원에서 일하셨죠. 재력도 없고 가문도 없고 또 고아원에서 공부하면서 일하니까 지식으로도 별 게 없었고요. 우리 아버님이 만주에서 초등학교 교장으로 40년 사역하셨는데 교장은 항상 전근을 다니죠. 제가 한 학교에서 졸업한 적이 거의 없어요.

전학을 가면 늘 새로운 선생님, 새로운 텍스트였습니다. 1학년 때 중국에서 한국으로 나왔는데 수준이 얼마나 달라요. 한국 와서도 고전하였습니다. 고등학교도 은혜로 들어갔어요. 가만 제 자신을 보니까 은혜는 너무 큰데, 주님께 너무 고마운데 주께 드릴 것이 없는 거예요. 그래서 제가 드릴 거 없으니까 저를 마음대로 사용해주십시오, 하고 주님께 완전히 바쳤어요. 우리 찬송가 가운데, "내게 있는 모든 것을 주께 드리네." 한 마디로 하면 영어로 'I surrender all' 직역하면 '모든 것을 다 복종시킨다' 는 말이에요. 주님이 나의 주인이시니 내 자신의 모든 권한을 다 주님께 양도하는 거지요. 내 젊음, 앞으로 내 가정, 내 생명 전체를 다 주님께 맡깁니다. 주님이 마음대로 다 쓰십시오. 요새는 이 찬송가를 안 쓰는 데도 있어요. "내게 있는 모든 것을..." 헌금송이 돼버렸는데 그게 얼마나 다른가요? surrender가 뭐에요? 완전히 항복하는 겁니다. 특히 이삼 학년들, 한번 주님께 그렇게 해보세요. 너무 위험하지(risky) 않을까, 그렇게 생각하면 곤란해요. 그러니까 한번 맡기는 거예요. 주님께 그 은혜를 무엇으로 보답할 거예요? 주님이 날 한번 써주십시오, 하고 맡겨 보세요.

오 주님, I will ever love and trust Him, In His presence daily live. I surrender all I surrender all. All to Thee, my blessed Saviour, I surrender all. 주께 드리네 주께 드리네 사랑하는 구주 앞에 드리네. 헌금 조금, 어떤 사람은 천 원짜리 만 원짜리 어떤 사람은 드리지도 않고 그치는 겁니다. 그게 아닌데... 내 생 전체를 그냥 주님께 다 드리고 맘대로 쓰십시오 하는 것입니다. Humbly at His feet I bow, worldly pleasures all forsaken, Take me, Jesus take me now. 나를 받아 주십시오. 3절 All to Jesus I surrender; Make me, Savior, wholly Thine; Fill me with Thy love and power; Let Thy blessing fall on me. 3학년 학우들, 합신 학생들, 한번 surrender! 아셨어요?

저에 대한 소개가 좀 미흡했는데, 제가 타이틀이 상당히 많아요. 설립자요 총장 할 때 단설대학원도 세웠지, 그 다음에 학위도 없이 총신 교수가 됐지, 명예박사가 됐지, 글도 썼지 책도 냈지 제자도 키우지... 명예 교수 쉬운 일이 아니에요. 중국에서 또 중국말 한다고 원장하고 지금은 병들어 있는데도 명예원장 타이틀도 많아요. 훌륭한 제자들도 많아요. 또 여러 분들이 저를 그래도 괜찮게 보더라고요. 이것이 다 그때 주님 앞에 surrender 한 결과입니다. 내가 주님 앞에 고백하고 주님을 영접했다고 해서 당장 총회장 되는 것 아니지요. 주님, 저는 주님 앞에 드릴 게 없습니다. 그러나 저를 사용해 주십시오. 그랬더니 어머님이 하루는 오셔 가지고 서울 중심지에 어느 큰 교회가 지금 천막을 헐고 큰 예배당을 새로 짓는데 사찰이 필요하다더라, 하시더군요. 그게 1955년이에요. 지금은 사찰님들 무엇이든 기계로 하지만 그 때는 겨울에도 완전히 언 걸레 가지고 청소하고 연탄 때던 때죠. 그 때 제가, 어머님 잘됐습니다 가십시다, 했습니다. 할렐루야! 대학생인데 우리가 가면 힘든 일들은 저 혼자 해야죠. 그 때 제가 확신했어요. 주님이 나를 쓰시려고 부르시는구나. 확신을 가졌습니다. 이쯤하면 결론을 얘기 안 해도 되겠지요? 그 당회장 목사님 무서운 분이시라 웬만하면 다 잘라버리는 편이었어요. 지금 생각하니까 그래요. 몇 년을 일했어요. 얼마나 교회 일이 많던지요. 큰 교회니까 집회가 얼마나 많아요. 새벽기도부터 성가대 모임까지 다 연탄불 피워 놓아야 하는데 얼마나 힘든지 말로 할 수 없을 정도였습니다. 그리고 교회 열심파들은 교회 문 앞에 다 집들이 있더라고요. 12시가 통행금지 시간인데 그 때나 되어야 떠나는 거예요. 우리 집은 문간집이거든요. 이 사람들이 좀 빨리 가야 새벽기도를 위해 방석 깔고, 뒷정리 하고 잠을 좀 자야 할 텐데 사이렌 소리가 나야 떠나는 거예요. 새벽에 사찰은 좀 잠을 자면 안 되나요? 자기들 잠 안 온다고 새벽 4시쯤 와서 문 두드리는 거예요. 제대로 잠도 못 자고 건축 노동까지 하니까 교장 하시던 아버님은 정신적으로 육체적으로 과로로 너무 힘이 드셔서 쓰러지면 어머니와 둘이 일하고, 그리고 어머님이 쓰러지면 제가 혼자 하는 식이었는데 졸업하기 바로 몇 달 전에 아버님이 심장마비로 세상을 떠나셨어요. 순직하신 거죠. 견딜 수가 없었던 것 같아요. 제가 대학도 졸업 못한 상태이고 집이 있어요 뭐가 있어요? 당회서 부르기에 처음 당회에 가봤더니, 윤 선생, 아버님 세상 떠났는데 어떻게 하겠는가를 묻습니다. 더 일하라면 일하고 그만두라면 그만두겠습니다. 잠시 들어갔다 나오시더니 그냥 일하라고 하시더군요.

그 때 성경학원이 있었는데 강원도에서 와서 공부하는 학생들이 있었어요. 그 교회서 저를 키워 주려고 맘을 먹으신 거지요. 지금 가만 보면 하나님은 사람들을 통해서 일하셨습니다. 제가 거기서 몇 년 하고는 미국 갔다 와서 교수가 되지만 일체 계획이 없었어요. 매일 매주라도 좋으니 일하게 해주십시오, 하고 부끄러운 줄도 모르고 말씀드리니 다들 감동을 받은 것 같아요. 대학생이 연로하신 부모님 모시고 저렇게 일하려 하는구나, 그러셨던 것 같습니다. 또 부산에 계시는 박 목사님이 우리 목사님에게 계속 편지를 보내 가지고 윤 선생 신학교 보내라 하셔서 부산에 유학을 갔죠. 다른 젊은이를 데려다놓고 군대도 1년 반인가 2년 갔다 왔어요. 졸업하고 거의 7년이 됐어요. 신학교 나오고 제가 있는 교회서 부목사로 일할 수 있었겠지만 하루는 미국에서 엽서가 날아왔어요. Dear Mr. Yun 우리 신학교 와서 공부하기 바랍니다. 할렐루야! 저는 그 때 깨달았어요. 하나님이 나를 몇 년 동안 훈련시키시더니 공부할 기회를 주시는구나. 사찰은 공부할 시간이 없어요. 언제 공부합니까? 여러 가지 교회 일 돌봐야 하고, 사람이 없으니까 주일학교 교사도 하고, 대학부 초대 회장도 하였습니다. 사실 주보만 해도 얼마나 많아요? 제가 이런 일 저런 일을 하니까 다른 사람들이 주보도 접어주고 일도 많이 도와줬어요. 교회에도 특성이 강한 분들이 있잖아요. 두세 분 지금도 기억하는데 처음에는 저에게 불평하시더니 갑자기 어느 때부터 그분들의 마음이 확 돌아선 겁니다. 그리고 무슨 일이 날 때마다 저를 옹호하는 거예요. 그 많은 것을 윤 선생이 어떻게 혼자 다하겠는가!

지금도 가만 생각하면 놀랍습니다. 하나님께서 라반에게 밤에 나타났지요. 뭐라 그랬어요? 너 왜 야곱을 자꾸 괴롭히느냐? 야곱에게 그러지 말라고 그러셨지요. 지금은 그런 생각이 납니다. 그분들의 마음을 하나님이 감동하셔서 가지고 세 분이 저를 옹호하니까 만사형통이라. 교회 일은 그저 뭐라 그래도 은혜롭게 받아들여야지 그것을 못마땅하다고 하면 안 되겠다 하는 교훈도 받았습니다. 62년도에 문교부에서 영어 시험, 국사 시험 쳐서 미국에 가게 되었지만 돈이 없어서 어느 교인이 도와주셔서 8천 톤짜리 선박을 타고 조지아주 워싱턴에 가서 공부를 할 수 있었는데 하나님 은혜지요. 학위도 없이 큰 교단의 신학교 교수가 됐어요. 전 진짜 학위는 없어요. 명예학위 하나가 전부입니다. 제네바 대학에서 총장으로부터 편지가 왔더라고요. 당신 학교 교수님들이 추천해서 학위를 수여하려고 합니다. 가만 생각하니까

남은 깎아 내리고 자기만 높이는 때인데도 교수님들이 추천했다 그러니까 어떤 점에서는 의의가 있더라고요. 가겠다 했더니 조건이 하나 있는데 와이프하고 같이 오라고 했습니다.

제가 여러분에게 부탁하는 것은 저와 같은 수순을 밟기 바란다는 게 아니고 제일 중요한 것, I surrender 한번 하라는 것입니다. 해야 하는 거예요. 정말 얼마나 주님께 감사하게 생각하고 자신을 헌신하는가? 하나님은 다 계획을 가지고 계십니다. 하나님께서 그의 종에게 자기 자신이 무익한 종이라는 것을 깨닫게 해서 하나님의 뜻을 수월하게 하신다는 유명한 말 아시지요? 내가 뭘 할 수 있다, 내가 다 한다, 그러면 하나님이 개입하실 필요가 뭐가 있겠어요? 필요할 때만 도와 달라 그러면 안 됩니다. 하나님이 여러분 각자를 어떤 방향으로 쓰실지 모르지만 솔로몬과 같이 하나님 말씀을 변함없이 사랑하고 순종하고 하나님의 마음에 드는 그런 간구를 해서 하나님이 기뻐하셔서 하나님이 원하시는 대로 쓰여야 합니다. 쓰임 받으면 되는 거 아니에요? 그렇게 생각하면 주님께 다 맡기고 그렇게 걱정할 필요는 없습니다.

주님의 임재 사실에 관한 역사 하나만 읽고 마치렵니다. 창세기 28장 15절에 보면 야곱이 부모님을 떠나서 형의 위협을 피해서 도망가지요. 우리가 기대하기는 야곱이 그래도 모태신앙인이니 하나님 저를 도와주십시오, 하고 기도했으면 하는데 기도도 안 하고 중도에 쓰러져서 돌 하나 베고 그냥 잠들어 버렸어요. 잠자기 전에 기도도 못 드린 것 같아요. 하나님에 대한 의식이 없었어요. 그러나 하나님은 그를 버리지 않았어요. 항상 같이 계시고 우리와 함께 계시고, 관심을 가져 주시는 하나님이 꿈에 나타나셨어요. 28장 16절, "야곱이 잠이 깨어 이르되 여호와께서 과연 여기 계시거늘 내가 알지 못하였도다." 그 때서야 자기가 놀라죠. 아 하나님이 항상 나와 같이 하시고 나를 돌보시는구나! 내가 주님의 임재를 몰랐구나, 하면서 통탄했어요. 히브리어를 보면 잘 알지만 동사 자체에 주어가 다 들어 있잖아요. 여기는 일부러 대명사를 하나 넣어 가지고 통탄하는 겁니다. 이 몹쓸 사람, 이 한심한 사람! 하나님이 항상 나와 같이 하시는 것을 내가 몰랐구나! 우리가 그럴 때가 많지 않은가요?

주님께서 여러분을 사랑하셔서 여러분의 죄를, 우리 죄를 다 대속하시고 우리를 또 일꾼으로 불러주셨습니다. 하나님의 계획이 있지 않겠어요? 여러분 각자에게 하나님의 뜻이 있으십니다. 내가 부족하다는 그것에 염려할 거 없어요. 주종 관계가 해결되면 아주 심플해집니다. 난 주님의 것이다, 주님을 위해서 살아야 하겠다. 목적이 분명하니까 학문에도 더 집중하게 됐습니다. 주님이 인도하시는 대로 내가 따라가리라! 미국에 가서도 다른 건 잘 모르는데 히브리어는 밤새껏 해도 재미가 있는 거예요. 하나님이 구약을 하라 하시려나 보다. 그래서 원문 설교 가르쳤습니다. 오늘 주신 말씀, 각자에게 하나님이 주신 말씀이 되길 바랍니다. 그러면 우리 합신, 얼마나 하나님이 기뻐하시는 학교가 되겠어요? 앞으로 우리 합신을 하나님이 지켜주셔야 합니다. 초창기에도 전적으로 주님을 의지해서 아무것도 없이 우리가 시작하고 지금까지 왔습니다. 앞으로도 주님을 의지하고 그렇게 쓰임 받는 여러분 되기를 소원합니다.

〈기도〉

하나님 아버지여 참 저희들을 극진히 사랑하셔서 우리의 모든 죄를 용서하시고 또 우리를 이렇게 하나님 일꾼으로 쓰시려고 훈련시키시니 감사합니다. 우리를 부르신 하나님의 목적이 계시는데 그 목적에 합당하도록 우리가 전적으로 주님께 항복하고 맡겨드려서 주님 원하시는대로 우리가 사용 받는 여생이 되도록 우리 각자들을 축복해 주시옵소서. 예수님 이름으로 기도드립니다. 아멘.

마지막 소망

디모데후서 4장 6-8절

김성수 (구약학·은퇴)

고린도는 동서 항로를 잇는 헬라의 중요한 항구 도시입니다. 이런 도시가 그러하듯이 사치와 퇴폐적인 향락으로 악명이 높았습니다만, 이런 곳에 1년 간이라는 오랜 기간을 머무르면서 복음을 전하여 교회를 세운 일에 대해서 바울은 이렇게 말을 합니다. "나는 심었고 아볼로는 물을 주었으되 우리 하나님은 자라나게 하셨나니 우리는 하나님의 동역자들이요 너희는 하나님의 밭이요 하나님의 집이니라"(고전 3:6-9). 심고 물을 주는 일과 식물이 자라는 것은 별개의 일입니다. 아무리 물을 준다고 해도 그것 자체가 식물로 싹터 자라게 하는 것은 아닌 만큼, 만일 하나님께서 친히 일하여 자라게 하지 않으셨다면 바울이나 아볼로의 수고는 열매를 맺지 못했을 것이요 고린도 교회는 존재할 수 없었으리라는 뜻입니다.

그리스도 위에서 세워지는 교회

바울은 하나님께서 친히 교회를 세워 가시는 일에서 그의 일꾼으로 동역한 자신의 역할을 가리켜, 먼저 식물을 기르는 일에 비유해서 '심는 일'이었다고 하였습니다. 하지만 또 다시 건물을 짓는 일에 비유하되 그 토대를 닦은 이였다고 말을 합니다. "내가 지혜로운 건축자와 같이 터를 닦아 두매 다른 이가 그 위에 세우나 그러나 각각 그 위에 어떻게 세울지를 조심할지라. 이 닦아둔 것 외에 능히 다른 터를 닦아둘 자가 없다"(고전 3:10)고 한 그의 말은 자칫 오만하고 독선적인 자기 자랑과 공치사처럼 들릴 수도 있습니다만, 그러나 이 말에 앞서 "내게 주신 하나님의 은혜를 따라서" 한 일이었다고 밝힌 만큼, 그것이 자랑하는 자세로 한 말이라고 보기는 어렵습니다. 나 바울이 닦은 터이니 다른 사람은 함부로 손대지 말라는 뜻이 아니라, 비록 한낱 일꾼에 불과한 나를 통해서 이루어진 일이지만 실제로 이 터를 닦으신 분은 하나님이시기 때문에 감히 누구도 건들 수 없다는 뜻에 가까울 것입니다.

바울은 자신이 고린도 교회를 세우면서 온갖 어려움과 비방과 모함에도 불구하고 한결같이 힘을 다하여 닦으려 하였던 토대는 바로 예수 그리스도였다고 말을 합니다. 특히 "내가 너희 중에서 예수 그리스도와 그의 십자가에 못박히신 것 외에는 아무것도 알지 아니하기로 작정하였노라"고 한 바울의 말은, 고린도 교회를 세우면서 무엇보다 죄인을 위하여 죽으신 그리스도의 은혜 위에 세우려 하였음을 알리고 있습니다. 그는 이 은혜를 떠나서는 교회가 설 수 없다는 사실을 누구보다 잘 알고 있었고, 만일 교회가 세상과 다른 점이 있다면 그것이 무엇인지든 간에 다 그리스도에게 토대를 두고 있고 이 근원에서 흘러나온다는 사실을 뼈저리게 체험하면서 복음을 전했기 때문일 것입니다. 건물을 지을 때 토대만 닦고 그만두는 경우가 없고 그 위에 계속 건물을 지어가는 것처럼 교회도 그리스도라는 토대를 확실하게 닦은 다음 그 터 위에서 계속 자라가야 할 것을 알리면서 구체적으로 교회를 어떻게 세워가야 할 것인지에 대해서 이렇게 말합니다.

"만일 누구든지 금이나 은이나 보석이나 나무나 풀이나 짚으로 이 터 위에 세우면," 먼저 교회를 금 은 보석 나무와 풀과 짚 등 다양한 재료로 지어져 가는 건축물에 비유함으로써 교회 모습은 획일적이 아니요 다양하다는 사실, 말하자면 교회마다 나름대로 특색을 지니게 될 것을 알리고 있습니다. 그러나 그것은 교회를 세워갈 때 어떻게 세워 가도 좋다는 뜻은 아닙니다. 건물의 토대가 건물의 구조와 성격을 근본적으로 결정하듯이 그리스도 위에서 세워지는 교회 역시 그 구조와 성격은 근본적으로 그리스도에 의해 결정될 수밖에 없습니다. 다양한 재료로 지어져서 건물마다 특색을 지니듯이 교회도 다같이 그리스도 위에 세워지면서도 다양한 모습을 지니게 되겠으니 그 모습은 한결같이 그리스도라는 토대에 걸맞아야 할 것입니다.

금의 아름다움과 가치와 용도가 따로 있고 은의 가치가 다르고 보석의 아름다움이 따로 있습니다. 나무나 풀과 짚까지도 각각 나름대로 쓰임새와 가치가 있는 만큼 각 사람이 자기 나름대로 교회를 세워가면 그뿐이라 생각할지 모릅니다만, 우리가 그렇게 할 수 없는 까닭은 교회는 우리의 것이 아니요 그리스도의 몸이요 하나님의 것이기 때문입니다. 따라서 교회를 세우는 데는 옳은 것과 틀린 것이 있고 바람직한 것과 바람직하지 못한 것이 있으며 그 결과에 대한 평가와 책임이 따를 것을 이렇게 알리고 있습니다.

"각각 공력이 나타날 터인데 그 날이 공력을 밝히리니 이는 불로 나타내고 그 불이 각 사람의 공력이 어떠한 것을 시험할 것임이라." 공력이란 말은 힘써 일하여 이루는 결과라는 뜻인 만큼 이 의지는 그리스도의 교회 위에 터를 세우고자 수고하여 이룬 결과를 가리킨다고 볼 수 있을 것입니다. "만일 누구든지 그 위에 세운 공력이 그대로 있으면 상을 받고 누구든지 공력이 불타면 해를 받으리니 그러나 자기는 구원을 얻되 불 가운데서 얻은 것 같으리라." 각 사람이 세운 것이 불에 타지 않고 남아 있느냐? 아니면 불타서 없어지느냐에 따라서 평가가 갈릴 것이라는 뜻입니다. 금 은 보석으로, 나무와 풀과 짚으로 짓는다고 한 만큼 각각의 아름다움과 가치의 비중에 따라서 평가에 다양한 차이가 있을 것이라 생각하기 쉽습니다만, 하나님께서는 불로써 각각의 가치를 시험할 것이요 불에 타서 없어지느냐 아니냐라는 단 한가지 기준에 따라서 평가하실 것이라고 말을 합니다.

하나님의 날에 있을 교회 평가

불로써 그 진위와 가치를 시험하리라는 말이 구체적으로 무슨 뜻인지 특히 불이라는 은유가 무엇을 가리키는지 조금 애매합니다만 불에 타서 없어지느냐 그대로 있느냐에 따라서 평가하실 것이라는 그 말이 불의 의미를 밝히는 단서가 되는 것으로 여겨집니다. 이 말에서 마지막 말, 땅과 땅에 속한 것이 다 불타 없어지리라, 한 말씀을 연상한 것이 틀리지 않았다면 불타 없어지는 것은 바로 땅에 속한 것, 세상에 속한 것을 가리키며 불타 없어지지 않는 것은 반대로 땅에 속하지 않은 것 곧 하늘에 속한 신령한 것을 뜻할 것입니다.

이런 뜻을 적용한다면 하나님께서는 교회를 평가하시되 세상과 함께 불타 없어질 것으로 지었느냐? 아니면 세상이 불타 없어지는 가운데서도 함께 불타지 아니하고 영원히 남는 것으로 지었느냐에 따라서 교회의 질과 가치를 평가하실 것이라는 뜻이 될 것입니다. 하나님께서 교회를 거룩한 성전으로 지어가시는 일에 수종드는 일꾼들은 세상 것으로 교회를 세우느냐 아니면 하늘의 신령한 것으로 세우느냐에 따라서 평가를 받고 책임을 지게 되는 것입니다. 금 보석 나무와 짚 풀 등 다양한 재료를 언급하는 만큼 얼마나 귀하고 비싼 재료로 쏟아부어 화려하게 교회를 세우느냐가 중요하리라 생각하기 쉽습니다만, 사실은 이런 것과 전혀 다른 차원의 기준으로 평가하시는 것입니다. 이 땅에 속한 썩을 것, 세상과 함께 불타 없어질 것으로 교회를 세우느냐? 아니면 세상이 불타 사라질 때도 함께 타지 아니하고 영원히 그 가치와 아름다움을 지니게 될 하늘의 신령한 것으로 세우느냐? 이것이 좋고 나쁨을 결정하는 것입니다.

만일 누구든지 그 위에 세운 공력이 그대로 있으면 상을 받으리라 하였으므로 그가 이룬 것에 대한 특별한 보상이 따를 것이라고 생각하기도 합니다만, 우리가 받은 구원의 은혜와 장차 모든 성도들이 입게 될 그리스도의 영광 외에 더 큰 별다른 보상이 있으리라 기대하기 어려운 만큼 여기서 말하는 상은 상식적인 뜻과는 다르지 않은가 여겨집니다. 남보다 더 좋은 것 더 많이 가진 것으로 기뻐하고 자랑하는 것은 사실 우리의 부패한 성품에서 나오는 것이요 이런 육적 성품을 벗고 주 앞에 흠 없는 자로 서게 될 그 날에도 남보다 많이 가진 것으로 교만하여 자랑하는 일이 있으리라고 말하기는 어렵습니다.

공력이 불타서 없어지게 되면 해를 받으리라는 말 역시 마찬가지입니다. 해를 받으리라 했으므로 특별한 형벌이나 심판을 생각하기 쉽습니다만, 해를 받으리라는 그 말의 기본 뜻이 잃어버리다, 손실을 본다는 뜻이므로 한평생 애써 쌓아온 것이 세상과 함께 불타 없어져 버려 허사가 되는 그 허무 자체일 가능성이 큽니다. 구원을 얻는다 해도 불을 통과한 것 같으리라는 말은 불을 통과하는 동안 세상에서 얻은 것이 다 타버리고 마는 허망함이나 벌거벗은 수치를 가리키는 것이 아닌가 여겨집니다. 이외에 어떤 더 깊은 뜻이 있는지 모르겠으나 근본 뜻은 이런 것이 아닌가 생각이 듭니다.

"하늘과 땅은 불사르기 위하여 간수한 바 되어 경건치 아니한 사람들의 심판과 멸망의 날까지 보존하여 둔 것이라. 그러나 주의 날이 도적같이 오리니 그 날에는 하늘이 큰 소리로 떠나가고 체질이 뜨거운 불에 풀어지고 땅과 그 중에 있는 모든 일이 드러나리로다. 이 모든 것이 이렇게 풀어지리니 너희가 어떤 사람이 되어야 마땅하뇨 거룩한 행실과 경건함으로 하나님의 날이 임하기를 바라보고 간절히 사모하라. 그 날에 하늘이 불에 타서 풀어지고 체질이 뜨거운 불에 녹아지려니와 우리는 그의 약속대로 의에 거하는 바 새 하늘과 새 땅을 바라보도다. 그러므로 사랑하는 자들아 너희가 이것을 바라보나니 주 앞에서 점도 없고 흠도 없이 평강 가운데서 나타나기를 힘쓰라"(벧

후 3:7-15). 현재의 하늘과 땅이 불타 없어질 날을 앞두고서 살아가는 신자가 정작 무엇을 추구해야 할 것인지 가르치는 말씀입니다. 온 세상이 불타 없어질 것을 말하면서 거룩한 행실과 경건을 추구하라는 것은 온 세상이 불타 없어지는 가운데서도 불타 없어지지 아니하는 것이 거룩한 행실과 경건임을 간접적으로 밝힌 것이라 할 수 있습니다. 은혜로 그 마음이 성결하여지는 데서 우러나는 거룩한 행실이 하늘에 쌓아두어 영원히 없어지지 아니할 보물과 같은 것이요 교회는 눈에 보이는 화려한 무엇이 아니라 바로 이처럼 눈에 보이지 아니하는 것, 세상은 하찮은 것으로 여기는 그런 것으로 지어야 하는 것입니다.

허망한 것과 신령한 것

이웃 나라가 재난으로 말할 수 없는 고통을 겪는 것을 보면서 안타까워하다가 문득 재난과는 상관없는 다른 것을 연상하게 되었습니다. 지진에 대한 대비가 세계 최고라 하는 일본이 한 번에 불바다가 되는 처참한 모습을 지켜보면서 혹시 세상이 불타 없어질 때도 이와 비슷하지 않을까라는 생각이 얼핏 스친 것입니다. 땅이라고 하면 가장 확실하고 든든한 곳이라 여기는지라 땅에 발을 딛고 설 때에 사람은 안전하다고 느낍니다. 그러나 그처럼 믿었던 땅이 사실은 얼마나 불안전한 것인지, 언제라도 한 순간에 무너질 수 있다는 것을 눈으로 보았고 그 재난 앞에서 사람의 지혜와 재주가 얼마나 무력한지 속수무책이란 것을 똑똑히 보았습니다. 땅에 속한 것은 언제든지 허망하게 무너질 수 있다는 사실을 참으로 생생하게 실감하는 것입니다. 마지막

말, 하늘과 땅의 체질이 불에 풀어지고 세상 것이 다 불타 사라질 그 때에는 이런 재난에서 느끼는 것과는 비교할 수 없는 경악과 혼란과 절망과 허탈과 공포와 슬픔을 사람들은 겪게 될 것이며 세상 것으로 교회를 지으려 한 사람도 그 중에 포함될 것입니다.

항간(巷間)에 논란이 된 것 중에는 이슬람 채권법(sukuk)이라는 것이 있습니다. 정교가 분리되지 않은 이슬람이 석유로 번 돈을 앞세우고 들어올 경우 초래될 결과를 염려했는지 모르겠습니다만 교계 한 인사가 참다 못해 정부를 향하여 그것을 막아달라고 요구했습니다. 물론 이렇게까지 나서게 된 내막이 단순하지는 않을 것입니다만 그럼에도 이런 모습은 보기에 따라서 교회가 스스로 돈의 세력 앞에 전전긍긍하는 것을 드러낸 것이 아닌가, 해서 서글픔을 느꼈습니다. 이를 지켜보면서 과연 교회를 진정 든든히 세우고 강하게 세우게 하는 것이 무엇인지 다시 한 번 생각하게 되었습니다. 만일 교회가 땅에 속한 것이 아닌 하늘의 신령한 것으로 마음의 성결과 거룩한 행실로 흔들림 없이 지어져 왔다고 한다면 이런 위기에 처하여 교회가 보인 반응은 매우 달랐으리라 여겨집니다. 돈의 힘으로 지어진 교회, 그래서 돈에 맛들인 교회는 돈 앞에서 힘없이 무너질 것입니다만 하늘의 신령한 것, 성결함으로 세워진 교회는 그 앞에서 조금도 흔들림이 없을 것입니다.

"너희가 하나님의 성전인 것과 하나님의 성령이 너희 안에 거하시는 것을 알지 못하느뇨 누구든지 하나님의 성전을 더럽히면 하나님이 그 사람을 멸하시리라. 하나님의 성전은 거룩하니 너희도 그러하니라"(고전 3:16-17). 바울은 고린도 교회를 가리켜 너희는 하나님의 밭이요 하나님의 집이라고 하였습니다만 하나님께서는 교회를 그가 친히 거하실 거룩한 성전으로 지어가려 하신다는 뜻입니다. 세상 가운데서 그러나 그 세상으로부터 거룩하게 구별된 존재로 지어가고자 하시는 것입니다. 이런 하나님의 거룩한 집을 썩을 세상 것, 불타 없어질 땅의 허망한 것으로 채우려는 자는 허사를 경영한 것으로 끝이 날 것이요 하나님께서 거하시는 거룩한 영역을 속된 것으로 더럽힌 책임을 지게 될 것입니다.

그러나 하늘의 신령한 것으로 지은 자는 그가 애써 수고하여 세운 것이 세상과 함께 불타 없어지지 아니하고 영원히 아름답고 가치 있는 것으로 남는 것을 보게 될 것이며, 이것이 그에게 보람과 상이 될 것입니다. 죄 많고 험악한 세상에서 믿는 자가 날마다 조금씩 이루어 가는 성결한 모습이 이와 같이 귀중한 것입니다. "너희를 위하여 보물을 땅에 쌓아두지 말라. 거기는 좀과 동록이 해하며 도적이 구멍을 뚫고 도적질 하느니라. 오직 너희를 위하여 보물을 하늘에 쌓아두라. 거기는 좀이나 동록이 해하지 못하며 도적이 구멍을 뚫지도 못하고 도적질도 못하느니라. 네 보물 있는 그곳에는 네 마음도 있느니라"(마 6:19-21). 교회와 개인 신자에게 동일하게 적용되는 말씀입니다.

불타는 떨기나무

출애굽기 3장 1-5

성주진 (구약학)

지난주에 심령 수련회를 통해서 큰 은혜를 받았습니다. 하나님의 말씀 앞에 자신의 모습을 다시 보는 그런 시간이었습니다. 또 말씀 안에서 하나님을 새롭게 바라보는 그런 시간을 다 가진 줄 압니다. 이제 우리는 어떠한 자세로 이번 학기를 맞이할 것인지, 이번 학기에 어떠한 은혜를 사모할 것인지에 대하여 마음에 깊은 소망을 가지게 되었습니다. 또 이러한 소망을 이루기 위해서 무엇을 할 것인가에 대하여 마음에 다짐이 있는 줄 압니다. 오늘은 수련회의 연속선상에서 본문 말씀을 살펴보도록 하겠습니다.

우리가 아는 대로 출애굽기 3장의 '불타는 떨기나무' 사건(1-5절)은 여호와께서 모세를 부르신 소명사건(6-22절)의 배경을 이루고 있습니다. 그리고 이 소명사건은 더 넓은 배경을 가지고 있습니다. 바벨탑 사건 이후 하나님께서는 아브라함을 부르시고 "내가 너로 큰 나라가 되게 하겠다."는 약속을 주셨습니다. 그러나 이 약속이 실현되기까지는 우여곡절을 겪습니다. 아브라함에게 아직 아들이 없을 때에 하나님께서는 그의 후손이 애굽으로 가서 종살이 하다가 400년 만에 애굽에서 나올 것이라는 약속을 하시죠. 이스라엘 백성의 수가 많아지게 되자, 이에 위협을 느낀 애굽 왕이 그들에게 억압을 가하지만, 이스라엘 백성은 억압을 당하면 당할수록 더욱 창대하게 됩니다. 이에 애굽 왕은 잔혹하게도 태어나는 남자아이들을 다 죽이도록 명령을 내리죠. 그 와중에 탄생한 모세는 하나님의 도우심으로 생명을 보존할 뿐만 아니라 공주의 아들로 입양이 됩니다. 장성한 모세가 나름대로 이스라엘 사람들에게 동족애를 느껴서 의분으로 살인을 하게 되는데, 이로 인해 큰 문제가 야기되자 그는 곤경을 피하기 위해서 미디안으로 가서 정착하게 됩니다.

출애굽기 2장은 이렇게 기록하고 있습니다. "여러 해 후에 애굽 왕은 죽었고 이스라엘 자손은 고된 노동으로 말미암아 탄식하며 부르짖으니 그 고된 노동으로 말미암아 부르짖는 소리가 하나님께 상달되니라"(23절). 이어 24절은 "하나님이 그들의 고통 소리를 들으시고, 하나님이 아브라함과 이삭과 야곱에게 세운 그의 언약을 기억" 하셨다고 기록합니다. 25절도 "하나님이 이스라엘 자손을 돌보셨고 하나님이 그들을 기억하셨더라."고 말합니다. 하나님께서 언약을 기억하시고 자기 백성을 돌보신다는 말씀은 임박한 구원활동을 기대하게 합니다. 그래서 3장부터 출애굽의 구원 역사가 전개되는 과정을 구체적으로 보여주는 중에 먼저 오늘 본문에 하나님께서 모세를 부르시고 그에게 사명을 주시는 내용이 기록되고 있습니다.

여러분 가운데는 시내반도에 있는 제벨 무사, 곧 시내 산에 가보신 분이 있는 줄 압니다. 주변이 메마르고 매우 건조한 광야 지역이기 때문에 그 안에 있는 떨기나무 같은 관목은 바짝 마르는데다가 작렬하는 태양빛에 자연 발화해서 순식간에 불에 타버리는 현상들이 가끔 목도된다고 합니다. 그런데 오늘 소개되는 장면은 좀 특별합니다. 모세가 본 떨기나무는 불이 붙었는데도 순식간에 타버리는 것이 아니라 그대로 남아 있는데도 나무에 붙은 불도 사라지지 아니하는 것이었습니다. 이러한 현상을 본 모세가 3절에 말합니다. "내가 돌이켜 가서 이 큰 광경을 보리라." 나무에 불이 붙었는데 왜 나무가 불타 없어지지 않는가? 모세가 이런 의문을 가지고 자세히 보려고 가는 장면이 1-2절에 소개가 되고 있습니다.

여기에 어떤 상징성이 있을까요? 이것이 우리가 첫 번째 생각할 점입니다. 혹시 떨기나무에 불이 붙은 것은 단지 모세의 주목을 끌려는 장치가 아닐까요? 여기에 대해서 여러 견해들이 있겠습니다만, 박윤선 목사님은 이 떨기나무가 고난 받는 이스라엘에 대한 상징이라고 봅니다, 또 다른 분들은 모세 개인에 대한 상징은 아닐지라도 모세의 모습을 비추어 주는 거울과 같은 역할을 한다고 보기도 합니다. 어쨌든 이 불타는 떨기나무는 지금 여기에서 이스라엘에 대한 하나님의 구원활동이 기대되는 장면에서 나타나고 있습니다. 불타는 떨기나무 자체가 어떤 상징성을 가졌든지 간에 분명한 것은, 이 사건이 하나님께서 장차 이스라엘을 어떻게 구원하실 것인지에 대한 암시를 보여주고 있다는 것은 틀림없는 사실일 것입니다.

이 시간에는 이 떨기나무의 상징성 내지는 그것이 나타나는바 의미를 인정하고 그것을 먼저 모세에게 적용시켜 보고자 합니다. 불타는 떨기나무 가운데 모세가 미래를 바라보는 모습, 즉 하나님의 구원 역사가 어떤 방식으로 이루어질 것인지 암시를 주고 있다는 이해를 전제로 말씀을 드리겠습니다. 모세는 이 큰 광경을 보리라, 내가 이것이 무엇인지 알아보리라 하고 떨기나무로 다가갔습니다. 떨기나무가 왜 타지 않는지 알아보려고 간 것인데 결국 모세가 본 것은 현재와 미래의 자기 모습을 보여주는 광경이었다는 말씀입니다.

하나님께서는 이스라엘을 구원하시기 위해서 모세를 부르실 것인데, 하나님께서 그를 불러 일을 맡기기 전에 하신 일이 무엇입니까? 하나님께서는 모세로 하여금 자기 자신을 대면케 하셨다고 하겠습니다. 떨기나무는 관목입니다. 보잘것없는 관목입니다. 목재로 쓸 수가 없습니다. 같은 광야에 있는 나무라도 조각목은 언약궤를 만들 수 있습니다. 소중한 십계명의 두 돌 판을 담는 그릇이 될 수 있습니다. 또 상을 짜서 그 위에 진설병을 놓을 수 있습니다. 또 하나님께 향을 피우는 분향단의 재료가 될 수도 있습니다. 그러나 이러한 일은 떨기나무에게는 불가능한 일이지요. 더욱이 레바논의 백향목과는 비교가 되지 않습니다. 왕궁이나 성전을 짓는 데 사용하는, 고상하고 당당한 백향목과는 비교가 되지 않는, 보잘 것 없고 초라한 나무가 떨기나무입니다. 떨기나무는 심지어 땔감으로도 사용할 수가 없습니다. 순식간에 타버려서 지속적으로 열기를 공급할 수 없기 때문입니다. 떨기나무는 쓸모없는 나무라고 말할 수 있습니다.

사실 이것은 모세 자신의 모습을 보여준다 해도 과언이 아닐 것입니다. 우리가 아는 대로 2장에서 모세는 자기 자신이 나름대로 자격이 있는 사람이라는 생각을 가졌을 것입니다. 그는 공주의 아들로 최고의 학문을 익혔습니다. 이스라엘을 구원하려는 선한 목적도 가졌습니다. 그래서 동족의 싸움을 말리면 그들이 싸움을 그치리라고 생각했을 것입니다. 그러나 결과는 전혀 달랐습니다. 모세는 동족에게 배척을 당하고 바로에게도 쫓겨나 결국은 미디안 광야로 피신하게 됩니다. 양치는 목자가 되었습니다. 이제는 사람들에게, 특히 애굽에 있는 사람들에게 잊혀버린 존재가 된 것이죠. 40년이 다 되가는 양치기 세월에 자기 양 한 마리 없이, 장인의 양을 치고 있습니다. 나름대로 권력을 휘두를 수 있는 자리에서 아무도 알아주지 않는 구석으로 밀려나 다른 사람의 양을 치는 목자로 추락한 것이지요. 개인적인 실패와 좌절뿐만 아니라 마음에 이스라엘의 고통을 안고 살아가는 모세는 오늘도 양을 치기 위해서 길을 나섭니다. 광야를 지나 멀리 호렙 산에 이르렀을 때에 신기한 현상을 목도한 것입니다. 여기에서 모세는 떨기나무가 상징하는바 무력해진 자기 자신의 모습을 보게 되는 것이지요. 떨기나무는 모세의 과거의 실패와 더불어 현재 그를 짓누르고 있는, 부족한 모습을 보여주고 있습니다.

우리는 때때로 그러한 경험을 합니다. 우리가 자신 있게 뭐라도 할 수 있을 것 같고, 나는 참 괜찮은 존재라고 생각을 했는데 그게 아니라는 사실이 드러날 때 갑자기 무력감에 빠지는, 어떻게 보면 자기 존재가 내려앉은 모습을 보기도 합니다. 얼마 전에 표지 사진을 하나 찍은 적이 있는데 제가 봐도 마음에 들어요. 그래서 참 좋구나 좋아하고 있는데 어디서 청천벽력 같은 소리가 들립니다. 이거 포토샵을 심하게 했다는 것입니다. 마음이 그리 좋지 않았습니다. 본 모습을 보았는데도 말입니다. 내가 그래도 공부 좀 한다고 생각하고 자신 있게 시험을 보았는데 학점이 C- 나왔다고 하면 좌절감을 느낄 것입니다. 이거 내가 들어도 은혜 받지 않을 수 없는 설교다 싶은데 부장집사님이 설교에 대한 불만을 내비칠 때 우리는 내가 그렇게밖에 안 되는가 의기소침하게 됩니다. 나름대로 사명감을 가지고 어려운 교회를 섬기고 있지만 '이게 뭔가?' 하는 섭섭한 생각 때문에 제자의 길이 어렵기만 합니다. 그 섭섭한 생각이 우리를 무력하게 만드는 상처가 될 수도 있습니다. 모세도 그런 상황 가운데 있었을 것입니다.

얼마 전에 '20세기의 선지자'라고 불리는 토저(A. W. Tozer)의 '임재체험'이라는 책을 보았습니다. 그 가운데 이런 얘기가 있어요. "우리는 하나님께 거룩한 상처를 구해야 된다." 상처를 두려워하지 말고 오히려 상처, 곧 거룩한 상처를 구해야 된다고 말하면서 우리가 구해야 할 세 가지 거룩한 상처를 소개하고 있습니다. 먼저 회개의 상처를 구해야 됩니다. 모세 같은 경우에도 자신의 잘못을 바라보고 자신의 무력감을 경험하는 가운데 참 하나님을 발견하고 자신의 전적 부패를 보게 했던 그러한 종류의 상처를 구해야 한다는 것입니다. 사람들은 상처 받기를 싫어합니다. 상처 받지 않기 위해서 상처가 될 만한 일을 피하려 하다가 회개의 상처까지도 다 피해버립니다. 그러나 회개의 상처만이 우리를 변화시킬 수 있는 상처요, 하나님께서 너는 내 것이라고 도장을 찍으시는 상처인 줄 압니다. 우리는 혹시 이러한 회개의 상처를 도외시하고 있는 것이 아닌가? 생각을 하게 됩니다. 우리는 이 거룩한 상처, 곧 진정한 회개의 상처를 구해야 합니다.

다음으로 우리는 긍휼의 상처를 구해야 됩니다. 고통당하는 사람들을 볼 때 가슴이 아프고, 영혼이 상하는, 그들과 감정적으로 동일시함으로써 느끼는 고통이 있어야 된다는 것입니다. 그런 상처가 거룩한 상처고, 우리가 구해야 될 상처라고 말하고 있습니다. 이런 면에서 우리는 '상처 받은 치유자'가 되어야 합니다. 상처받은 자만이 치유자가 될 수 있기 때문입니다. 예수님도 그가 받은 상처로 인해 영혼의 위대한 치유가가 되셨습니다.

마지막으로 토저는 하나님을 향한 갈망의 상처가 있어야 된다고 말합니다. 하나님을 영접하고, 예수 그리스도를 영접하는 것으로 다 끝난 것이 아닙니다. 하나님의 약속과 축복을 확인하는 것으로도 물론 끝난 것이 아닙니다. 믿음과 순종과 체험을 통해서 그것이 나의 것이 되게 하고 그것을 사용하면서도 이 모든 것을 가능하게 하시는 하나님을 바라보는 것이 하나님을 향한 갈망의 시작입니다. 하나님을 사모하고 또 갈망하기 때문에 병이 되고, 그것 때문에 고통이 되고, 그것 때문에 영혼의 상처가 되는, 그러한 종류의 상처, 이것이 거룩한 상처입니다. 이것은 불필요한 상처가 아니라 꼭 필요한 상처입니다. 이것이야말로 수치스러운 상처가 아니라 우리가 구해야 할 거룩한 상처라고 말하는 것을 읽어보았습니다.

모세는 자기 자신의 모습을 반영하는 떨기나무를 접하게 되자, 거기에 자신의 모습을 비춰보는 것으로 끝나지 않고 거룩한 상처로 승화시킬 기회를 갖게 됩니다. 모세가 바라본 '이 큰 광경'의 핵심은 '불타는'입니다. 떨기나무에 불이 타고 있는데 떨기나무가 불타 사라지지 않는 모습에서 모세는 하나님의 임재를 보게 되는 것이지요. 하나님께서는 모세가 구원사역을 시작하기 전에 자기 자신의 모습을 대면하게 하셨습니다. 나아가서 하나님은 모세가 당신의 진정한 임재를 대면하게 만드십니다. 하나님께서 불꽃 가운데 모세를 부르신 목적은 하나님께서 떨기나무를 당신의 영광스러운 임재의 처소로 삼으셨다는 사실을 보여 주시려는 것이지요. 이 초라한 나무를 자신을 드러내는 임재의 장소로 사용하신 것입니다. 그리고 나서 하나님께서는 모세를 부르십니다. "모세야, 모세야." 얼마 후에 하나님께서는 이스라엘 백성을 '내 백성'이라고 부르십니다. 떨기나무 같은 존재이지만, 그래서 사람들이 찾지 않는 구석에서 사람들에게 잊혀 지내는 존재이지만, 하나님의 마음속에 모세는 구원 사역의 한복판에 자리하고 있는 것입니다.

지금은 모세가 떨기나무 불속에서 하나님의 임재를 그림같이 암시적으로 보지만 앞으로 점점 밝히 보게 될 것입니다. 떨기나무가 불이 붙지만 왜 나무가 없어지지 아니하는지 실제로 경험하게 될 것입니다. 보통 불이 탄다는 것은 나무를 연료로 사용해서 불이 생명을 유지하는 것을 가리킵니다. 말하자면 불이 나무에 의존하여 존속하는 것을 의미합니다. 그러나 이 불은 이상하게도 자기의 존속을 위하여 나무를 의지하는 것이 아니라, 나무를 그대로 두면서 지속적으로 불타는 모습을 보여줍니다. 살아계신 하나님의 임재 방식과 그 결과를 그대로 보여주고 있습니다.

이 떨기나무는 불이 붙었음에도 불구하고 타서 소멸하지 아니하는 모습을 보여 주고 있습니다. 마치 우리 그리스도인들이, 교회도 마찬가지겠습니다만, 우리 가운데 하나님의 임재가 있지만, 그 거룩하신 임재로 말미암아 우리가 소멸되거나 변형되지 아니하고 새롭게 변화되는 것과 같습니다. 그래서 하나님의 임재 가운데서 나는 여전히 분명한 나지만 새로운 나로서 존재하게 되는 모습을 보게 되는 것이지요. 나의 성품은 새로운 피조물로, 그리스도인의 성품으로, 신의 성품에 참여한 자로 변화되면서도, 나의 성격이나 나의 나됨은 하나님께서 선하게 사용하시는 그러한 모습인 것이지요. 마치 바울이 "나의 나 된 것은 하나님의 은혜로라." 한 것과 같다고 하겠습니다.

이런 의미에서 이 특별한 불은 참으로 우리에게 시사하는 바가 많이 있습니다. 떨기나무에, 보잘 것 없는 이 나무에 특별한 불이 계속 타고 있을 뿐만 아니라 그 불이 나무를 사르지도 않고 그것을 재로 만들지도 않는 그러한 광경인 것이지요. 이 떨기나무 같은 모세를 하나님께서 사용하셔서 이루실 구원의 역사가 이제 전개될 것입니다.

따라서 우리가 '나는 떨기나무'라는 인식을 가졌을 때 조각목이나 백향목을 부러워하거나 그걸 닮으려고 애쓸 필요가 전혀 없는 줄 압니다. 내가 떨기나무인 것을 싫어하고, 백향목이 아닌 것을 한탄할 것이 아니라, 오히려 떨기나무에 임하시는 하나님의 은혜를 사모하는 것이 마땅히 우리가 가져야 될 자세일 것입니다. 이것은 토저가 말한 사모의 상처라고 할 것입니다.

바울도 그런 면이 있었습니다. 사람들은 바울을 이렇게 보았습니다. "그의 편지들은 무게가 있고 힘이 있으나 그가 몸으로 대할 때는 약하고 그 말도 시원하지 않다"(고후 10:10). "인상이 약하다"는 것이지요. 사도라면 강렬한 카리스마가 흘러넘쳐야 되는데, 딱 봐도 인상이 약하다 이거예요. 그의 말은, 마이크 없이 외쳐도 구석에 있는 사람이 듣고 통회했던 스펄전과는 거리가 먼 사람이었습니다. 그러나 그에게는 하나님의 거하심이 있었고, 하나님의 함께하심이 있었기 때문에 그가 전하는 복음 진리를 통하여 구원의 역사가 일어나 초대 교회를 일구는 귀한 역사를 우리가 보게 되는 것이지요.

그렇다면 중요한 것은 무엇일까요? 하나님의 임재가 있느냐 없느냐가 관건이지 나무가 떨기나무여서 문제가 되는 것은 아니라는 것입니다. 졸업을 앞둔 어떤 전도사님이 그러더라고요. 나는 목회 구상을 다 마쳤다. 그래서 뭐냐고 물었더니 '외모 목회' 랍니다. 난 외모가 되니까 강남에 가서 목회해도 문제가 없다는 것입니다. 설마 농담이겠지요. 그런데 여러분, 외모 목회는 반드시 실패합니다. 사울이 외모 목회의 시조예요. 처참하게 실패했습니다. 2대가 압살롬입니다. 그도 처절하게 실패했습니다. 이걸 꼭 유념하셔야 돼요. 이 외모, 사람들 보기에 좋은 것, 사람들이 추구하는 것, 이것을 만족시킴으로 목회 사역을 감당하겠다는 것은 일찌감치 잘못된 생각입니다. 외모는 문제가 아닙니다. 또 떨기나무면 무조건 된다는 말도 아닙니다. 문제는 지금 여기에 하나님의 임재가 있는가, 이 떨기나무에 불이 타고 있는가가 관건인 것입니다. 불타는 떨기나무 가운데서 우리는 하나님의 임재가 당신의 사람을 사로잡고, 그를 소멸시키지 않으나 자유롭게 사용하시는 이러한 모습을 발견하게 됩니다. 하나님께서는 불타는 떨기나무라는 생생한 그림을 통하여 많은 설명보다 더 강력한 교훈을 우리에게 베풀고 계십니다. 모세는 사역에 임하기 전에 하나님을 대면하는 것을 배워 갑니다. 하나님이 어떤 분인 것을 알아갑니다. 하나님이 어떤 분인 것을 느끼게 되고, 분명히 알게 되고, 하나님께서 원하는 것이 무엇인가를 깨우쳐 갑니다. 자기 자신이 얼마나 부족한 존재인가를 깨달을 뿐만 아니라 하나님께서 함께 하신다면, 떨기나무 같은 나를 불꽃 가운데 태우시기만 한다면, 부족한 나도 하나님의 사역을 감당할 수 있다는 확신을 가지고 나아가게 되는 것입니다.

우리는 또한 3,4절에서 하나님께서 모세를 불러 하시는 말씀을 듣습니다. 모세가 서 있는 그 땅이 거룩하다는 것이지요. 하나님께서 거기 계시기 때문에 거룩한 것입니다. 한편으로 하나님께서는 가까이 오지 말라 말씀하시면서 다른 한편으로는 네 발에서 신을 벗으라고 말씀하십니다.

여기에서 모세는 자기 자신이 서 있는 자리가 어디인지를 발견하게 됩니다. 그가 서 있는 땅은 거룩한 땅, 즉 하나님께서 임재하신 곳이라는 것이지요. 앞서 살펴본 대로 모세는 애굽에서 태어났지만 도망쳐서 미디안으로 가지 않았습니까? 미디안에서 양을 치다가 호렙산 뒤편에 이르러 양을 먹이지 않았습니까? 그 가는 길에서 떨기나무를 발견하고 길을 벗어나서 일부러 그리로 내려가는 것을 보지 않습니까? 당시 세상의 중심지가 애굽이라고 할 때 모세는 중심에서 점점 멀어져 자꾸만 변두리로 몰려가고 있습니다. 점점 구석지로 밀려간 것 것이지요. 그러나 이 모든 것은 다 하나님의 인도하심이었습니다. 우리도 마찬가지입니다. 자의반 타의반 여기까지 온 것이지만 사실은 하나님의 인도하심이었습니다. 하나님이 계시는 거룩한 땅에 나를 세우시려는 섭리의 여정이었다는 것을 발견하게 되는 것입니다. 내가 있는 곳에 하나님이 계신다면, 그곳은 더 이상 변두리가 아니라 하나님나라의 중심이라는 것을 발견하게 될 것입니다.

그렇습니다. 여러분이 지금 이 자리를 어떤 자리로 생각하는지 모르겠습니다. 어떤 때는 내 의지로, 어떤 때는 원치 않는데도 떠밀려서 온 것 같습니다. 그러나 오늘 우리의 떨기나무에 불이 붙어 있을 때 우리가 발견하게 되는 것은 우리가 있는 곳이 바로 하나님께서 임재하시는 곳이요, 바로 이곳이 거룩한 땅이라는 것입니다. 우리 자신은 그저 떨기나무였다는 사실에 그치는 것이 아니라, 하나님께서 이 떨기나무를 불태우고 있고, 그리고 내가 서 있는 곳은 내가 지금 존재하는 곳, 내가 사역하는 곳, 내가 지금 여러 가지 일을 감당하는 이 땅이 거룩한 땅이라는 것을 발견하게 된다는 말씀이지요.

모세가 서 있는 자리는 애굽이 아니었습니다. 실패한 애굽이 아니었습니다. 모세가 서 있는 자리는 미디안도 아니었습니다. 안정된 삶이 보장된 미디안도 아니었습니다. 모세의 자리는 더 이상 메마른 광야도 아닙니다. 지금 모세는 그가 서 있는 땅이 곧 하나님의 존전인 것을 발견한 것이지요. 하나님께서는 지금 내가 서 있는 이곳의 현주소는 거룩한 땅이고, 하나님의 존전이며, 하나님께서 말씀하시는 임재의 처소라는 것을 일깨워주고 계십니다.

하나님의 임재에 대한 인식은 오늘 우리에게 커다란 도전을 던지고 있습니다. '지금 나는 어느 자리에 서 있는가?' 하는 것이지요. 또 '내가 서 있어야 할 거룩한 땅은 어디인가?' 라는 것입니다. 이것은 지금처럼 채플일 수 있습니다. 채플만 거룩한 곳이 아닙니다. 우리가 공부하는 교실도 거룩한 땅입니다. 거기서 하나님의 성품을 발견하며, 그 앞에 우리가 신을 벗으며 우리는 심령이 불탈 수 있습니다. 또 새로운 사역에 대한 준비를 하는 그곳이 바로 거룩한 땅이라는 것을 보게 되는 것이지요.

신학 수업이 이 거룩한 땅의 일부가 되는 것이 틀림이 없습니다. 강의실이 하나님을 만나 하나님의 음성을 듣는 곳임에 틀림이 없습니다. 기숙사도 하나님을 새롭게 만나는 장소임에 틀림이 없습니다. 사실 오늘 신약시대에 거룩하지 않은 곳이 없는 것은 어디든 하나님이 계시고 하나님께서 현존하시는 바로 그 자리가 거룩한 곳이기 때문이지요. 특별히 사역을 준비하는 우리가 사역을 시작하기 전에 거룩하신 하나님을 뵙고 그 앞에서 신발을 벗는 경험, 거룩하신 하나님 앞에 나는 아무것도 아니고 하나님만이 영광을 받아야 되고, 주님만이 나의 주인이시며, 나의 모든 것을 주님께 드리는 경험이 있어야 합니다. 이러한 일이 이루어지는 곳이 바로 거룩한 자리이고, 우리는 모두 이러한 요청 앞에 서 있는 것입니다. 이러한 상황에서 거룩한 것을 세속적인 것으로, 거룩하지 않은 것으로 만드는 것은, 하나님의 성품과 부르심에 반하는 것을 우리는 잘 알고 있습니다. 하나님 말씀을 배우고 참 복음의 진리를 깨달아가는 시간에, 하나님의 성품 앞에 머리를 조아리며 하나님을 알아가는 시간에 거룩하지 않을 일을 할 수가 있겠느냐 하는 것이지요. 하나님 만나는 면전에서 딴 생각을 하고 딴 일을 할 수 있겠는가? 하는 것입니다. 우리가 서 있는 이곳은 거룩한 땅이고 하나님께서 우리를 이곳으로 이끄셨다는 사실에 대한 아주 분명하고도 확실한 인식을 가지고 살아가야 합니다. 오늘 모세처럼 이곳이 거룩한 땅이라는 사실의 결론이 무엇입니까? 거룩한 땅이기 때문에 하나님께서 우리에게 요청하는 것이 무엇입니까? 이곳은 거룩한 땅이니 네 발에서 신을 벗으라는 것입니다. 신을 벗으라. 이 신을 벗는 경험, 하나님의 거룩하심 앞에서 내 신을 벗는 경험, 나 자신을 내려놓고 오직 거룩하신 주님만을 하나님으로 믿고, 주님만을 나의 주인으로 섬기는 이러한 놀라운 은혜와 섬김의 역사가 있기를 바랍니다.

불타는 떨기나무는 모세의 현재의 모습뿐만 아니라 장차 모세가 어떤 방식으로 역사할 것인가를 보여주고 있습니다. 모세는 모세 그대로이지만 하나님께서 그를 사로잡으시고 그와 함께 하실 때 그를 통하여 이스라엘을 구원하게 되는 사실을 우리는 출애굽기를 통하여 알고 있습니다. 떨기나무가 자기의 어떤 재료, 연료 이것을 공급해서 불붙는 것이 아닌 것처럼 모세가 자기 역량과 자기 재주와 자기 능력으로 하나님께 힘을 보태서 출애굽의 역사를 일으킨 것이 아닙니다. 오히려 불이 떨기나무를 태우면서도 그것을 연료로 사용하시지 않는 모습에서, 우리는 장차 모세가 자기 사역의 근원은 오직 하나님뿐이고, 그 능력 또한 하나님의 임재에서 흘러나오는 것임을 보게 됩니다.

이러한 말씀에 비추어 볼 때 이번 학기가 정말로 하나님 앞에서 내 자신의 미래뿐만 아니라 여러 영혼들의 미래, 곧 한국 교회의 미래에 선한 영향을 끼칠 수 있다는 사실을 직시하면서 이번 학기가 하나님께서 기억하시고 살피시는 학기가 되기를 바랍니다. 하나님께서 떨기나무에서 모세에게 하셨던 것처럼 이번 학기에 우리를 대면하심으로써 우리가 하나님과의 진정한 만남을 통해서 준비된 자로 거듭나기를 바랍니다. 졸업 후에는 모세처럼 본격적인 사역의 일을 감당함으로써 구원의 역사가 더욱 풍성하게 흐르게 되는 출발점이 되기를 바랍니다.

한국 사회의 소망이 어디 있습니까? 한국 사회는 결국은 교회에 달려 있다고 봅니다. 특히 사회의 영적인 분위기는 교회에 달려 있다고 해도 과언이 아닐 것입니다. 그런데 교회의 영적인 흐름은 누구에게 달려 있습니까? 상당 부분 목사님들에게 달려 있는 것이 사실입니다. 그러면 미래 한국교회는 누구에게 달려 있습니까? 당연히 미래 목사님에게 달려 있을 것입니다. 미래의 목사인 여러분들에게 미래의 교회가 달려 있고, 미래의 한국 사회가 달려 있고, 만방에 복음을 전하는 선교가 달려 있습니다. 특별히 여러분들이 훈련을 받고 있는 신학교야말로 중대한 역할을 감당해야 할 책임이 있습니다. 그리고 그 핵심에는 불타는 떨기나무 가운데서 임하셔서 우리를 부르시고 신발을 벗으라고 명하시는 하나님이 계시는 것입니다.

말씀을 맺습니다. 하나님께서는 출애굽을 위하여 모세를 사용하시기 전에 그가 거쳐야 될 과정을 밟게 하셨습니다. 오늘 말씀과 같이 불타는 떨기나무를 통해 우리 자신이 정말로 나 자신을 만났는가를 묻게 되는 것이지요. 내가 이것저것 부족하고 이런 저런 죄가 있다 하는 자기 대면에 머무는 것이 아니라, 하나님 앞에 도무지 설 수도 없는 내면의 전적 부패성을 대면하고 오직 하나님만을 의지하지 않고서는 사역에 나설 수 없다는 하나님과의 대면을 요청하고 있습니다. 그리고 모세가 후에 보는 것처럼 하나님의 임재를 갈구하고 그 임재를 간구하는 하나님을 향한 열망 때문에 상처가 되고 병이 나는 그런 갈구가 있기를 바랍니다. 그렇게 함으로써 하나님을 더욱 알아가고, 하나님을 알아감으로써 더욱 열망하는 이번 학기가 되기를 바랍니다.

하나님 앞에서 신발을 벗는 경건의 훈련을 철저히 받고 우리가 서 있는 땅이 거룩한 땅이라고 하는 의식 가운데 모든 부문에서 하나님을 새롭게 만나고 발견하는 학기가 되기를 주의 이름으로 축원합니다.

〈기도〉

하나님 아버지, 불타는 떨기나무 가운데서 우리를 부르시고 인도하시는 말씀을 통하여 저희가 이번 학기를 어떤 믿음과 자세와 소망으로 감당할 것인지 상고하였습니다. 원하옵기는 보잘것없는 떨기나무 같았던 모세, 떨기나무 같았던 이스라엘 가운데 임하셨던 주님께서 저희 가운데 임하셔서 저희를 변화시키시고 당신의 사람 만드시고 당신의 일에 사용하여 주시옵소서. 아버지 하나님을 믿고, 능력을 공급받으며, 하나님의 은혜를 새롭게 발견하는 귀한 은총을 저희 가운데 풍성히 허락하여 주옵소서. 예수님의 이름으로 기도하옵나이다. 아멘.

요나의 신앙

요나서 4장 1-4절

현창학 (구약학)

I. 들어가는 말

요나서는 짧은 책이지만 상당히 어려운 책입니다. 짧으면서 쉬워 보이지만 이해하려고 자세히 읽어 보면 까다롭기 그지없는 책입니다. 비커만(E. Bickermann)이란 사람이 쓴 『성경의 4대 기서(奇書)』(Four Strange Books of the Bible)라는 책이 있는데요, 구약 성경 중에서 아주 이해하기 어려운 책 네 권에 대해 다룬 것입니다. 그 네 권이 뭔가 하면 다니엘서, 에스더서, 전도서, 요나서입니다. 다니엘서는 여러 가지 환상이라든지 숫자라든지 하는 것들이 기이하고 이해하기 어렵고요, 에스더서는 하나님이란 단어 자체가 안 나오기 때문에 그런 책이 어떻게 하나님을 믿게 하는 성경이 될 수 있느냐는 문제 제기와 더불어 정경에 포함시킬 수 있는가 아닌가에 대한 토론이 끊이지 않았던 책이라 합니다. 물론 사람들의 토론과 상관없이 하나님의 손에 의해 정경은 형성되어 온 것이지만 비평학자들은 이에 대해 많은 말을 하게 됩니다. 특히 사해사본에는 구약성경의 모든 책의 파편이(fragments) 발견되는데 단 한 권 에스더서 파편만은 발견되지 않았습니다. 그래서 비평학자들은 에스더서가 적어도 주전 2-3세기까지는 정경이 아니었을 것이라고 주장하곤 하지요. 어쨌든 이런 복잡한 논의와 더불어 에스더서도 상당이 난해한 책 중의 하나에 들어가는 것만은 사실인 것 같습니다. 전도서는 어떻습니까. 인생이 허무하지만 하나님을 믿으면 이를 극복할 수 있다는 단순한 교훈을 주는 책으로 치부하고 지나가지 쉽지만 사실 정독하면 할수록 전도서는 어려운 책입니다. 그런 단순한 교훈으로 결론을 내리기에는 1장에서 12장 8절까지의 신앙인의 고민이(불신자의 고민이 아님) 너무 심각합니다. 이 고민을 통하여 전도서는 무엇을 말하고자 하는 것일까요. 참으로 전도서는 난해하기 짝이 없는 책입니다. 욥기가 어렵다지만 제가 보기엔 전도서는 그보다 훨씬 더 어려운 책인 것 같습니다.

　　요나서가 다른 한 권의 책인데 정확한 의미를 이해하는 것이 만만치 않습니다. 요나서는 주일학교 설교에서 인기 있는 책입니다. 요나가 고래 뱃속에 들어갔다 나왔다 하는 얘기가 흥미진진해서 아이들을 집중시키는 데 좋습니다. 그런데 정작 요나서를 진지하게 읽고 이해하려 하면 금방 어려움이 나타납니다. 모든 문학작품이 그렇고 성경의 책들도 그렇고 한데 어떤 이야기에는 주인공이 있습니다. 그리고 그 주인공은 대체로 위대한 인물이고 보고 배울 흠모할만한 점을 지니고 있습니다. 그런데 요나서의 주인공 요나는 그렇지 않은 거예요. 위대하기는커녕 초라하고 치졸하기까지 합니다. 하나님의 말씀에 시작부터 불순종하는 것으로 시작해서 결국 어쩔 수 없이 순종하지만 매우 인색하게 순종하다가, 적국 니느웨가 잘 되는 것을 보고는 하나님 앞에 지리한 불평을 쏟아냅니다. 도무지 요나는 사랑스러운 면, 자랑스러운 면이 없어요. 대부분의 선지자가 그런 것처럼 주인공에게 뭔가 영웅적이고 훌륭한 면이 있어야 그에게 감정이입을 하며 배우고 교훈을 얻을 게 있는데 요나는 정반대인 것입니다. 책이 마감되는 방식도 독자를 놀라게 합니다. 요나와 하나님 사이의 공방은 이어지고 기대한 '해피엔딩'은 나오지 않는 가운데 하나님의 질문으로 책이 끝납니다. 성경을 항상 명징(明澄)한 결론을 통해 분명한 교훈을 주는 책으로 기대해오던 독자는 이러한 마감 방식에 상당히 당황하게 됩니다. 뿐만 아니라 하나님이 어떤 분이신가에 대한 교훈도 무엇인지 파악하기 쉽지 않습니다. 요나가 하나님에 대한 고백을 하기는 하는데(4:2) 상낭히 삐뚤어진 마음 상태에서 하는 고백이거든요. 아무리 좋은 내용이라 하더라도 그런 마음의 상태에서 한 말을 신앙의 내용으로 받을 수 있는가 하는 것이 또 하나의 고민입니다. 독자의 기대를 벗어나는 충격적 내용들도 있습니다. 주인공 요나는 형편없는 사람인데 이방선원들은 굉장히 인격적으로 훌륭하고 심지어 신앙적으로도 좋게 표현되어 있습니다. 요나는 남이 잘 안되기를 바라는 완악한 심보를 가졌는데 오히려 잔학한 니느웨는 하나님께 돌이켜 회개하여 구원을 받습니다. 요나서는 여러모로 상식을 깨는 책 같습니다. 그러나 늘 그렇지만 성경은 이해하기 어려운 부분일수록 오히려 찬찬히 공부해 보면 평소에 깨달을 수 없는 깊은 은혜를 받게 되곤 하는 책입니다. 요나서의 이런 어려운 점들은 하나님과 우리의 삶에 대해 평소에 파악할 수 없었던 깊고 큰 은혜에 새롭게 접하게 되는 놀라운 기회가 될 수도 있습니다. 요나서의 문학적 특징을 살핀 연후에 요나서가 주는 하나님과 우리의 사역에 대한 교훈을 받아보기로 하겠습니다.

II. 요나서의 문학적 특징

요나서는 크게 두 개의 패널로 이루어져 있습니다. 즉 1부와 2부입니다. 1부는 1장에서 2장이고요, 2부는 3장과 4장인데요. 1장에서 2장은 요나와 이방인 선원들에 관한 이야기입니다. 요나가 하나님 말씀에 불순종하여 배를 타고 도망가는데 이방인 선원들과 조우하면서 되어지는 이야기입니다. 3장과 4장은 요나와 이방 니느웨에 관한 이야기입니다. 큰 물고기 뱃속에서 나온 요나가 이번에는 하나님의 명령대로 니느웨에 말씀을 전하러 갑니다. 요나의 전도를 받고 니느웨가 대대적인 회개를 하는 내용입니다.

두 군데 다 이방인들이 선지자보다 훌륭하게 묘사됩니다. 선지자는 아주 망가진 모습으로, 속된 말로 바보처럼 그려지고 있어요. 이방인들과 대조되어 히브리인 선지자는 아주 초라해 보입니다. 이방인 선원들은 기도도 하고 제물도 드리고 하나님을 믿고 두려워하는 사람들이 되었습니다. 요나는 문제를 일으키는 사람인데 이방 선원들은 요나를 구하려고 백방으로 노력합니다.

니느웨 사람들이 요나보다 훨씬 나아보입니다. 요나는 하나님의 사랑을 적극적으로 전해야 되는 사람인데 매우 인색하게 말씀을 전합니다. 요나가 니느웨에 가서 전한 것은 히브리어로 딱 다섯 마디인데요, "40일 후면 니느웨가 전복되리라" 그것 뿐입니다. "예수천당, 불신지옥" 중에 "불신지옥"만 외친 셈이지요. 회개하라는 요청도 하지 않았어요. 매우 내키지 않는 가운데 심판만 외친 것이 분명합니다. 그런데 놀라운 일이 일어나고 말았습니다. 그 불완전한 메시지를 듣고 니느웨가 완전히 뒤집어지고 만 것입니다. 회개를 해도 아주 철저한 회개를 하게 됩니다. 때 아닌 니느웨에서 부흥이 일어난 것입니다. 백성들 뿐 아니라 왕까지 회개를 했습니다. 왕은 좀체로 회개하는 법이 없거든요. 권력이 주는 무게 때문인지 최고지도자들은 회개하는 법이 드뭅니다. 기독교 역사에서 보면 왕 중에 제대로 하나님을 따른 사람이 몇 안 되고, 성경에서도 대개 왕들은 회개하지 않습니다. 이스라엘 왕들은 모두 못된 사람들이었고요, 유다에서도 참되게 회개하고 하나님을 따른 왕은 아주 소수입니다. 하물며 세계를 호령한 제국, 그것도 잔학하기로 유명한 제국 니느웨의 왕이 회개한다는 것은 상상하기 어려운 일입니다. 그런데 그 왕이 회개하고 말았습니다. 니느웨 부흥의 질이 얼마나 깊은 것이었는지는 짐승까지 회개했다는 묘사에서 알 수 있습니다. 짐승까지 금식하고 베옷을 입었다고 합니다. 수사기법으로는 이것을 과장(hyperbole)이라고 하는데요, 니느웨가 한 회개의 진정성과 깊이를 나타내는 것입니다.

이스라엘을 대표하는(상징하는) 요나에 비하여 이방인들은 아주 훌륭한 사람들로 묘사되어 극명하게 대조를 이룹니다. 특히 니느웨가 그렇습니다. 니느웨는 이스라엘의 원수요 역사에 유를 찾을 수 없는 잔인한 나라입니다. 공의의 하나님에 의해 가차 없는 심판을 받아야 마땅한 나라입니다. 회개할 수도 없고 구원 받을 수도 없는 나라입니다. 아니 절대 회개한다든지 구원받아서는 안 됩니다. 이스라엘이 볼 때에 니느웨는 심판만이 몫인 그런 나라였습니다. 그런데 요나의 선포를 듣자마자 니느웨가 회개해 버렸습니다! 요나가 당황하여 불평을 쏟아 놓은 것이 어찌 보면 이상한 일도 아닙니다. 그것도 왕에서 시작하여 짐승까지 회개하는 전대미문의 철저한 회개였습니다. 이스라엘은 하나님이 보내신 선지자들의 회개 권면을 수도 없이 들었지만 한 번도 회개한 적이 없습니다(아마 요엘서 2장 17절과 18절 사이에서 읽을 수 있는 어렴풋이 묘사된 요엘시대의 회개가 예외라면 예외일 것입니다). 그런데 악한 니느웨는 상상과 예상을 완전히 뒤엎고 회개해 버렸습니다. 온전한 복음을 들었거나 미래 회복을 약속 받았거나 한 것도 아니고 심판의 말씀 몇 마디를 듣고 회개해 버렸습니다. 그것도 와장창 아주 철저히 회개해 버렸습니다. 니느웨의 악행이 멈추자 하나님이 내리시려던 재앙도 즉각 취소되고 말았습니다.

이처럼 대조(contrast), 과장(hyperbole), 놀람 기법(surprises), 아이러니(irony) 등의 수사가 가득한 것이 요나서입니다. 뿐만 아니라 요나서는 전체적인 의도로 볼 때 "조롱"(mockery)이란 장르의 책이라 말할 수 있습니다. 위의 대조, 과장, 놀람, 아이러니 등의 기법은 이 "조롱"을 위해 동원되는 수사기술들인 것입니다. 이스라엘을 상징하는 주인공 요나가 망가졌습니다. 항상 연민을 가지고 취급되던 선민의 정체성이 완전히 구겨졌습니다. 그러나 이 망가짐, 구겨짐은 어떤 목적을 가지고 있습니다. 요나서 이해의 어려움은 바로 이 장르에 대한 이해의 어려움에 있습니다. 요나서는 "조롱"이라는 수사기술을 사용하기 때문에 상식과는 어긋나는 사건들과 인물 묘사가 이어집니다.

요나서는 조롱이란 장르를 통하여 이스라엘이 자기반성(self-criticism)을 시도하는 책입니다. 사카즘(sarcasm), 즉 비꼬고 조롱하는 방식으로 자신을 돌아보는 거예요.

그러니까 액면 그대로 봐서는 상당히 당황할 수밖에 없는 것이 요나서라는 말씀입니다. 마땅히 하나님의 명령에 순종하여 대변인(spokesman)의 기능을 수행해야 할 선지자가 도망가고 숨고 한다든지, 설교를 한다는 게 악담 섞인 선포를 한다든지, 선지자가 전도 받은 사람들이 구원 받는 것을 보고 분을 품고 불평을 한다든지, 반면에 사악한 이방인들은 하나님의 뜻에 순종하며 경건함을 보인다든지 등등 예상할 수 없는 이상한 일들이 일어나는 것은 조롱이란 장르이기에 가능한 것입니다.

그러나 이 조롱이란 장르를 통해서 하나님은 평범한 진술을 통해서는 전할 수 없는 신앙의 깊은 내용을 우리에게 전해주시는 것 같습니다. 하나님에 대해 좀 더 깊은 것을 가르쳐 주십니다. 우리는 소명을 받은 목사든 그렇지 않은 평신도든 할 것 없이 기본적으로 하나님 나라의, 말씀의 사역자들인데요, 이 사역자들인 우리에게도 깊은 것을 교훈해 주십니다. 요나서가 여러 종류의 메시지 도출이 가능하고 여러 가지 설교가 가능하겠지만 오늘 아침에 우리는 가장 기본적인 것 두 가지 메시지를 받을 수 있을 것 같습니다. 시중에 많이 알려진

큐티(QT)에서 하듯이 '하나님은 어떤 분이신가?'와 '우리에게 주는 교훈은 무엇인가?'라는 두 가지입니다. 대조, 아이러니, 과장 등을 동원한 이 특이한 조롱이라는 수사 기술을 통해서 하나님은 매우 신선한 방식으로 첫째 자신의 성품에 대해서, 둘째 자기 백성(사역자)에게 원하는 것에 대해서 말씀하십니다. 이스라엘의 선지 운동은 위대한 운동입니다. 그리스도가 오시기까지의 길을 내는 운동이고, 그 길을 예비하는 하나님의 백성의 삶의 지속적인 개혁 운동입니다. 그런데 이 운동 내에서도 하나님에 대한 이해가 인간의 계산적인 수준으로 퇴락하여 매우 둔해지고 탁해졌습니다. 하나님 나라 사역자의 임무와 책임에 대해서도 의식이 희미하고 흐릿해졌습니다. 이제 요나서의 조롱은 타성과 매너리즘에 빠진 이스라엘의 신앙에 새로운 자극을 주며 하나님의 사랑의 신비에 대해 새로운 깨달음을 얻고 사역자의 책임과 정체성에 대해 창의적인 이해를 갖도록 하는 길을 열고 있습니다. 요나서는 수직사고가 아닌 수평사고(lateral thinking)를 통해 이스라엘이 이스라엘의 선지 운동 자체를 스스로 반성하는 책입니다.

III. 하나님은 어떤 분이신가: 측량할 수 없는 큰 사랑의 하나님

1. 하나님의 크신 사랑

요나서는 무엇보다도 먼저 하나님에 대해서 하나님의 측량할 수 없는 큰 사랑을 보여준다, 그렇게 말할 수 있겠습니다. 하나님의 측량할 수 없는 위대한 사랑은 요나서에 많이 말해진 것은 아닙니다. 오늘의 본문 4장 2절에 한 번 말해졌습니다(물론 사악한 니느웨를 용서하시는 엄청난 자비의 행동 속에 하나님의 측량할 수 없는 사랑은 행위로 드러나지만 말로 진술된 것은 단 한 번입니다). "주께서는 은혜로우시며 자비로우시며 노하기를 더디하시며 인애가 크시사 뜻을 돌이켜 재앙을 내리지 아니하시는 하나님"이라고 고백됩니다. 그런데 이것은 니느웨 사람들에게 선포된 '복음'이 아니고요, 이상하게도 요나의 불평 속에 들어가 있어요. 40일이 지나면 니느웨가 전복될 것이다 하고 요나는 심판만 선포했지 하나님의 자비와 용서 따위는 한 마디도 비치지 않았습니다. 니느웨 설교에(3:4) 포함되었어야 할 내용이 요나 자신의 빈정거림 안에 포함된 것도 큰 아이러니올습니다.

어쨌든 전도 집회는 삼 일 계획이었는데 하루 설교를 하니까 다 회개를 해 버렸습니다. 삼 일 계획한 부흥회인데 첫 날 밤에 다 회개하고 은혜 받아서 더 집회가 필요 없는 것과 같은 경우가 되었습니다. 아무리 외쳐도 회개를 안 하니까 질질 끄는 것이지 첫날 다 은혜를 받으면 실제로 더 이상의 집회가 무슨 의미가 있겠습니까. 집회가 더 이상 필요 없을 정도의 상상할 수 없는 큰 은혜가 니느웨에 임한 것입니다. 그런데 요나의 반응이 놀랍습니다. 니느웨가 기대하지 않은 시간에 기대하지 않은 방식으로 기대하지 않은 범위와 깊이로 회개를 하고 구원을 받아버리니까 요나가 굉장히 화가 났습니다. 정작 설교 당사자인 요나는 분통이 터진 것입니다. 오늘 1절에 보면 매우 싫어하고 성냈다고 되어 있습니다. '하나님 그러실 줄 알았습니다. 니느웨는 제발 회개하지 않기를 바랐는데 이런 일이 일어날 줄 알았습니다. 하나님은 은혜로우시고 자비로우시고 노하기를 더디하시고 인애가 크시고 뜻을 돌이켜 재앙을 내리지 않는 하나님 맞지요? 하나님이 이처럼 사랑이 많으신 것 이미 조상들에게 배워 잘 알고 있습니다. 그 나쁜 놈들을 용서하시니 정말 하나님다우시네요. 정말 잘~ 하셨습니다. 암요, 어련하시겠어요? 정말 잘~ 하시네요… 그러니 이젠 제 생명도 관여마시고요, 그냥 하나님이 알아서 다 하시기 바랍니다. 저는 이 세상 무대에서 사라지렵니다. 저는 이러시는 그런 하나님이 정말 싫습니다. 더 이상 관여하고 싶지도 살고 싶지도 않습니다…' 대충 이런 식으로 불평을 한 것인데 그 때 불평 중에 내뱉은 말이 그 위대한 사랑의 하나님에 대한 고백입니다. 이 고백이(또는 고백의 원형이) 성경에 처음 나오는 것은 출애굽기 34장 6-7절입니다: "여호와라 여호와라 자비롭고 은혜롭고 노하기를 더디하고 인자와 진실이 많은 하나님이라 인자를 천대까지 베풀며 악과 과실과 죄를 용서하리라…"

우리가 특히 구약성경을 볼 때 어려움에 직면하게 되는 것 중의 하나가 뭐냐면요, 별로 동기는 좋지 않은데 말 자체로는 아주 탁월한 내용을 전한 경우들입니다. 이 내용들을 받아들여야 하는 겁니까, 받아들이지 말아야 하는 겁니까. 설교자는 이 내용을 설교해도 됩니까 안됩니까, 설교할 수 있습니까 없습니까. 예컨대 제가 목사님들의 모임에 가서 욥기를 강의하면 거의 예외 없이 받게 되는 질문이 '교수님, 친구들의 말을 설교할 수 있습니까 없습니까' 입니다. 욥의 친구들은 고난 받는 욥을 궁지로 몰아넣는 매우 고약한 심보의 사람들이었어요. 그러나 그들이 한 말이나 충고들은 전통적 신앙을 옹호하는 금과옥조(金科玉條)들이거든요. 이 내용들은 설교할 수 있는 것일까요, 없는 것일까요.

욥의 친구들은 지금 말씀 드린 대로 아주 동기가 나쁜 사람들이었습니다. 사실 처음 찾아온 동기는 좋았어요. 곤경에 처한 친구를 위로하러 왔거든요. 처음은 잘 버티고 욥과 아픔을 나누었어요. 그러나 일주일이 지나면서 그들의 인내에 한계가 왔습니다. 버티고 버티고 버티다 이제는 안 되는 거예요. 상담자로서의 능력의 한계를 벗어나자 그들은 욥을 비난하는 공격자들로 돌변하게 됩니다. 자신들의 능력의 부족을 정통신학의 수호로 합리화하고 만회하려는 것 같아요. 하나님의 도덕질서를 변호하기 시작합니다. 욥이 이와 같이 고난을 당하는 것은 틀림없이 욥이 그에 상응하는 무시무시한 범죄를 저질렀기 때문일 것이라는 것입니다. 욥에게 죄가 없다면 그런 고난은 올 리가 없다는 것이지요. 하나님은 의인은 축복하시고 악인은 벌을 주시는 하나님이시니까요. 의인은 형통케 하시고 악인은 패망케 하시는 것이 하나님이 세계를 운영하는 방식(질서)입니다. 이것은 하나님의 의를 믿는 이스라엘의 오래된 정통 신앙이기도 합니다. 친구들이 볼 때 하나님의 보응의 원리에 의하면 욥은 크나큰 (은밀한) 범죄를 저지른 것이 분명했습니다. 그렇지 않고서야 그렇게 큰 고난을 받을 수가 없지요. 그래서 친구들은 욥에게 회개할 것을 권면합니다. 욥이 고난에서 헤어날 수 있는 방안으로 회개하고 하나님께 빌 것을, 그리고 (무언가 잘못된 생활이 있을 것이기 때문에) 바른 생활로 돌아갈 것을 강력히 주문합니다. 그러나 문제는 여기에 있습니다. 고통 받는 욥에게 그런 유의 권면은 아무런 효과도 의미도 없는 것이었습니다. 욥은 죄 때문에 고난을 받고 있는 것이 아니기 때문입니다. 의로운 욥에게(1:1, 8; 2:3) 친구들의 충고는 전혀 접촉점을 가질 수 없는 것이었기 때문입니다. 그냥 상처에 소금을 뿌리는 것과 같은 고통만 더하는 고약한 충고들이었습니다. 그리고 성경 자체가 친구들을 호의로 충고하는 사람들로 묘사하지 않습니다. 선의의 충고도 고통스러울 형편인데 약자 한 사람을 궁지에 몰아 파멸시키려 하다니요. 욥기는 친구들을 고약한 암시와 조롱으로 가득한 말을 길게 늘어 놓는 사람들로 묘사함으로 친구들의 심보 자체를 매우 나쁜 것으로 표현합니다. 친구들은 동정자(同情者)에서 충고자로, 충고자에서 이미 악한 적들로 변해 있었습니다. 친구들은 이제 욥에게는 신앙과 신학의 "원수"가 되어 있었던 것입니다. 16장 2절 "너희는 모두 고통을 주는 위로자들이로구나!"(NIV "miserable comforters are you all!")라는 (욥의) 말이나 19장 2절 "너희가 내 마음을 괴롭히며 말로 나를 짓부수기를 어느 때까지 하겠느냐"라는 불평이 이것을 말해 줍니다.

문제는 무엇입니까. 이렇게 고약한 심보를 가지고 하는 충고인데 엘리바스, 빌닷, 소발의 말들은 금과옥조로 가득차 있습니다. 태도는 고약하지만 이들의 말은 잠언을 그대로 옮겨 놓은 듯한, 인간이 과연 그대로 따라 살아야 할 참으로 탁월한 교훈들인 것입니다. 우스꽝스런 등장인물들의 입에 담겨 있는 이 가르침들을 설교할 수 있나요, 없나요? 결론부터 말씀 드리면, 저는 할 수 있고 해야 한다고 생각합니다. 만일 할 수 없다면 욥기는 긴 분량을 차지하는 친구들의 연설 부분은 욥기에서 전혀 설교에 쓸 수 없는 부분이 되고 맙니다. 심지어 좋지 않은 태도로 말한 욥의 말도 모두 빼야 하고, 그렇게 되면 욥기는 대충 잡아 3장에서 37장은 모두 설교나 성경공부의 대상에서 제외되게 됩니다. 그럴 수는 없을 것 같습니다. 하나님의 말씀도 적지 않은 곳에서 조롱의 톤으로(mocking tone) 되어 있는데 그것까지 문제 삼으시겠습니까. 정말 곤란해집니다. 당시의 문학기법이 개입된 부분들인데 이것들을 모두 동기나 톤 등을 문제 삼아 제외하려 한다면 저으기 넌센스라 할 밖에요. 따라서 친구들의 말은 모두 설교해 주어야 하고, 또 할 수 있다고 생각합니다. 즉, 잘못된 동기(고약한 심보로 곤경 당한 친구를 궁지로 모는)는 버리고, 하나님 앞에 바로 살고 정직하고 근면하고 이런 것들은 잠언의 사상과 통하는 거니까 잠언을 설교한다 생각하고 모두 성실히 설교해 주어야 합니다. 한 마디로 말하면, 욥기의 친구들의 연설은 '태도와 신학을 분리하여 설교한다'가 그 해석원리가 될 것입니다. 나쁜 태도는 본받지 말고 버리거나 반면교사로 삼고, 내용, 즉 신학은 철저히 따라 살게 하는 것입니다. 태도에서 신학을 분리해내어 착실히 설교해 주면 친구들의 연설 부분도 (설교적으로) 모두 살려낼 수 있습니다. 이것이 친구들의 연설 해석법 내지 설교법이 되겠습니다. 친구들의 입에 담긴 액면 상의 내용들인 의의 가치, 보응이라는 도덕질서 등은 인간의 삶에 부여되는 위대한 의미입니다. 인간이 살아야 하는 궁극적인 이유를 제공합니다. 친구들의 태도가 우스꽝스럽고 고약하다고 해서 그 위대한 삶의 의미, 가치, 교훈을 외면할 수는 없습니다. 그것들을 더욱 주의 깊게 살펴 해설해 주어야 합니다. 친구들의 입을 통해 지겹도록 개진되는 이 교훈들은 적어도 진술 개진의 반복 횟수만큼이나 거듭 강조되어야 할 필요가 있는, 설교적 가치로 볼 때 매우 중요한 것일 수도 있습니다.

    같은 문제가 요나서에 있습니다. 다시 4장 2절로 돌아옵니다. 요나가 하나님을 "주께서는 은혜로우시며 자비로우시며 노하기를 더디

하시며 인애가 크시사 뜻을 돌이켜 재앙을 내리지 아니하시는 하나님" 이라고 고백하는데 이는 요나가 하나님이 하신 일에-니느웨를 심판하지 않으신 일-대해 크게 화를 내면서 한 말입니다. 불평의 일부요 빈정거리는 투로 말한 것이 분명합니다. 위대한 고백이 하나님께 불만을 토로하는 가운데 주어진 것입니다. 이 점이 어렵습니다. 여기서도 불가피하게 앞에 언급한 욥기에서처럼 태도와 내용을 분리하여 해석하는 일이 필요한 것 같습니다. 비록 불평하는 나쁜 심보 속에 고백이 포함되어 있지만 요나서의 저자는(요나) 요나서를 존재하게 하고 요나서 전체 사상의 근간을 이룬다고 볼 수 있는 이 중요한 내용을 독자들에게 반드시 그리고 어김없이 들려줘야 한다고 생각한 것 같습니다. 오히려 주인공의 불평 속에 이 내용을 집어넣으므로 책이 지니는 아이러니의 맛을 더한다고 볼 수도 있지요. 고대 이스라엘 시인들의 문학적 재치랄까 숙련도를 엿보게 합니다. 한 걸음 더 나아가서 주인공의 비꼼 내지는 빈정거림 속에 이 내용을 실은 것은 여기에 고백된 하나님의 사랑은 인간의 인지나 이해 능력을 넘어 서는 크고 깊은 것이란 것을 문학 수완 자체가 말해주는 것인지도 모르겠습니다. 하나님의 사랑은 워낙 크고 깊어서 인간이 이해할 수 없어 불평으로 드러날 수도 있는 것입니다. 그렇다면 요나의 불평과 비꼼은 하나님의 은혜의 깊이를 드러내는 문학 수단이라 할 수 있습니다. 즉, 불평과 비꼼은 4장 2절의 내용을 약화시키는 것이 아니라 오히려 그것을 강화시킨다고 볼 수도 있는 말입니다. 인간의 이해를 넘어서는 하나님의 깊은 속성이 불평과 비꼼이라는 형식으로 표현된 것이라면 해석자는 더욱 세심한 주의를 기울여 그 의미를 새겨야 할 것입니다.

구약 문맥 전체를 볼 때도 이 말씀의 중요성은 피할 수 없습니다. 4장 2절의 고백은 요나서에만 나오는 것이 아니고 출애굽기 34장 6절, 요엘 2장 13절, 미가 7장 18절, 시편 86편 15절, 103편 8절, 145편 8절 등등 성경 여러 곳에 나오는 고백입니다. 어쩌면 구약성경에 나타나는 하나님에 대한 진술 중 가장 잘 다듬어진, 그리고 가장 중요한 고백이라고 말할 수 있습니다. 구약성경에서 하나님을 표현하는 말 중에 "인자"(인애, 헤세드)라는 단어가 가장 중요한 단어인데요("인자/인애"는 하나님의 언약적 사랑입니다), 이 단어를 넣어 만들어진 하나님에 대한 진술은 따라서 성경의 진술 중 가장 중요한 진술이라 할 수 있습니다. 바로 그 진술이 요나서 4장 2절과 곳곳에 등장하는 "주께서는 은혜로우시며 자비로우시며 노하기를 더디하시며 인애가 크시사..." 하는 진술입니다. 이 진술은 그것 자체로 독립적으로 중요한 구약의 핵심 진술입니다. 말한 사람의 태도가 이 말씀의 가치를 훼손할 이유는 전혀 없다고 봅니다. 다만 저자가 굳이 이 말씀을 성경(요나서)에 기록한 의도가 중요할 뿐입니다. 하나님은 어느 순간 어떤 상황에서도 인자(인애)로 자기 백성을 돌보시고 은혜와 자비를 충만히 내려주시는 하나님이십니다(자기 백성을 향한 사랑인 인자를 니느웨에 적용하여 말한 것이 경이롭습니다). 선지자의 불평 중에라고 하나 하나님은 자신의 성품과 사역을 정확히 계시하고 계십니다. 4장 2절의 말씀은 내용을 액면 그대로 성실하게 취하고 깊이 묵상해야 할 것입니다.

요나서 4장 2절의 말씀이 진리인 것은 요나서에 나타난 하나님의 행동으로도 증명됩니다. 그러므로 이 말씀의 가치에 대해 주저할 필요가 더욱 없겠지요. 이 말씀은 비록 불평하는 선지자의 입게 실려 있지만 요나서 전체에 나타난 하나님의 행동에 대한 결론인 것입니다. 하나님은 도저히 용서 받을 수 없는, 또한 용서 받아서도 안 되는 니느웨를 용서하고 계십니다. 하나님의 사랑은 인간의 이해와 계산을 넘어서는 사랑입니다. 인류 역사에 가장 잔인한 제국인 니느웨로 하여금 회개케 하시고 그 제국을 용서하시는 '큰' 사랑의 하나님이십니다. 은혜와 자비의 하나님이시며, 인간에게 벌과 재앙을 주기를 기뻐 않으시는 분이십니다. 언약의 기본이 되는 언약적 사랑 인자는(인애, 헤세드) 이와 같은 용서와 자비의 사랑인 것입니다. 로마서 8장 39절에 "어떤 피조물이라도 우리를 우리 주 그리스도 예수 안에 있는 하나님의 사랑에서 끊을 수 없으리라"고 하신 사랑이 바로 이 사랑입니다. 사죄의 사랑, 복음의 사랑이 바로 이 사랑입니다.

니느웨만 극심한 죄인이고, 니느웨만 용서 받습니까? 하나님의 원수인 우리가 니느웨이고 이 극심한 죄인인 우리가 예수 그리스도의 보혈로 용서받습니다. 우리는 "하나님께 대항하고, 하나님과 필사적으로 싸우며 하나님을 미워하는 존재"들입니다. 칼빈은 인간에 대해 설명하기를 "마음의 욕망으로 말미암아 열렬히 악을 지향하는 존재"라고 했습니다. "은혜로우시며 자비로우시며 노하기를 더디 하시는" 하나님은 가장 부패하고 악한 우리들을 그리스도의 보혈로 말미암아 용서하십니다. 이것은 인간의 이해를 넘어선 사랑입니다. 다만 역사로 증명된 분명한 사랑일 뿐입니다(갈보리 산 위에서 증명된). 요나가 이해하지 못하고 받아들이지 못한 이 (어처구니없는) 사랑이 하나님의 사랑입니다. 인간의 계산과 이해를 넘어선 이 사죄의 사랑, 이 복음적 사랑이 바로 하나님의 우리를 향한 사랑의 정체인 것입니다. 여러 말을 멈추고 여러 소란한 생각을 잠재우고, 그저 십자가 앞에 머리 조아리며 감읍할 것입니다. 우리 자신의 죄의 깊이만을 깨닫게 해달라고 간절히 은혜를 구할 것입니다.

2. 복음과 한국교회

특별히 우리 한국교회는 하나님의 사랑을 아무리 가르쳐도 지나치지 않다고 봅니다. 구약성경은 오용되고(misuse) 남용되기를(abuse) 밥 먹듯이 한 책인데 대표적인 예가 하나님을 심판하시는 무서운 하나님으로 가르친 것입니다. 물론 하나님은 의(義)로 심판하시는 하나님이십니다. 하나님은 이 세계에 의(義)라는 도덕질서를 심어 놓으시고 이것을 사람이 살아갈 삶의 의미와 가치로 주셨습니다. 인간은 하나님의 도덕질서라는 지고한 가치를 지향하며 사는 존재가 되는 거지요. 그런데 심판하시는 하나님이라는 것이 어떤 어떤 조목을 준수하면 복을 얻게 된다는 식의 기복 신앙의 구조를 떠받치는 기반으로 가르쳐져 왔다는 것이 깊은 불행입니다. 예컨대 주일성수하고, 십일조하고, 새벽기도하면 복 받는다 식입니다. 이것은 곧 이러한 몇 가지를 하지 않으면 하나님은 우리에게 벌을 주신다는 의미도 됩니다. 그러다 보니 한국교회의 신앙은 복 받기 위해서 몇 가지 조목을 행하고, 또한 재앙을 피하기 위해 몇 가지 조목을 행하는 소위 인본적 "조목신앙"이 되어 버렸습니다. 복은 불러오고 재난은 오지 않게 하기 위한 "방책신앙"(方策信仰)인 것입니다. 자신의 죄에 대한 지속적이고도 깊은 성찰, 죄인을 용서해 주시는 십자가의 구속에 대한 감사와 찬양, 자신의 삶에 대한 하나님 앞에서의 진지한 반성, 하나님의 주권에 대한 절대 복종 등, 기독교 신앙의 가장 본질적인 요소들이 자기화 내재화되지 못해 왔습니다(명목 교리의 수준에만 머물러 왔습니다).

하나님은 몇 가지 조목에 대한 세세한 계산을 하시는 분이 아니라 우리의 삶 전체를 평가하시고 심판하시는 분이십니다. 무엇보다도 "의롭게" 사는가를 보십니다. 그리고 동시에 더 깊이 중요한 것은 우리의 불가능한 상태에도 불구하고 우리를 용서하시고 전면적으로 회복시켜주시는 하나님이십니다. 건전치 않은 의도로 가르쳐지는 심판주 하나님 이전에 은혜와 자비의 사랑의 하나님이 가르쳐져야 합니다. 매우 적극적으로 그리고 철저하게 가르쳐져야 합니다. 신약은 사랑의 하나님, 구약은 심판의 하나님, 그리고 신약은 은혜의 하나님, 구약은 무서운 하나님, 이러한 구도는 천만의 말씀이요, 참으로 위험한 생각입니다. 고대의 이단 마르시온주의(Marcionism)의 부활이라고나 할까요. 구약의 하나님도 신약과 마찬가지로 사랑의 하나님이십니다. 오늘 본문 요나서 4장 2절이 말하고 있지 않습니까. 요나서에서 하나님이 행하시는 바가 그것을 증거하지 않습니까. 구약이나 신약이나 한 분 하나님이시니까 하나의 성품일 것이 당연한데 왜 이리 왜곡되어 있는지 모르겠습니다. 요나서 4장 2절은 구약의 하나님이 어떤 분이신지 적나라하게 보여주시는 말씀입니다. 출애굽기 34장 6절에서부터 시작된 이 진술은 하나님에 관한 구약의 진술들 중 가장 중요한 것이라고 생각합니다.

오랜 시간 동안 형성되어온 한국인의 종교 심성은 하나님이 사랑이라는 것을 받아들이기를 매우 거북해 합니다. 오래된 무속신앙의 전통은 기복(祈福)과 방액(防厄)을 지향하는 비인격성을 특징으로 하면서 내세라든지 신적 존재라든지 하는 것에 대해 강함 거부감을 나타냅니다. 이러한 배경에 하나님을 '무서운' 하나님으로 소개하면 그것은 고치기 어렵습니다. 기독교가 자리 잡을 곳이 없습니다. 실존의 문제를 죄의 문제로부터 이해하고, 죄를 사하고 곤경의 사슬을 풀어주시는 하나님의 인격적인 사랑을 배우지 않으면 기독교는 시작조차 못하는 것입니다(참고: 하이델베르크 요리문답 제 1, 2 문답). 하나님은 사랑이십니다. 이 진리를 한국교회보다 더 필요로 하는 교회가 또 있었을까요.

특히 교회 사역자들은 하나님이 사랑이라는 진리를 가르치는 일에 진력해야 합니다. 특히 구약을 가르칠 때 더욱 그렇습니다. 그래야 오용, 남용에서 구약을 건져낼 수 있습니다. 물론 의로 심판하시는 하나님을 무시해도 된다는 말은 아닙니다. 하나님이 의의 질서를 주신 것도 사실은 우리 인간들에게 크고 깊은 은혜입니다. 구약의 하나님에 대한 전면적인 오해를 불식하기 위해서 하나님은 "은혜로우시고 자비로우시고 노하기를 더디하시는" 사랑의 하나님이심을 거듭 가르치고 거듭 배우고 거듭 증거해야 합니다. 로마서 8장 2절에 보면 "생명의 성령의 법이 죄와 사망의 법에서 너희를 해방했다"고 했습니다. 전에는 율법이 왕노릇 했고요, 죄의 지배를 받는 생활을 했지만 이제 그리스도를 통해서 은혜 안에 들어간 우리들은 은혜가 왕노릇하는, 다른 힘의 지배를 받는 세계에서 살아가는 것입니다. 사는 '문법'이 달라졌습니다. 벌 받을까봐, 복 받으려고, 겨우 비참하게 무슨 조목 무슨 조목을 지켜가는 구차한 구속받는 삶이 아닙니다. 십자가와 부활의 구속(救贖)으로 자유를 얻은 우리는 감사함으로 사랑과 책임을 다하기 위하여 즐거이 말씀에 순종해 나가는 것입니다. 생의 무의미란 있을 수 없습니다. 하나님의 뜻(의[義])을 이뤄야 하니까요. 잘못 가르쳐진 구약의 하나님은 복음의 이해를 가로막았고, 이것은 기독교인들의 삶을 심각히 왜곡시켰습니다. 생명을 얻은 자에게 구속(救贖)을 적용시키는 성령의 '문법'으로 사는 삶을 익히는 것이 우리 교회가 당면한 가장 큰 과제입니다.

외람된 말씀 한 마디 드리면, 우리 교회의 가장 큰 약점이 있다면 그것은 복음에 대한 체질이 약한 것이라 하겠습니다. 그리고 또한 따라서 우리 강단의 가장 큰 약점이 있다면 그것은 다름 아닌 복음에 대한 실력, 복음에 대한 집중력이 약한 것 그것이라 생각합니다. 관심이 분산되어 있어요. 현세의 잡다한 일들에 너무 분산되어 있어요. 중심을 못 잡는 것이 우리 신앙입니다. 요나서는 생각하는 책입니다. 질문으로 끝나잖아요? 생각하라는 것입니다. 저 자신 3-40년 예수를 믿어 왔지만 무엇보다도 우리 교회에서 아쉬운 점은 하이델베르크 요리문답 제 1, 2 문답이 말하는 것처럼 복음이 우리를 해방시키는 능력인 것을 삶으로 체험하는, 즉 복음으로 말미암아 마귀와의 영적 전쟁에서 승리하고 거룩한 생활을 이루어가는 이 실제적인 부분이 교회 생활에서 전혀 학습되지 않는다는 점입니다.

우리의 관심이 너무 미말에 가 있어요. 사는 것이 힘드니까 어려운 삶의 문제를 신앙의 힘으로 이겨나가는 것이야 잘못된 것은 아니죠. 그러나 '문제해결'에만 신앙의 모든 관심이 맞춰지는 것은 기독교는 아닙니다. 성경은, 기독교는 인간 문제의 근원적인 뿌리를 가르쳐 줍니다. 그 근원적인 문제가 해결되면 인간은 전인적으로 문제가 해결되고 치료되며 회복됩니다. 바로 죄이 올습니다. 인간 영혼의 가장 근저에 있는 가장 근원적인 문제인 죄가 해결되면 인간은 전인적으로 회복되는 것입니다. 그런데 이 근원적인 데에는 관심이 없고 현상만 개선하려고 매달리다 보니 문제 해결은 점점 요원하고 성경이 요구하는 참된 가치는 전혀 실현되지 않습니다. 문제에만 매달릴 게 아니라 죄를 볼 수 있어야 하고, 문제해결만 관심을 가질 게 아니라 복음에 의한 승리에 착념할 수 있어야 합니다.

십자가에 대한 고백을 처음 예수 믿고 세례 받을 때 한 번 목사님 앞에서 하고 거기서 멈춰버리는 것이 아니고, 예수 믿는 일생을 통하여 죄와 마귀에 대항해 싸우는 무기로 사용해야 합니다. 지속적으로 사용해야 합니다. 십자가와 부활은 명목뿐인 신조적 고백이 아니고, 성도가 매일매일 살아가는 실제적인 무기입니다. 성도의 삶을 가능케 하는 매일매일의 실천 원리여야(working principle) 하는 것입니다. 예컨대 누가복음 18장 13절의 세리의 기도는 그리스도 안에 있는 구원받은 백성 모두를 대표해서 한 '정답 기도,' '표준 기도'라 생각됩니다. "하나님 아버지, 나를 불쌍히 여겨 주옵소서, 나는 죄인입니다." 악한 우리는 우리 자신의 죄를 보지 않으려 합니다. 은폐하고 무시하려 합니다. 그러나 복음에 의한 생활은 우리 자신의 부패를 봄으로 시작하는 것입니다. 이것이 모든 승리의 시작이기도 하고요. 자신의 죄를 고백하는 것이 인간에게 주어진 최대의 용기요, 최대의 선물이 아닐까요. 하이델베르크 요리문답 제 5 문답에 보면 우리는 하나님을 미워하고 우리의 이웃을 미워하는 자연적 경향성을 지닌 부패한 존재입니다. 인간의 모든 불행(misery)이 여기서 자초된 것이지요. 누가복음 18장 13절의 기도는 자신의 죄를 보면서 십자가의 은총에 기대어 죄의 용서를 구하는 위대한 기도입니다. 십자가는 우리로 하여금 죄사함을 얻게 하여 우리로 하나님과 정상적으로 만나게 해주고 하나님의 자녀로서 사랑을 받게 해줍니다. 여기서 끝나지 않고 십자가는 죄를 이기고 새 삶을 이어가는 능력이 되기도 합니다. 누가복음 18장 13절의 기도를 통하여 우리는 우리의 죄를 고백하면서 그 죄를 하나씩 버리는 능력을 얻게 됩니다. 성화의 능력을 얻는 기도가 될 수 있다는 말씀이지요. 어쨌든 십자가를 날마다의 삶에서 승리를 가능케 하는 전투 무기로 사용해야 된다는 것을 말씀드리고 있습니다. 세례 증서를 얻기 위한 신조적 고백이 아니라, 실제 삶에 날마다 작용하는 삶의 원리로 십자가는 반드시 사용되어야 합니다. 그리고 그것 밖에는 다른 삶의 방법도 없고요. 기독교인의 삶은 복음(십자가와 부활)에 대한 집중력이 살아 있는 삶입니다. 이 집중력이 약하거나 거의 없기에 오래 믿으나 기대되는 열매가 없고 심지어 신앙인의 마음은 공허의 늪에까지 빠지게 되는 것입니다. 십자가의 사죄와 부활의 새 삶의 능력이 항상 십분 활용되는 기독교인의 삶이 되어야 하겠습니다. 이 모든 것을 가능케 하는 신비한 사랑, 신비한 십자가의 사랑이 요나서 4장 2절에 계시된 하나님의 은혜요 자비요 인자입니다.

IV. 우리가 받을 교훈: 겸손과 충성

1. 겸손

지금까지 하나님에 대한 바른 이해에 대해 생각했습니다. 이번에는 사역자에 대해 생각하겠습니다. 요나서는 하나님에 대한 교훈뿐 아니고 사역자에 대한 교훈도 중요한 것을 전한다고 봅니다. 즉, 말씀 사역자의 자기반성입니다. 요나서에는 선지자 자신에 대한 반성이 나옵니다. 이 교훈을 두 가지로 나누어 생각할 수 있습니다. 지시적인(prescriptive) 것과 기술적인(descriptive) 것입니다. 지시적 것은 이렇게 해라 저렇게 해라 명령하는 내용입니다(우리가 흔히 생각하는 성경의 '교훈'들입니다). 기술적인 것은 무엇을 행해라 고쳐라 하는 명령이 아니고 현상이나 사실 그대로를 기술하고 보여주는 것들입니다. 우리는 보통 성경은 지시적 교훈들로만 이루어진 책으로 생각하기 쉬운데 그렇지 않습니다. 기술적 내용이 상당히 많고 중요합니다. 복음도 먼저 그리스도께서 죽으시고 사신 '사실'이 먼저가 아닌가요? 기술적 부분이 기초가 되고 그 위에 어떻게 살아라 하는 지시적 부분이 얹혀지는 것입니다. 기술적 부분과 지시적 부분에 대한 균형적인 이해가 성경 말씀을 깨닫는 데 매우 중요합니다.

요나서의 사역자에 대한 반성 중 지시적 부분을 먼저 생각하겠습니다. 앞에서 요나서는 조롱이라는 형식(장르)으로 되어 있다고 말씀드렸습니다. 이 조롱이라는 것이 요나 자신에 대한 조롱과 비꼼입니다. 선지운동이라는 게 이스라엘 역사에서 얼마나 위대한 운동입니까. 하나님의 율법을 기초로 이스라엘 역사를 해석하고 하나님의 백성이 어떤 삶을 살고 어떤 길로 나아가야 될지를 가르친 것이 선지운동입니다. 선지자들은 당시 종교와 정치의 거센 반대를 무릅쓰고 하나님이 내리시는 비판을 세상에 전했습니다. 돌아오는 것은 생명의 위협을 포함한 온갖 박해와 불이익이었습니다. 어느 구약학자의 말처럼 선지자들은 "세상의 기대에 거슬러서 홀로 서는 자"들이었습니다. 그러나 활동 당시에는 박해받고 무시되었지만 선지자들은 오래도록 이스라엘의 존경받는 스승들이 되었습니다. 광야에서 외친 그들의 외침은 두고두고 오는 세대의 등대와 나침반이 되었습니다. 이스라엘의 역사가 금방 역사에서 소멸해 버리지 않고 구속사의 명맥을 이어간 것은 바로 이 위대한 이스라엘의 선지운동 때문이었습니다.

그런데 요나서는 무엇입니까. 다른 선지서들은 선지운동 자체의 위대함을 보여줍니다. 그러나 요나서는 그 위대한 선지운동 이면에 있는 이스라엘의 자기모순, 자기한계를 고발합니다. 조롱이라는 형식이 그 기능을 합니다. 요나서는 옹졸하고 편협한 인간의 자기 계산 때문에 하나님의 일이 방해받을 수 있음을 드러내고 있습니다. 이스라엘의 통렬한 자기반성, 자기비판입니다.

요나가 가지고 있는 생각은 편협한 민족주의였습니다. 좋게 말해야 인간적 계산이라 하겠지요. 구속사의 흐름을 담당하는 이스라엘의 역사는 참으로 중요한 것입니다. 그러나 이스라엘 역사의 중요성에 대한 과도한 집착은 하나님의 세계에 대한 계획을 보지 못하도록 방해하는 것이 될 수도 있었습니다. 요나의 민족주의는 자기중심적인 것이었습니다. 교만과 옹고집이며, 이방에 대한 시기와 질투로 나타났습니다. 하나님의 경륜을 생각하지 못하는 사람의 계산일 뿐입니다. 하나님이 사역자를 들어 일하시는데 상당한 짐이 된 사람이 요나지요. 무슨 용도로 부리려 하면 반대쪽으로 달아나려고만 합니다. 하나님의 생각에 자신의 생각을 조율하고 무엇이든지 기쁨으로 순종해야 하는데 달아나다 도망가다 막상 일이 떨어져도 마지못해 소극적으로 하고 불평만 일삼습니다. 자기 마음에 맞아야만 흡족해 하고 자기에게 이익이 있어야만 만족해 하니 하나님 나라의 일을 하는 사람이 아니라 영락없이 자기의 일을 하는 사람인 것입니다.

언젠가 저희 교단은 아닙니다만 서울 시내 한 목사님이 하시는 말씀을 들은 적이 있습니다. 70년대에 신학을 졸업하신 분입니다. 신학교를 졸업할 때 졸업생들이 당시 교단의 원로급에 해당하시는 아주 훌륭한 목사님을 모시고 졸업 부흥회를 가졌답니다. 은혜를 많이 받고 집회가 끝난 다음 목사님 숙소로 찾아가 다과를 나누는 시간이 되었습니다. 상기된 졸업생 전도사들이 강사 목사님께 이렇게 여쭸답니다. '목사님, 저희는 세계 선교와 아시아 선교를 감당해야 하는데 저희가 무엇을 어찌 하면 될지 가르쳐 주십시오!' 그 때 졸업생 중 한 사람이었던 그 목사님 말로 참으로 자신들이 그때 '방방 뛰며' 강사 목사님께 질문을 했다는 거예요. '목사님, 부디 저희들이 무엇을 해야 할지를 가르쳐 주십시오!' 하고요. 그때 그 원로이신 강사 목사님이 이렇게 대답하시더랍니다. '당신들은 아무 것도 할 것이 없습니다. 당신들은 하나님께 짐만 됩니다. 그러니 믿고 순종이나 하시오.' 그러시더랍니다. 참으로 중요한 말씀 아닙니까. 오래 전에 들었지만 늘 생각이 나는 이야기입니다. 우리가 하나님의 일을 한다고 하면서(물론 사역자들은 중요하지요) 사실은 우리 욕심을 따라, 하나님의 뜻은 아랑곳하지 않고, 내 고집 내 주장 내 생각을 관철시키려고 설쳐대는 수가 얼마나 많은지요. 모두 하나님 나라의 짐이요 방해꺼리들입니다. 요나의 경우를 보시기 바랍니다. 요나는 자신의 편견, 교만, 옹고집, 자기중심주의 등으로 인해 하나님이 하시려는 일을 가로막고 있었습니다. 결국 하나님은 자신이 하실 일을 하시지만 유감스러운 것은 요나의 몰이해와 불순종인 것입니다. 사역자라 하나 고집과 교만과 자기중심적 이기주의가 사역 전면을 도배질할 때가 많습니다. 하나님의 뜻을 전혀 드러내지 않는 방해꺼리 사역자들이지요. 요나의 자기비판은 우리를 향해 이런 점들을 반성하도록 촉구하는 것 같습니다. 우리는 우리 자신이 짐이 되고 방해가 되는 사역자인 줄 알고 겸손해지는 일이 필요하겠습니다. 자신이 무슨 대단한 일을 하고 있다고 생각하는 헛된 자기 신뢰를 삼가야 합니다. 하나님 나라의 사역자에게 요구되는 덕목 하나를 말하라고 한다면 그것은 자기부인이겠습니다. 사역 전면에 늘 등장하려는 부패성을 부인하지 않고는 하나님 나라의 일은 절대 할 수 없기 때문입니다. 자신의 지위나 경력 따위를 내세우는 교만은 언어도단이며, 겸손 밖에는 답이 없습니다. 믿고 순종하는 겸손, 그것이 요나의 자기반성이 우리에게 강력하게 추천하는 바가 아닐까요.

2. 충성

이상 지시적(prescriptive) 교훈을 살핀 것입니다. 이번에는 기술적인(descriptive) 부분을 살펴볼까요. 요나의 망가짐을 통한 이스라엘의 자기반성을 살펴보았는데요, 그렇다고 해서 사역자(선지자)가 무용지물이라는 의미가 되는 것은 아닙니다. 요나의 못난 점이 있지만 다른 한편으로는 이런 면이 있습니다. 불순종하고 하나님께 방해가 될 정도로 다루기 힘든 요나였지만, 그러나 하나님의 일들은 요나를 통해 이뤄진 것도 사실입니다. 요나를 통해 모든 하나님의 일이 이루어졌습니다. 요나가 거기에 있었기에 이방 선원들이 하나님을 만났고, 요나가 거기에 있었기에 니느웨가 회개하지 않았습니까. 치욕스럽게 구겨지고 초라할 정도로 망가진 요나였지만, 그러나 하나님은 그를 사용하여 일하신 것입니다. 그는 여전히 하나님의 일꾼입니다. 고집이 많고 실수가 많고 후회도 많고 초라한 실패로 가득하다 해도 그러나 하나님은 여전히 당신이 세우신 사역자들을 통해 일하십니다. 부르셨기에 신실하신 우리 아버지는 우리의 부족함마저 사용하셔서 일을 하시는 것이 아닌가요.

요한복음 3장 30절에 보면 세례 요한이 예수님과 자신을 비교하면서 "그는 흥하여야 하겠고 나는 쇠하여야 하리라"라는 고백을 하는 내용이 나옵니다. 사역의 현장에서 우리는 치욕스럽게 구겨진다 하더라도 하나님은 흥하실 것입니다. 우리의 사역의 현장이 우리를 영광스럽게 하리라는 기대는 접으십시오. 현장은 우리를 초라하게 만드는 곳입니다. 굴욕의 세월을 지내는 것이 사역자입니다. 사람들의 조롱과 침뱉음이 기다리는 곳입니다. 영광을 얻으려는 헛된 기대 때문에 상처를 받아서는 안 됩니다. 겸손히 쇠하여지려 하는 것이 사역자의 지혜요, 승리의 비결입니다.

편견과 아집으로 일을 그르칠 수도 있는 우리인데도 불구하고 하나님은 다른 누구도 아닌 그런 우리를 사용하여 일하십니다. 부족하지만 거기에 사역자가 있기에 하나님의 일은 일어나고 있으며 새 생명이 탄생하고 성장하는 기적은 계속됩니다. 그냥 거기에 있으면 됩니다. 부족합니다, 문제가 많습니다. 그래도 그냥 거기 있으면 됩니다. 그렇게 하나님의 일은 계속 될 것입니다.

다만 자신의 부패성이 사역을 가로막지 못하도록 끊임없이 회개하고 십자가 앞에 서는 습관만은 중요합니다. 나머지는 모두 하나님 손에 맡깁니다. 어쩝니까. 더도 못하고 덜도 못합니다. 그냥 거기 서 있는 거지요. 하나님은 흥하실 것입니다. 하던 일을 그냥 계속하면 됩니다. 나는 망가지더라도 주님은 흥하실 거라는 청지기 믿음으로 거기 계속 서 있으면 됩니다.

호렙산의 엘리야

열왕기상 19:1-18

김진수 (구약학)

본문의 내용은 그 유명한 갈멜산 사건을 배경으로 하고 있습니다. 갈멜산에서 엘리야는 아합 왕을 비롯한 온 이스라엘 백성들이 지켜보는 가운데 바알 종교가 헛되다는 것을 입증하고, 바알 선지자들을 모두 처형하는 큰 업적을 이루었습니다. 이것은 곧바로 바알 종교의 몰락과 여호와 신앙의 부흥을 가져올 것이라는 기대를 갖게 하기에 충분합니다.

박해받는 엘리야

그러나 이어지는 이야기는 그러한 기대가 성급한 것이란 사실을 보여줍니다. 본문 1-2절을 보겠습니다: "아합이 엘리야가 행한 모든 일과 그가 어떻게 모든 선지자를 칼로 죽였는지를 이세벨에게 말하니 이세벨이 사신을 엘리야에게 보내어 이르되 내가 내일 이맘때에는 반드시 네 생명을 저 사람들 중 한 사람의 생명과 같게 하리라 그렇게 하지 아니하면 신들이 내게 벌 위에 벌을 내림이 마땅하니라 한지라."

이세벨의 이런 태도는 정말 충격적입니다. 아합으로부터 갈멜산 사건에 대한 소식을 전해 들었을 것임에도 불구하고 회개하기는커녕 도리어 공격적인 태도를 보이고 있습니다. 이를 보면 이세벨이 얼마나 마음이 강퍅한 사람이었는가를 알 수 있습니다. 그런데 마음이 강퍅하기는 아합도 마찬가지였습니다. 그는 엘리야의 기적을 현장에서 눈으로 지켜본 사람이었습니다. 그런데도 바알숭배자 이세벨에 대하여 아무런 제제를 가하지 않습니다. 그는 그저 이세벨에게 엘리야가 한 일을 알려줄 뿐 다른 아무 일도 하지 않습니다. 심지어 이세벨이 엘리야를 죽이고자 하는데도 그저 방관하고 있을 뿐입니다. 이렇게 무감각하고 강퍅한 아합 왕실의 모습은 하나님께서 아무리 기적적인 방식으로 개입하신다 하더라도 우상숭배와 불신앙의 마음이 털끝만큼도 바뀌지 않는 사람들이 있다는 사실을 잘 보여줍니다.

이런 사실은 또한 하나님의 사람들이 수행하는 사역들이 언제나 성공적이고 사람들로부터 환영을 받는 것은 아니라는 점을 가르쳐줍니다. 물론 하나님의 사람들이 성공의 기쁨을 맛보고 사역의 열매들을 누리는 경우도 없지 않을 것입니다. 그러나 많은 경우 사역의 현장에서 난관에 부딪히며, 반대와 배척을 당하기도 하며, 때로는 쓰디쓴 실패를 경험하기도 합니다. 엘리야와 예레미야가 그러하였으며 신약의 사도들 또한 그런 길을 간 것을 우리는 잘 알고 있습니다. 교회사에서도 이런 예들은 얼마든지 있습니다. 칼빈은 제네바 시를 개혁하려다 시의회의 반대에 부딪혀 그 도시로부터 추방당하기도 하였으며, 요나단 에드워드는 교회의 순수성을 지키기 위해 노력하다가 교인들의 반발로 47세의 나이에 23년간 섬겨오던 노드햄턴 교회를 사임하는 아픔을 겪기도 했습니다.

이렇게 사역자의 길은 결코 순탄한 것이 아닙니다. 그러므로 중요한 것은 어려움을 만났을 때 그 어려움을 어떻게 헤쳐 나가느냐 하는 것입니다. 본문에 소개된 엘리야의 행적은 이 문제에 모범답안을 제공해줍니다. 얼핏 보면 본문에 묘사된 엘리야의 모습은 본받을만한 것이라기보다 실망스러운 것에 가깝습니다. 그는 이세벨의 위협 앞에서 두려워하며 목숨을 위해 도망하는 비겁한 태도를 보입니다. 그는 심지어 "여호와여 넉넉하오니 지금 내 생명을 거두시옵소서 나는 내 조상들보다 낫지 못하니이다"(4b)라고 하며 절망감을 드러냅니다. 어떤 주석가는 엘리야의 이런 태도를 두고 갈멜산에서의 승리가 그에게 "터무니 없는 자만심"을 갖도록 하여 "스스로를 지나치게 중요하게 생각하도록" 만들었기에 나타난 "두드러진 영적 결함"일 수도 있다고 혹평하기까지 합니다.

엘리야에 대한 이런 평가가 옳은 것일까요? 물론 엘리야는 예상치 못한 상황으로 인해 혼란스러운 상태에 있었고, 그 마음이 깊이 침체된 상태에 있었습니다. 그럼에도 불구하고 엘리야를 "터무니 없는 자만심"을 가진 자로 평가하는 것은 옳지 않습니다. 모세도 패역한 이스라엘 백성들 앞에서 차라리 죽기를 구하였고(민 11:15), 예레미야는 회개하지 않는 유다 백성들로 인해 자기 생일을 저주하기까지 하였습니다(렘 20:14). 선지자들의 이런 모습을 모두 자만심의 표현으로 볼 수는 없지 않을까요? 오히려 그것은 그들이 겪어야 했던 고난의 크기와 깊이를 말해주는 것입니다. 엘리야 또한 마찬가지입니다. 그가 얼마나 고통스러웠으면 죽기를 구하였겠습니까? 어떤 면에서 엘리야가 받은 고난은 자기 백성의 죄로 인해 고난 당하신 예수 그리스도의 고난과 연결되는 것이라 할 수 있습니다.

한 걸음 더 나아가 엘리야가 당한 고난은 오늘날 사역자들이 주의 일을 하다가 고난 당할 때 기뻐할 수 있는 근거를 제공해주기도 합니다. 선지자들의 고난은 오늘 우리의 위로와 기쁨을 위한 것이기도 하다는 말입니다. 예수님은 제자들에게 "나로 말미암아 너희를 욕하고 박해하고 거짓으로 너희를 거슬러 모든 악한 말을 할 때에는 너희에게 복이 있나니 기뻐하고 즐거워하라 하늘에서 너희의 상이 큼이라 너희 전에 있던 선지자들도 이같이 박해하였느니라"고 하셨습니다. 그렇습니다. 오늘 우리는 '그의 나라'와 '그의 의'를 위해 고난 당할 때 원망하고 불평하는 대신 기뻐하고 즐거워할 수 있습니다. 왜 그럴까요? 우리가 욕을 먹고 박해를 받음으로써 선지자들의 고난에 동참한다는 사실을 알기 때문입니다.

호렙산을 찾은 엘리야

그렇다면 엘리야가 이세벨의 위협 앞에 도망한 것은 어떻게 보아야 할까요? 그것은 그가 죽기를 두려워한 자요 비겁한 자였다는 의미가 아닌가요? 그러나 본문을 살펴보면 그렇지 않다는 것을 알 수 있습니다. 엘리야가 죽기를 두려워했다면 유다로 피하는 것만으로도 충분하였을 것입니다. 그런데 그는 유다의 남단인 브엘세바로 갔고, 그곳에 자신의 사환을 머물게 한 후 다시 광야로 들어가 하룻길이나 갔습니다. 목숨을 보존하는 것이 그의 주된 목적이었다면 굳이 이렇게까지 할 필요가 있었겠습니까?

무엇보다도 엘리야의 최종 행선지가 호렙산이었다는 사실은 그의 여행이 단순한 피신이나 도주가 아니었다는 것을 분명히 해줍니다. 물론 엘리야가 처음부터 호렙산을 목적지로 삼고 여행길에 올랐는지는 분명하지 않습니다. 그러나 7절에서 하나님이 엘리야에게 "네 갈 길이 멀다"(רב ממך הדרך)고 말씀하신 것을 보면 처음부터 엘리야가 호렙산을 여행의 목적지로 삼았을 가능성이 매우 큽니다.

호렙산이 어떤 곳입니까? 그곳은 출애굽 당시 모세가 하나님을 만났던 장소로 유명합니다. 모세는 이곳에서 이스라엘을 애굽 왕 바로의 권세에서 구원하라는 사명을 받았었고(출 3장 참조), 출애굽 이후에는 그곳에서 하나님이 친히 돌 판에 기록해주신 율법을 수여 받기도 했습니다(출 33:6). 무엇보다도 호렙산은 하나님께서 이스라엘 백성들과 더불어 언약을 맺었던 장소로 유명합니다(출 19장). 이와 같이 호렙산은 모세의 선지적 소명과 깊이 연관된 장소요, 하나님과 이스라엘이 서로 특별한 신뢰의 관계를 맺은 언약의 장소였습니다.

엘리야가 이처럼 역사적으로 뜻 깊은 곳에 가고자 한 이유는 무엇일까요? 아마도 그는 호렙산으로 가면서 자신보다 앞서 선지사역을 감당하였던 모세를 생각하고, 이스라엘과 하나님의 언약관계를 되새겨보며, 자신과 이스라엘을 향한 하나님의 뜻을 찾고자 하는 간절한 기대와 바램을 마음에 간직하고 있었던 것으로 보입니다. 그가 광야의 한 로뎀 나무 아래에서 하나님께 호소하기를 "나는 내 조상들보다 낫지 못하나이다"(4b)라고 하였을 때에도 조상들 중 한 사람인 모세를 생각하였던 것이 분명합니다.

사실 본문에는 모세의 행적을 연상케 하는 내용들이 많이 나타납니다. 앞에서 언급한 대로 엘리야가 선지적 사역의 어려움 때문에 "내 생명을 거두시옵소서"(4b)라며 하나님께 호소한 것은 백성들의 원망 앞에서 죽기를 구하였던 모세와 닮아있고(민 11:15), 호렙산에 가기 위해 "사십 주 사십 야"가 걸린 것(8b)은 모세가 시내산에서 율법을 받기까지 "사십 주 사십 야" 동안 산에 있었던 것과 유사합니다(출 24:18). 더 나아가 호렙산의 한 동굴에서 엘리야가 하나님이 지나가시는 것을 본 것(11a)은 시내 산의 한 바위 틈에서 모세가 하나님의 영광이 자나가는 것을 본 것과 평행을 이룹니다(출 33:21-23). 특히 엘리야의 동굴이 정관사에 의해 한정된다는 점에 주목할 필요가 있습

니다: "그 굴"(הַמְּעָרָה). 이것은 이 '굴'이 이미 알려져 있는 어떤 굴, 즉 모세가 하나님의 영광을 보았던 그 '바위 틈'과 같은 곳이었음을 암시하는 것이라 할 수 있습니다.

본문이 이처럼 모세의 행적을 상기시키는 이유가 무엇일까요? 그것은 엘리야가 모세의 위치에서 위험에 처한 하나님과 이스라엘의 언약관계를 위해 고군분투한 선지자란 사실을 보여주기 위한 것이라 여겨집니다. 신약성경이 모세와 엘리야의 연관성을 강조하는 것도 같은 이유 때문입니다. 예수께서 한 높은 산에서 영광스런 모습으로 변형되셨을 때 모세와 엘리야가 나타나 예수님과 더불어 담화를 나누었습니다(마 17:1-4; 막 9:1-5).

환언하면 엘리야는 모세와 마찬가지로 언약의 중보자로서 이스라엘을 하나님 앞에 바로 세우기 위해 혼신의 힘을 다 기울인 선지자였습니다. 이제 그런 자신의 노력이 이세벨의 거센 저항으로 인해 벽에 부딪히자 엘리야는 조상들 특히 모세를 생각하며 이스라엘과 하나님의 언약관계의 출발점인 호렙산으로 가고자 하였던 것입니다. 하나님께서도 엘리야의 그런 의도를 아시고 그를 도우셨습니다. 이렇게 볼 때 엘리야의 피신은 단순한 '도망'이 아니었던 것이 분명합니다. 그것은 이스라엘의 답답하고도 암울한 현실 앞에서 하나님의 뜻이 무엇인지를 찾기 위한 영적/신앙적 순례의 여정이던 것입니다.

엘리야의 이런 모습은 오늘날 우리에게 귀한 교훈을 줍니다. 한국 교회의 현실은 엘리야 시대와 같이 어둡고 답답합니다. 우리를 기다리고 있는 것은 평탄한 길이 아니라 역경의 가시밭 길일 가능성이 큽니다. 이런 목회 현실 앞에서 절실한 것은 하나님 안에서 우리를 새롭게 발견하는 것입니다. 엘리야가 언약관계의 출발점인 호렙산으로 갔던 것처럼 우리들 또한 하나님과의 관계를 되돌아보고 그것을 재확인해야 한다는 말입니다. 다시 말해 하나님께서 세상 만민들 가운데 우리들을 택하시고, 그리스도 안에서 구속의 은혜를 베푸시며, 주의 백성을 섬기는 사역자로 부르신 사실을 돌아보아야 한다는 것입니다. 이러한 영적 순례야말로 우리에게 사역을 지속하는 동력을 공급해줄 것입니다.

본문에서 한 가지 더 주목해야 할 것은 천사가 엘리야에게 "숯불에 구운 떡과 한 병 물"을 공급해주었다는 점입니다(6절). 이는 이스라엘 백성들이 광야생활 동안 하나님께로부터 식물을 공급받은 것을 상기시켜줍니다. 엘리야가 호렙산까지 가는데 40일이 걸렸다는 사실 또한 이스라엘의 광야생활을 연상케 합니다. 사실상 브엘세바에서 호렙산까지의 거리는 60~70km에 불과합니. 2-3일이면 갈 수 있는 이 거리를 40일만에 갔다는 것은 무엇을 말해주는 것일까요? 그것은 하나님께서 광야 40년간 이스라엘 백성을 지키시고 보호하셨다는 사실을 일깨워주기 위해 의도된 것이 아닐까요? 이렇게 보면 하나님은 엘리야의 여정 속에서 이미 그가 가진 질문들에 답하고 계셨다고 할 수 있습니다: 하나님의 백성들이 아합 왕권 아래서 어려움을 겪고 있지만 하나님께서 결코 그들을 저버리지 않으시고 보존하실 것이다. 이것은 오늘 날에도 변함 없는 진리입니다. 교회가 아무리 어려운 현실 가운데 있어도 교회는 여전히 하나님의 손길 안에 보호받고 있습니다. 이 사실을 잊어서는 안 됩니다.

하나님과 대면하는 엘리야

호렙산에 당도한 엘리야는 한 동굴에 머물면서 하나님과 대면하는 놀라운 시간을 가집니다. 앞에서 언급한 것처럼 이 동굴은 과거 모세가 하나님의 영광을 볼 때 있었던 장소입니다. 당시 모세는 이스라엘이 금송아지 우상을 섬긴 사건을 경험한 직후 이곳에서 하나님의 영광을 보았습니다. 그런데 지금 엘리야는 이스라엘이 바알숭배에 빠진 것을 보고 같은 장소에서 하나님을 대면하고 있습니다. 따라서 이곳에 소개된 엘리야를 제 이의 모세라 하여도 될 것입니다.

하나님은 먼저 "엘리야야 네가 어찌하여 여기 있느냐"고 질문을 던지십니다. 그러자 엘리야는 격정에 찬 대답을 합니다: "내가 만군의 하나님 여호와께 열심이 유별하오니 이는 이스라엘 자손이 주의 언약을 버리고 주의 제단을 헐며 칼로 주의 선지자들을 죽였음이오며 오직 나만 남았거늘 그들이 내 생명을 찾아 빼앗으려 하나이다"(10절). 이 구절에 담긴 엘리야의 말과 태도를 어떻게 보아야 할까요? 우선 하나님께 대하여 '열심이 유별하다'고 한 엘리야의 말은 결코 과장이나 거짓이 섞인 것이 아닙니다. 그는 바알숭배를 장려하는 아합의 정책에 목숨을 걸고 항거하였습니다. 그는 심지어 갈멜산에서 850명의 바알, 아세라 선지자들과 대결하고 그들을 모두 처형하기도 하였습니다. 이렇듯 엘리야는 하나님께 대한 열심에 사로잡혔던 선지자였습니다. 따라서 '하나님께 열심이 유별하다'고 한 엘리야의 말은 진실 된 것입니다. 우리들 또한 그렇게 말할 수 있어야 하지 않을까요?

그런데 엘리야의 마지막 말("오직 나만 남았거늘 그들이 내 생명을 찾아 빼앗으려 하나이다")에는 다소 과장이 섞인 것이 분명합니다. 얼마 전 엘리야는 아합의 신하 중 한 사람인 오바댜로부터 100명의 선지자들이 살아있다는 소식을 들었기 때문입니다(18:4, 13 참조). 엘리야가 이렇게 과장된 말을 한 것을 보면 그가 당시 북 이스라엘의 상황을 어떻게 받아들이고 있었는지를 알 수 있습니다. 그는 이스라엘에 여호와 신앙이 말살되었으며, 더 이상 아무 소망이 없다고 생각하였던 것 같습니다. 그러나 이것은 얼마나 잘못된 생각입니까? 하나님이 살아계시는 한 절망할 이유가 없습니다. 아마도 엘리야는 이 사실을 잠시 잊고 있었던 모양입니다. 그렇지 않다면 엘리야는 다소 과장된 표현을 함으로써 하나님께서 당장 개입하셔서 현 상황을 바꾸어 주시기를 바랐을 수도 있습니다.

세미한 소리

엘리야의 탄원에 대한 하나님의 대답이 11-12절에 나타납니다: "여호와께서 가라사대 너는 나가서 여호와의 앞에서 산에 섰으라 하시더니 여호와께서 지나가시는데 여호와의 앞에 크고 강한 바람이 산을 가르고 바위를 부수나 바람 가운데 여호와께서 계시지 아니하며 바람 후에 지진이 있으나 지진 가운데도 여호와께서 계시지 아니하며 또 지진 후에 불이 있으나 불 가운데도 여호와께서 계시지 아니하더니 불 후에 세미한 소리가 있는지라."

본문에 나타나는 '크고 강한 바람', '지진', '불'은 하나님이 현현하실 때 수반되는 현상들에 속합니다. 예컨대 시내산에 하나님이 강림하실 때에도 불과 지진 현상이 동반되었습니다(출 19:16-19). 특히 '바람'과 '지진'과 '불'은 하나님의 초자연적인 심판과 관련해서 언급되는 현상들입니다(나훔 1:3-6 참조). 그렇다면 본문에서 '바람'과 '지진'과 '불' 가운데 하나님이 계시지 않았다는 것은 무엇을 뜻하는 것일까요? 또한 "세미한 소리"(문자적으로 "가느다란 속삭임 소리")가 의미하는 것은 무엇일까요?

우선 하나님께서 '바람' '지진' '불' 가운데 계시지 않았다는 것은 그런 현상들이 본래 하나님의 현현과 무관한 것들이란 의미로 받아들여져서는 안 됩니다. 위에서 언급한 것처럼 하나님이 임하실 때, 특별히 심판하시려 강림하실 때 바람, 지진, 불과 같은 현상들이 동반되었습니다. 엘리야가 바알 선지자들과 대결할 때에도 하나님은 하늘에서 불을 내려 그의 하나님 되심을 나타내 보이셨습니다. 따라서 하나님이 바람, 지진, 불 가운데 계시지 않았다는 것은 본래 그런 현상들이 하나님과 무관한 것이란 의미로 이해되어서는 안 됩니다.

오히려 그것은 본문의 특수한 상황을 배경으로 이해되어야 합니다. 앞에서 언급한 것처럼 지금 엘리야는 이스라엘의 절망적인 형편을 언급하며 하나님께 탄원 드리고 있습니다. 아마도 엘리야는 바알 선지자들과의 대결에서와 같이 하나님이 하늘에서 불을 내려 아합 왕가를 심판해주시기를 바랐는지도 모릅니다. 그러나 이상하게도 하나님은 바람과 지진과 불 가운데 계시지 않았습니다. 이것은 하나님께서 엘리야의 기대와 다르게 역사하실 것이란 의미로 풀이 될 수 있습니다. 즉 하나님은 엘리야가 바라는 것처럼 기적적으로 단번에 아합 왕가를 심판하지 않고 오히려 "가느다란 속삭임 소리 같이" 고요하고, 은밀한 방식으로 아합 집안의 우상숭배 문제를 다루실 것이란 말입니다.

이것은 본문의 구성에서도 드러납니다. 먼저 이곳에 소개된 엘리야와 하나님의 만남이 두 차례의 대화로 이루어져있다는 점에 주목해야 합니다. 각각의 대화는 모두 "엘리야야 네가 어찌하여 여기 있느냐"(9b, 13b)라는 질문으로 시작하며, 이 질문에 대한 엘리야의 대답(10, 14) 또한 두 대화에서 모두 동일합니다. 차이점이 나타나는 곳은 하나님의 응답부분(11-12, 15-18)입니다. 그런데 하나님의 질문과 엘리야의 대답이 두 대화에서 모두 동일하다는 사실은 표면상 다르게 보이는 하나님의 응답 또한 같은 것을 의미한다는 단서를 제공해줍니다. 즉 하나님께서 바람, 지진, 불 가운데 계시지 않고 대신 "가느다란 속삭임 소리"가 들렸다는 것은 15-18절에서 설명되는 내용과 같은 의미를 담고 있다는 말입니다.

15-18절은 하나님께서 아람 사람 하사엘과 이스라엘 사람 예후와 선지자 엘리사를 들어 사용하여 아합 집안의 죄악을 심판하실 것이란 내용을 담고 있습니다. 즉 하나님은 초자연적인 능력을 사용하여 단번에 아합 집안을 심판하는 대신 한편으로 역사의 흐름 속에서 조용히 외교적, 정치적 상황의 변화를 통해, 다른 한편으로 선지자가 전하는 메시지를 통해 아합 집안의 죄를 심판하실 것이란 것이 15-18절이 말하고자 하는 바인 것입니다. 이렇게 볼 때 12절에 소개된 "가느다란 속삭임 소리"는 15-18절에 소개된 바 역사 안에서 진행되는 하나님의 은밀한 섭리와 개입을 가리킨다는 사실을 알 수 있습니다.

본문에서 예고된 바와 같이 아합 왕가는 아람의 공격으로 많은 어려움을 겪었으며(왕상 20장), 아합 자신은 아람과의 전투에서 목숨을 잃게 됩니다(왕상 22장). 또한 아합의 아들 요람은 아람왕 하사엘과 더불어 싸우다가 부상을 당하고 결국 죽게 됩니다(왕하 9:14-16 참조). 무엇보다도 아합 왕가는 한 때 아합의 신하였던 예후의 유혈 쿠데타에 의해 몰락하고 맙니다. 이 때 아합의 아들 70명이 살해 당하고 이세벨 또한 처참하게 죽습니다(왕하 9, 10장 참조).

물론 이런 모든 정치적 격변 배후에서 엘리사 선지자가 하나님의 메신저로서 활약하였다는 것을 잊어서는 안 됩니다. 즉 아합 왕가의 몰락 배후에는 선지자 엘리사가 전한 하나님의 말씀이 예리한 검과 같이 작용하고 있었다는 말입니다. 이것은 우리에게 하나님의 말씀을 연구하고, 설교하며, 가르치는 것이 얼마나 놀라운 일인가를 가르쳐줍니다. 하나님의 말씀에는 사람을 죽이기도 하고 살리기도 하며, 역사의 흐름을 바꾸기도 하는 권능이 있습니다. 그러므로 하나님의 말씀을 바르게 깨달아 전하는 일에 우리의 모든 것을 걸어야 합니다. 하나님의 말씀만이 참된 생명을 가져다 주며, 부패한 것을 바로잡고, 어두움을 몰아내며, 세상을 새롭게 한다는 사실을 잊어서는 안 됩니다.

정리하자면, 호렙산에서 하나님의 계시는 하나님의 심판이 반드시 즉각적으로 기적적인 방식으로 임하지 않을 수도 있으며, 하나님의 섭리 가운데 역사적 사건과 정치적 변화 등을 통하여, 더 나아가 선지자가 전하는 하나님의 말씀을 통해 고요히 이루어 질 수도 있다는 점을 알려줍니다. 그러나 하나님의 기적적인 개입이든 은밀한 섭리이든 모든 일들이 하나님의 주권 하에 있다는 사실에는 변함이 없습니다. 온 세상의 하나님의 주권적인 통치하에 있다는 사실은 18절에서도 강조됩니다: "그러나 내가 이스라엘 가운데 칠천 인을 남기리니 다 무릎을 바알에게 꿇지 아니하고 다 그 입을 바알에게 맞추지 아니한 자니라." 이것은 이스라엘의 바알숭배와 아합 집안의 끈질긴 박해 속에 낙망하여 있는 엘리야에게 새로운 용기와 힘을 주었을 것입니다. 그는 옛 언약의 중보자 모세가 계시를 받았고 이스라엘 백성들이 하나님과 더불어 언약을 맺었던 그곳 호렙 산에서 다시금 선지적 사명을 새롭게 하고 언약백성의 미래에 대한 소망을 확고히 할 수 있었습니다.

본문의 말씀은 오늘 우리에게 동일한 위로와 소망을 줍니다. 하나님은 과거 이스라엘 백성들을 광야에서 돌보아주셨던 것처럼 오늘 우리를 돌보아 주실 것입니다. 엘리야 시대 은밀한 섭리의 손길과 선지적 메시지를 통해 주권적으로 역사하셨던 하나님은 오늘날에도 동일한 방식으로 역사하십니다. 이 시대에도 분명 하나님이 남기신 백성들이 있으며, 하나님이 불러 자기 백성 삼으실 사람들이 있습니다. 우리는 이 하나님의 역사를 믿음으로 바라보면서 힘을 얻어 하나님의 일에 동참하는 사람들이 되어야 하겠습니다. 무엇보다도 하나님이 우리에게 맡겨주신 말씀을 연구하고, 바르게 깨달아, 전하며 가르치는 일에 더욱 힘을 내어야 하겠습니다. 그 말씀을 통하여 하나님은 오늘도 심판과 구원의 역사를 이루어가시기 때문입니다.

부활생명을 사는 성도

고린도전서 15장 50-58절

박형용 (신약학·명예교수)

금주가 고난 주간입니다. 설교 부탁을 받고 고난에 대해서 설교를 해야 하나, 요즘 제가 공부하는 빌레몬서에서 배운 목회 원리에 대해서 설교를 해야 하나, 그런 고민을 했습니다. 그런데 이후에는 기회가 없을 거 같아서 부활에 대해서 설교하는 것이 유익이 되리라 생각을 하고 오늘 본문을 정했습니다.

부활의 확실성

어쩌면 과거 개혁주의 신학자들도 고난주간이 있었고 또 부활 전에 구속 문제가 있기 때문에 조직신학이라든지 그들의 저서를 통해서 속죄(atonement)라는 주제 하에 많은 페이지를 할애해서 고난에 대해

다루었습니다. 그런데 조사를 해보면 부활에 대해서는 그렇게 많은 페이지를 다루지 않았어요. 어떤 분은 아예 다루지를 않았습니다. 부활이 성도들의 구원과 삶에 어떻게 적용이 되는가 하는 부분에 대해서 그렇게 많은 관심을 두지 않았습니다. 그러나 우리가 기억을 해야 할 것은 부활 없는 예수님의 죽음은 아무 것도 아닙니다. 부활이 있었기에 예수님의 죽음이 우리에게 참 생명이 되고 죄 문제가 해결되고 영원한 생명을 우리에게 주는 그런 사건이 될 수 있었습니다. 그래서 이 부활과 예수님의 죽음, 죽음과 부활은 늘 같이 생각을 해야 할 말씀입니다.

1885년 4월 5일 부활 주일에, 기록으로 보면 미국 선교사 언더우드와 아펜젤러 이 두 분이 인천항에 도착한 것으로 전해집니다. 금년이 2010년이니까 125년이 된 셈이지요. 한국에 복음이 공식적으로 들어온 해를 1885년으로 잡으면 그렇게 됩니다. 그런데 재미있는 일화가 두 선교사가 인천항에 도착해서 자기들끼리 이야기를 했답니다. 한 사람은 장로교도고 한 사람은 감리교도인데, 다음 후대에 한국 기독교인들이 누가 먼저 한국 땅에 발을 딛었냐? 감리교 선교사냐 장로교 선교사냐? 이것을 가지고 논쟁하지 않도록 우리가 손을 잡고 동시에 발을 디디자고 했다는 이야기가 전해 옵니다.

그런데 알렌 클라크(Allen Clark)의 말로는 그게 재미있는 이야기이기는 하지만 실제로 제일 먼저 한국 땅에 발을 디딘 사람은 아펜젤러 부인이었다고 합니다. 감리교가 먼저 온 거에요. 언더우드는 결혼을 안 했거든요. 그건 서양 관습(western custom)과도 맞는 거 같습니다. 어쨌든 이 부활은 복음의 중심이고 바울 사도가 몹시 강조한 주제이고 또 우리에게 엄청난 축복이 되는 그런 사건입니다. 그래서 고린도전서 15장에 보면 이 성도들의 부활을 부인하고 의심하는 고린도 교인들을 향해서 교훈합니다. 아마 일부가 그랬겠죠. 일부를 향해서 바울 사도가 부활에 대해서 쓰면서 먼저 성도들의 부활로 연결시키기 위해서 예수 그리스도의 부활의 역사성을 전합니다. 확실하게 부활을 했다는 사실을 고린도전서 15장에서 1절부터 10절까지 설명하고 있습니다.

거기에 보시면 네 가지로 이야기를 합니다. 먼저, 너희가 받은 이것이 나도 받은 것이다. 그러니까 초대 교회 즉 부활을 직접 목격한 사람들이 보고 믿은 그것을, 전해 내려온 그대로 나도 너희에게 전한 것이다. 예수 그리스도의 부활이 있었다는 것은 처음부터 믿음의 전통으로 계속 이어왔다는 사실을 이야기하고, 그리고 내가 전하는 것도 같은 내용을 너희들에게 전한 것이라고 말씀합니다. 그리고 두 번째로 부활의 확실성을 증명하는 내용은 예수님의 죽음과 부활은 성경대로 이루어졌다는 것입니다. 여기 성경은 신약성경이 아니고 구약성경을 가리키지요. 하나님 말씀의 신실성에 근거한 이 구약성경에 하나님께서 계획하신 대로 언급되었는데, 그대로 예수님의 생애를 통해서 성취가 되었다고 지금 말씀을 하고 계십니다.

그래서 우리가 구약을 보면 잘 아는 대로 이사야서 53장에 보면 예수님께서 매를 맞는 것, 성도들을 대신해서 고난을 당하는 것, 또 예수님이 부자의 무덤에 묻히실 것 등 여러 가지가 나옵니다. 또 시편 22편에서도 수족이 찔림을 받을 것, 또 그의 옷이 나뉘게 될 것이 다 예언이 되고, 다른 여러 곳에서 예수님의 고난과 수난에 대해서 언급이 되어 있습니다. 그리고 그대로 예수님께서 이 땅에 오셔서 고난당하시고 죽임을 당하셨습니다. 또 부활도 시편 16편 10절의 내용이 사도행전 2장 27절, 그리고 31절과도 연관이 됩니다. 27절에 시편을 인용하여 설명을 시작하는데 예수님의 부활을 예언한 것으로 설명을 합니다. 결국은 지금 바울 사도가 성도들의 부활에 대해서 의심을 하고 있는 사람들에게 하나님께서 그의 신실한 약속대로 이루셨다는 사실을 분명하게 말씀하고 있습니다.

그리고 세 번째 부활의 확실성을 증명을 하는 것은 예수님께서 부활하신 이후에 예수님을 만난 사람이 많다는 사실입니다. 5절부터 8절에, 목격자의 증언이 확실한 근거가 되어 있다고 합니다. 게바에게도 보여주시고 열두 제자에게도 보여주시고 오백여 형제에게도 보여주시고 바울 자신에게도 보여주셨는데, 그 오백여 형제 중의 절반 정도인 250여 형제가 살아 있다 그것입니다. 내가 지금 이야기하고 있는 부활은 거짓일 수가 없고, 내가 거짓이라면 언제든지 논박당할 수밖에 없는 확실한 역사적인 사실이라고 바울 사도가 말씀한 겁니다. 250여명이 눈을 부릅뜨고 보고 있는 상황인데 어떻게 거짓말을 할 수 있겠느냐?

그 다음에 네 번째로는 9절에서 11절까지의 내용인데, 자신의 삶의 변화가 바로 예수 그리스도의 부활을 증거하는 것이라고 하였습니다. 바울 사도는 유대교에 특별한 열심이 있는 사람이었다고 갈라디아서 1장 14절에서 설명합니다. 그리고 하나님의 교회를 핍박하기를 원했다고 13절에 얘기를 했습니다. 사도행전 7장 58절에서는 스데반을 죽이는 데 동참을 했습니다. 그리고 다메섹 도상에서 부활하신 예수님을 만날 때도 그렇게 다메섹으로 간 이유가 예수 믿는 사람들을 잡아다가 핍박하고 교회를 핍박하기 위해서 가는 길이었습니다. 그렇게 가다가 하나님의 은혜로 부활하신 예수님을 만나서 그의 삶이 변화되었습니다. 교회를 핍박하고 예수를 핍박하기 위한 길에서, 어쩌면 예수를 허풍쟁이로 생각했던 바울이 이제는 다른 것 다 제쳐놓고 부활을 알기 원하고 그리고 그 부활의 지식에 더 깊이 들어가기를 원하는 사도가 되었다는 것입니다. 그런데 내가 과거에 어떤 사람인지는 너희들이 더 잘 알지 않느냐? 그런데 그런 사람이 이렇게 부활을 확실하게 증거하는 것은 자신이 부활하신 그리스도를 만났기 때문에 가능한 것이요 예수님의 부활이 확실하기 때문에 가능한 것이었다고 말씀을 하고 있습니다.

성도의 부활을 의심한 사람들

지금 예수님의 부활을 의심한다기보다는 성도들의 부활을 의심하는 사람들에게 즉 자기 주변에 있는 이미 죽은 사람들의 살아남에 대해서 의심하는 사람들에게 바울 사도는 이렇게 예수 그리스도의 부활의 확실성을 설명했습니다. 그러면 고린도 교회의 부활을 의심하는 사람들의 마음속에는 그게 무슨 대수냐고 질문할 거예요. 우리도 안다. 예수님이 부활한 것은 우리 주변의 사람들이 다 목격했으니까 우리도 아는데, 그래도 우리 주변에 부활한 성도가 하나도 없지 않느냐? 그러니 의심할 수밖에 없지 않느냐! 그런 생각이나 얘기를 할 수밖에 없습니다. 그래서 바울 사도가 다음 12절에서 20절 사이에서 그 답을 줍니다. 결국은 예수 그리스도의 부활은 성도들의 부활과 연합된 것으로 생각을 해야 한다는 것입니다. 그래서 이 바울 사도의 논리의 방향이 완전히 바뀌어져요.

우리는 예수 그리스도의 부활과 성도들의 부활을 연결시킬 때 예수님께서 부활하셨기 때문에 성도들도 부활을 할 것이다, 이렇게 이야기합니다. 여기 13절에 보면, 만약 죽은 자의 부활이 없었으면 그리스도도 다시 살지 못했으리라. 16절에 만일 죽은 자가 다시 사는 것이 없으면 그리스도도 다시 사신 것이 없었을 터이요 성도들의 부활이 없으면 예수님의 부활이 있어서 뭣 하느냐 말이에요. 옳습니다. 우리들의 부활이 없으면 이천 년 전에 예수님이 한 번 부활했다는 그 기적이 무슨 효과가 있느냐 그 말입니다. 아무런 효과가 없어요. 그러니까 바울 사도는 여기 20절에서 얘기한 것처럼 이제 그리스도께서 죽은 자 가운데서 다시 살아 잠자는 자들의 첫 열매가 되었다는 것입니다. 예수님의 부활은 모든 잠자는 자들의 첫 열매로서 부활했기 때문에 그 다음에 뒤따라오는 예수님과 연합된 모든 성도들이 다 부활하게 될 것이라는 것을 분명하게 답하고 있습니다.

우리들은 예수 그리스도를 믿음으로 예수님과 연합되었기 때문에 지금 현재도 예수님이 부활 생명을 사는 것처럼 우리도 부활 생명을 살고 있는 존재들입니다. 거기까지 얘기하니까 고린도 교회 성도들의 마음속에 그러면 언제 그 일이 벌어질 것이냐? 언제 성도들이 부활하게 될 것이냐? 그런 의문이 생길 수밖에 없습니다. 그래서 바울 사도가 21절부터 28절까지 사이에 분명하게 설명을 하고 있습니다. 22절에 보면 "아담 안에서 모든 사람이 죽은 것 같이 그리스도 안에서 모든 사람이 삶을 얻으리라 그러나 각각 자기 차례대로 되니니 먼저는 첫 열매인 그리스도요 다음에는 그리스도 강림하실 때에 그에게 속한 자요." 그러니까 예수님께서 재림하실 때 예수를 믿는 성도들입니다. "그 후에는 마지막이니 그가 모든 정사와 권세와 능력을 멸하시고 나라를 아버지 하나님께 바칠 때라." 이 땅 위에 오셔서 구속을 성취하시고 그 구속의 복음으로 믿는 모든 성도들을 부활할 수 있도록 하는 그때는 예수님께서 재림하실 때, 구속 성취로 이루어진 그 나라를 이제는 아버지 하나님께 바칠 그때가 되면 성도들이 모두 부활체를 입게 될 것이라고 말을 합니다.

여기 본문 24절에 "그 후에는 마지막이니" 이렇게 되어 있기 때문에 약간 오해를 가질 수도 있습니다. 왜냐면 먼저는 첫 열매인 그리스도요 다음에는 그리스도 강림하실 때 그에게 붙은 자요 또 그 후에는 마지막이니, 그렇게 되어 있는데 원어를 보면 토 텔로스(τὸ τέλος)입니다. 그 후에는 완성이니, 그런 뜻이에요. 그 후에는 끝이라는 뜻입니다. 그러니까 그 이상은 없는 거예요. 그 이후에 뭔 일들이 벌어져 가지고 복음이 전해지고 그런 게 없어요. 첫 열매로 부활하신 예수님 그분이 나라를 아버지께 바칠 때, 재림할 때가 되면 모든 역사는 완성이 되는데 그때에 예수를 구주로 부르는 모든 성도들이 부활하게 될 것이라고 답을 합니다.

그리고 그 다음 부활체에 대해서 중간에 좀 건너뛰어서 35절부터 얘기합니다. "누가 묻기를 죽은 자들이 어떻게 다시 살며 어떠한 몸으로 오느냐" 하는 두 가지 질문이 있어요. 죽은 자들이 어떻게 사느냐? 사실 답하기 곤란하거든요. 1+1=2다 하는 것이 논리적으로 맞는데 죽어서 모든 몸체에 관한 것은 다 썩어져서 흙으로 돌아가서 이제는 도저히 찾을 수 없는 상황인데, 그 존재가 영원히 살아 있을지라도 어떻게 부활할 것이냐? 여기서 바울 사도는 그 질문에 대해서 많은 답을 하지 않습니다. 왜? 하나님의 능력으로 그 일이 이루어질 것이기 때문입니다. 한 번 생각해 보세요. 요즘 '천안호' 때문에 야단인데, 거기서 구조되지 못한 사람들 중에 예수 믿는 사람들도 있으리라고 생각을 해요. 어쩌면 거기서 나와서 어디로 빗겨져 갔는데 영원히 찾지 못할 상태로 있을는지도 몰라요. 우리는 부활 문제라든지 하나님께서 베푸신 이적을 성경에서 읽을 때 항상 내 지식의 한계 속에서 내 이론 가운데 해결하려고 하는 경우들이 자주 있습니다.

한 번 생각해 보세요. 태평양에 고기 잡으러 갔던 한 신실한 성도가 잘못해서 배 밖으로 떨어졌어요. 그런데 지나가던 상어가 잡수셨어요. 그런데 그 옆의 배가 그 상어를 잡았어요. 그래서 부산항으로 가져왔어요. 상어가 꽤 크기 때문에 네 동강이로 잘랐네요. 그 사람은 이미 소화된 상황입니다. 그래서 한 동강이는 부산에서 팔고, 한 동강이는 광주에서 팔고 한 동강이는 대전으로 팔고 한 동강이는 서울로 팔았어요. 그 상어들을 회로든 무엇으로든 음식을 만들어서 다 먹었어요. 그리고 배설을 했어요. 그 신실한 성도를 하나님께서 부활시키실 때, 이 친구 부활은 힘들구나 그러시겠어요? 아니올시다. 부활해라 한 마디만 하시면 아무 문제없이 부활체를 이루어요. 그 부활체는 썩지 아니할 것이요 영광스러운 것이요 영원한 것이라고 하였습니다.

그렇기 때문에 본문에 보시면 42절에 "죽은 자의 부활도 그와 같으니 썩을 것으로 심고 썩지 아니할 것으로 다시 살며 욕된 것으로 심고 영광된 것으로 다시 살며 약한 것으로 심고 강한 것으로 다시 살며

육의 몸으로 심고 신령한 것으로 다시 사나니 육의 몸이 있은즉 또 신령한 몸이 있느니라." 몸과 부활체를 비교해서 하시는 말씀입니다. 썩을 것 썩지 아니할 것, 욕된 것 영광스러운 것, 그리고 약한 것 강한 것으로 대조됩니다. 지금 현재의 몸은 썩을 것, 약한 것, 욕된 것이요 앞으로 입을 부활체는 썩지 아니할 것, 영광스러운 것, 강한 것입니다. 그리고 이것을 요약해서 육의 몸으로 심고 즉 우리의 이 몸이 죽고 그리고 신령한 몸으로 다시 산다고 하였습니다.

그러니까 부활체는 신령한 몸입니다. 영의 몸이에요. 몸은 몸인데 우리 몸과 같지 아니해요. 아플 수가 없어요. 병들 수도 없고 죽을 수도 없어요. 그리고 우리말 번역에 "육의 몸이 있은즉 신령한 몸이 있느니라" 그랬는데 자세히 들여다보면, 만약 육의 몸이 있다면 신령한 몸도 있느니라 이렇게 되어 있습니다. 이게 무슨 말씀입니까. 우리의 이 몸이 있다면 앞으로 예수님 재림하면 신령한 몸, 부활체를 입을 몸도 있게 될 것이라는 말이에요. 그 속에는 우리의 사명과 연관된 아주 귀중한 메시지가 있습니다. 부활체를 입을 사람은 적어도 이 땅 위에서 몸체를 입고 살면서 예수 그리스도를 믿은 사람이어야만 한다는 것입니다. 천사는 부활체를 못 입어요. 이 몸체를 입고 하루라도 이 땅 위에서 산 사람만이 부활체를 입을 수 있어요. 그러니 그런 사람들을 상대로 해서 복음도 전하고 교회도 섬기고 해야 할 일들을 하는 것이 우리의 사명인 것입니다.

성도들이 받을 유업

그런 다음에 이 성도들이 어떤 것을 유업으로 받을 것이냐? 이것을

50절 이후로 설명을 합니다. 성도들은 예수님의 부활 때문에 하나님의 나라를 유업으로 받을 것입니다. 우리가 죽으면 갈 데가 두 나라밖에 없습니다. 하나님의 나라와 마귀의 나라, 천국과 지옥입니다. 그런데 하나님의 나라는 하나님이 통치하시는 나라로서 공의가 강같이 흐르는 나라입니다. 없는 것도 많고 있는 것도 많습니다. 하나님 나라에는 슬픔과 눈물과 근심과 걱정과 고통과 죽음과 이별과 싸움과 시기와 질투가 없어요. 하나님의 나라에는 질병도 없고 전쟁도 없어요. 그리고 해와 달도 없습니다. 반면에 사랑과 용서와 기쁨과 양보와 자비와 긍휼, 영원한 생명이 하나님의 나라에 가득 차 있습니다. 요한계시록에 보면 우리가 세상에서 가장 좋다고 여기는 무슨 보석 덩어리들이 천국에는 가득하다고 그랬습니다. 그렇다고 진짜 보석이 거기 깔려 있으면 큰일이지요. 상징적으로 그만큼 좋은 나라라는 것을 우리에게 말씀하고 있는 줄 압니다.

그다음, 하나님의 나라를 우리가 유업으로 받을 것인데 썩지 아니할 것을 예수님의 부활 때문에 유업으로 받을 것이라고 했습니다. 우리는 썩어질 몸을 가지고 있지만 썩지 아니할 몸, 영광스러운 몸, 신령한 몸, 손으로 짓지 아니하고 하나님께서 직접 지으신 영원한 장막집을 우리가 소유하게 될 것이라는 사실입니다. 부활체를 입으면 먹을 수도 있지만 먹지 않아도 상관없어요. 부활체를 입으면 내일 금요일 점심이 걱정이 되지 않아요. 이런 몸체, 무엇과도 바꿀 수 없는 몸체를 가지고 살 수 있을 것이라고 말합니다.

그리고 예수님의 부활 때문에 성도들은 사망을 정복하고 산다고 말했습니다. 그래서 사망을 삼키고 이기리라고 기록된 말씀이 이루어지리라고 하였습니다. 사망아 너희의 이기는 것이 어디 있느냐, 사망아 너의 쏘는 것이 어디 있느냐? 그렇게 담대하게 말할 수 있습니다. "즐겁도다 이 날 세세에 할 말 사망권세 깨고 하늘이 열려 죽은 자가 다시 살아 나와서 생명의 주 예수 찬송하도다/ 부활하신 주님 나타나시니 천지 만물 모두 새 옷 입었네 꽃은 만발하고 잎이 우거져 승리하신 주를 찬송하도다/ 생명의 주 예수 죽음 이기고 캄캄한 길 지나 부활하셨네. 주의 말씀대로 이루어져서 사흘 만에 다시 살아나셨네." 찬송가 157장의 말씀을 우리가 소리 높여 찬양할 수 있게 되는 겁니다.

죽음은 성도에게 더 이상 공포의 대상이 되지 않습니다. 죽음은 마지막 이별이 되지 않습니다. 그러면 우리 마음속에 그것을 어떻게 확증할 수 있느냐 하는 생각이 좀 들어요. 아직 미래이니까. 하나님이 우리에게 위로를 주시기 위해서 우리를 구원하신 방법과 연계해서 말씀해주셨습니다. 로마서 8장 11절입니다. "예수를 죽은 자 가운데서 살리신 하나님이 너희 안에 거하시는 그의 영, 성령으로 말미암아 너희 죽을 몸도 살리시리라." 하나님께서 예수님을 살리실 때 성령을 사용해서 살리셨는데 우리 안에 거하시는 그 성령으로 우리의 죽을 몸도 살리시겠다, 그렇게 말씀하시는 거거든요. 우리가 어떻게 구원받았습니까? 로마서 10장 17절에 "믿음은 들음에서 나고 들음은 그리스도의 말씀으로 말미암는다." 하나님 말씀을 듣고 성령께서 역사해서 믿음이 생긴다고 그랬거든요. 그런데 그 믿음이 에베소서 2장 8절에 보면 "하나님께서 우리에게 주신 선물이라" 그랬습니다. "너희가 그 은혜로 인하여 믿음으로 말미암아 구원을 얻었나니 이것이 너희에게서 난 것이 아니요 하나님의 선물이라."

우리가 말씀을 들을 때, 말씀을 선포할 때, 우리가 전도할 때, 고린도전서 12장 3절에서 "성령으로 아니하고는 예수를 주라 할 자 없다"고 말씀한 것처럼 성령께서 역사해서 우리가 믿음을 갖게 되고, 그 믿음으로 로마서 10장 9절과 10절에 나오는 것처럼, 예수 그리스도를 주로 시인하고 예수님의 죽음과 부활을 마음으로 믿고 입으로 시인해서 구원을 얻는다고 얘기했습니다. 로마서 8장에서도, 하나님의 영이 너희 안에 거하시면 너희가 육에 속하지 않고 영에 속했다고 말할 수 있는 거예요. 그래서 우리가 예수를 믿으면 믿는 순간 우리는 성령의 전이 됩니다. 그래서 고린도전서 3장 16절에, 너희가 성령의 전인 줄 알지 못하느냐? 또 6장 19절에도 너희가 성령의 전인 것을 깨닫지 못하느냐? 그렇게 말을 합니다.

에베소서 1장에 나온 것처럼 우리가 예수 믿는 그 순간부터, 성령께서 우리를 인치시는 그 순간 우리는 성령의 전이요 성령께서 우리 안에 내주하고 계십니다. 성령이 내주하고 계시는데 여기 로마서 8장 11절, 조금 전에 읽은 그 내용 속에 예수를 죽은 자 가운데서 살리신 이가 너희 안에 거하시는 그의 영, 너희 안에 거하시는 성령으로 말미암아 죽은 자도 살리신다고 했습니다. 무슨 말이냐 하면 내가 예수 믿는 게 확실하면 내 부활도 확실하다 그 말이에요. 내가 예수 믿는 게 희미하면 내 부활에 대해서도 희미하게 생각할 수밖에 없다는 것입니다. 예수님께서 부활하시고 다시 재림하실 때에 모든 성도들이 부활체를 입도록 하나님께서 분명하게 계획을 하시고, 현재를 사는 우리에게 위로가 되게 하시기 위해서 고도의 계획으로 구원의 방법과 연계시켜서 우리를 위로하고 계신다는 말입니다. 그래서 부활의 확신을 가지고 살 수 있도록 하셨습니다. 그래서 어떤 어려움이 있을지라도 그것을 극복하고 하나님의 종으로 이 땅 위에서 맡은 사명을 할 수 있도록 말씀하고 계신 겁니다.

마지막 절에 우리가 어떻게 살 것인가를 강조합니다. 먼저는 57절에 "우리 주 예수 그리스도로 말미암아 우리에게 승리를 주시는 하나님께 감사하노니" 해서 감사를 드립니다. 우리는 감사와 찬송을 드리는 자들이 되어야 할 줄 믿습니다. 구원해 주신 것도 감사한데 게다가 사명까지 부여해서 예수님께서 죽으심과 부활하심으로 구원한 성도들을 섬기고 보살필 수 있도록 이곳까지 불러줬으니 우리는 감사 찬송을 드릴 수밖에 없습니다. 그 다음에 58절에 "그러므로 내 사랑하는 형제들아 견실하며 흔들리지 말고 항상 주의 일에 더욱 힘쓰는 자들이 되라 이는 너의 수고가 주 안에서 헛되지 않은 줄을 앎이라." 주님을 위해서 하는 수고는 결단코 헛되지 않습니다. 헛되지 않은 일이기 때문에 그 일을 위해서 더욱 힘쓰고, 그리고 든든하게 서고, 흔들리지 말고 더욱 더 노력을 하는 우리가 되어야 할 줄로 믿습니다. 금년 부활절에도 연례행사처럼 그렇게 그냥 여의도 공원이나 서울역 광장에서 돈 많이 낸 사람 설교시키고 다른 특별 행사로 보내는 게 중요하지 않고, 성경 말씀에서 우리에게 주신 이 귀한 진리가 우리 속에 알알이 박혀서 그 확신 가지고 우리의 사명을 실천하며 전진할 수 있는 우리 합동신학대학원대학교 학생들이 모두 되시기를 바랍니다.

죽음을 통과한 자들의 삶

로마서 6장 1-14절

유영기 (신약학·은퇴)

사도 바울은 로마서 5장에서 아담과 예수 그리스도를 대조시키면서 두 가지 중요한 진리를 말하고 있습니다. 그 하나는 아담의 불순종으로 말미암아 죄가 세상에 들어오고 "모든 사람이 죄를 지었으므로 사망이 모든 사람에게 이르렀다"는 것입니다(롬 5:12). 또 다른 하나는 예수 그리스도 그 "한 사람이 순종하심으로 많은 사람이 의인이 되는" 것입니다(롬 5:19). 바울이 아담과 예수 그리스도를 대조시키면서 더욱 강조하는 것은 "예수 그리스도께서 우리가 범한 죄를 대신하여 죽으시고 우리를 의롭다 하시기 위하여 살아나셨다"는 진리(롬 4:25)를 믿음으로 우리가 의롭다하심을 받도록 하심(롬 5:1)은 우리로 "우리 주 예수 그리스도로 말미암아 영생에 이르게 하심"이라는 사실입니다 (5:21). 이제 이러한 5장의 중요 내용을 기초 하여 6장 1절에서 14절의 내용을 "죽음을 통과한 자들의 삶"이라는 제목으로 살펴보려 합니다.

1. 사도 바울의 질문: "알지 못하느냐?"

먼저 여러분과 함께 주목하고 싶은 것은 "무릇 그리스도 예수와 합하여 세례를 받은 우리는 그의 죽으심 합하여 세례를 받은 줄을 "알지 못하느냐?"는 바울의 질문입니다. 바울의 질문은 세례를 받은 것을 알지 못하느냐는 질문이 아닙니다. 그가 질문하는 것은 우리가 예수와 합하여 세례를 받은 것은 그의 죽으심과 합하여 세례를 받은 것인데 그 사실을 알지 못하느냐 입니다. 바울의 이 말은 몰라도 된다는 말이 아니라 꼭 알아야 된다는 말입니다. 왜냐하면 예수 그리스도와 합하여 세례를 받는 것은 그것으로 끝나는 것이 아니라 그것은 새로운 시작을 가져다주기 때문입니다.

그것은 그리스도와 함께 죽었다는 믿음을 가진 자만이 그리스도의 부활과 함께 새 생명 가운데 살 수 있기 때문입니다(롬 6:4; 갈 2:20 참조). 그렇다면, 만일 우리가 예수 그리스도 이름으로 세례를 받았음에도 불구하고 예수 그리스도와 함께 부활하여 새 생명 가운데 행하여야 한다는 이 놀라운 사실을 모르고 산다면 얼마나 불행스런 일이겠습니까? 그러기에 바울은 로마에 살고 있는 믿는 자들에게 어찌 당신들이 이 사실을 알지 못하느냐고 질문하고 있는지 모릅니다. 만일 이 사실을 알고 있는 그들에게 "알지 못하느냐"고 질문한다면, 그렇다면 왜 새 생명을 소유한 자들처럼 살지 않느냐는 질문으로 우리는 반드시 새 생명 가운데 살아야 한다는 것을 보여주는 질문이라고 생각합니다.

만일 바울이 "알지 못하느냐"는 이 질문을 오늘 우리에게 한다면 그 질문은 어떤 질문이 되겠습니까? 이 질문을 받는 자들 중에는 분명히 이 사실을 알지 못하는 자들도 있을 것입니다. 이런 자들이 이 사실을 안다면 알기 전까지 자신의 삶이 얼마나 억울하고 원망스럽고 바보스런 삶이었다는 것을 고백할 수밖에 없을 것입니다. 반면에 이 사실을 알고 있는 자들에게 이런 질문이 던져졌다면 그런 자들에게 이 질문은 어떤 의미가 담겨 있을까요? 그것은 아마도 "이 바보 같은 사람아! 너는 어떻게 세상을 그렇게 어리석게 멍청하게 살아가고 있나? 제발 정신 차리고 제대로 한번 똑바로 너에게 주어진 축복을 누리면서 기쁘게 감사하며 당당하게 살아가야지"라는 말이 아니겠습니까? 만일 여러분이 이제 꼼짝 없이 죽을 수밖에 없는 자리에서 기적적으로 다시 살아났다면 그 이후에 삶을 어떻게 살겠습니까? 이제 위의 내용을 우리 주위에서 일어난 사실들을 통해 예를 들어 설명해 보겠습니다.

얼마 전에 중국에 강의하러 갔다가 인천공항을 거쳐 경남 남해로 가는 버스 속에서 방영하는 텔레비전을 통하여 들은 내용입니다. 인천공항에 비행기가 연착하는 바람에 막차를 타기위해 허겁지겁 서둘러 서울에서 남해로 떠나는 막차 버스를 2분 전에 터미널에 도착하여 가까스로 탈 수 있었습니다. 피곤하여 버스 속에서 잠을 자다가 진주를 지나면서 잠에서 깨어났습니다. 바로 그때 마침 텔레비전에서 한국 한 방송국 피디와 쓰나미를 통과한 일본사람들과 대담하는 프로가 방영되고 있었습니다. 그 때가 일본에 쓰나미가 강타해서 수많은 인명피해를 가져다 준지 얼마 되지 않았을 때였습니다. 한국방송국 피디가 쓰나미 현장에서 살아남은 두 사람과 대담하는 내용을 들을 수 있었습니다.

막 잠이 깬 내 귀에 들려온 것은 한국 피디와 쓰나미를 통과한 한 중년의 일본 분과의 대담이었습니다. 그 대담 내용은 쓰나미 현장에 있었는데 어떤 자들은 전부 죽은 반면에 또 다른 자들은 전부 살았다는 말이 들려왔습니다. 도대체 어떻게 해서 한 장소에 있었는데 어떤 사람들은 전부 죽고 어떤 자들은 전부를 살았을까? 어떻게 쓰나미가 몰려오는데 다 죽던지 아니면 다 살던지 둘 중에 하나이지 어떤 자들은 살고 어떤 자들은 죽는 그런 일이 있을 수 있겠느냐는 생각이 들어 정신을 차리고 시청하게 되었습니다. 그 사람은 그 때가 떠올라서 인지 죽음 자리에 다시 살았다는 감격에서 인지 그 얼굴이 상기되어 있었습니다.

한 장소에 같이 있었으나 전부 다 죽은 자들은 쓰나미가 몰려오는 것을 보면서 자기 집을 향하여 간 사람들이라고 하였습니다. 순간적으로 뒤를 돌아보다가 소금기둥이 된 롯의 아내 생각이 났습니다. 집으로 간 사람들은 집에 두고 온 귀중품을 찾으러 가지 않았을까 하는 생각이 들었습니다. 아마 "우리 남편이 사준 백금 반지 집에 놓고 왔는데 가서 가져와야지." 하고 집에 가지 않았을까요? 좌우간 쓰나미가 몰려오는 것을 보면서 집으로 향한 사람을 다 죽었다는 겁니다.

살아남은 중년의 일본인은 자기와 함께 살아남은 자들은 쓰나미가 몰려오는 것을 보자마자 자기 집으로 향한 것이 아니라 산을 향하여 달려갔다는 겁니다. 그 말을 들으면서 섬에 살고 있는 나는 만일 쓰나미가 남해에 몰려오면 산으로 피한 사람들처럼 집 뒤에 있는 대밭으로 올라가야 하겠다는 생각이 순간적으로 스쳐 지나갔습니다. 쓰나미 현장에서 살아남은 그분의 말을 듣고도 쓰나미가 몰려오는데 귀중품 때문에 집에 가야겠다는 사람이 있겠습니까? 한 사람도 없을 겁니다. 다음에는 주저 없이 반대 방향으로 조금이라도 높은 곳으로 피할 것입니다. 그것은 죽음을 통과한 사람의 말은 들으면 살 수 있고 무시하면 죽는다고 생각되기 때문일 것입니다. 그 일본인처럼 믿는 우리가 그리스도와 함께 죽음을 통과한 자인 것을 알고 감사하면서 살아가면서 쓰나미를 통과한 자처럼 그렇게 이 사실을 전한다면, 그 복음을 듣는 사람들의 반응은 어떨까요? 우리 교회들은 어떻게 될까요?

또 다른 인터뷰는 쓰나미를 통과한 아이의 어머니와 대담이었습니다. 어머니는 울면서 대답하였습니다. 아마도 한편 자기 딸이 살았다는 것에 대해서 너무나 다행스럽게 여기면서 가지는 감격과 동시에 자기 딸 반 학생들이 다 죽었다는 사실에 대한 슬픔이 교차되면서 그런 눈물을 흘리는 것 같았습니다. 한국 피디와 그 아이의 어머니와 대담 중에도 실제로 쓰나미에서 살아남은 그의 딸은 그의 친구들은 다 죽고 자신만 살아남았음에도 불구하고 그 사실에 대하여 아무런 느낌이 없는 것처럼 보이고 그렇게 행동하였습니다. 한국 피디와 자신의 어머니가 대답하는 것이 신기한지 엄마 뒤에서 힐끗힐끗 피디를 쳐다 보기도 하고 눈이 마주치면 부끄러운지 엄마 뒤에 숨는 행동을 계속하였습니다.

나는 자기가 죽음을 통과했는데도 불구하고 통과한지도 모르고 하는 그 아이의 행동이 신기하기도 하였습니다. 그 아이는 분명히 죽음을 통과했음에도 불구하고 죽음을 통과한지도 모르고 있구나. 죽음을 통과한 것을 모르는 그 아이가 자신이 쓰나미에 의해 죽지 않고 아직 살아있다는 사실에 대한 감사가 있겠습니까? 없겠습니까? 없을 겁니다. 왜요? 분명히 죽음을 통과했는데도 통과했는지도 모르기 때문일 것입니다. 사도 바울은 예수님을 구주로 믿는 자들이 그 아이처럼 예수 그리스도와 함께 죽음을 통과했음에도 불구하고 그 사실을 모르고 사는 자가 있는 반면에 혹시 머리(교리적으)로는 알면서도 그에 합당한 삶을 살지 못하는 자들을 향하여 "알지 못하느냐?"고 말씀하고 있다고 생각됩니다.

바울이 우리에게 "알지 못하느냐?" 촉구하듯이 그 아이의 엄마가 "너희 친구들은 다 죽고 너만 살아남은 것을 알지 못하느냐고 말을 한다면, 엄마가 딸에게 언제 왜 그런 말을 하겠습니까? 그 아이가 자신이 쓰나미를 통과한 것을 알게 되면 그것이 얼마나 놀라운 일인가를 알만한 나이가 되었을 때, 아니면 통과한 것에 합당한 삶을 살지 못할 때일 것입니다. 엄마의 말을 듣고 그 아이가 그 사실이 자신에게 얼마나 축복된 일인가를 가슴 속에 사무치도록 느끼는 만큼 그의 삶은 달라질 수밖에 없을 것입니다. 우리 역시도 우리의 노력이나 어떤 대가를 지불하지 않고 어떤 것을 가지고도 절대로 통과할 수 없는 죽음을 통과했다는 사실을 심령 속에서 깨달아지면 질수록 우리의 삶은 달라질 것입니다.

우리 믿는 자들의 문제는 죽음을 통과한 것이 그 아이의 경우처럼 분명하지만 그것이 일본 중년 신사의 경우처럼 극적인 경험이나 사건이 아니었다는데 있습니다. 그렇기 때문에 믿는 자들 중에 자신이 죽음을 통과한 자라는 사실을 믿고 알고 사는 자가 의외로 많지 않다는 것입니다. 오히려 쓰나미를 통과한 그 아이처럼 말입니다. 이제 우리는 죽음을 통과했다는 말이 무엇을 의미하며 어떻게 통과하였으며 죽음을 통과한 자가 어떤 삶을 살아야 할 것인가를 바울의 설명을 통하여 살펴보도록 하겠습니다.

2. 사도 바울의 설명: 그리스도의 죽으심과 연합한 세례

바울의 설명을 살펴보기 전에 죽음을 통과한 자의 비슷한 예화를 일간신문을 통하여 소개한 100살이 훨씬 넘으신 방지일 목사님의 말씀을 들어보겠습니다. 방지일 목사님이 100살 되시는 때에 중앙일보 기자와 인터뷰한 내용이 신문에 소개되었습니다. 그 목사님이 전해준 이야기가 실화인지 아니면 교훈적인 예화인지는 잘 모르겠지만 그 이야기의 시작은 한 청년이 전쟁 중에 무덤을 지키고 있는데서 시작됩니다. 무덤을 지키고 있는 그 청년의 행동이 너무 이상해서 어떤 분이 무덤을 지키고 있는 청년에게 그 무덤이 누구의 무덤인가를 물어보았습니다. "이게 누구 무덤입니까? 아버지 무덤입니까? 아니요. 어머니 무덤입니까? 아니요. 아내 무덤입니까? 아니요." 그의 대답이 하도 이상해서 다시 물었습니다. "어머니 무덤도 아니고 아버지 무덤도 아닌데 왜 지키고 있습니까? 도대체 누구 무덤입니까?" 그랬더니 그 청년 대답이 "예 이게 내 무덤입니다." 그러자 묻는 사람이 기분이 좋지 않았습니다. 이 사람이 나를 가지고 노는가? 버젓이 살아있는 자가 앞으로 자기가 들어가 누우려는 빈 무덤을 파놓고 지키는 자가 이 세상 천지에 어디 있단 말인가? 그게 무슨 말입니까 하고 되물었더니 그가 자초지종 자기 무덤에 대하여 설명해 주었습니다.

　자기는 삼대독자인데 군대입영영장을 받았답니다. 이 사실을 안 친한 친구가 그에게 나는 형도 있고 동생도 있는데 너는 삼대독자 아니냐? 그런데 만일 네가 전쟁터에 나가서 싸우다가 죽으면 너의 가문은 끝난다. 그러니 내가 네 대신 군대 가겠다. 그의 말을 듣고 그렇게 할 수 없다가 말렸으나 결국 그 친구가 내 대신 군대에 갔습니다. 그런데 불행스럽게도 그 청년이 군대에 가서 싸우다가 죽었습니다. 바로 이 무덤이 그 청년의 무덤입니다. 그래서 이 무덤은 내 친구의 무덤이자 곧 내 무덤입니다.

　방 목사님께서 이 이야기를 소개하시면서 기독교는 한마디로 나를 대신하여 죽으신 예수 그리스도를 믿는 종교라고 하셨습니다. 기독교의 중요 기본 교리를 단적으로 설명해 주는 좋은 예화라고 생각되었습니다. 물론 이 청년의 무덤 이야기가 예수 그리스도께서 우리 죄를 대신하여 죽으신 것과 똑같은 것으로 간주할 수는 없음은 분명합니다. 이 점은 길게 일일이 설명할 필요도 없고 시간도 없습니다. 핵심만 말씀드린다면 그 청년은 죽어 무덤 속에 갇혀 있으나 예수 그리스도께서는 무덤 문을 열고 다시 살아나셨습니다. 그 뿐 아니라 예수 그리스도를 믿는 자들에게 부활생명을 주셨습니다. 이 부활생명이 지금도 믿는 자 안에서 역사하고 있습니다. 내가 감히 부연하여 말한다면 예수 그리스도께서 나의 죄를 대신하여 십자가에 죽으시고 부활하신 것을 믿는다면 나는 죽음을 통과한 자라는 사실입니다.

1) 그리스도 함께 죄에 대한 죽음

이제 본문으로 돌아가 사도 바울을 통하여 주신 말씀을 살펴보겠습니다. 사도 바울은 먼저 우리가 죽었다고 말합니다. 우리의 이 죽음은 죄에 대한 죽음이라고 말합니다(롬 6:2). 그런데 이어서 그리스도와 함께 죽었다고 말합니다(롬 6:3). 예수님은 십자가에서 죽으셨습니다. 우리가 실제로 예수님과 함께 십자가에 못 박혀 죽었다는 말입니까? 그것은 절대로 아니라는 것은 우리 모두가 압니다. 그렇다면 우리가 죄에 대하여 죽었다는 것과 예수님과 함께 죽었다는 것을 어떻게 이해하여야 할까요? 이 물음에 대한 해답의 열쇠는 예수님의 십자가의 죽으심과 합하여 우리가 세례를 받았다는 사실에 있습니다. 사도 바울은 우리가 그의 죽으심과 합하여 세례를 받은 것을 알아야 한다고 말합니다. 예수님은 자신의 죄 때문에 죽으신 분이 아니십니다. 그의 죽으심은 대신 죽은 죽으심입니다. 죄로 인하여 우리가 받아야 할 심판을 대신 받은 우리의 속죄를 대신한 죽으심이십니다. 예수님의 죽으심은 죄의 권세를 없이 하시는, 다시 말해서 죄의 세력을 죽이시는 죽으심이십니다. 그러기에 요약해서 말한다면 그리스도 함께 죽었다는 말은 그리스도와 함께 죽은 그런 자는 자신의 죄 때문에 영원한 심판을 받지 않는다는 말입니다. 따라서 우리가 죄에 대하여 죽었다는 말은 다시는 죄 짓지 않는다는 말이 아니라 이제부터는 죄에 근거하여 우리를 심판할 수 없다는 말입니다. 그 이유는 우리가 죄 때문에 받아야할 심판을 예수님께서 대신 받으셨기 때문입니다. 이것은 우리가 실제로 죽는 것이 아니라 예수님의 죽으심이 나를 대신한 죽으심을 믿는데 있다는 것입니다. 이 믿음이 세례를 통하여 고백되어집 니다. 따라서 우리가 죽음을 통과한 자임을 아는 것은 외적인 체험이 아니라 내적인 믿음에 있는 것입니다. 또한 우리는 죽음을 통과했다 는 말은 우리가 육체적인 죽음을 통과했다는 말이 아님을 알았을 것 입니다. 예를 들어 말한다면 암으로 사형선고 받은 자가 기적적으로 치유됨의 암으로 인한 죽음을 통과했다는 말이 아닙니다. 이 말은 죄 로 인한 심판의 죽음을 통과했다는 말입니다. 이 점에 대해서는 조금 후에 다시 말씀드리겠습니다.

2) 예수 그리스도의 부활과 연합한 자: 새 생명

사도 바울은 우리가 그리스도의 죽으심과 연합하여 죽었다는 말로 끝을 맺지 않습니다. 우리는 예수 그리스도의 부활과 연합한 자라고 말합니다. 이것 역시 믿음으로만 받을 수 있는 진리입니다. 그러나 놀라운 것은 그리스도의 부활과 연합한 사실을 믿는 자는 부활의 새 생명으로 살게 된다는 것입니다(롬 6:4). 사도 바울은 이 사실을 에베소서 2장 1절에서 죄와 허물로 죽었던 너희를 살렸다고 말합니다. 바울의 이 말씀은 우리 모든 인간은 죄로 인하여 육체적으로는 살았으나 영적으로는 이미 죽어 있는 자라는 것을 전제하는 말씀임을 알아야 합니다. 예수님께서도 "죽은 자들로 저희 죽은 자를 장사하게 하고 너는 나를 따르라" 하셨습니다(마 8:22). 어떻게 죽은 자들이 죽은 자를 장사지낼 수 있겠습니까? 여기 죽은 자들은 아직 육체적으로 살아 있는 자들을 말합니다. 그러나 그들은 영적으로는, 다시 말해서 하나님과는 생명적 관계가 끊어져 영적 생명이 없는 자들입니다. 또 여기 죽은 자는 육체적 생명까지 죽은 자입니다.

이 세상에는 육체적으로는 살았으나 죄 때문에 하나님과 관계가 끊어져 영적으로 죽은 자가 있습니다. 이런 자들은 살았으나 실제는 죽었습니다(딤전 5:6). 이 사람들은 육체적 죽음으로 모든 것이 끝나는 것이 아닙니다. 죄로 인하여 영원한 심판이 기다리고 있는 자들입니다. 이들에게는 죄로 인한 둘째 사망이 기다리고 있습니다. 이 사람들은 주님의 재림 이후 심판을 통하여 영원한 둘째 사망의 고통을 당하게 될 것입니다. 사도요한은 이런 자들에 대하여 "바다가 그 가운데서 죽은 자들을 내주고 또 사망과 음부도 그 가운데서 죽은 자들을 내주매 각 사람이 자기의 행위대로 심판을 받고 사망과 음부도 불못에 던져지니 이것은 둘째 사망 곧 불못이라 누구든지 생명책에 기록되지 못한 자는 불못에 던져지더라" 합니다(계 20: 13-15). 사도요한은 둘째 사망에 던져지는 자들은 "두려워하는 자들과 믿지 아니하는 자들과 흉악한 자들과 살인자들과 음행하는 자들과 점술가들과 우상숭배자들과 거짓말하는 모든 자들은 불과 유황으로 타는 못에 던져지리니 이것이 둘째 사망이라" 선언합니다(계 21: 7).

아담의 후손인 우리 모두는 본래 죽은 자들이었습니다. 첫째 사망인 육체적 죽음은 물론 죽은 후에 죄로 인한 심판인 둘째 사망까지 당하여야 할 자들이었습니다. 히브리서는 "한번 죽는 것은 사람에게 정해진 것이요 그 후에는 심판이 있으니"라고 말합니다(히 9:27). 그러므로 믿는 자들 역시 행위에 대한 심판이 있습니다. 그러나 그 심판은 둘째 사망에 던져지기 위한 심판이 아닙니다. 그 이유는 예수님의 십자가의 죽음이 우리를 대신한 죽으심이기 때문입니다. 이 진리를 믿는 자의 이름은 생명책에 기록되었기 때문입니다. 둘째 사망은 그 이름이 생명책에 기록되지 못한 자들만이 당하는 사망입니다. 따라서 우리 믿는 자들은 이 영원한 죽음인 둘째 사망에서 벗어난 자들입니다. 사도 요한은 이 예수 그리스도의 속죄의 죽음을 믿어 생명책에 기록된 우리가 주님의 재림과 더불어 누릴 축복에 대하여 "내가 들으니 보좌에서 큰 음성이 나서 이르되 보라 하나님의 장막이 사람들과 함께 있으매 하나님이 그들과 함께 계시리니 그들은 하나님의 백성이 되고 하나님은 친히 그들과 함께 계셔서 모든 눈물을 그 눈에서 닦아 주시니 다시는 사망이 없고 애통하는 것이나 곡하는 것이나 아픈 것이 다시 있지 아니하리니 처음 것이 다 지나갔음이러라" 합니다(계 21: 34). 사도 요한은 이 축복을 누리는 자는 그리스도와 함께 죄로 인한 사망의 권세를 "이기는 자"로 하나님은 "그의 하나님이 되고 그는 내 아들이 되어" 위에서 열거한 축복을 상속받게 된다고 결론을 맺습니다(계 21: 7). 이런 자는 오늘 설교 제목대로 말한다면 죽음을 통과한 자입니다.

이미 말씀드린 대로 우리 믿는 자들은 예수 그리스도께서 대신 속죄의 죽으심으로 죄의 심판에서 벗어난 자들로 죄에 대하여 죽은 자들입니다. 예수님께서 죽은 자들이 살아나는 법을 말씀하셨습니다. 예수님께서 "진실로 진실로 너희에게 이로노니 죽은 자들이 하나님의 아들의 음성을 들을 때가 오나니 곧 이때라 듣는 자는 살아나리라" 말씀하셨습니다(요 5:25). 예수님의 말씀을 듣고 죽은 자들이 곧 살아난다는 말은 무슨 의미입니까? 한마디로 육체적으로는 살았으나 영적으로 죽은 자들이 하나님과 관계가 회복되는 새로운 삶을 말합니다. 예수님께서 이런 자들은 거듭난 자들이라 하셨습니다(요 3:3). 예수님께서 이런 자들에 대하여 "나는 부활이요 생명이니 나를 믿는 자는 죽어도 살겠고 무릇 살아서 나를 믿는 자는 영원히 죽지 아니하리라" 하셨습니다(요 11:25-26). 이 말씀은 믿는 자가 주님 오시기전에 죽으면 다시 살 것이고 살아생전에 주님이 오시면 둘째 사망을 당하지 않고 영원히 사는 것을 말합니다. 지금까지 말씀드린 내용을 결론적으로 요약한다면 거듭난 자의 새 생명은 영원히 죽지 않는다는 말입니다. 육체의 생명은 끊어지는 날이 있어도 거듭난 생명은 육체가 죽는다할지라도 죽지 않는다는 말입니다.

3. 사도 바울의 권면: 여기고 드려라

사도 바울은 한걸음 더 나아가 하나님께 우리를 죽음을 통과하게 하여 영원히 살게 하신 것은 "아버지의 영광으로 말미암아 그리스도를 죽은 자 가운데서 살리심 같이 우리로 또한 새 생명 가운데 행하게 하려 하심이라"이라 말합니다. 이 사실에 대하여 사도 바울은 갈라디아 2장 20절에서 "내가 그리스도와 함께 십자가에 못 박혔나니 그런즉 이제는 내가 사는 것이 아니요 오직 내안에 그리스도께서 사신 것이라 이제 내가 육체 가운데 사는 것은 나를 사랑하사 나를 위하여 자기 몸을 버리신 하나님의 아들을 믿는 믿음 안에서 사는 것"이라고 선언합니다.

그리스도와 함께 죽고 다시 사는 것을 믿는 자들에게는 신비한 생명적 연합을 통해서 성령이 그들 속에 들어와서 새로운 삶을 살게 됩니다.

　이러한 놀라운 일이 나에게 일어났다면 이 사실을 모른다는 말이 있을 수 없고 그런 사실을 알기 전과 똑같이 살 수 없지 않겠습니까? 그런데 실제에 있어 이런 놀라운 일이 자신에게 일어났음에도 불구하고 모르고 있고 또 알면서도 전과 똑같이 살고 있는 것입니다. 그런 일이 가능할까요? 예 가능합니다. 그것은 자신이 쓰나미를 통과했음에도 불구하고 그것이 자신에게 어떤 일인지도 모르고 살고 있는 그 아이처럼 말입니다. 이제 우리는 자신을 한번 살펴볼 시간이 왔습니다. 여러분은 어떠하십니까? 어찌 이 놀라운 일을 모르고 사는 일이 있단 말입니까? 다른 사람들은 몰라도 우리에게 말입니다! 우리가 모르는 이유는 이 놀라운 일이 나도 모르게 일어났기 때문입니다. 창세 전에 나와 전혀 의논한바 없이 계획되었고 지금부터 이천년 전에 갈보리 십자가에서 이루어졌기 때문입니다.

　그렇다면 우리가 어떻게 알 수 있습니까? 영원한 진리의 말씀인 성경말씀을 믿으면 됩니다. 사도 바울은 이 놀라운 일이 나와 전혀 상관없이 나 밖에서, 다시 말해서 내가 체험할 수 없는 일이기 때문에 예수 그리스도의 "죽으심은 죄에 대하여 단번에 죽으심이요 그가 살아계심은 하나님께 대하여 살아계심이니 이와 같이 너희도 너희 자신을 죄에 대하여 죽은 자요 그리스도 예수 안에서 하나님께 대하여는 살아 있는 자로 여기라" 말합니다. 오늘 우리가 꼭 기억할 말은 "여기라"는 말합니다. 다시 말하면 성경의 진리를 믿고 나 자신이 그런 자로 여기며 살아가라는 말입니다. 사도 바울은 여기에서 끝을 맺지 않습니다. 자기 자신을 그런 자로 여긴 자는 이제 자신을 드려야 한다고 강조합니다. 지극히 당연한 말입니다. 이 사실을 안다면 설령 어떤 자가 우리를 죽인다 해도 죽음을 불사하고 기를 쓰고 자신을 드릴 수밖에 없을 것입니다.

사도 바울은 자신이 예수 그리스도와 함께 죽고 부활하여 새 생명이 주어진 것을 믿고 그렇게 여기는 자에게 "그러므로 너희는 죄가 너희 죽을 몸을 지배하지 못하게 하여 몸의 사욕에 순종하지 말고 또한 너희 지체를 불의의 무기로 죄에게 내주지 말고 오직 너희 자신을 죽은 자 가운데 다시 살아난 자 같이 하나님께 드리며 너희 지체를 의의 무기로 하나님께 드리라" 권면하고 있습니다.

이제 우리는 예수 그리스도와 함께 죽음을 통과한 자로서 새 생명 가운데 살아야 할 자임을 알지 못하는 자가 아니라 아는 자로 여기고 우리에게 주신 새 생명 가운데 자신을 의의 병기로 드리십시다. 하나님께 영광을 돌리고 남은 여생 하나님의 뜻을 이루는데 의의 무기로 사용되는 자가 됩시다. 여러분! 이제 우리 모두는 죽음을 통과한 자들입니다. 죽음을 통과한 자들답게 삽시다!

할렐루야!

반석위에 세운 교회

마태복음 16장13-20절

조병수 (신약학·총장)

그리스도의 수난과 교회

오늘 우리가 읽은 말씀 바로 다음에 예수님의 수난과 죽음 그리고 부활에 관한 내용이 나옵니다(21절). 예수님은 이 일들에 관해서 비로소 가르치게 되었다고 합니다. 이 말은 지금까지는 예수님의 죽음에 관해 암시적으로 이야기했을지 몰라도, 드러내놓고 명시적으로 말하기 시작한 것은 지금부터라는 뜻입니다. 왜 예수님은 이 시점까지는 죽음과 부활에 관하여 명시적으로 말씀하시지 않고 감추어두었다가 비로소 이제야 말씀을 하시게 되었을까요? 우리가 예수님의 말씀에서 주목해서 봐야 할 필요가 있는 것은 다름 아닌 죽음과 부활에 관해 말하게 된 시점입니다. "이 때로부터"라는 말 바로 앞에 오늘 우리가 읽은 본문이 들어 있지요. 예수님이 가이사랴 빌립보에서 제자들에게 "너희는 나를 누구라 하느냐"라고 물었던 내용이 들어있습니다. 이 말씀은 한마디로 말해서 교회의 건설에 관한 이야기입니다. 이 말씀은 어떻게 교회가 세워지는가, 교회가 가져야 할 본질이 무엇인가, 교회는 어떤 사명을 가지는가 이런 점들을 말해 주고 있습니다. 그래서 문맥으로 보면 교회에 대하여 분명한 정의를 내리지 않고는 예수님의 수난을 설명할 수 없다는 뜻이 되는 것입니다. 교회에 관한 설명을 납득해야 비로소 예수님의 수난에 관해서 말할 수 있다는 것입니다.

교회가 무엇이냐는 정의를 납득하지 않고 예수님의 수난을 이야기하게 되면, 개인주의적인 의미로만 받아들이는 오류를 범하고 맙니다. 예수님이 나를 위해서 죽었다는 것이 한편으로 맞긴 하지만 다른 한편으로 틀릴 수도 있다는 것입니다. 많은 사람들이 예수님이 자신을 위해서 죽었다는 생각에 아주 집착해서 주님의 교회가 어떻게 되든지 관심하지 않는 문제를 일으킵니다. 주님께서 나를 위해서 죽으셨다는 생각에 너무 몰두하다보면 그때부터 신비주의에 빠지는 겁니다. 골방에 들어가서 자신을 위해서 죽으신 주님을 계속 묵상하고, 그것이 느껴지도록 기도하다 보면 쓸데없는 신비체험이란 것에 빠지고 맙니다. 그래서 많은 사람들이 예수 그리스도의 고난을 자신을 위한 것이라는 개인주의적인 시각으로만 몰고 나가면 반드시 오류를 저지르게 되는 겁니다. 우리는 교회사에서 그런 걸 많이 발견합니다.

예수님은 수난과 죽음 그리고 부활에 관해 왜 여태까지는 명시적으로 말씀하시지 않았을까요? 예수님은 왜 이 시점에야 비로소 이 일들을 제자들에게 드러내고 말했을까요? 그것은 무언가 한 가지 전제가 마련되어야 하기 때문이었습니다. 그 전제가 뭐냐면 바로 교회에 대한 이해입니다. 교회에 대한 사상, 교회에 대한 개념, 교회에 대한 입장, 교회에 대한 신앙이 설정이 안 된 채, 주님은 자신의 수난과 죽음을 말하면 분명히 오류가 생길 것이라는 것을 아셨던 것입니다. 따라서 주님은 교회에 대해 설명하신 다음에 그 시점부터 비로소 자신의 죽음에 관해서 말씀하기 시작했다는 말입니다. 그러니까 바꾸어 말하면 교회가 없다면 예수님이 수난당할 필요도 없다는 뜻이 됩니다. 그만큼 수난 앞에는 교회라는 전제가 들어있다는 말씀입니다. 사실 예수님은 수난과 죽음과 부활에 관해서는 짧게 얘기하고 말았어요. 고난을 받을 것이다, 죽을 것이다, 삼일에 살아날 것이다. 그러나 그 앞에 들어있는 교회에 대한 이야기는 장황하며 세밀하며 강력합니다. 무슨 의미일까요? 교회를 먼저 알아야 된다는 거예요. 주님은 주님의 교회를 설명하기 위해서 힘을 들이고 있습니다. 따라서 우리는 교회가 무엇인지 잘 이해해야 합니다.

교회의 기초

교회가 무엇입니까? 예수님은 먼저 교회의 기초에 대하여 이야기를 합니다. 가이사랴 빌립보에서 사람들이 예수님에 관하여 무엇을 말하는가 하는 대답을 듣습니다. 여러 가지 대답이 나옵니다. 주님이 만족하지 않습니다. 그래서 베드로가 나타나서 예수님께 대답을 했습니다. 주님은 그리스도시며 살아계신 하나님의 아들입니다. 그리고 이 대답에 이어서 본래 원어 성경으로는 좀 더 분명한데, 이 대답에 바로 이어서 이런 뜻으로 그래서 이런 뜻이 들어 있어요. 그래서 주님이 이 대답을 듣고 몇 마디 말씀을 하신 다음 18절에 '내가 이 반석위에 나의 교회를 세우리라' 이렇게 이야기를 하셨습니다. 반석위에 교회를 세우리라 한 이 말은 교회의 기초는 반석이다 그런 말이지요. 여기서 우리가 궁금해야 할 것은 예수님이 반석이라고 말했을 때 도대체 무엇을 염두에 두셨을까 하는 점입니다.

우리가 잘 아는 대로 어떤 사람들은 베드로를 반석이라고 오해를 합니다. 이건 오해입니다. 베드로가 반석일 수는 없어요. 왜냐하면 그냥 성경을 순순히 읽어 봐도 예수님이 분명히 다른 단어를 사용해서 베드로와 반석을 구분 지으려 하셨다는 것을 알 수 있기 때문입니다. "베드로"(페트로스)라는 말은 남성입니다. 하지만 "반석"(페트라)이라는 말은 여성입니다. 문법적으로 보면 성 자체가 다르고, 규모로 보면 "베드로"는 작은 돌이란 뜻을 가지고 있는 반면에 "반석"은 큰 돌 또는 바위산을 가리킵니다. 이 반석이라는 말은 본래 구약성경에서 많이 사용된 단어인데 시온이 반석에 서 있다던가 아니면 반석위에 하나님이 시온 산을 세운다고 할 때 쓰는 단어들입니다. 그때는 주로 예루살렘의 시온 산을 염두에 둡니다. 그러니까 예수님이 반석을 말씀했을 때, 이 반석은 길에나 뜰에 있는 그런 조그만 돌 그런 게 아니에요. 반석이란 말은 도시가 하나 세워질 수 있는, 아니면 최소한 어떤 마을이 하나 세워질 수 있는 정도의 크기의 돌을 말할 때 사용되는 겁니다. 베드로는 남성형의 단어이고, 반석이라는 말은 여성형이라는 점에서, 그리고 베드로라는 말은 작은 돌이라는 뜻이고 반석은 도시가 하나 설정될 큰 돌이라는 점에서, 베드로가 반석이 될 수 없다는 것은 너무나도 자명한 일이지요.

신앙고백과 교회

그래서 문맥을 잘 따져보면 이 반석은 일차적으로 베드로가 말한 신앙고백이라는 것을 어렵지 않게 판단을 할 수 있습니다. 베드로가 예수님께 "주는 그리스도십니다"라고 말한 이 신앙고백이 교회가 서는 기초라고 볼 수 있습니다. "주는 그리스도십니다"라고 말할 때 이 그리스도, 메시아, 기름부음 받은 자라는 말은 당시의 사람들이 함부로 말하지 않는 용어였어요. 지금 우리는 그냥 예수님을 예수 그리스도라고 부르고, 예수를 믿지 않는 사람들도 그리스도교라고 부르면서, 믿는 자도 믿지 않는 자도 그리스도라는 말을 어렵지 않게 사용하지만 당시에는 그렇지 않았습니다. 당시에는 종말신학에 바탕을 둔 메시야 기대사상 그리고 묵시문학적인 사고방식에 사로잡힌 종말 선지자 사상이 매우 강해서 메시야라는 단어를 함부로 쓸 수가 없었어요. 이것은 신학적으로 굉장히 중요한 단어일 뿐 아니라, 잘못 사용하면 로마인들이나 헤롯의 사람들이나 그 외의 여러 종파의 사람들에 의해서 테러를 당할 수 있는 그런 위험한 말이기 때문에 함부로 사용하지 않았어요. 그래서 베드로가 예수님께 "주님은 메시아 그리스도십니다"라고 말을 했을 때, 그것은 굉장한 각오를 가지고 한 말로 보아야 합니다. 베드로는 "내가 이 말을 하고 난 다음에는 아마 로마인들에 의해서 처형을 당할지도 모르겠다"고 생각했을지도 몰라요. 사실 베드로가 고백하기 전 이미 그런 불행한 사건이 여러 번 있었어요. 자신을 메시아라고 주장했기 때문에 죽임에 처한 사람들이 벌써 여러 명 있었어요. 또 메시야라고 주장하면 헤롯의 사람들이 좋아하지 않아요. 반드시 테러를 당해요. 아니면 헤롯 가문이 아니더라도 다른 종파의 사람들이 우리 종파에서 메시아가 나와야 되는데 왜 다른 데서 메시아가 나왔다고 하느냐면서 심각한 갈등을 일으킬 수 있었습니다. 그래서 이 하나의 단어를 사용하려면 많은 고민과 각오를 가지지 않고는 할 수 없는 말이에요.

그러면 베드로가 "주님은 그리스도십니다"라고 말을 했을 때, 그 말속에는 어떤 뜻이 들어있었을까요? 구약시대로부터 내려온 이 메시아 그리스도 사상에는 제사장, 선지자, 왕이라는 하나의 묶음의 표현이 들어있습니다. 그러니까 주님께 그리스도라는 호칭을 드렸을 때 베드로의 마음속에는 예수님이 구약시대로부터 죄를 사죄하는 데 가장 중요한 역할을 했던 제사장 같은 분, 구약시대 하나님의 말씀을 선포했던 선지자 같은 분, 다윗과 같이 결국은 우리의 영혼과 육체와 나라와 세상을 다스릴 왕이라는 메시아 그리스도의 삼중직을 가진 분이라고 확신한 것입니다. 베드로는 이것을 말함으로써 상당한 피해를 입을 것을 각오한다는 그런 의미에서 고백을 한 것입니다. 그러니까 주님께서 "교회를 반석 위에 세운다"고 말할 때는 바로 이러한 그리스도에 대한 분명한 입장을 전제하고 있는 거예요. 예수님이 죄를 사죄하시기 위하여 어린 양으로 십자가에 달리신 분이라는 분명한 확신, 예수님이야말로 말씀을 주심으로써 생명을 불러일으키는 유일한 선지자가 되신다는 생각, 예수님이 영혼도, 인생도 그리고 인류의 모든 것을 통치하시는 왕이라는 분명한 신앙고백이 있지 않고서는 교회가 설 수 없다는 거예요. 예수님이 그렇게 생각하신 거지요.

교회가 선다는 것은 사람들이 몇 명 모여서 친하니까, 선후배 관계고 학창시절 만나서 이야기도 많이 하고 했으니까, 사람들이 뜻이 맞으니까 절대로 망가지거나 분규가 일어나지 않겠다고 해서 세우는 것이 아닙니다. 사람들이 자기네끼리 마음이 맞기 때문에, 동창이기 때문에, 친척관계이기 때문에, 형제와 가족이기 때문에 교회를 세우면 절대로 교회가 안 망가질 것이니 교회 하나 세우자, 이렇게 될 수 없다는 거예요. 한 교회가 다른 교회를 세울 때도 모교회의 담임목사가 부목사를 보면서 뜻이 잘 맞고 지금까지 오랫동안 봉사를 잘하는 것을 보니 교회를 세워주어야겠다고 해서 교회가 서는 것도 아니라는 거예요. 오늘날 그렇게 세운 교회가 너무 많기 때문에 말씀드리는 거예요. 어떤 재산이 많은 분이 지금까지 하나님이 복을 주셔서 많은 재산을 얻었는데 주님의 은총을 갚아야 되지 않겠나 생각해서 재산 중에 십분의 일을 떼어서 개척교회 열 개를 짓고는 자기가 돈을 내어 지어놓은 교회이기 때문에 수시로 가서 목사님에게 자기가 볼 때는 그렇게 목회를 하시면 안 되니 이렇게 해라, 저렇게 해라 하는 식으로 교회 세우지 말라는 말이예요. 교회는 오직 예수님이 그리스도라는 고백을 하는 그 신앙고백 위에 세워져야 합니다. 예수님이 우리 죄를 위해 대제사장으로서 스스로 자기 몸을 드려 희생하신 분이다, 그분이 참 선지자로 우리에게 들려주는 그 말씀만이 우리를 살린다, 그분은 우리 왕이시기 때문에 그분의 통치를 받고 살아야 된다는 분명한 신앙 고백을 갖고 있을 때만 교회가 선다는 말입니다. 이것이 교회의 첫째 기초입니다.

하나님의 계시와 교회

그런데 베드로가 어떻게 이런 고백을 할 수 있었을까요? 이 고백은 베드로가 오랫동안 예수님을 따라 다니면서 다른 제자들과 밤마다 함께 모여서 과연 예수를 따라가면 나중에 어떤 결론에 도달하겠느냐고 얘기를 나눈 끝에 나온 것인가요? 이 고백은 제자들은 모여서 서로 이야기하면서 제일 많이 예수님 곁에 있던 사람은 영의정이 되고, 그 다음 사람은 좌의정 또는 우의정이 되고 이런 식으로 대화를 하다가 내린 결론일까요? 밤마다 논의하던 끝에 이런 고백이 나온 것이냐는 말입니다. 그게 아닙니다. 예수님은 베드로에게 "하늘에 계신 내 아버지가 알려주셨다"고 말씀하셨어요. 베드로가 지금 "주님은 그리스도이시오 살아계신 하나님의 아들이십니다"라고 신앙고백을 하는 것은 혈육, 말 그대로 피와 살, 사람에 의한 것이 아니란 말이에요. 내면에는 피가 흐르고 표면에는 살이 있는 사람이 알려 준 게 아니라 하늘에 계신 아버지께서 알려주셨다는 겁니다. 그래서 이 신앙고백은 어디에 근원을 두냐 하면 계시에 두고 있어요. "알려주셨다"는 말은 헬라어로 "계시하셨다"는 말이예요. 하나님의 계시가 있기 때문에 베드로가 안거다 이 말입니다. 예수님이 3년 동안 제자들을 데리고 다니시면서 수없이 설명해준 구약성경과 예수님이 하나님의 아들로서 제자들에게 알려주신 비유와 설명과 말씀들이 베드로에게 알려져서 그 계시에 의해 신앙고백을 했다는 것입니다.

교회의 바탕에는 일차적으로는 사람들의 신앙고백이 있는 것처럼 보이지만, 그 밑에는 더 중요한 바탕이 있다는 것이지요. 그것은 하나님의 계시란 말입니다. 교회의 기초는 우리가 머리가 총명하고 책을 많이 읽고 도를 닦다 보니까 알게 된 그런 신학이 아닙니다. 교회의 기초는 전반적으로 구약성경이던 신약성경이던, 선지자들이 말을 했건 예수님이 가르쳐줬건, 하나님의 계시에 바탕을 둔 신앙고백입니다. 따라서 엄격히 말하면 교회는 신앙고백 위에 서는 게 아니라 하나님의 계시 위에 선다는 거예요. 교회의 반석은 계시, 하나님의 말씀이라는 겁니다. 그래서 계시를 아는 것이 중요하고 하나님의 말씀이 살아날수록 교회는 건강한 거예요. 말씀이 없는 교회는 반석이 없는 거예요. 말씀이 없으면 신앙고백도 나올 수가 없어요. 그러니까 교회가 설 수가 없는 거지요.

하나님과 교회

그런데 예수님은 이 계시가 누구의 계시냐 하면 하나님의 계시라고 합니다. 예수님은 하늘에 계신 "내 아버지"가 베드로에게 계시하셨다고 말합니다. 그러므로 근본적으로 이 계시의 출원은 하나님 아버지라는 것입니다. 계시의 출원이 누구냐 하면, 하나님 아버지입니다. 계시의 주체가 누구냐 하면, 하나님 아버지라는 거예요. 하나님이 베드로에게 신앙고백을 계시하셨습니다. 그래서 계시의 바탕에는 하나님이 있어요. 교회 기초가 되는 반석의 가장 큰 원인은 하나님입니다. 아마도 주님께서 보여주신 하나님이 반석이라 하는 생각은 구약성경에서부터 가져온 생각이라 볼 수 있어요. 구약 성경에 보면 모세 오경이나 예언서나 시가서에 보면 하나님이 반석이라는 생각이 줄곧 흘러요.

하나님만이 반석이십니다. 그래서 예수님도 교회는 겉으로 보면 신앙고백이라는 반석, 조금 더 깊이 들어가면 하나님의 계시라는 반석, 그리고 엄밀하게 말하면 하나님이라는 반석이 있다는 생각을 보여주고 있어요.

따라서 교회는 진정한 반석이신 하나님께로 돌아갈수록 능력을 얻게 됩니다. 하나님께로 돌아가지 않는 교회는 위험해요. 사람들이 인본주의적인 생각을 가지고 모여서 토론을 통해 이루려는 교회는 망합니다. 어떤 교회는 지성인들이 많아서 무슨 일을 결정하려면 몇 시간씩 토론을 한 대요. 토론한 결과 어떤 일을 한 대요. 토론회 결과 소풍을 간답니다. 그냥 가면 될 걸. 토론한 결과 마이크를 바꾸기로 했답니다. 그냥 바꾸면 되는데. 토론해 본 결과 목사님의 사택을 줄이기로 했고, 토론해 본 결과 목사님의 자동차를 없애기로 했대요. 그건 무슨 교회예요? 토론 교회입니다. 정확하게 말하자면 교회가 아니라 토론회입니다. 항상 하나님께로 돌아가서 항상 하나님의 뜻으로부터 교회가 시작되어야 하는데, 우리의 뜻이 뭔가를 교회의 출원으로 삼으면 교회는 망해요. 오늘날 교회가 망하고 있는 중대한 원인은 우리의 생각으로 교회를 이루려 하기 때문이에요. 목사들도 하나님의 말씀인 성경을 제켜버리고, 성경에서 나온 신학이 전통적으로 무엇이라고 말하는지 살펴보지도 않고, 그냥 자기들 마음에 드는 대로, 자기들 생각에 떠오르는 대로, 현실에 좋은 대로, 편리한 대로, 목회를 하니 교회가 이 지경이 되는 겁니다. 교회 기초는 일차적으로는 신앙고백이지만, 그 바탕에는 하나님의 말씀이라는 '계시'가 있고, 근본적으로는 하나님 자신이 '계시'이기 때문에 우리는 끊임없이 하나님께로 돌아가야 합니다.

교회의 주체

그러면 교회 주체는 누구입니까? 18절을 보면, 예수님이 아주 간결하게 교회 주체에 대하여 말씀하십니다. "내가 이 반석위에 내 교회를 세우리라." 이 말씀에서 주님은 두 번 "나"라는 말을 해요. "내가 세우리라," "내 교회를." 이것은 교회 주체가 예수 그리스도라는 것을 보여줍니다.

"내가 세우리라"는 말씀은 교회의 설립자가 누구인지 알려줍니다. 주님이 설립자라는 거예요. 주님은 "내가 세운다"고 말씀하세요. 교회는 예수님이 세우시는 것이지 사람이 세우는 게 아니예요. 교회를 개척해 보면 가장 큰 문제가 무엇이냐 하면 개척한 목사와 멤버예요. 개척목사는 항상 "내가 개척했을 때"라고 말합니다. 개척 멤버들은 항상 "우리가 개척했을 때"라고 말합니다. 그래서 3년이나 5년 늦게 들어온 사람들이 뭘 하려고 하면, 그들은 항상 "우리가 개척했을 때"는 하면서 입을 막아 버려요. 말하지 말라는 거예요. 자신들이 개척했을 때는 그렇게 안했다는 거예요. 지금 방향도 틀리고 목적도 틀리고 현상도 틀리고 다 틀리고 있는데, 늦게 합류한 어떤 사람이 교회가 잘못되고 있다고 말하려고 하면, 개척 멤버들이 "우리가 개척했을 때"라는 딱 한 마디의 말로 입을 막아버려요. 더 이상 얘기하지 말라는 거예요. 왜요? 굴러들어온 돌이 박힌 돌 빼내려고 한다는 거지요. 그래서 보통 어떤 교회든지 개척 멤버가 자성하지 않으면, 교회가 안 되게 되이 있어요. 개척멤버는 스스로 항상 살얼음 위를 걷고 있다고 생각을 해야 되요. 우리는 10년 전 20년 전에 개척을 해서 드디어 얼음이 얼을 만큼 단단히 얼었으니 마음대로 그 위에서 스케이트를 타도 괜찮다고 생각하면 안 됩니다. 개척 멤버들은 항상 가장 잘못될 수 있는 사람들이라고 생각을 하고 항상 자성하고 항상 조심해야지 자신들의 개척 공로를 내세우며 안 됩니다.

예수님이 분명히 말씀하세요. "내가 세우리라." 사람은 교회를 세우는 데 단지 사용되었을 뿐입니다. 어떤 사람은 1년 사용되고, 어떤 사람은 5년 사용되고, 어떤 사람은 10년 사용되는 겁니다. 사용된 기간과 사용된 규모가 다를 수 있지만 그냥 사용되었을 뿐이에요. 교회의 주체는 예수님 뿐이에요. 그래서 개척멤버들이 교회에서 주인 노릇을 하면 안 되요. 교회는 어차피 사람이 주인행세를 하는 데가 아니지만 특히 개척 멤버들이 주인노릇을 하면 안 됩니다. 종이라는 의식은 가져도 되요. 주인은 예수님이지 우리가 아닙니다. 우리는 그저 목사든 성도든 간에 다 일시동안 주님의 교회를 섬기기 위해서 와있는 일꾼들에 지나지 않아요. 우리는 하나님의 백성이고, 하나님의 성도이고, 하나님의 자녀인거예요. 주인은 예수 그리스도예요.

"내 교회"라는 말씀도 중요합니다. 예수님은 교회 소유를 알려주기 위해서 "내 교회"라고 했어요. 사람들의 교회가 아니라는 거지요. 많은 사람들이 우리 교회라는 표현을 사용합니다. 심지어 교회 이름 가운데 "우리 교회"라는 이름도 많더라구요. 그건 잘못된 거예요. 바꾸어야 해요. 우리 교회는 없어요. 주님은 "내 교회"라고 했어요. 나는 오래 전에 어느 교회에서 7년 정도 담임목사를 한 적이 있습니다. 청빙을 받아 교회에 부임을 하고 나니까 사무 집사님이 큰 바구니에다가 뭘 가득 들고 왔어요. 그것들을 나의 책상위에 쭉 늘어놓는데, 한쪽에는 열쇠들, 한쪽에는 통장들, 한쪽에는 도장들이었습니다. 자동차 열쇠들, 지하실 열쇠, 본당 열쇠, 금고 열쇠 어쩌구저쩌구, 열쇠를 수 십개 늘어놓고 설명을 하는데 내가 기억을 못하니까 딱지를 붙여주었습니다. 이쪽에는 주일학교 각 부서 통장들, 각 전도회 통장들, 모든 위원회의 통장들 기타 등등에 돈이 많이 들어있었어요. 교회의 재산이 모조리 내 앞에 늘어서 있는 것입니다. 어떤 생각이 들었을까요? 열쇠도 통장도 도장도 몽땅 다 내 것이구나, 이런 생각일까요? 이 교회가 내 소유로구나 이런 생각일까요? 그런 생각을 불어넣는 것이 사탄이예요. 사탄은 딴 데 있지 않아요. 사람이 바로 교회를 자기의 교회라고 생각하는 그 순간부터 그 사람은 사탄이 되는 것입니다. 바로 이 사건 다음에 주님께서 베드로에게 "사탄아 물러가라"고 말했을 때, 베드로가 하나님의 일은 생각하지 않고 사람의 일을 생각하니 바로 사탄이라고 했던 것입니다. 교회는 누구의 소유입니까? 사람의 소유가 아닙니다. 우리 교회가 아닙니다. 교회는 오직 주님의 교회일 뿐입니다. 교회는 주님이 세우시고, 주님이 다스리시고, 주님이 소유하십니다. 그러므로 주님만이 영광을 받으셔야 해요. 사람은 영광을 받으면 안 됩니다.

교회와 사람

그러면 사람은 무엇을 하느냐, 이런 질문이 들지요. 예수님은 이런 질문이 나올 것을 예상하시고 여기에 대답을 해주셨어요. 교회에서 사람은 도대체 뭐냐? 18절을 보면, 주님은 이렇게 말씀하십니다. "내가 네게 이르노니 너는 베드로라." 주님은 사람이 교회에서 할 일을 알려주기 위해서 "너는 베드로라"고 했어요. 처음에 말씀드렸지요. "베드로"(페트로스)라는 말은 조그만 조약돌 돌멩이예요. 팔레스타인을 둘러보면, 북쪽 갈릴리 지역, 네게브 남쪽 유다 광야, 요단강 동쪽 지역, 어디를 가든지 이스라엘에는 돌 천지예요. 얼마나 돌이 많으면 세례자 요한이 "하나님이 이 돌로도 아브라함의 자손을 만들 것이다"고 했겠어요, 오죽하면 사탄이 예수님 시험할 때 "이 돌로 떡을 만들라"고 했겠어요, 도대체 돌이 얼마나 많은지 예수님이 예루살렘 들어가실 때 "돌들이 소리 지르라"고 했겠어요. 그만큼 이스라엘에는 돌이 너무 많다는 거예요. 사방을 둘러봐도 온통 돌투성이예요. 이렇게 돌이 많으니 무슨 가치가 있겠어요? 돌이 많다는 것은 그만큼 쓸모가 없다는 겁니다. 여기도 돌, 저기도 돌, 여기도 베드로, 저기도 베드로, 사방에 맨 베드로다 그런 말입니다. 다 금인데 돌이 하나 밖에 없으면 그 돌이 비싸요. 반대로 돌이 많고 금이 적으니까 금이 비싼 거예요. 돌이 이렇게 너무 많은데 베드로는 이 많은 돌 가운데 하나일 뿐이라는 것입니다.

베드로가 예수님의 말을 들었을 때 기분이 썩 좋지는 않았겠다는 생각이 들어요. 왜냐구요? 16절에 예수님이 "너희는 나를 누구냐" 물으셨을 때, 베드로가 "주는 그리스도시오 살아계신 하나님의 아들이십니다"라고 대답했잖아요. 앞에서 살펴본 것처럼, 그리스도라는 명칭 자체가 아주 고귀한 것이지요. 그것은 왕과 선지자와 대제사장을 뭉뚱그린 표현입니다. 베드로는 주님을 가장 높이고, 그것도 부족해서 "살아계신 하나님의 아들"이라는 한 마디 덧붙였어요. 그런데 주님은 베드로에게서 극존칭을 받으신 후에, 베드로에게는 아주 쓸데없다는 듯이 "작은 돌"이라는 명칭을 주셨어요. 생각을 해보세요. 베드로가 얼마나 기분이 상했겠는지. 이것은 마치 오늘 나의 설교를 들은 어떤 사람이 와서 정말 베스트 설교를 들었다고 칭찬하는데, 내가 그 사람에게 돌 같은 녀석아 그러면 뭐라고 하겠어요. 이런 반응을 나타내면 당연히 기분이 나쁘겠지요. 주님은 그걸 알고 있었어요. 베드로는 주님께 그리스도와 하나님의 아들이라는 가장 높은 칭호를 드렸지만, 주님은 베드로에게 다이몬드나 금이나 은이나 하다못해 무슨 값비싼 보석이라고 부르질 않아요. 도리어 주님은 베드로를 가리켜 흔해빠진 돌 가운데 하나라고 불렀어요. 베드로는 돌에 지나지 않는다는 것입니다.

장차 베드로가 주님의 교회에서 제자가 되고 사도가 되고 교회를 이끄는 지도자가 되겠지만, 항상 잊지 말아야 할 것이 있으니, 그것은 그냥 돌에 지나지 않는다는 사실입니다. 그러니 베드로는 교회에서 이름을 낼 생각을 하지 말라는 것입니다. 베드로는 중요한 존재이고 인물이니 교회에서 없으면 안 된다고 생각하지 말라는 것입니다. 주님은 교회를 세우는 데 베드로가 없으면 다른 돌을 갖다 사용하면 된다는 것입니다. 베드로가 없어도 상관할 것 없고 걱정할 것 없다는 것입니다. 교회에서 제가 가장 중요한 인물이 되게 해주십시오, 그런 기도하지 말라는 것입니다. 교회 제가 주인 역할 하게 해 주십시오, 그딴 기도하지 말라는 것입니다. 어떤 성도님이 와서 오대양 육대주 에서 십일조를 가장 많이 내는 사람이 되도록 축복기도를 해달라고 하길래 그렇게 못한다고 했습니다. 그분이 오대양 육대주에서 십일조를 가장 많이 내는 사람이 되면 우리 교회 성도들은 다 굶어 죽어야 하기 때문이고, 그때부터 그분은 교만해져서 교회 주인노릇하려고 할 것이기 때문입니다.

우리는 돌이예요. 저는 바둑을 둘 줄 모르고, 바둑 두는 데 시간을 드릴 틈도 없어요. 그런데 가끔 텔레비전에서 바둑을 두는 걸 보기는 해요. 기사들이 돌을 놓으면 그 돌은 기사가 놓는 자리에만 가만히 있어요. 모퉁이에 놓으면 모퉁이에, 가운데에 놓으면 가운데에. 돌은 어디든 기사가 놓는 곳에만 머물러요. 그 돌이 아이큐 200정도 되는 인공지능을 갖추고 있다고 해봅시다. 기사가 한 자리에 돌을 놓으니, 그 돌이 "주인님, 그쪽이 아닙니다. 이쪽이 맞습니다"고 하면서 제 마음대로 움직인다면 바둑이 되겠습니까? 벽돌을 쌓으려고 하는데, 북향은 추워서 싫고, 남향은 더워서 싫다며, 제 마음대로 자리를 바꾼다면 건물이 되겠습니다. 돌마다 돌아다니면서 이 자리 저 자리를 찾는다면, 바둑에서는 기사의 싸움이 아니라 돌싸움이 되겠고, 건축에서는 일군들에게 부딪혀 피바다를 이룰 테니 난장판이 되겠지요. 돌들끼리 부딪히고 부서지며 난리가 나겠지요. 돌은 돌을 들은 사람이 쓰는 대로 사용되면 충분한 겁니다. 우리는 돌이예요. 그러므로 내 고집을 부릴 필요도 없고, 내 뜻을 사용할 필요도 없어요. 사도 바울이 아시아 전도할 때 그랬잖아요. 자기의 뜻으로는 북쪽으로 나아가는 것이 맞는 것 같이 보이지만, 하나님의 성령이 막으시자 가지 않았어요. 바울이 바보라 안 가는 건가요, 능력이 없어 안 가는 건가요, 정보가 없어서 안 가는 건가요, 아는 사람이 없어서 안 가는 건가요? 모든 조건이 다 갖추어져 있어도 안 가는 거예요. 왜요? 바울은 자기가 그리스도의 종이라고 확신하기 때문입니다. 그래서 그는 편지마다 자신을 가리켜 예수 그리스도의 종이라고 했어요. 종이니까 주인이 시키는 대로 해야지요. 자기 뜻대로 하면 안 돼요.

오늘날 교회가 엉망진창이 되는 것은 목사와 성도들이 스스로 교회의 주인이라고 생각하고 교회를 좌지우지하고 손가락 하나 까딱거리면서 교회를 움직이려 하기 때문입니다. 사람이 낮아질수록 교회는 안전해요. 교회에서 사람이 낮아질수록 하나님과 세상으로부터 존경을 받고, 사람이 높아질수록 하나님과 세상으로부터 버림을 받는 거예요. 오늘날 교회가 왜 이렇게 하나님과 세상에서 버림을 받느냐 하면, 목사와 성도들이 높아지려고 하기 때문입니다. 교회 역사를 통틀어 낮아지려고 한 교회들은 항상 존경을 받았어요. 우리 주님이 낮아지셨을 때 높임을 받으셨던 것처럼 그랬어요. 그러니까 주님은 교회에서 베드로가 날뛰지 않도록 '베드로', '돌'이라고 불렀어요. 우리는 다 낮아져야 해요. 우리는 '돌'이예요. 주님이 분명히 말했어요. '너는 돌이다.' 베드로는 주님의 말씀을 듣고 기분이 나빠져서 주님 혼자 잘해보세요 하면서 떠나갔나요? 아닙니다. 베드로는 주님의 말씀에 수긍했어요. 그게 맞는 거예요.

맺음말

이제 설교를 맺습니다. 주님은 자신의 수난과 죽음에 대해서 이야기하려고 하십니다. 그런데 주님은 제자들에게 수난에 대해서 말씀하시기 전에 마지막으로 집어줘야 할 것이 있었어요. 주님은 앞에서 많은 이야기를 했어요. 비유에 대해서도 말씀하시고, 사역자들이 전도할 때 어떻게 해야 될 것인가를 알려주시며 제자를 파송하는 설교를 하셨고, 산상설교도 하셨어요. 또한 주님은 병자도 고쳐주셨습니다. 이 많은 설교와 사역 끝에 주님은 자신의 수난과 죽음에 대하여 말씀하시기 전에 마지막으로 점검해야 할 것이 있었어요. 마지막 점검은 무엇에 관한 것일까요? 교회에 관한 것이었습니다. 주님은 교회의 기초가 무엇인지, 교회의 주체가 누구인지 말씀하셨습니다. 이것을 납득하지 못하면 수난과 죽음에 관하여 백번을 말해도 소용이 없어요. 우리는 주님의 수난과 죽음에 대해 묵상하기 전에 정말 성경이 말하는 교회관을 가지고 있는가를 확인해야 합니다. 교회가 무언가에 대한 납득이 없으면 그리스도의 수난을 욕되게 만들기 십상입니다. 그래서 주님께서는 제자들에게 교회에 관해 이해를 시키고야 비로소 자신의 수난과 죽음에 대하여 분명하게 말씀하셨던 것입니다. 예수 그리스도의 수난은 개인을 위한 것으로 끝나지 않고 교회를 위한 것이기 때문입니다. 따라서 주님은 수난을 말씀하시기 전에 먼저 교회에 관한 이해를 정립시켜 주셨던 것입니다.

찬양의 영광과 능력

요한계시록 5장 11-14

김추성 (신약학)

오늘날 음악은 그 어느 때 보다도 우리 곁에 가까이 있는 것 같습니다. 제가 대학시절만 하더라도 남자들이 음악한다 그러면 보따리 싸 들고 말렸던 시대였습니다. 제 대학시설을 생각해보면 저는 참 희귀 남이었습니다. 대학 시절 교실를 둘러보면 모두 여학생들 뿐이었던 것 같아요. 그리고 보면 세상이 참 많이 변했지요. 요즈음 중년 남자들의 가장 큰 꿈 중의 하나가 악기 하나 연주하는 거랍니다.

우리 목회자에게 있어서 음악은 참 결코 무시할 수 없는 분야입니다. 당장 여러분들도 주일에 교회 가면 찬양을 인도해야 되고, 또 성가대를 지휘해야 하는 분들도 있을 것입니다. 리슈(Barry Liesch)는 신학교가 예배와 음악 문제에 있어 리더쉽을 발휘하는데 실패하고 있다고 지적합니다. 최근에 음악에 대해서 많은 요구들이 있는데 신학교가 능동적으로 대처하고 있지 못하다는 말이지요. 일반 지역 교회 목사나, 음악가, 오히려 선교단체들이 더 활발하게 이 문제를 주도해 가고 있다고 그는 지적하고 있습니다. 교회에 예배를 맡고 있고, 또 예배에 많은 부분이 음악적인 부분이 있는데 이면에 있어서 신학교가 얼마나 준비를 시켜주고 있는가 반성할 필요가 있습니다.

음악의 영향력

먼저 우리는 음악이 얼마나 폭발적 힘이 있는지 생각해 볼 필요가 있습니다. 요한 칼빈이 음악에 대하여 남긴 귀중한 말을 여러분에게 말씀 드리고 싶어요. 요한 칼빈은 사실 음악과 관련하여 오해를 좀 많이 받았습니다. 음악에 대해서 화성의 사용도 금했고, 악기의 사용도 금했기 때문에 너무 음악을 부정적으로 생각하지 않았나 하는 그러한 오해를 받아왔는데, 시편 주석 서문에서 칼빈은 이렇게 얘기하고 있습니다. "음악이야말로 하나님께서 인간의 휴식과 기쁨을 주기 위한 가장 으뜸가는 선물이다" 하나님께서 인간에게 주신 많은 귀한 선물들이 있는데 그 중에서 음악이야말로 가장 으뜸가는 선물이라는 것이지요. 칼빈이 음악에 대해서 부정적으로 생각했다는 것은 참으로 큰 오해입니다.

여러분 오늘날 의사들 가운데 음악을 치유의 수단으로 활용하고 있는 사람들도 있습니다. 교육분야에서도 음악을 수단으로 사용하고 있는데, 왜냐하면 음악에는 놀라운 능력이 있다는 것입니다. 힘이 있다는 것입니다. 여러분 뮤직 테라피(Music Therapy)라는 말을 들어

보셨는지요? 우리나라에서도 이제 이것이 활발하게 학문적으로도 정립되고, 실제로 사용되는 것 같은데요. 의사들이 이렇게 얘기합니다. 음악이야 말로 "One of the best medicines for the mind" 인간의 마음을 위한 최선의 약이다. 의학박사들이 쓴 논문을 제가 몇 개 읽어 봤는데, 폴 슈거만이라는 박사하고 에드워도 포돌스키라는 분이 쓴 논문를 읽어 보면 음악을 가까이 하는 사람이 훨씬 더 건강하고 감정 조절 상태가 양호하다고 합니다. 더욱이 맥박상태나 혈액순환, 혈압(blood pressure) 등 모든 것이 훨씬 더 원활하고 정상적이라는 통계가 있어요. 싸이콜로지 투데이(Psychology Today)라는 잡지가 있는데 여러 해 전 나온 통계를 보면 음악의 영향력이 가장 강하다고 합니다. 미국 웨스트민스터 신학교의 변증학 교수인 윌리암 에드가(William Edgar) 교수가 쓴 글에 보면 음악 외에 다른 예술이 87%, 영화가 92%인 것에 비해서 음악은 96%나 되는 높은 수치의 강한 영향력을 가지고 있다고 말하고 있습니다.

찬양의 중요성

음악도 이렇게 영향력이 강한데 하물며 찬양은 얼마나 큰 능력이 있겠습니까?

    칼빈은 찬양에 대해서도 이런 말을 했습니다. 찬양이야말로 하나님의 백성들이 할 수 있는 최고의 헌신이다. 성도들의 믿음의 참 증거가 찬양이다. 하나님께 대한 최상의 가치이며, 최고의 헌신이다. 섬김 중에 최상의 헌신이 무엇인가? 찬양이다. 신구약 하나님의 모든 백성 또 종말적인 하나님의 백성의 가장 중요한 특징이 무엇인가? 저는 찬양이라고 생각합니다.

구약에 보면 다윗 시대에 38,000명의 30세 된 레위인 중에서 4,000명이 국립합창단으로 선발되었어요. 정말 어마어마한 숫자지요. 이들이 어떻게 하나님을 찬양했는지 어떤 노래를 불렀는지, 어떤 멜로디를 사용했는지 우리는 자세하게 알 수 없지요. 여하간 이렇게 많은 사람을 찬양만 하도록 선발한 나라가 역사상 존재하나요? 4000명 중에서도 헤만과 아삽과 여두둔 궁중 찬양대로 선발된 사람이 288명이었어요.

여러분 이런 찬양의 전통은 이스라엘 역사에 계속 이어져 내려오고 있습니다. 쿰란 공동체 문서를 읽어보면 호다욧이란 문서가 있어요. 시편과 매우 흡사하지요. 일종의 찬양과 감사의 노래들로 되어 있습니다. 이것을 읽어 보면 이들이 하나님께 찬양하고 감사하는 일을 얼마나 중요하게 생각했는지 발견할 수 있습니다. 하나님을 찬양하는 기쁨이 여기저기 수록되어 있습니다. 예수 그리스도 이후의 신약 공동체에도 이러한 모습은 계속해서 나타나고 있습니다.

랄프 마틴은 초대교회를 뭐라고 규정하는지 아시는지요? "초대 기독교 공동체는 찬양 공동체이다(Hymn Singing Community)." 한 걸음 더 나아가 이렇게까지 얘기 했습니다. "기독교는 찬양 가운데에서 탄생했다"(The Christian Church was born in song). 최근에 신약학계에서 찬양과 기독론과(Hymn and Christology)의 관계에 대한 아주 밀도 높은 연구들이 진행되고 있습니다. 독일의 마틴 헹엘(Martin Hengel)같은 전설적인 신약 학자도 여기에 대해서 중요한 논문들을 발표하였습니다. 초대교회 기독론 형성과정에 있어서 가장 결정적인 역할을 한 것이 무엇이냐? 바로 찬양이라는 것입니다. 예수님이 승천하시고 나서 불과 5년 이내에 기독론이 거의 다 정립 되었는데, 종교사학파 학자들이 주장하는 대로 AD. 1세기 후반기가 아니라 이미 승천 후 5년, 길어야 10년 이내에 초대 기독교 기독론은 거의 다 정립되었다는 것이지요. 그 가장 결정적인 증거가 무엇이냐? 신약 내에 존재하는 수많은 찬송시라는 것입니다. 기독론적으로 매우 중요한 여러 구절들이 초대 교회에서 찬송시로 쓰여졌다는 것입니다.

그 대표적인 것 중에 하나가 빌립보서 2장 6절부터 11절까지에요. "너희 안에 이 마음을 품으라 곧 그리스도 예수의 마음이니(5절부터 인용하심) 그는 근본 하나님의 본체시나 하나님과 동등됨을 취할 것으로 여기지 아니하시고 오히려 자기를 비워 종의 형체를 가지사 사람들과 같이 되셨고 사람의 모양으로 나타나사." 기독론적으로 너무나 중요한 이 말씀이 초대교회에 이미 불려지고 있던 찬양의 일부분이었다는 것입니다. 이 외에도 골로새서 1장 15-20절, 히브리서 1장 3절, 디모데전서 3장 16절 등이 여기에 해당합니다. 기독론에 있어서 아주 결정적인 이러한 구절들이 이미 초대교회에서 찬송으로 불려지고 있었다고 합니다. 그래서 초대교회는 찬양공동체요, 그리고 찬양 가운데 태어났다고 하는 것이지요.

찬양의 은혜와 능력

저는 고등학교 시절부터 찬양을 하기 시작했는데 찬양과 함께 더불어 역사하시는 하나님의 놀라운 은혜와 능력을 적지 않게 체험하였습니다. 역사상 가장 위대한 교회 음악가로 손꼽히는 요한세바스찬 바하는 이렇게 얘기했습니다. "하나님께 드리는 음악이 있는 곳에 하나님은 항상 은혜로운 임재로 가까이 하신다" 하나님께 드리는 음악이 있는 곳에 하나님은 은혜로운 임재로 항상 가까이 하신다.

역대하 5장 12-14절에 보면 성전을 봉헌하는 엄숙한 장면이 나옵니다. 솔로몬이 기도를 마치고 찬양대가 나팔을 불고 여호와의 위대하심을 선포할 때 하나님의 영광이 성전에 충만하게 임하고 있습니다. 우리 하나님은 이스라엘의 찬송 중에 거하시고 찬양하는 자의 영을 거룩하게 하시고 소성케 하십니다. 찬양할 때 악한 영이 떠나가는 역사가 일어납니다. 어두운 생각이 물러갑니다. 이 세상의 근심과 염려, 우리를 짓눌렀던 무거운 짐들이 찬양할 때 물러가는 역사가 있습니다. 성경에서 이 음악 치료를 가장 효과적으로 사용한 왕은 우리가 잘 아는 사울입니다. 사울이 악신에 시달릴 때 다윗을 불러서 찬양하자 악신이 떠나간 것을 우리는 잘 알고 있습니다.

제가 고등학교 시절이예요, 문학의 밤이라는 것이 있었어요. 요새는 그런 거 잘 안하는 것 같아요. 그 때는 참 낭만이 있었던 시절이었어요. 시도 읽고, 음악 프로그램도 있고 시와 예술이 만나는 그런 시간이었어요. 저도 잊어버리고 있었는데 제 가까운 친구 목사가 얼마 전 저에게 얘기해 주더라구요. 제가 고등학교 시절에 찬양할 때 회심의 역사가 일어났다 그래요. 실제로요. 그리고 보니까 생각이 나더라구요. 그런데 참 그때는 찬송한번 하면 여러 날 금식기도를 했어요. 누가 하라고 하지도 않았는데. 여러 날 동안 이 찬양을 사용해달라고 금식기도 했던 그런 기억이 있어요. 찬양을 하니까 끝나고 나서 어떤 학생이 막 눈물을 흘리면서 나왔던 그런 일이 있어요. 그 때 많이 불렀던 찬양이 "주 예수 내 맘에 들어와 계시니 변하여 새사람 되고"였어요.

제가 잊지 못하는 그런 시간이 있는데요, 고등학교 3학년 때였던 것 같은데 그 때 교회에서 의정부에 어느 학교를 빌려서 여름수련회를 했었던 일이 있었습니다. 마지막 날 저한테 찬양을 해달라고 부탁이 와서 찬양을 했는데 그 때 불렀던 찬양이 "나 같은 죄인 살리신 주 은혜 놀라와"였습니다. 그 때 중고등부 학생들이 150명가량 빙 둘러 의자에 앉아서 마지막 집회를 하고 있을 때였습니다. 내 일평생 참 잊지 못할 그런 시간이에요. "나 같은 죄인 살리신" 찬송의 1절을 부르는데, 진짜 그것은 성령의 바람이 불어왔다고 밖에 표현할 수 없는, 강한 성령의 임재하심이 있었어요. 얼마나 임재하심이 강했던지 학생들과 선생님 모두가 의자에 다 내려와서 무릎을 꿇고 울기 시작했어요. 어떻게 설명할 수가 없어요. 2절을 부르면서 내가 찬송을 계속해야 될지 말아야 될지 고민이 될 정도에요. 얼마나 강하게 성령님이 역사하시는지. 그 밤에 많은 사람들이 정말 회심을 체험하고 예수 그리스도를 영접하는 놀라운 역사가 있었어요. 간주하고 4절을 부를 때쯤에서야 조금 진정이 됐던 기억이 나요. 찬양할 때 하나님의 임재가 임하십니다.

이 땅에서 성령의 은혜를 갈구하고 체험하기를 원하십니까? 여러분 마음 중심 깊숙한 찬양을 부르시기를 바랍니다. 제가 참 지금도 잊지 못하는 집회 중에 하나가 바로 빌리그래함 대전도집회입니다. 제가 필라델피아에서 공부할 때 빌리그래함 대전도 집회에 저희 교회도 찬양대로 참석한 적이 있었어요. 그 때 "주 예수 보다 더 귀한 것은 없네"를 작곡하신 말로만 듣던 George Beverly Shea를 보았어요. 그 위대한 복음성가 찬양지도자. 백발이 성성한 그 할아버지가 나와서 찬양하던 모습이 지금도 잊혀지지 않아요. 위대한 전도자 무디의 뒤에는 쌩키(Sankey)가 있었고, 빌리 그래함 뒤에는 죠지 베비리 쉬가 있었던 것이지요.

찬양은 고난을 이기는 능력이 있습니다. 사도 바울이 빌립보 감옥에서 매를 맞고 온 몸에 멍이 들었을 때 찬양하자 옥문이 열려지는 놀라운 기적이 일어난 것을 우리가 잘 알고 있습니다. 우리 복음 성가 중에 그런 복음 성가가 있죠. "마음이 지쳐서 기도할 수 없고, 눈물이 빗물처럼 흘러내릴 때." 그런데 참 저도 그런 시절이 있었어요. 아마 제 유학 시절 가장 힘들고 어려운 터널을 지나가는 마지막 고비가 있었는데요. 공부를 마칠 때 쯤이었는데 제 아내도 수술을 몇 번 하고 제가 아이들을 돌보고 아내를 돌보면서 마지막 논문을 힘들게 썼던 그런 시절이 있었어요. 그 때 진짜 이 말이 실감이 되더라구요. 오랜 유학 생활로 몸도 지치고 마음도 지치고. 10여년 넘게 공부를 하느라 건강도 기진맥진하고 그런 상태였던 것 같아요. 너무 지치니까 기도를 해도 기도가 잘 되지 않아요. 그래서 마음에 그런 결심을 했어요. 찬송을 불러야 되겠다. 그래서 새벽마다 일어나서 1장부터 찬송을 부르기 시작했어요. 은혜가 올 때까지. 요즈음 말로 feel이 꽂힐 때까지 내가 찬송을 부르겠다 결심했어요. 만복의 근원 하나님부터 성부 성자 성령님이 올 때까지 기도줄이 잡힐 때까지 불러야되겠다 생각하고 매일 같이 일어나서 찬송을 부르기 시작했어요. 그런데 진짜 귀한 체험을 했어요.

찬송을 부르면서 찬송에 얽힌 스토리들이 생각나는 거예요. 지금까지 주님과 동행했던 삶의 여정들이 떠오르더라구요. 기뻤던 일, 슬펐던 일, 은혜 받았던 일 등 찬송과 함께 하나님께서 베푸셨던 삶의 기억들이 살아나는 거예요. "내 진정 사모하는 친구가 되시는 구주 예수님은 아름다워라 산 밑에 백합화요 빛나는 새벽별 주님 형용할 길 아주 없도다" 이 찬송은 어렸을 때 어린 시절 어머니가 우리 자식들을 앞혀놓고 불렀던 찬송이구나. 그 때는 아무 뜻도 모르고, 아무 의미도 모르고 불렀는데 가사를 가만히 생각해보니까 아픔이 배어있는 찬송이예요. "내 맘이 아플적에 외로울 때 좋은 친구라. 주는 저 산 밑에 백합, 빛나는 새벽별 이 땅위에 비길 것이 없도다." 어머니가 그 때 왜 이 찬송을 많이 부르셨나 생각해보게 되요. "참 아름다워라 주님의 세계는" 이 찬송은 산속에서 열 번이고 스무 번이고 감격해서 불렀던 찬송이지. 그 옛날에 받았던 은혜와 감격이 솟아 올라오는 거예요. "먹빛 보다 더 검은 죄로 물든 이 마음" 그 때 이 찬송 은혜 받았지. 이 찬송에 얽힌 수 많은 스토리들이 하나씩 하나씩 떠오르면서 혼자서 울기도 하고, 하나님이 그 때 주신 은혜가 다시 생각나서 새 힘을 얻었던 기억이 납니다. 사랑하는 학우들이여, 고난의 터널을 어떻게 통과할까요? 어차피 지나가야 되는데 어떻게 해야 됩니까? 찬송하면서 하나님과 동행하시기를 간절히 바랍니다.

찬양의 영광

마지막으로 찬양이 얼마나 영광스러운 것인지 생각해 보겠습니다.

요한계시록 5장 11-14절에는 놀라운 찬양의 장면이 기록되어 있습니다. 11-12절에는 셀 수 없는 수 많은 천사의 찬양이 기록되어 있습니다. 그 수가 만만이요 천천인 천사들이 큰 음성으로 "죽임을 당하신 어린양이 능력과 부와 지혜와 힘과 존귀와 영광과 찬송을 받으시기에 합당하도다"라고 찬양하고 있습니다. 이어서 "내가 또 들으니 하늘 위에와 땅 위에와 땅 아래와 바다 위에와 또 가운데 모든 만물이 가로되 보좌에 앉으신 이와 어린 양에게 찬송과 존귀와 영광과 능력을 세세토록 돌릴찌어다"라고 기록되어 있습니다. 요한계시록 4-5장의 모든 경배와 찬양을 종결짓는 우주적 찬양입니다. 요한계시록 4-5장은 일명 천상의 예배라고 불려지는 장입니다. 요한계시록 전체에서도 가장 많은 찬양과 경배의 모습이 기록되어 있습니다. 4장에는 두 번에 걸친 찬양이 기록되어 있습니다. 네 생물의 찬양이 기록되어 있고 이십사 장로의 찬양이 기록되어 있습니다. 요한계시록 5장에는 세 번에 걸쳐 찬양의 모습이 기록되어 있습니다. 네 생물과 이십사 장로의 찬양, 셀 수 없는 천사들의 찬양, 그리고 모든 피조물들의 찬양이 기록되어 있습니다.

찬양이 점층적으로 진행되고 있는데 마지막 우주적 찬양에서 절정을 이루고 있습니다. 요한계시록은 찬양과 경배의 책입니다. 다른 신약의 어떤 책보다고 찬양과 경배의 모습을 많이 담고 있습니다. 하나님께 영광돌리는 Doxology가 많이 기록되어 있습니다. 모두 7 회에 걸쳐 하나님께 영광돌리는 찬양과 경배의 모습이 기록되어 있습니다. 피조물 최대의 영광이 무엇일까요? 바로 찬양입니다. 초대 기독교 공동체를 특징 짓는 가장 중요한 것이 바로 찬양이었습니다. 마찬가지로 천상의 공동체의 가장 중요한 특징 역시 찬양일 것입니다. 요한계시록은 찬양으로 시작해서 찬양으로 마치는 책이라고 해도 과언이 아닐 것입니다. 찬양은 영원토록 지속됩니다. 프랜시스 쉐퍼가 말한대로 찬양은 천국 문 앞에서 멈추지 않습니다. 이 땅에 사는 동안 찬송을 많이 부르십시오. 찬양은 하나님 백성의 가장 중요한 특징입니다. 오래 전에 제가 신문에서 기사를 스크랩 해둔 내용인데요. 가수들이 어떤 노래를 부르느냐에 따라서 그대로 되는 경우가 많데요. 대머리 총각을 즐겨 부르던 가수가 있었는데 정말 대머리가 됐다는 거에요. 자살역을 많이 하는 배우는 우을증에 걸려서 자살을 한다는 거에요. 만남을 노래하던 노사연씨는 신랑을 잘 만나서 잘 살고 있고, 쨍하고 해뜰 날을 불렀던 송대관씨는 해가 떠서 잘 살고, 이별에 대한 노래를 많이 불렀던 그 누구는 이혼을 했다 그래요. 그래서 노래를 잘 택해야 돼요. 여러분들은 무슨 찬양을 많이 부릅니까?

저는 오페라도 부르고 가곡도 많이 불렀지만 이 세상에는 정말 참 기쁜 노래가 잘 없어요. 어느 파티 석상에서, 무슨 출판 기념횐데 기쁜 노래를 해달라고 부탁받은 적이 있어요. 가만 보니까 세상에 기쁜 노래가 잘 없어요. 오페라 아리아 같은 거는 모두 배신, 비극이 주제더군요. 내가 복수하리라. 이글 이글 정욕에 불타갖고. 그런 노래들이지 세상에는 정말 참 기쁘고 마음에서 우러나오는 그런 노래를 참 찾아보기 힘들어요.

우리 한국 가곡은 특히 더 그래요. 제가 영국의 캠브리지를 방문해서 민박하던 때였어요. 어느 날 제가 식사 대접을 받고 한국 가곡을 불러드렸어요. 여러분이 잘 아는 가곡 "해는 져서 어두운데 찾아오는 사람 없어"였어요. 이 주인집 아주머니가 노래 듣다가 "여보 소주 가져올게" 하더라구요.

우리가 천국에서 무엇을 할지는 잘 모르지요. 그러나 찬양과 경배는 영원토록 지속될 것입니다. 피조물 최대의 영광은 하나님을 찬양하는 것입니다. 그 날에 우리는 삼위일체 하나님의 영광에 둘러싸여 수 많은 천사들과 함께 찬양할 것입니다. 우리 입에서는 쉴 새 없이 기쁨과 감사의 찬양이 흘러나올 것입니다. 저는 이 모습을 늘 많이 생각하고 감격해 합니다. 하늘의 별보다도 더 많은 바다의 모래보다도 더 많은 수 많은 천군 천사들이 삼위일체 하나님을 찬양하고 하늘 위에와 땅 위에와 그 가운데 모든 만물, 구속 받은 하나님의 백성들, 모든 피조물들이 우주적 대찬양을 보좌에 앉으신 우리 하나님과 어린 양께 드리는 날이 올 것입니다. 그 영광을 친히 뵙고, 그 얼굴을 친히 뵙고 부르는 영광이 우리에게 남아 있습니다. 이 땅에 있는 동안에도 찬양과 경배의 삶이 끊어지지 않는 저와 여러분들 되기를 간절히 바랍니다.

간청의 기도

누가복음 11장 5-13절

김수흥 (신약학·前 초빙교수)

여기 오늘 본문에 보면 "그 간청함을 인하여 일어나 소용대로 주리라", 개역판에는 "그 강청함을 인하여 일어나 소용대로 주리라" 그랬지요? 개역판에는 강청이라고 번역됐고, 개역개정판에는 간청이라고 번역을 했습니다. 똑같은 거죠. 헬라어로는 아나이데이아(ἀναίδεια), 아나이데이아라는 말은 끈질기게 졸라대는 것을 말합니다. 그러니까 끈질기게 졸라대라는 것이죠. 기도는 아주 끈질기게 졸라대야 된다, 예수님께서 그렇게 말씀하셨습니다. 이렇게 끈질기게 졸라대는 기도를 하는 분들을 향해서 어떤 이들은 그것이 기복 신앙인들이나 하는 일이지 보통 사람들은 그렇게 끈질기게 달라고, 주십사고 기도를 하지 않는 것이라 얘기하기도 하지만, 여기 예수님께서 그 강청함을 인하여, 그 간청함을 인하여, 끈질기게 기도함으로 인하여 하나님께서 소용대로 주신다고 말씀하셨으니까 할 말이 더는 없게 되는 거지요.

감소하는 기독교 인구수

우리는 끈질기게 하나님 앞에 기도해야 할 줄로 알고 있습니다. 우리 학우들께서 끈질기게 기도하시는 분들이시기를 바랍니다. 다른 설교 제목도 많은데 제가 왜 이런 설교 제목을 가지고 나왔는가 하면, 오늘날 교계라든지 한국 정치계라든지 일반 사회가 너무 뒤죽박죽 돼서 옛날에는 생각도 못할 정도의 그런 사회가 됐습니다. 물론 앞으로 더 어려워질 것은 분명한 사실입니다. 그런고로 우리 합신 학우만이라도 참 하나님 앞에 끈질기게 기도해서 하나님께서 기뻐하시는 나 자신, 우리 가정, 우리 학교, 우리 교단, 우리 교계, 우리나라가 되어야 할 것입니다.

우리 학우들이 주의 일을 생각할 때 우리는 간청하는 기도를 드리지 않을 수가 없습니다. 굉장히 강청해야 돼요, 간청해야 합니다. 그래서 우리가 주의 일을 아주 바로잡아 놓아야 하겠습니다. 옛날에 박윤선 목사님은 하나님 앞에 얼마나 간청을 하시든지 그저 한 교회를 완전히 딱 바로잡아 놓으시고 교단을 바로잡아 놓으시고... 그러시다 마지막에 1980년도에 총신 사태는 아마 되지 않은 것 같아요. 하나님의 무슨 섭리가 있었던 것으로 보입니다. 우리가 모두 끈질기게 기도하는 학우들이 되시기를 바랍니다.

제가 이 설교 제목을 가지고 나온 이유 가운데 하나가 우리나라의 기독교 인구수가 점점 줄어든다는 사실입니다. 지금 대학생들 가운데 기독교 인구는 4퍼센트라고 하지 않습니까? 중고등학교 학생들은 3.5 혹은 아마도 3퍼센트...이와같이 한 이삼십 년만 더 나가면 우리나라의 기독교 인구가 거의 제로에 가까울 것이다, 이렇게 오덕교 교수님이 몇 차례 얘기를 했습니다. 사실 우리는 심각한 위기에 접해있습니다. 20대와 30대 40대, 이 세대의 기독교 인구가 너무 확 떨어져서 정신 없이 나아가고 있습니다. 큰일이죠. 나라를 생각할 때, 이 교계를 생각할 때 아무튼 우리는 하나님 앞에 나아가 부서지는 정도의 간절한 기도를 하시는 여러분들 되시기를 바랍니다.

우리나라의 기독교 인구가 과거에는 1200만이라고 그랬었는데 지금은 어떤 분들 말하기를 800만이라 그러지요. 물론 통계상으로는 800만 더 된다고 합니다. 각 교계에서 올려온 통계를 합하면 우리 대한민국의 인구의 두 배가 된다고 하죠? 그게 실제 통계가 아니고 부풀린 통계라서 실제는 800만 정도입니다. 이 800만을 제가 퍼센트로 환산해 보니까 대략 17퍼센트입니다. 저로서는 너무 염려가 되는데 저를 위한 염려가 아니고 대한민국을 위한 염려지요. 저는 여러분들이 보시다시피 얼마 살겠습니까. 이제 대한민국을 위해서 염려가 많이 되어가지고 제가 몇 개월 전부터 결심하고 기도를 시작했는데, 하나님 우리 대한민국의 기독교 인구가 60퍼센트가 되게 해주옵소서, 강청하기를 시작했습니다. 매일같이 얼마나 강청하는지 하나님께서 저를 쓰실는지... 안 쓰시려고 하면 저를 아주 데려가시겠죠. 쓰시려고 하면 그것이 이루어질 걸로 믿습니다. 우리 한국 교회가 잘되려면 자기가 시무하는 교회 한 부분만 잘되면 되는 게 아니라 대한민국 전체가 올라가야 하는 것입니다. 기독교 인구가 올라가야지 전반적으로는 크게 줄어드는 판에 무슨 큰 은혜가 오고·복이 오겠습니까? 우리는 강청하는 사람들이 되어야 하겠습니다.

여기에 1절부터 4절까지는 무엇을 위해서 기도할까, 다시 말해서 예수님께서 주기도문을 말씀하셨습니다. 이러이런 것들을 위해서 기도하라. 그리고 5절부터 13절까지는 어떻게 기도하라는 방법인데, 강청하라는 것입니다. 기도 제목이 나오면 그것을 위해서 아주 강청하라는 것입니다. 예수님께서 강청하라고 말씀하시면서 처음에는 벗한테, 자기 친구한테 무엇을 조르듯이 하라고 하셨어요. "너희 중에 누가 벗이 있는데 밤중에 그에게 가서 말하기를 벗이여 떡 세 덩이를 내게 꾸어 달라 내 벗이 여행 중에 내게 왔으나 내가 먹일 것이 없노라 하면 그가 안에서 대답하여 이르되 나를 괴롭게 하지 말라 문이 이미 닫혔고 아이들이 나와 함께 침실에 누웠으니 일어나 네게 줄 수가 없노라 하겠느냐?" 그렇게 못한다는 것이죠. 이 친구가 가서 밤중에 친구 집의 문을 두드립니다. 친구가 왔는데 떡 세 덩이를 좀 꿔 달라 합니다. 그랬을 때 안에서 자던 친구가 벌써 내가 불을 껐고, 애들이 나와 함께 잠자리에 들었으니까 너는 그냥 돌아가라, 안 되겠다고 할 친구가 어디 있느냐는 거예요. 없다는 거죠. 그러니까 하나님 앞에 그런 식으로 구체적으로 기도하면 하나님께서 아니 들으실 리가 없다는 말입니다. 반드시 주신다는 것입니다.

강청하는 기도

저는 하나님 앞에 얼마나 강청 기도를 열심히 하는지 누가 옆에서 들으면 이상할 정도로 간절히 하나님 앞에 청원하고 있습니다. 물론 박윤선 목사님보다는 좀 못해요. 박윤선 목사님은 제가 그 기도 소리를 많이 들었는데 얼마나 강청을 하시는지 참 하나님도 안 들으시기가 어려울 정도로 강청을 하세요. 하나님 불쌍히 여겨 주옵소서, 불쌍히 여겨 주옵소서. 이 기도를 아무튼 기도의 시동이 걸릴 때까지 그 기도를 하세요. 하루 세 시간씩 기도하실 때 나를 불쌍히 여겨 주옵소서, 불쌍히 여겨 주옵소서. 아, 그런 기도를 어떤 때는 30분을 하시다가 기도의 발동이 걸리면 다른 기도로 나가시고, 어떤 때는 한 시간 하는데 하나님께서 불쌍히 여겨 주시지 않겠어요? 불쌍히 여겨 주세요. 저도 그런 식으로 간절히 기도를 합니다. 그래서 저는 지금 그렇게 어려운 것이 없이 살고 있어요. 사람들은 왜 그렇게 살기가 힘들어가지고 심한 사람은 자살도 하고 그러잖아요? 저는 어려운 것이 없어요. 왜냐하면 어려운 것이 생기자마자 예수님 앞에 갖다가 내놔요. 이렇게 생겼으니 이것 좀 보시라고 합니다. 이것을 내가 해결하겠습니까, 저는 안 된다고 그렇게 얘기를 합니다. 예수님께서 그것을 들으시고서 다 응답을 해주십니다.

그래서 자녀들 문제, 다른 무슨 문제에 어려움이 없어요. 건강 문제도 지금까지 한 생애 동안 건강 보험을 든 적이 없습니다. 주위에서 난리지요. 큰 아이도 야단이고, 셋째는 얼마나 야단인지 모릅니다. 둘째는 저를 잘 아니까 야단이 덜합니다. 건강 보험 안 들면 안 된다고 해서 염려 말라고 많이 설득시키고 있습니다. 제가 건강 보험을 안 드는 이유가 그저 조금만 어디 안 좋으면 예수님 앞에 문제를 갖다 놓는 거예요. 예수님께서 금방금방 해결해주십니다. 그래서 건강 보험

든 사람보다도 더 빨리 고치는 것입니다. 건강 보험 든 사람들은 병원에 가서 진찰하고 굉장히 복잡하잖아요. 저는 그 사이에 기도해 가지고 다 고치니 걱정이 없습니다. 지금까지 별로 어려움이 없었습니다.

그런데 제가 걱정이랄지 마음에 눌리는 것이 한 가지가 있었어요. 뭔고 하니 이상하지만 여러분들이 양해하시고 들으세요. 저희 아파트에 모기가 들어오는 겁니다. 몇 년째 모기 못 들어오게 하려고 별 수단 다 썼지요. 방충망도 보수해 보았지만 어떤 분 얘기가 하수구에서 올라올 거라고 하고, 또 엘리베이터를 통해 방안에 들어올 거라고도 합니다. 그런데 제가 그걸 위해서 기도를 못했어요. 왜냐? 위대하신 예수님 앞에 조그마한 모기 한 마리 잡아 달라고 하는 것을 예수님께서 뭐라고 하시겠어요? 이제 금년 겨울에 지혜가 떠올랐어요. 어떻게 하면 그게 못 들어오도록 할 수 있을지 지혜를 키워 주시옵소서, 그래 가지고 금년 여름 지날 작정입니다. 그 이외에는 마음에 부담이나 어려움이 없어요. 우리가 간청하면, 강청하면 되는 것입니다.

여기 이제 예수님께서 비록 벗인 관계로 해서는 안 들어주는 사람이 있다 할지라도, 세상에 그런 사람이 있다 할지라도 강청함을 인하여 일어나서 줄 것이다, 그러셨습니다. 8절에 "내가 너희에게 말하노니 비록 벗 됨으로 인하여서는 일어나서 주지 아니할지라도 그 간청함을 인하여 그 요구대로 주리라." 그 간청함을 인하여 일어나 그 요구대로 주리라. 아주 끈질기게 도전하라는 것입니다. 그러면서 예수님께서 "내가 또 너희에게 이르노니 구하라 그러면 너희에게 주실 것이요 찾으라 그러면 찾아낼 것이요 문을 두드리라 그러면 너희에게 열릴 것이니 구하는 이마다 받을 것이요 찾는 이는 찾아낼 것이요 두드리는 이에게는 열릴 것이니라."

　여기 예수님께서 세 가지를 말씀하는데 구하라, 다음에 찾으라, 그 다음에 두드리라. 이 문제를 가지고 주석학자들의 견해가 갈리는데 이것은 똑같은 내용을 세 번 반복한 것이라고 주해를 하시는 분이 있고, 어떤 분들은 문맥에 의해서 이것은 계속해서 강도를 높이라는 것이라고 합니다. 저도 역시 많이 연구할 결과 다른 교수님들은 또 달리 생각하실 수도 있겠지만 강청해라, 계속 강도를 높여라, 그것으로 제가 해석을 해냈습니다. 그러니까 아주 강청하라는 것입니다. 벗 관계에서 해결을 못할 정도라고 하면 아예 벗이라는 것을 무시하고 그저 강청하라는 거예요. 우리 학우들, 아주 강청하시는 분들 되시기를 바랍니다. 뭐가 하나 안 되면 이것이 하나님의 뜻이 아닌지를 생각해봐야 하지만, 하나님께서 하나님의 뜻이 아니다 이렇게 말씀을 하시기 전에는 강청을 하면 하나님께서 반드시 들어주실 줄 믿으시기를 바랍니다.

　그 다음에 이세 세 번째 예수님께서 말씀하시기를 아버지와 아들과의 관계를 가지고 설명을 하셨습니다. 11절에 "너희 중에 아버지 된 자로서 누가 아들이 생선을 달라 하는데 생선 대신에 뱀을 주며 알을 달라 하는데 전갈을 주겠느냐 너희가 악할지라도 좋은 것을 자식에게 줄 줄 알거든 하물며 너희 하늘 아버지께서 구하는 자에게 성령을 주시지 않겠느냐 하시니라." 우리 인간이 악할지라도 부성을 가지고 있기 때문에 자식들에게 좋은 것을 줍니다. 자식이 생선을 달라고 하는데 뱀을 줄 아버지가 세상에 어디 있겠느냐? 알을 달라 하는데 전갈을 줄 부모가 어디 있겠느냐? 인간이 악할지라도 자식이 좋은 것을 달라고 할 때 정말 좋은 것을 준다는 것입니다. 우리 하나님은 사랑이 지극하시기 때문에 우리들에게 항상 좋은 것을 주실 줄 믿으시기 바랍니다.

성령 충만을 간구하라

저는 사실 이렇게 강청하면서도 하나님 앞에 감사를 참 많이 합니다. 하나님의 사랑이 얼마나 많든지 24시간도 부족할 정도로 감사를 많이 합니다. 아들을 보내주셔서 십자가에서 피 흘리게 하신 사실을 생각할 때 너무 감사해서 견딜 수가 없어요. 그러면서도 저는 하나님 앞에 나와서 이 나라와 민족을 위해서 60퍼센트 기독교 인구를 주십사고 강청하고 있습니다. 우리가 간절히 구하면 하나님께서 우리에게 성령을 주신다, 그랬습니다. 아버지께서 구하는 자에게 성령을 주시지 않겠느냐! 성령을 반드시 주신다 하는 것이죠.

여기 갑자기 성령이란 말이 나왔는데 마태복음 7장 11절에 의하면 좋은 것을 주시지 않겠느냐? 그렇게 말씀하고 있죠. 그러니까 좋은 것이나 성령이나 같은데, 좋은 것이란 말이 좀 더 포괄적입니다. 좋은 것 안에 성령도 있고 좋은 것 안에 모든 게 다 있는데 그 중에 최고가 성령이라는 것입니다. 우리 학우들은 성령을 특별히 많이 구하시는 분들 되시기를 바랍니다. 성령을 얼마나 많이 구해야 하는가? 세대주의에서는 이 문제를 놓고서 그것은 초대교회의 120명이 구해야 하는 제목이었다는 것이죠. 성령께서 오순절에 오셨기 때문에 그 뒤에는 성령을 구하지 않아도 된다고 주장을 합니다만 그러나 바울 사도는

'성령 충만을 받으라' 그렇게 말씀했습니다. 우리가 오늘날도 경험하는 바와 같이 성령 충만을 위해서 아주 간절히 기도를 해야 할 것입니다.

성령의 충만을 구하면 성령께서 오셔서 나를 주장하시고, 성령께서 내 안에 계셔서 죄를 온전히 잠재우시고, 성령께서 성경 말씀을 깨닫게 하시고, 성령께서 나로 하여금 예수님을 또 알게 하시고 진리를 알게 하시는 것입니다. 성령을 간절히 간구하면 성령님께서 내 안에 예수 그리스도의 사건을 확실하게 보여주시고, 이 세상이 그리스도를 중심으로 돌아가고 있다는 사실도 보여주십니다. 어떤 분들은 마귀가 다 주장한다고 하는데, 그건 어떤 세상인지 모르지만 이 세상은 그리스도께서 온전히 주장하십니다.

다니엘서 4장에서 기자가 쓰기를 하나님께서 만사만권을 주장하신다고 하였습니다. 하나님은 그리스도를 통해서 이 세상의 모든 것을 주장하고 계시는 것입니다. 그래서 성령을 간구하는 사람들은 이 세상 돌아가는 길 보면서 지금 그리스도께서 다 주장하고 계시는구나, 이것을 알 수가 있어요. 저는 오래 전부터 그것을 알고 미리미리 다 당겨서 얘기를 했습니다. 칼럼에도 자주자주 썼어요. 1988년도에 우리나라에서 올림픽이 있었습니다. 그 때 당시에 88올림픽을 앞두고 사람들이 들떠가지고 우리나라가 올림픽을 개최하게 됐다고 엄청나게 좋아했지요. 저는 또 한편 염려를 했는데, 올림픽을 앞두고 사람들이 마음이 붕 떠 있을 때 하나님께서 그렇게 하면 안 된다, 예수님을 바라봐라 하는 뜻으로 우리나라에 큰 어려움을 주셨습니다. 다시 말해서 세상의 그런 일 가지고 마음이 들뜨지 말라는 겁니다.

예수님께서 70인 전도대를 보내셨는데 그들이 다녀와서 보고할 때 귀신들도 우리에게 항복합디다, 하였을 때 예수님께서 잘했구나 그러시지 않았습니다. 참 축하할 일이다 하지 않으시고, 귀신들이 너희에게 항복하는 것으로 기뻐하지 말고 너희 이름이 하늘에 기록된 것으로 기뻐하라고 하셨습니다. 귀신들을 항복하게 하는 것은 기독교 사업이 잘 되는 것을 의미하는데 그것조차도 기뻐하지 말라고 하셨어요. 그런데 그렇게 사람들 마음이 붕 떠가지고 올림픽을 한다고 좋아할 때 제가 염려를 했는데, 그 해에 KAL기가 바다에 떨어져 가지고 115명이 죽었어요. 그래서 사람들이 세상 말로 아주 김샜어요. 2002년도에 월드컵을 일본하고 공동 개최할 때 사람들이 또 좋아하였지요. 이번엔 또 어떤 방면으로 터지려나 정말 염려되었습니다. 북한 군인들이 서해로 내려와서 서해교전이 일어났는데 우리 군인 16명이 전사했습니다. 참 기분 나쁜 일이지요. 우리가 그런 월드컵을 놓고서도 예수님만 바라봐야 되는 것입니다. 그게 뭐 그리 중요하다고 막 들떠 난리를 펴서 그렇게 어려움을 당한다 말입니까.

2008년도에 중국에서 올림픽이 있었는데 제가 중국 한 번 된통 당하지 싶더니 스촨성에서 지진이 나가지고 수만 명이 죽었잖아요. 올 것이 온 거지요. 근데 제가 그걸 말을 못해요. 말을 하면 막 덤빌 테니까요. 그리고 그 이후에도 또 이런 일 저런 일이 있었지요. 작년에 강원도 평창에서 동계 올림픽이 2018년에 열린다는 결정이 났을 때 사람들이 참 좋아했습니다. 두 번이나 떨어지고 삼수 만에 됐으니 오죽 좋았겠어요? 사람들이 너무들 좋아하니 또 터지지 않겠나 했더니 또 터졌어요. 터지기 전에 제가 기뻐하지 말자고 칼럼을 써서 기독교 신문에 발표를 했지요. 그런데 얻어터진 뒤에는 바로 이거다 하고 말은 못 하겠더라고요.

작년 여름에 물난리가 나서 서울 우면산 사태로 굉장했잖아요. 그와 같이 어려움을 당하는데 사람들은 그걸 가지고 인재(人災)냐 천재(天災)냐 서로 주장을 하는데 내가 그 때 칼럼을 또 썼어요. 이건 인재가 아니다. 인재일 바에는 하나님께서 왜 주시겠느냐? 하나님께서 때린 것이다. 금년에 들어와 7월 12일부터 영국 런던에서 올림픽이 있는데, 보통 그런 데 정신 팔리지 말라는 뜻으로 하나님께서 보통 한 달 전에 무얼 주시니까 아마 6월쯤 해서 영국에 한 번 또 난리가 날 겁니다. 앞으로도 종종 이렇게 난리가 날 텐데 이게 뭔가 하면, 다 예수 중심 하고 살아라, 예수만 바라봐라, 그런 것들에 마음 들뜨지 말라는 것입니다. 우리 학우 여러분은 항상 성령을 간구하시는 가운데 예수님을 더 아시고 예수님을 더 바라보시면서 예수님만 향해서 전진하시는 분들 되시기를 바랍니다.

참된 행복의 길

저는 우리 경제가 크게 어려움 당할 것에 걱정이 많습니다. 다른 사람들은 몰라서 걱정을 안 하는 거지요. 일이 닥쳐서야 비로소 염려하는데 저는 미리 알지요. 기도하는 가운데 하나님께서 깨우쳐 주시는데, 앞으로 총선 마치고 12월 대선을 마치면 어떤 한 당이 집권을 하게 될 텐데 지금 제 염려는 뭔가 하면 새누리당이 집권해도 어렵게 됐고, 민주통합당 중심의 야권 연대가 이뤄져도 참 어렵게 됐습니다. 그 이유가 무엇인가? 두 당이 모두 국민들을 아주 행복하게 만들어주겠다는 거예요. 행복은 무슨 행복? 행복 아닙니다. 얼마 전에 TV에서 늘 행복 강의를 하던 최아무개가 KBS TV에서 행복 강의를 할 때마다, 저이가 이제 말년이 비참하겠는데 언제쯤일지 말도 못하지요. 그래서 제가 기독교 칼럼에 자꾸 씁니다. 행복은 인간이 주는 게 아니고 행복은 어떤 정권이 주는 게 아니라고 했습니다.

그렇게 제가 늘 말했는데 아니나 다를까 그 최아무개가 그렇게 행복을 외치더니 자기가 너무 불행해서 죽겠다고 하고 자기 혼자 가기가 뭐해서 남편하고 함께 자살했습니다. 제가 생각할 때 이 여자 행복 전도사가 죽을 때 함께 갈 동반자를 자기 남편으로 해서 자살했는데 어디 동시에 죽습니까? 1분이라도 다르지요. 그러니까 함께 가겠다고 했지만 지옥으로 시간이 다르게 도착했을 것입니다. 앞으로 누구든지 인생 말년이 불행하고 싶으면 행복 강의를 하시면 됩니다. 어떤 대학 강단에서 행복 강의를 한다는 사람이 있다는데 그 대학이 정신 차리지 않은 것입니다. 행복은 사람이 주는 것이 아니라 예수께서 주시는 줄 믿어야 하는 것입니다. 새누리당이 행복을 주겠다고요? 민주통합당이 행복을 주겠다고요? 저는 염려가 대단히 됩니다. 4년 전에 이명박 대통령 후보 시절에 경제만큼은 살려놓겠다고 했는데, 제가 그걸 들으면서 아니올시다, 하며 칼럼을 또 썼어요. 경제는 정권이 살리는 게 아닙니다. 경제는 예수 그리스도를 얼마나 바라보고 예수님을 잘 따르느냐에 달려 있는 것이지 정권이 행복을 주는 게 아니라고 그랬어요. 새누리당은 결국 경제도 살려놓지 못하고 많은 사람들로부터 공격을 당할 것이라고 써놨는데 지금 그렇게 됐잖아요.

새누리당이 5년 동안 75조를 들여서 맞춤형 복지를 한다고 합니다. 과거에는 없었던 것으로 그저 국민을 행복하게 한다는 뜻으로 75조를 약속했는데, 민주통합당에서는 165조를 책정했습니다. 그러면 어느 당이 더 불행해질 것인가? 새누리당도 불행해지지만 민주통합당이 두 배로 불행해지는 겁니다. 복이라는 게 뭐에요? 복이라는 건 예수 믿고 구원 받는 것이고 성화되는 것이 복이지요. 개인이 복을 줍니까, 정권이 복을 줍니까? 그런고로 우리는 이제 어떻게 선거를 임해야 할지 알게 됩니다. 저는 염려가 많습니다. 앞으로는 어떤 당이 집권해도 우리나라는 어렵게 돼 있어요. 오늘 우리는 성령을 더 구해 가지고 훤히 알아서 국민들을 바로 지도해야 할 것입니다. 여러분들 교회에서도 역시 세상을 바라보는 눈을 교우들에게 훤히 알려주셔야 되겠습니다.

제가 출석하는 시은소 교회에서도 가끔 설교를 시켜서 제가 교인들에게 예수 그리스도를 바라보고 예수님을 중심으로 하여 나아가야지 그렇지 않으면 비참해진다는 사실을 강하게 제시하고 있습니다. 오늘 우리는 이제 간청하는 기도, 우리 하나님을 향해서 기도 제목을 놓고 간청하는 학우들 되시기를 바랍니다. 그래서 성령 받아 가지고 성경 말씀도 밝히 아시고 예수님을 더 밝히 아시는 가운데 이 땅에서 밝은 자의 삶을 살아가시는 여러분들 되시기를 바랍니다.

평교인이라 할지라도 어두운 사람들이 얼마나 많습니까? 여기서 이렇게 말하기 뭐하지만 천주교에 정의구현사제단 있잖습니까? 그런 분들 얼마나 어두워요? 천지 분간 못하는 것 같아 정의구현사제단. 그래서 제가 속으로 이게 마귀구현사제단인가 그런 생각도 해보고.

너무너무 어두워. 그리고 또 우리나라 진보진영 교계에서 북한에 가서 김일성 김정일이한테 아부하고 돌아오다가 잡혀가지고 감옥에 다가는 사람들, 너무너무 어두운거에요. 이 영안이 밝아야 되는데 영안이 밝지를 않아. 여러분들 여기 성경에 있는대로 "내가 너희에게 말하노니 비록 벗 됨으로 인하여서는 일어나서 주지 아니할지라도 그 간청함을 인하여 일어나 그 요구대로 주리라" 간청하는 우리 학생이 되시기를 바랍니다.

〈기도〉

하나님 아버지, 우리 모두 예수님께서 교훈하신 대로 간청의 기도, 끈질기게 졸라대는 기도를 드리는 우리 모두가 되게 하여 주옵소서. 그리하여 세상을 살아갈 때 무수한 사람들이 어렵다고 하는데 전혀 어려움 없이 모든 일을 넉넉히 잘 감당하는 우리 학우들 되게 하시고, 우리 학우들이 은혜를 크게 받아서 이 교계를 변화시키고 나라와 민족을 변화시키는 우리 합신 학우들 다 되게하여 주옵소서. 예수님 이름으로 기도하옵나이다. 아멘

모범적인 목회자

디모데전서 4장 6-16절

신복윤 (조직신학·명예총장)

한 학기 동안 공부하시느라고 수고를 많이 하셨는데, 이제 또 다음 한 주간 시험이 있다니까 마무리를 잘 지으시기 바랍니다. 우리 교수님들도 참 수고를 많이 하셨습니다. 우리 한국에서 유명한 교수님이 이 학교에 다 모였는데 여러분들은 이런 교수님들한테 강의를 듣고 있으니 참 행복한 사람이라고 말할 수가 있습니다. 이제 방학을 하게 되는데 방학 동안에 무엇을 할까, 혹시 여행을 할까, 여러 가지 구상들이 있겠습니다만 성경을 많이 읽으시기 바랍니다. 이제 학기 중에는 공부하느라고 성경을 잘 못 읽었으니 성경을 많이 읽고, 또 학기 중에 읽지 못한 책들을 많이 읽는 기회를 가지시기 바랍니다.

믿는 자에게 본이 되라

오늘 모범적인 목회자란 제목을 정했는데 특별히 12절에 있는 말씀을 가지고 주로 생각을 하겠습니다. "누구든지 네 연소함을 업신여기지 못하게 하고 오직 믿음과 행실과 사랑과 믿음과 정절에 있어서 믿는 자에게 본이 되라." 디모데가 그리스도의 사역자로 일하는 동안 젊은 나이 때문에 마땅히 받아야 할 존경을 받지 못하는 일이 있어서는 안 된다고 하는 것이 사도 바울의 소원입니다. 그래서 사도 바울은 디모데가 연소함 때문에 부족한 점을 올바른 행동으로 보충할 것을 권면합니다. 규모가 있고, 예의가 바르고, 올바른 믿음 생활을 통해서 존경을 받으며 목회자로서의 권위가 손상되지 않도록 조심하라고 권면을 합니다.

디모데는 확실하지는 않지만 아마 당시 32세쯤 되지 않았을까 생각이 듭니다. 디모데는 당시 많은 목사들 중에 탁월한 지위를 갖고 있었던 것이 사실이지만 아직 젊다는 이유 때문에 저평가될 수도 있었습니다. 연소한 자, 젊은 청년의 특징은 무엇이라고 아마 여러 가지로 말할 수가 있겠지요. 혈기를 잘 낸다든지 신뢰성이 없다든지 또한 정욕에 잘 끌린다든지 하는 부정적인 특징들이 있는 줄로 압니다. 사실 젊을 때는 혈기가 왕성해서 그걸 자제하지 못할 때가 많습니다. 감정을 적절하게 관리하지 못하고 쉽게 혈기를 냅니다. 그래서 젊은 사람들은 실패를 자주 합니다. 잘 하다가도 혈기를 내고 감정을 자제하지 못해서 실패하는 경우들이 많습니다.

어떤 목사님이 목회 중에 마음에 화나는 일들이 많았습니다. 그래서 이 교회를 뜰 수 있으면 좋겠다, 다른 교회로 좀 옮겨 봤으면 좋겠다는 마음이 들었습니다. 사사건건 자꾸 걸고넘어지는 식이니까 하루 속히 떠났으면 좋겠다고 늘 화가 부글부글 끓고 있었습니다. 지금 같으면 볼링장이 있어서 가서 볼링을 치게 되면 좀 화풀이가 되겠지요. 한국에 유명한 목사님 가운데 어떤 분이 화풀이를 볼링장에 가서 자주 한답니다. 그 목사님은 볼링을 칠 때 공을 던지면서 이건 박 장로가 맞아라, 또 하나 치면서 이건 김 장로가 맞아라, 하면서 화풀이를 볼링장에 가서 했다고 그럽니다.

옛날 며느리들은 시어머님의 구박을 많이 받았습니다. 며느리들이 화풀이를 어디서 하는가하면 장독대에다 하는데 장독대에다 물을 끼얹는 것입니다. 장독대를 청소하는 거지요. 화풀이를 그렇게 했어요. 좍좍 물을 뿌리면 기분이 상쾌해지죠. 그런데 이 목사님은 화풀이를 하긴 해야겠는데 할 데가 없어요. 그래서 빨리 교회를 좀 떠났으면 좋겠다던 차에 마침 어떤 교회서 초청이 와서 떠나게 됐습니다. 날짜가 정해져서 이제 고별 설교를 하게 됐는데 무슨 설교를 할까 생각했습니다. 지금까지 화풀이를 못하고 있던 것을 어떻게 하면 화풀이를 할 수 있을까? 우선 설교제목에서부터 좀 화풀이를 해야겠다, 해서 제목을 방귀(放歸)라 그렇게 썼답니다. 놓아줄 방에 돌아갈 귀, 방귀지요. 해방되어 돌아간다는 것이니 의미는 참 좋은데, 어감이 그렇지요. 설교제목을 방귀라 써놨다니 좀 고약한 목사 이야기입니다. 사실 그 목사님이 지금까지 이 교회 와서 많은 시련을 통해서 훈련을 받고 많은 것을 고치고 깨닫게 된 것을 하남님 앞에 감사해야 되는데 이 목사님은 거기까진 못 된 것 같아요. 설교 내용은 잘 모르겠습니다만 뻔한 것이지요.

이렇게 우리는 참지를 못하고 화풀이를 합니다. 교회서 화풀이하고 집에서 화풀이하고 친구들끼리 화풀이하고… 감정을 자제하지 못해요. 자기 감정을 잘 관리하고 자제력을 가져야 누구든 성공을 하는데 자제력이 없으니까 계속 실패하는 거예요. 잘 하다가도 감정풀이를 해갖고 실패하는 경우들이 많습니다. 이렇게 젊었을 때는 신뢰성이 약하다든지 또는 정욕에 끌린다든지 하는 여러 가지 이유 때문에 업신여김을 받을 때가 있는 것입니다. 바울은 청년 디모데가 그렇게 되지 않기를 원했습니다. 요컨대 디모데가 어떻게 행동해야 무시를 당하지 않고, 성공적으로 목회를 할 수 있을까? 바울은 막연하게 무시당하지 않도록 하라고 말만 하지 않고 구체적으로 권면합니다. "말과 행실과 사랑과 믿음과 정절에 대하여 믿는 자의 본이 되라."

본이 되라는 말은 전형적인 목회자, 즉 모범이 될 만한 목회자가 되라는 뜻입니다. 바울은 본에 대해서 몇 가지로 말씀을 했는데 첫째로 말과 행실에 본이 되라 하였습니다. 이 말은 성경 말씀 혹은 교리에 대해서 건전하게 가르치는 일과, 그리고 거룩한 생활에 본이 되라는 뜻입니다. 이 둘은 교역자의 생활을 총괄하는 귀한 덕입니다. 목회자는 말씀, 혹은 교리에 대한 철저한 이해와 확신이 있어야 하는 것입니다. 올바른 이해와 확신이 없으면 진리 해석에 혼돈이 옵니다. 그리고 잘못하다가는 이단에 빠지기 쉽습니다.

사랑이 넘치는 목회자

여러분이 잘 아시는 대로 주후 325년 니케아 회의에서 영웅은 아타나시우스입니다. 아타나시우스는 니케아 회의의 영웅입니다. 그는 성부와 성자의 동일 본질론을 가지고 아리우스의 유사 본질론을 대항해서 싸워서 이겼습니다. 아타나시우스가 이긴 것은 그의 논리가 철저하기 때문에 이겼다고 보지를 않고, 구원론적 확신 때문이라는 것입니다. 구원의 확신이 철저했어요. 그래서 이 싸움에서 이긴 것입니다. 아타나시우스는 인간이 구원을 얻기 위해서는 하나님과의 연합이 필요한데 이 연합은 피조물로서는 불가능하기 때문에 오직 하나님만이 친히 우리와 하나님을 결합시킬 수 있다는 것이 그의 기본적 입장이었습니다.

그러므로 그리스도가 하나님일 때에만 하나님이 인간 안에 오실 수 있고, 오직 그 때에만 인간이 하나님과 교통할 수 있고 죄의 용서를 받을 수 있고 하나님의 진리와 영생이 인간에게 확실히 주어질 수 있다, 이렇게 아타나시우스는 믿었던 것입니다. 그는 교리에 참 철저했어요. 여러분들, 이 교리 훈련을 잘 받으셔야 됩니다. 오늘날 신자들 중에는 거의 대부분이 자신이 구원을 받았는데 내가 구원을 받았는지 못 받았는지 의심하는, 그렇게 분명하지 않은 사람들이 상당히 많습니다. 내가 구원 받았다고 할 때 예수를 믿으면 구원 받은 거지요. 그런데 예수를 믿는 것은 인간의 이성으로서는 이해가 안 되는 일입니다. 왜냐하면 하늘나라의 진리, 영적 진리이기 때문에 이건 성령께서 역사하시지 않으면 예수가 하나님의 아들이요 우리의 구세주라고 하는 것을 알 수가 없어요. 그래서 우리가 예수를 믿는다는 것은 곧 나는 구원 받았다는 말입니다. 이런 사실들을 잘 가르쳐야 돼요. 교인들이 이 진리에 대해서 명확하지를 않아서 애쓰는 분들이 상당히 많습니다.

얼마 전에 우리 동문 가운데 개척 교회를 시작한 지 얼마 안 된 동문이 이런 말을 했어요. 수는 많지 않지만 참 재미있습니다. 교인들이 자라가는 모습을 볼 때 참 재미있습니다. 그래서 뭐가 재미있는가, 그랬더니 교리를 성경을 찾아가면서 쉽게 가르치니까 그것이 먹혀 들어간다는 겁니다. 그래서 참 만족하다는 것인데, 그 설명을 듣고 신자들이 너무 기뻐한다는 것입니다. 그러면서 신자들이 조금씩 자라간다는 것이지요. 목사들이 교리에 대한 이해와 확신이 없기 때문에 설교를 두루뭉술하게 일반적으로 하니까 교인들이 교리에 대한 이해가 부족한 건데, 참 불행한 일입니다. 그러므로 우리 목사들은 가르치는 일에 본이 되어야 합니다. 잘 가르쳐서 다음 시간이 기다려진다, 다음 설교가 기다려진다, 다음 성경공부가 기다려진다, 그렇게 돼야 하는 것입니다.

그 다음에 행실에 본이 되라고 그랬습니다. 교역자의 생활이 거룩해야 된다 말씀이지요. 세속적인 생활에서 구별이 되어야 한다. 예수 믿는 사람인지 예수 믿지 않는 사람인지 구별하기가 힘들게 된다면 그래서는 안 되는 거지요. 분명히 예수 믿는 사람의 참 본을 보여줘야 돼요. 예수 믿는 사람은 다른 데가 있구나 하고 구별이 돼야 합니다. 예수님께서는 마태복음 23장 3절에서 바리새인은 말만 하고 행하지 않는다고 책망을 했어요. 오늘날 우리 목회자들이 범하기 쉬운 죄입니다. 말은 많이 하는데 그 설교 말씀대로 생활이 되지 않아요. 서로 다른 겁니다. 이 점을 우리 목회자들은 깊이 반성하고 또 반성하고 참 가슴을 쥐어뜯고 회개하면서 고쳐 나가야 합니다.

디도서 1장 16절을 보면 이런 말씀이 있습니다. "그들이 하나님을 시인하나 행위로는 부인하니," 하나님을 시인하는데 행위로는 부인한다 그랬어요. 그런 이는 "가증한 자요 복종하지 아니하는 자요 모든 선한 일을 버리는 자니라." 하나님을 말로는 입으로는 시인하는데, 실제 생활을 보면 믿지 않는 사람 같아요. 예수를 믿는다고 하면서 생활을 보면 예수 안 믿는 사람보다 더 못하다면 안 되는 거지요. 이래선 본이 되지 못하는 거예요. 우리 목회자들은 생활과 행실에서 본이 되어야 됩니다. 우리의 행동 하나하나가 참 본이 될 만한 목회자가 되어야 한다 말씀입니다.

그 다음에 또 사랑의 본이 돼야 한다 그랬습니다. 사랑의 본이라. 목사는 사랑이 넘치는 그런 목사가 되어야 합니다. 십자가와 희생이 없는 사랑은 존재할 수 없습니다. 십자가가 없고 희생이 없는 사랑, 그런 사랑은 존재하지 않습니다. 어떤 권사님이 자기 목사님을 평하는데 우리 목사님은 좀 형사 같은 데가 있다고 합니다. 아마 목사님이 접촉하기가 상당히 힘들었던 가봐요. 형사 같다면 안 되는 거지요. 여러분들이 이제 목회할 때 우리 목사님, 우리 전도사님, 또 보고 싶고 다시 볼 것이 기대되는 그런 목회자가 돼야 합니다.

선한 사마리아 사람은 우리들에게 사랑의 본을 보여 줍니다. 어떤 사람이 예루살렘에서 여리고로 내려가다가 강도를 만납니다. 그리고 옷을 다 뺏깁니다. 죽도록 두들겨 맞아서 피투성이가 돼서 길가에 쓰러져 있습니다. 때마침 제사장이 지나가고 레위 사람이 지나갔습니다. 그런데 모두 못본 체하고 지나갔다 그랬습니다. 아마 이런 말 한 마디는 했는지는 모르겠어요. "참 운도 나쁜 사람이다." 그 다음에 사마리아 사람이 지나갔습니다. 짐승을 타고 지나가는데 강도 만난 사람의 형편이 너무 비참합니다. 그래서 짐승에서 내려서 자기가 가졌던 기름과 포도주를 가지고 그 상처에 바르고 싸매주고 또 짐승에 태워서 주막에 데려갔습니다. 주막 주인에게 데나리온 둘을 주면서, 만일 돈이 더 들면 돌아올 때 갚을 테니 잘 보살펴 줄 것을 요청했습니다. 그는 시간을 냈고, 없는 돈을 다 풀어 썼고, 위험을 무릅썼습니다. 강도가 지나다니는 곳이니까 얼마나 위험스럽습니까? 위험을 무릅쓸 뿐 아니라 또 조건을 달지 않았습니다. 내가 죽게 생긴 당신을 고쳐 줬으니까 앞으로 갚으시오, 그런 조건이 없어요. 희생적인 사랑을 그는 우리들에게 보여 줬습니다.

우리 그리스도인의 사랑은 내 이웃을 그리스도께서 위해서 죽으신 자로 여기는 그런 사랑입니다. 인간은 사랑의 대상입니다. 이것은 인간의 어떤 고유한 공로 때문이 아니라 그 안에 있는 하나님의 형상 때문입니다. 하나님의 형상대로 지음을 받은 인간이기 때문에 우리는 그를 사랑할 수가 있고 또 우리 자신과 우리가 소유하고 있는 것을 그에게 줄 수 있는 것입니다.

우리 신자들은 무엇을 필요로 하고 있는 사람들의 처지에 서서 자신을 생각하고 자신의 행동을 결정하고 수행해야 하는 것입니다. 이것이 사랑입니다. 사랑의 본을 보이는 목회자, 우리 합동신학대학원 출신 목사님들은 어디가든지 참 사랑이 많다, 참 따뜻하다, 다시 만나고 싶다, 그런 목사들이 되었으면 좋겠습니다. 모든 교인들에게 위로를 주고 기쁨을 주는 목회자! 이 세상이 얼마나 피곤합니까? 매일 나오는 언론 매체들을 통해서 보면 낙심되는 것밖에 없어요. 텔레비전이 보기 싫을 정도로 아주 험악한 일들이 많아요. 이 피곤한 시대에 교인들이 교회에 와서 위로를 얻어야 합니다. 기쁨을 얻어야 해요. 교회 가서 성도들을 만나고 목사님을 뵙고 그들과 교제하면서 살아가는 것이 제일 좋다, 이렇게 돼야 신학을 한 보람이 있습니다.

충성된 종 순결한 종

우리가 신학을 하는 것은 밥벌이를 위해서 하는 것이 아니에요. 밥 벌어 먹기 위해서 신학 공부하는 거 아니지요. 밥 벌어 먹기 위해서 신학을 공부하면 피곤합니다. 무엇이든지 생활하기 위해서 한다면 피곤해요. 그러나 그것을 주님께서 주신 사명으로, 나를 내주는 그런 의식을 가지고 신학을 공부할 때에는 거기에 기쁨이 있습니다. 시간이 많이 간 것 같은데 다는 말씀을 못 드리고 그저 믿음의 본이 되라는 것을 강조합니다. 신앙이란 그리스도에 대한 지식을 소유할 뿐만 아니라 그것을 넘어서야 합니다. 다른 사람보다 더 많이 그리스도에 대해서 배웠다는 게 신앙이 아니라 그것을 넘어서 그리스도를 나 개인의 구세주로 꽉 붙잡는 영혼의 행위, 이것이 신앙입니다. 우리 죄를 위해서 죽으신 그리스도, 우리의 의를 위해서 죽으신 그리스도를 믿는 믿음으로 어떠한 상황 속에서도 주님을 충성스럽게 섬기는 종의 모습을 우리가 교회에 보여 줘야 합니다. 우리 교회 목사님 충성스럽다, 주님을 위해서 충성스럽게 산다는 모습을 보여 줘야 합니다.

베스도 총독이 바울에게 이런 말을 합니다. "바울아 네가 미쳤도다 네 많은 학문이 너를 미치게 하였도다." 바울의 변증을 듣고 나서 베스도 총독이 이런 말을 합니다. 여러분이 예수에 미친 종이 되길 바랍니다. 우리 목사님은 예수에 미쳤다, 예수밖에 모른다는 그런 종이 얼마나 귀합니까. 많은 목사님들이 회의 참석하고 뭘 하고 뭘 하고 하면서 많은 시간을 소비해요. 교회를 등한히 하고 아까운 시간들을 많이 소비합니다. 교회를 떠나서는 안돼요. 우리 목사들은 교회 일만 보는 거예요. 가령 구제할 일이 있으면 장로나 집사들에게 맡기면 되는 겁니다. 어떤 분들은 유치원 원장까지 하셔요. 명함을 보니까 어떤 교회 유치원 원장 아무개라고 하였던데, 그 교회의 목사로서 제일 좋은데 유치원 원장까지 할 게 뭡니까? 우리 목사들은 교회의 일, 말씀을 전하고 기도하고 양육하는 일에 전념해야 하는데 자꾸 다른 데 머리를 쓰고 생각을 쪼개고 또 쪼개다 보니까 다음 주일에 무슨 설교를 할까 고민이지요. 우리가 그런 식의 설교 고민해서는 안 될 것입니다. 목사는 매일 그것만 가지고 살아야 하는 거예요. 예수에 참으로 미쳐야 하는 겁니다.

오래 전 일이지만 어떤 조그만 IT 회사인데 그 회사의 담벽에 IT에 미쳐라, 그렇게 써놨어요. 그 회사는 거기에 전념하자는 거지요. IT에 미쳐라! 하나에 미쳐야 돼요. 하나에 미치지 않으면 성공을 못합니다. 공부하는 사람들도 보면 이것도 하고 저것도 하는 식이면 학문이 안 되는 거예요. 지식이 많을 수는 있지만 전문가가 되지 못하는 거지요. 예수에 미친 모습을 성도들이 볼 때, 감동을 받고 존경을 하게 되는 것입니다.

마지막 하나 더 하지요. 정절에 본이 되라 그랬습니다. 정절의 본이 되라고 하는 것은 생활의 철저한 순결을 의미합니다. 우리는 매일 죄를 회개하면서 자꾸 거룩해지는 것입니다. 하나하나 죄를 제거하고 회개하면서 우리가 거룩해지는 거지요. 순결해야 합니다. 순결한 종이 돼야 합니다. 생활이 철저하게 다듬어져서 순결한 모습을 교인들에게 보여 줘야 하는 것입니다. 이중적인 마음이 아닌 단순한 마음을 가진 목회자가 될 때 하나님께서 기뻐하시고 우리 성도들이 존경을 하게 됩니다.

예수님께서는 마태복음 5장 8절에서 "마음이 청결한 자는 복이 있나니 그들이 하나님을 볼 것임이요"라고 하셨습니다. 마음이 청결한 자는 하나님을 볼 수 있다 그랬습니다. 마음이 청결하지 못하면 하나님을 볼 수가 없어요. 구원 받은 마음에는 항상 그리스도가 머물고 그리스도의 평강이 머물고 하나님의 사랑이 머뭅니다. 에베소서 3장 17절에 보면 "믿음으로 말미암아 그리스도께서 너희 마음에 계시게 하옵시고." 구원 받은 마음에는 그리스도께서 머물고 계신 겁니다. 또 골로새서 3장 15절 보면 "그리스도의 평강이 너희 마음을 주장하게 하라." 구원 받은 마음에는 그리스도의 평강이 머물고 있는 것입니다. 또 로마서 5장 5절에 "소망이 우리를 부끄럽게 하지 아니함은 우리에게 주신 성령으로 말미암아 하나님의 사랑이 우리 마음에 부은 바 됨이니." 구원 받은 우리 성도들이 마음에는 하나님의 사랑이 머물게 된 것입니다.

이렇게 구원 받은 마음에는 항상 그리스도가 머물고 그리스도의 평강이 머물고 하나님의 사랑이 머물게 되는 것입니다. 우리는 늘 깨끗한 마음, 마음이 청결한 자로서 주님을 섬기고 성도들을 섬기고 이 세상을 살아나갈 때 하나님의 축복이 있는 줄로 생각합니다. 여러분들, 이제 일생 동안 목회를 하게 되는데 예수에 미친 자로, 예수만 아는, 예수밖에 모르는 목회자가 되시길 바랍니다.

〈기도〉

　하나님 아버지, 감사합니다. 30여년 전에 이곳에 이 신학교를 세워 주시고 많은 하나님의 위대한 말씀의 종들을 배출시켜 주신 것을 감사합니다. 그걸 통해서 하나님의 나라가 굳게 세워지고 확장되고 하나님의 영광이 이 세상에 크게 선포될 수 있도록 은혜 주신 것을 감사합니다. 하나님, 우리 학우들을 지켜 주시고, 주님을 섬기기 위해서 지금 훈련 받고 있는 중인데 그들의 마음을 말씀으로 붙잡아 주셔서 말씀을 따라 사는, 말씀을 따라 목회를 하고 주님을 섬기는 귀한 종들이 되게 하여 주시옵소서. 예수님의 이름으로 기도하옵나이다 아멘.

하나님 인도의 세 가지 원리

사도행전 8장 26-31절

송인규 (조직신학·은퇴)

하나님은 살아계셔서 우리를 인도하십니다. 구약에도 출애굽한 이스라엘 백성을 불 기둥·구름 기둥으로 인도하셨고(출 13:21), 신약에도 안디옥 교회 같은 경우 바나바와 사울이 제 1차 선교 여행을 떠나도록(행 13:2) 인도하십니다. 시편의 한 구절은 "이 하나님은 영원히 우리 하나님이시니 그가 우리를 죽을 때까지 인도하시리로다"(시 48:14)라고 말합니다. 하나님은 살아계셔서 우리가 죽을 때까지 지속적으로 우리 인생을 인도하신다는 것입니다.

오늘 읽은 사도행전 8장에도 그 하나님의 인도를 받은 인물로 빌립에 관한 내용이 기록되어 있습니다. 이 빌립을 인도하신 하나님으로부터 우리는 하나님의 인도와 관련하여 세 가지 중요한 원리를 찾아볼 수가 있을 것입니다.

첫째 원리: 순종할 자세의 보유 (26-28절)

가장 중요한 첫째 원리는 우리가 하나님의 인도를 받고 하나님의 인도를 경험하려면 우리 편에서 순종의 자세가 갖추어져 있어야 한다는 사실입니다. 빌립은 이런 점에서 우리의 모범이 됩니다. 빌립이 천사를 통해 받은 지시는 다음과 같은 것이었습니다. 26절에 보면 "주의 사자가 빌립에게 임하여 이르되 일어나서 남쪽으로 향하여 예루살렘에서 가사로 내려가는 길까지 가라 하라니 그 길은 광야라"고 되어 있습니다. 여기에 대해서 빌립은 일언반구의 대꾸도 없이 그대로 순종합니다. 무엇을 보면 알 수 있을까요? 바로 27절에 보면 "일어나 가서"라고 되어 있습니다. 그런데 이 두 마디는 바로 26절에 나온 표현 그대로입니다. 즉 **"일어나서** 남쪽으로 향하여 예루살렘에서 가사로 내려가는 길까지 **가라**" 는 명령의 앞 마디와 뒷 마디지요. 바로 그 지시 내용이 빌립의 순종에서 그대로 반복되고 있는 것을 보게 됩니다. 그야말로 즉각적인 순종의 모습이 아니겠습니까?!

그런데 이런 식의 순종이 쉬운 게 아닙니다. 왜냐고요? 두 가지 이유를 언급할 수 있습니다. 우선, 이런 지시를 내리는 합리적 근거가 제시되고 있지 않기 때문입니다. 하나님께서는 빌립에 대하여 광야로 내려가라고 하시는 목적이나 필요에 관해 전혀 언급(예를 들어, 곧 간다게 내시를 만나 전도하게 될 거야 등등)을 하지 않으셨습니다.

또 빌립 편에서 순종하기가 힘든 또 다른 이유는 빌립이 그 당시 사마리아에 있으면서 신앙적으로 매우 만족스러운 상태를 누리고 있었다는 점 때문입니다. 사실 빌립의 심령을 자세히 들여다본다면 그는 마음 속에 다음과 같은 항의 내지 의문을 가지고 있었을 것입니다. "하나님! 지금 광야로 떠나는 것은 아주 비합리적인 일입니다. 지금 여기 굉장한 부흥이 일어나고 있고, 제가 그 주역을 담당하고 있지 않습니까? 이제 사마리아에 교회가 막 설립이 되는 역사적인 순간인데다가 저를 필요로 하는 사람이 한 두 명이 아닙니다. 방금 믿은 사람들을 양육도 해야 되고 여러 가지 일이 많습니다. 베드로와 요한이 도와줬지만 금방 다시 예루살렘으로 떠났지 않습니까? 그런데 저보고 지금 딴 데로 가라구요? 그것도 어디로 가냐하면 광야라구요? 아니, 광야에는 사람도 없는데, 왜 그리로 가야 합니까?" 이렇게 두 가지 이유를 생각해 볼 때 이 빌립의 순종이 쉽지 않았다는 것을 알 수가 있습니다.

사실 우리는 이런 면에서 오류를 많이 범합니다. 우리는 늘 "하나님! 일단 앞 길이 어떨지 가르쳐 주세요. 그리고 나면 제가 순종할께요" 라는 식으로 반응하곤 합니다. 이것은 주님이 말씀하시는 계획을 내가 한 번 판정해 보고 나서 순종 여부를 결정하지요 … 라는 것과 같습니다. 이런 모습은 무대 위에 처진 커튼을 살며시 열어 보는 예와 유사합니다. 어떤 사람이 무대 뒤에 커튼이 쳐져 있으면 그 사람은 커튼 뒤에 뭐가 있나? 궁금히 여기게 마련이지요. 그래서 그것을 살짝 들춰 보고 그 뒤의 장면이 자신의 마음에 맞으면 확 달려들면서 "와, 주님의 뜻을 기꺼이 좇겠습니다" 한다는 것이지요. 그러나 스윽 열어보고 마음에 들지 않은 장면이 나타나면 얼른 커튼을 닫고 모르는 척 한다는 것입니다. 그러나 이것은 하나님의 뜻에 대한 마땅한 태도가 아닙니다. 우리에겐 늘 자신이 원하지 않던 길이라도 하나님의 뜻이면 무조건 좇겠나이다 하는 각오가 있어야 합니다.

왜 그럴까요? 왜 우리는 하나님의 뜻을 알기 전부터 순종의 각오가 되어 있어야 할까요? 역시 두 가지 이유가 있습니다. 첫째, 우리의 연약성 때문입니다. 우리는 나약하고 연약하여서 우리가 무엇을 원한다고 하지만 과연 그것이 정말로 유익이 될 것인지 잘 알지 못합니다. 우리의 근시안적 안목, 그릇된(또는 모자라는) 생각, 정화되지 않은 욕구 등으로 말미암아 우리의 영적 인식은 상당히 흐려져 있곤 합니다. 만약 우리가 원하는 대로 모든 것이 다 이루어졌다면 지금 우리는 큰 낭패에 처해 있을 것입니다. 저도 과거에는 열망하던 것 중에 지금 다시 생각해 보면 얼마나 후회하는 일이 많은지 몰라요. 오히려 그대로 이루어지지 않은 것이 다행일 지경입니다.

동시에 우리가 무조건적으로 하나님의 뜻에 순종하겠다는 심령의 사전 준비가 필요한 까닭은 하나님의 성품 때문입니다. 하나님은 사랑의 하나님이시고 지혜의 하나님이신 고로 우리는 그 하나님을 철저히 신뢰할 수 있기 때문입니다. "자기 아들을 아끼지 아니하시고 우리 모든 사람을 위하여 내주신 이가 어찌 그 아들과 함께 모든 것을 우리에게 주시지 아니하겠느냐?"(롬 8:32) 아들을 우리에게 주신 사랑의 하나님이십니다. 그런 하나님께서 우리 인생에 있어 필요한 것들을 안 주실까요? 내게 무엇이 필요한지는 오히려 지혜의 하나님이 더 잘 아십니다. "이는 내 생각이 너희의 생각과 다르며 내 길은 너희의 길과 다름이니라"(사 55:8). 이렇듯 우리의 근시안적 안목과 하나님의 지혜로운 사랑 때문에 우리에게는 무조건적인 순종이 필요한 것이지요.

그런데 빌립이 이 때 순종을 했기 때문에 상상도 못할 두 가지 결과가 생겼습니다. 첫째 에티오피아 사람에 대한 전도 사역이 이루어졌습니다. 어떻게 에티오피아의 각료급 인물에게 전도하리라고 상상이나 했겠습니까? 오직 순종했기 때문에 가능해진 것이지요. 둘째, 사마리아 교회는 빌립이 떠난 후에도 여전히 발전과 부흥을 거듭했습니다. 사도행전 9장 31절에 보면 "그리하여 온 유대와 갈릴리와 사마리아 교회가 평안하여 든든히 서 가고 주를 경외함과 성령의 위로로 진행하여 수가 더 많아지니라" 라고 되어 있습니다. 이 묘사만큼 질적 부흥과 양적 부흥을 잘 설명하는 구절이 어디 있겠습니까? 그런데 그 구절에 사마리아 교회가 들어 있습니다. 사마리아의 부흥에 빌립이 꼭 끝까지 있어야 했던 것은 아닙니다.

그렇기 때문에 우리는 하나님께서 우리를 어떤 미래로 인도하실지 알고 나서야 순종하겠다고 하기보다도 "만약 하나님의 뜻이면 그것이 가시밭 길이든 고통의 길이든 내가 생각하지 못한 삶이라도 나는 기꺼이 주님을 따르겠습니다. 전폭적으로 순종하겠습니다" 라는 자세가 마련되어 있어야 한다는 것입니다. 이것이 하나님의 인도를 받는 데 있어서 매우 중요한 첫 번째 원리라고 이야기할 수 있습니다.

둘째 원리: 하나님의 음성 분별 (29절)

이렇게 빌립은 하나님의 말씀에 그대로 순종해서 그 광야로 갔습니다. 광야로 갔더니 거기에 간다게 여왕의 모든 국고를 맡은 고위 각료 -- 재무 장관 비슷한 인물 -- 가 있었습니다. 내시는 수레(예전의 개역 성경에는 병거라고 되어 있었음)를 타고서 이사야의 글을 읽고 있었습니다. 바로 그럴 때 하나님 인도의 두 번째 원리가 등장합니다. 29절에 보면 "성령이 빌립더러 이르시되 이 수레로 가까이 나아가라"고 하십니다. 우리는 여기서 좀 뭉뚱그린 표현이지만, 하나님의 인도를 받으려면 하나님의 음성을 들어야 한다고 말할 수 있을 것입니다. 즉 하나님께서는 (이 경우에는 특히 성령께서) 빌립에게 이 수레로 가까이 나아가라고 음성을 들려 주심으로써 적시에 빌립이 취해야 할 행동 방침을 지시하신 것이지요. 그래서 본인은 하나님의 음성을 들어야 하나님의 인도를 받을 수 있다고 말하는 것입니다.

그러나 오늘날 이 어구의 대중화와 보편적 통용에도 불구하고 오해의 소지가 많고 사람들을 오도하는 경우 또한 빈번하기 때문에, 조심할 필요가 있습니다. 우선 하나님의 음성과 관련해서 세 가지 방식 혹은 패턴을 거론할 수 있을 것입니다. 첫 번째는 아마도 **육성 창출식**이라는 표현을 쓸 수 있겠죠. 하나님께서 기적적으로 인간의 목소리를 만들어 내셔서 어떤 이에게 들려 주시는 것입니다. 사무엘이 사무엘서 3장에서 들은 하나님의 음성이 이런 예에 속하겠죠. 사무엘이 하나님의 음성을 엘리의 음성으로 착각했다는 것은 하나님께서 모종의 인간 육성을 창출했다는 증거입니다. 물론 이것은 기적이요 매우 드물게 발생하는 현상이라고 할 수 있습니다. 물론 "오늘날에는 결코 이런 식의 하나님 역사가 일어날 수 없어"라고까지는 말할 수 없을지 모르지만, 우리가 납득할 수 있는 특별한 이유가 제시되지 않는 한 이런 현상은 거의 일어나지 않는다고 보아야 할 것입니다.

그 다음 두 번째 방식은 **직접 소통식**이라고 칭할 수 있을 것입니다. 이것은 하나님께서 (또는 성령께서) 우리의 심령에 직접 말씀하시는 방식입니다. 인간이 다른 대상과 커뮤니케이션을 하려면 신체 기관이 중요한 통로가 됩니다. 즉 마음에 떠오른 생각을 명제로 정리하고 그 내용을 문장화하여 발성을 하면, 그것이 상대방의 귀를 통하여 뇌에 전달이 되는 것이지요. 그러나 직접 소통식은 말을 듣는 상대방의 어떤 신체 기관도 매개로 하지 않은 채, 성령께서 직접 심령에 필요한 내용을 전달해 주시는 독특한 방식입니다. 오늘 본문에 기록된 빌립의 경험이 바로 이 직접 소통의 전형적 예라고 분류할 수 있을 것입니다.

그런데 이런 식의 소통 방식이 오늘날에도 가능하고 또 표준적이라고 할 수 있을까요? 물론 이 방식 또한 오늘날에는 전혀 불가능하다라고 말할 수는 없겠지요. 하나님께서 하시고자 하시면 못 할 일이 없기 때문이지요. 그러나 우리로서는 무척 조심을 할 필요가 있습니다. 빌립 당시와 오늘날 우리 사이에는 최소 세 가지 차이가 있다는 것을 유념해야 합니다. 이런 차이 때문에 빌립에게 허락된 직접 소통식의 음성 전달이 오늘날의 우리에게는 표준이 될 수 없다고 말하는 것입니다. 그런 차이가 무엇이냐고요? 우선 빌립은 신약적 의미에서의 교회의 터가 완전히 수립되기 전에 살고 있었습니다. 에베소서 2장 20절에 보면 "사도들과 선지자들의 터 위에" 교회가 세워졌다고 되어 있는데, 그 당시에는 이 터가 완전히 수립되지 않았다는 것입니다. 따라서 하나님께서는 사도 시대의 초기 필요하다고 여기실 경우 직접 소통식의 전달 방식을 취한 것입니다. 또 이 때는 정경이 완성되기 훨씬 전이었습니다. 특히 빌립의 경우는 신약의 모든 책조차 형성되지 않은 때였습니다. 따라서 그 당시에는 직접 소통 식의 전달 방식도 빈번하고 비(非)예외적인 계시 수단이었던 것입니다. 끝으로 빌립의 시대는 오늘날과 달리 신구약 성경이 손쉽게 입수되어서 누구나 그 내용을 정확히 파악할 수 있는 그런 상황이 아니었습니다. 먼 후일 구텐베르크의 인쇄술 발명으로 인해서 성경의 대중화가 가능하게 되었고, 이로써 오늘날 우리는 성경의 전체 내용을 한 눈에 파악할 수 있게 되었습니다. 이처럼 빌립은 이 세 가지 면에서 오늘날의 우리와 크게 다른 시대에 살고 있었기 때문에, 오늘날 하나님의 음성을 듣는 일은 빌립 당시의 직접 소통식과 엄청나게 다르다는 것을 깊이 유념해야 한다는 말입니다. 계시가 종료되고, 정경이 완성되었으며, 그런 정경의 내용에 쉽사리 접근할 수 있는데, 하나님께서 꼭 그렇지 않은 시대에 하셨듯 직접 소통식의 음성 전달 방식을 고집하실 리가 만무하다는 것입니다.

이런 차이점들에 유의하지 않고 많은 사람들이 그저 성경에 등장한다는 이유만으로 직접 소통식의 하나님의 음성을 주장(및 강조)하기 때문에, 지금 혼란이 가중되어 있고, 사람들이 미혹의 길로 빠져들고 있습니다. 요즘 인기를 끄는 기독교 서적 가운데 일부를 보면, 영적 위기감을 갖지 않을 수 없게 만듭니다. 성경도 조금 인용했다가 자기 꿈 얘기도 했다가 환상의 경험을 드라마틱하게 기술하는 등 황당 무계한 내용으로 일관하기 때문에, 과연 이것을 기독교 서적이라고 할 수 있는지조차 불명확해서 무척 힘든 마음이 되곤 합니다.

그런데 하나님의 음성을 이런 식으로 듣는다고 주장하는 사람들에게서는 최소 세 가지 문제가 발견됩니다. 우선, 신앙과 행위에 절대적이고 유일무이한 표준인 성경의 권위를 실추시키고 맙니다. 물론 그들이 명시적으로 성경을 배척한다고는 하지 않지만 결과적으로는 그렇게 되고 말지요. 또, 그런 사람들은 자기가 말하고 싶은 내용을 마구잡이로 만들어 냅니다. 이것은 이미 구약에서 예레미야가 경험한 바로서, 거짓 선지자가 자기 욕심과 탐욕에 끌려 묵시를 자기 멋대로 지어내는 것과 같습니다 (렘 23:16). 끝으로 이런 종교적 행습은 사단의 농간에 쉽사리 또한 이용 당할 수가 있다는 것입니다. 소위 사람들이 가장 은혜롭고 가장 영적이라고 느끼는 그 순간에 사단의 농간 또한 가장 심하다는 것도 기억해야 합니다. 베드로가 예수 그리스도의 칭찬을 들은 지 얼마 되지 않아 그가 사단의 궤계에 빠졌던 일을 생각해 보십시오 (마 16:17-19, 22-23). 그렇기 때문에 우리는 이렇게 직접 소통식으로 하나님의 음성을 주장하는 사람들에 대해서 경고를 해야 되고, 우리 자신이 조심해야 되며, 또 그런 사안과 관련해 분별력을 발휘해야만 한다는 것입니다.

그러면 우리는 "하나님의 음성을 듣는다"는 이런 표현은 전혀 쓸 수 없는 것일까요? 도대체 오늘날 하나님의 음성이라는 것은 우리와 아무 상관이 없는 현상(혹은 경험)일까요? 물론 본인은 그렇게 생각하지 않습니다. 본인은 하나님의 음성이라는 경험과 관련하여 세 번째 방식이 있다고 생각하는데, 이것을 편의상 영적 감화식이라고 하겠습니다. 하나님의 음성을 이런 방식으로 듣고 경험한다는 것은 모든 시대에 표준적이라서 오늘날에도 얼마든지 일어날 수 있는 바입니다. 그런데 본인이 **영적 감화식**이라는 표현을 쓴 까닭은 오늘날의 성령 역사와 연관이 있습니다. 성령께서는 집합적으로도 내주하시지만

(고전 3:16-17; 고후 6:16; 엡 2:21-22), 한 사람 한 사람에게 개인적으로도 내주하십니다 (롬 8:9; 고전 6:19; 요일 3:24). 이렇게 성령께서 내 심령에 내주하시면 우리 사이에는 친밀한 커뮤니케이션이 일어나게 되지요. (그렇지 않은 사람은 크리스천이 아닙니다). 그런데 성령께서 허락하시는 이러한 커뮤니케이션으로 말미암아 우리의 지성·우리의 감정·우리의 의지는 지속적으로 영적 감화를 받고 영적 영향력을 덧입게 됩니다. 하나님의 음성은 이렇게 영적 감화를 통해 우리에게 들려지고 이로써 우리는 하나님의 인도를 경험하게 되는 것입니다.

　영적 감화의 구체적인 예를 들면 다음과 같습니다. 영적 감화력은 지·정·의의 세 측면으로 작용하기 때문에 세 항목으로 나누어 볼 수 있지요. 지적인 측면에서, 어떤 때는 성경의 진리가 생각나게 하시고 (cf. 요 14:26), 고민 중의 어떤 사안에 대해 새로운 아이디어가 난데없이 떠오르게 하십니다. 이런 것이 지적인 측면이라고 한다면 정서적이고 감정적인 측면에서도 영적 감화를 주십니다. 어떤 때는 우리 마음에 깊은 평안감을 주시지요. 분명 이 방안을 채택하는 것이 엄청난 고통인데도 불구하고 그 마음에 깊은 평화가 임하도록 역사하시는 수가 있습니다. 반대의 경우도 있지요. 아주 유익한 기회가 주어졌다고 생각했는데 심령이 그런 혜택을 따라가지 말라고 하기 때문에 심한 부담감에 휩싸이는 때도 있습니다. 어떤 때는 기쁨을 통해서 또 어떤 때는 양심의 가책을 사용하셔서 영적 감화를 끼치시는 것입니다. 뿐만 아니고 의지적인 측면으로도 영적 감화를 끼치실 수가 있습니다. 고통스럽고 지치고 힘들어서 아무것도 못할 것 같은데 심령에 강한 능력을 부어 주시는 수가 있지요. 어떻게 내가 그런 상태로부터 벌떡 일어났는지 어떤 때는 거의 설명하기도 힘들 정도예요. 대체로 나는 의지가 약한 사람인데 그런 식으로 역사하셔서 굳세고 끈기 있고 끝까지 밀고 나가도록 하시는 것이 의지적 측면에서의 영적 감화입니다.

그러므로 이처럼 영적 감화식으로 이해하는 하나님의 음성은 우리가 얼마든지 이야기할 수 있고, 심지어 이런 식의 영적 감화가 없다면 우리는 하나님과 친밀한 관계를 유지하지 않는 것이라고까지 판정할 수 있을 것입니다. 바로 하나님의 음성을 이러한 "영적 감화식"의 방도로 경험하는 것이 하나님의 인도를 제대로 받을 수 있게 해 주는 두 번째 원리입니다.

셋째 원리: 인식적 수단의 활용 (30-31절)

세 번째 원리는 우리가 우리에게 허락된 바 인식적 수단들 -- 예를 들어, 성화된 이성과 판단력 -- 을 활용함으로써 하나님의 인도를 받을 수 있다는 것입니다. 여기 아까 읽은 성경 말씀을 보면 "빌립이 달려가서 선지자 이사야의 글 읽는 것을 듣고 말하되 읽은 것을 깨닫느냐?"(30절)라고 질문했고, 그랬더니 간다게 내시 편에서 "대답하되 지도해 주는 사람이 없으니 어찌 깨달을 수 있느냐? 하고 빌립을 청하여 수레에 올라 같이 앉으라 하니라"(31절)고 되어 있습니다. 이로 보건대 하나님께서는 조금 전에 수레로 가까이 나아가라는 지시 이후부터는 빌립과 관련해 또 다른 명시적 개입을 시도하지 않았다고 할 수 있습니다. 이 때 빌립은 수레를 막 쫓아가면서 "주님! 이제 제가 또 무엇을 해야 하나요?"라고 묻지 않았습니다. 오히려 자신의 성화된 이성과 판단력을 활용하여 내시에게 매우 적실한 질문을 던진 것입니다. 그게 무엇이냐면 성경에 적혀 있듯 "읽는 것을 깨닫느냐?"는 말입니다.

그런데 우리가 잘 생각해 보면 이것이 인사치고는 상당히 특이한 내용이라는 점입니다. 간다게 내시가 이방인으로서 입교까지는 하지 않은 하나님 경외자(God-fearer)라고 한다면, "샬롬!" 정도의 인사말은 알고 있었고 또 그렇게 인사를 시도했을 것입니다. 혹시 그런 어구가 아니더라도 얼마든지 다른 인사말을 구사할 수도 있지 않았겠습니까? 예를 들어, "수레가 잘 달립니까?"라든가 "이 수레 성능이 좋습니까?"라든지 그도 저도 아니라면 "어디로 가시나요?"라고 물을 수도 있었겠지요. 그런데 빌립은 다른 어떤 내용이 아니고 "읽는 것을 깨닫느냐?"는 질문으로 접근을 시도한 것입니다.

그러면 빌립은 왜 이런 특이한 인사말을 사용했을까요? 그것은 그런 인사말이 그 경우 가장 적실하고 효과적이라고 판단을 내렸기 때문입니다. 한 마디로 빌립은 간다게 내시의 모습을 접한 순간, 그 상대방의 처지와 상태를 한 눈에 파악한 것이지요. 그 때 빌립에게 주어진 데이터는 무엇이었을까요? 우선 그 사람[간다게 내시]이 예루살렘 쪽에서 오고 있는 것으로 보아 여행의 목적이 분명 종교적인 것이었음을 짐작했을 것입니다. 게다가 수레를 타고 가면서 성경을 읽는 모습 또한 놓칠 수 없는 중요한 장면으로서, 그가 매우 경건한 인물이라는 것을 보여 줍니다. 그리고 성경에 기록되어 있지는 않지만, 빌립은 내시의 용모, 피부 색깔, 발음상 특색, 수레의 위용 등에 대해서도 단번에 파악했을 것입니다. 그러면서 "야, 이 사람은 정말 하나님께 마음이 활짝 열린 사람이구나. 수레를 타고 가면서 이사야서를 읽고 있다니 말이야"라는 생각이 퍼뜩 스쳤을 것입니다. 그러고 나서 던진 질문이 "읽는 것을 깨닫느냐?"는 것이었습니다. 이로 보건대 빌립은 성화된 이성과 판단력 등의 인식적 수단을 활용한 결과 이런 인사말을 시도한 것이라고 할 수 있겠습니다.

그런데 이 질문은 얼마나 적실했을까요? 매우 적실했죠! 두 가지 증거가 있습니다. 첫째, 내시는 자신의 내면을 거리낌없이 공개합니다. 31절을 보십시오. "지도해 주는 사람이 없으니 어찌 깨달을 수 있느냐?" 이것은 내시의 솔직한 자기 고백입니다. 사람이 잘 알지도 못하는 대상에게 자기 약점을 노출하기란 쉬운 일이 아닙니다. 반대로 처음 만난 사람한테 이런 식으로 반응할 수 있다는 것은 굉장한 정도의 자아 공개가 이루어졌음을 보여 줍니다. 이 질문이 너무나 적실했기 때문에 간다게 내시 편에서 그런 말을 한 것이지요.

둘째, 내시는 시키지 않아도 자기 주도적 행동을 시도합니다. 과연 내시는 빌립과 이 말을 주고 받은 후 계속해서 주도적 역할을 합니다. 수레에 올라오라고 초청하는 것도 내시가 먼저 했지 빌립이 요청한 것이 아닙니다. 읽고 있던 이사야서 본문의 의미가 무어냐고 묻는 것 또한 내시가 먼저 시도하죠. 보통 불신자하고 성경을 공부해 보면 비신자가 먼저 질문하는 경우란 매우 드뭅니다. 그래서 신자는 비신자가 대화에 참여하도록 하기 위해 적잖은 양의 유도 질문을 하는데, 빌립과 내시의 경우에는 그렇지 않았습니다. 오히려 내시가 먼저 질문을 던지지요. 그리고 후에 세례 받는 일 또한 절대로 빌립이 먼저 제안하지 않았습니다. 이것 역시 내시가 먼저 요청했어요.

왜 이렇게 자기 주도적 행동의 전개가 가능했을까요? 그것은 다름 아니라 바로 "읽는 것을 깨닫느냐?"는 이 한마디 때문이지요. 그 간단한 질문 하나가 간다게 내시에게 참으로 주효했다는 것을 우리는 보고 있습니다. 이처럼 우리는 하나님의 인도를 받는 데 있어서 우리의 성화된 이성과 판단력을 활용하는 것이 매우 중요합니다. 이런 인식적 수단을 활용하여 주어진 상황에 능동적으로 대처하는 것이 하나님의 인도를 받는 데 관건이 된다는 말입니다.

이것은 빌립에게만 필수적인 일이 아니고 오늘날 우리에게도 마찬가지입니다. 우리 또한 성화된 이성을 활용하여 판단력을 행사해야 합니다. 이와 맞물린 사안으로서, 그리스도인은 특별한 이유가 없는 한 건전한 상식과 사회적 규례 등도 배척하지 말아야 합니다. 이 점을 하나님의 인도와 관련하여 두 가지 사례로써 설명하도록 하겠습니다. 첫째, 어떤 한 커다란 원칙이 하나님의 뜻이면 거기에 종속되는 모든 세부 사항이 따라서 다 하나님의 뜻이라는 사실입니다. 구체적으로 말해서, 만일 내가 올해 1년 동안 성가대에서 봉사를 하기로 약정을 했다고 합시다. 그렇다면 매주 금요일 4시부터 5시 30분에 그 교회의 성가대 연습실로 가는 것이 하나님의 뜻이라는 것이지요. 그렇기 때문에 금요일 오후마다 "하나님, 제가 오늘 오후 교회에 가는 것이 하나님의 뜻인지 아닌지 가르쳐 주십시요. 하나님의 인도를 받기 원합니다"라고 기도하는 일은 쓸데없는 짓이라고 해야 할 것입니다. 하나님께서 빌립에게 수레로 나아가라고 했으면, 어떻게든 그 사람과 더불어 대화를 트고 상대방의 필요를 파악하는 것까지 시도해야 합니다. 거기서 빌립이 행동의 작은 단위마다 머뭇거리든지 매 번 하나님의 인도를 받겠다고 현장에서 물러나든지 했다면, 그야말로 하나님의 인도를 외면하는 극도의 우행이 되었을 것입니다!! 이처럼 어떤 한 가지 큰 원리가 하나님의 뜻이면 그에 종속되는 세부 사항 또한 따라서 하나님의 뜻으로 판정해야 할 것입니다.

둘째, 공동체에서 한 약속은 될 수 있는 대로 지키는 것이 하나님의 뜻이라는 점입니다. 특히 지도자로서 다른 교우들에게 어떤 언질을 했다면 그 중요성은 배가 됩니다. 예를 들어, 만약 여러분이 주일학교 전도사로 2년 동안 일하겠다고 어떤 방식으로든지 약속을 했다고 합시다. 그렇다면 2년 동안은 -- 좀 심각하게 말하자면, 천재지변이 일어나지 않는 한 -- 거기 머물러 있는 것이 하나님의 인도를 받는 것입니다. 사역이 힘들다고 쉽게 포기하고 물러서지 말라는 것입니다. 사례비를 조금 더 받을 기회가 생긴다고 해서 딴 사역지를 기웃거리고 핑계 대며 떠나지 말라는 거지요. 약속 어기는 것을 정당화하기 위해 은근히 자기를 합리화하고 변명을 꾸미고 하기 때문에 지도자가 교우들의 신뢰를 잃는 법입니다. 우리가 이렇게 건전한 상식, 성화된 판단력을 무시하면서 하나님의 인도를 구하기 때문에 상당히 왜곡되고 바람직하지 않은 행동과 방침 쪽으로 기우는 것입니다. 우리는 보통 평소와 달리 아주 독특한 것만이 하나님의 인도이고 하나님의 뜻인 양 착각할 때가 많은데, 이야말로 우리의 신앙이 얼마나 잘못되어 있는지를 보여 주는 단적인 예이지요.

지금까지 본인은 하나님의 인도를 받는 데 있어서 필수 불가결한 세 가지 원리 -- (i) 순종할 자세의 보유; (ii) 하나님의 음성 분별; (iii) 인식적 수단의 활용 --을 말씀 드렸습니다.

우리는 정말로 하나님이 살아계신 분이라고 믿습니다. 그런데 저는 여러분에게 이렇게 묻고 싶습니다 -- 정말 하나님이 살아계시다는 증거가 무엇이냐고 말입니다. 무엇으로 하나님의 살아계심을 나타내 보이겠습니까? 본인은 그 중에 하나가 하나님의 인도라고 생각합니다. 즉 살아계신 하나님께서 사랑하는 나를 한 걸음 한 걸음 구체적으로 인도하신다는 말입니다. 만약 우리가 이런 면에서 명확하지 않으면 우리는 훨씬 더 경건의 훈련을 받아야 하고 이런 인도의 원리들을 터득해야 할 것입니다. 또 지금까지 하나님의 인도를 잘 받았으니 이것으로 충분하다 라고 중단하면 안 됩니다. 우리는 앞으로도 여전히 하나님의 인도를 필요로 합니다. 따라서, 이후에 내 앞에 다시금 가시밭길이 놓인다 할지라도 나는 그것이 하나님이 인도하시는 길이라면 순종하는 마음으로 그 길을 좇겠나이다 라는 각오가 있어야 합니다. 하나님과 친밀한 교제를 나누며 말씀에 깊이 침잠하고 무시로 깨어서 기도하는 가운데, 하나님의 음성 듣는 일 -- 성령께서 지·정·의의 측면으로 허락하시는 영적 강화의 경험 -- 을 지속적으로 실행하고 있는가 자신을 돌아보아야 합니다. 내 성화된 이성과 판단력이 능동적으로 발휘 및 활용되고 있는가 점검해야 합니다. 바라기는 이런 수단들을 통해서 정말 하나님의 인도를 받고, 실로 하나님께서 우리 가운데 살아계시다! 라고 간증하고 감사하고 찬양할 수 있다면 얼마나 좋겠습니까?

〈기도〉

"살아계신 주님! 이스라엘을 인도하셨고, 초대교회를 인도하셨으며, 빌립을 인도하셨고, 또 오늘날 우리 각자를 인도하십니다. 우리에게도 빌립처럼 철저히 순종하고자 하는 자세가 갖추어지도록 도와주시옵소서! 성령께서 우리 각자 안에 살아계시오니 말씀과 기도를 통한 긴밀한 교제 가운데 영적 감화를 끼쳐 주시옵소서! 예수님! 우리의 성화된 이성과 판단력을 통해서 하나님께서 원하시는 그 길을 걸을 수 있도록 도와 주시옵소서! 하나님의 살아계심이 그저 표현만의 사안으로 끝나지 않고, 캐치프레이즈로만 남지 않도록 하시되, 특히 하나님의 인도를 받음으로써 생생하게 경험하는 바가 되게 하소서! 우리 주 예수 그리스도의 이름으로 기도하옵나이다. 아멘."

영과 진리 안에서 하는 예배

요한복음 4장 15-26절

이승구 (조직신학)

들어가는 말: 정황과 배경

오늘 아침 우리는 수가성 여인하고 만나는 예수님에 대해서 생각을 합니다. 예수님께서 수가성 여인에게 갔을 때 많은 사람들은 예수님께서는 매우 의도적으로 그곳으로 간 것으로 생각합니다. 이 본문이 시작되어 지는 요한복음 4장 4절에 보면 "유대를 떠나사 다시 갈릴리로 가실 새 사마리아를 통과하여야 하겠는지라"라고 하는 말에 "하겠는지라"가 소위 신적인 "데이"(the divine dei)라고 많은 사람들은 생각합니다. 그냥 어쩔 수 없어서 통과해야 해서 가신 것이 아니라 여기에 무슨 예수님의 생각이 있었을 것이라고 생각하는 것이지요. 그것이 어떤 생각이었는지는 이 사건이 일어나고 난 다음에야 우리가 아는 것입니다. 그래서 우리는 이 여인과 만나서 이 여인에게 이 메시지를 전해 주시기 위해서 그곳으로 가신 것이 아닌가 하고 생각합니다. 물론 단언(斷言)은 못하지요. 그러나 거기에 '데이'(dei)라는 말이 사용된 것으로 봤을 때 그렇게 추론(推論)합니다.

주님께서 어떻게 하다가 우연히 이 여인을 만났다 그럴 수 있는 것이 아닙니다. 하나님께서 당신의 위대하신 계획 가운데서 이 여인에게로 가도록 하신 것이고, 예수님께서는 그것을 이루신 것입니다. 사실 그랬다는 것은 이 사건이 후에 예수님께서 하시는 말씀을 통해서도 알 수 있습니다. 제자들이 음식을 사러 수가성 안으로 들어갔습니다. 이 제자들은 나중에 음식을 가지고 왔습니다. 그리고 예수님께 식사하라고 합니다. 그랬을 때 32절에 예수님께서 "내게는 너희가 알지 못하는 먹을 양식이 있느니라"고 이야기하십니다. 제자들은 물리적으로 생각하지요. '누가 음식을 갖다 드렸나?' 이렇게 생각하는 것입니다. 그러나 34절에서 요한은 예수님의 그 의도를 따라서 "예수님께서 이르시되 나의 양식은 나를 보내신 이의 뜻을 행하며 그의 일을 온전히 이루는 이것이니라"고 하셨다고 말합니다. 그래서 수가성 여인과의 이 대화 속에서 하늘 아버지의 뜻, 나를 보내신 아버지의 뜻을 온전히 이루었다라고 하는 예수님의 그 의식이 표현되어져 있음을 우리는 알 수 있습니다. 예수님께서 우연히 이곳으로 간 것이 아니라 이 여인을 찾아가셨다는 것이지요. 어떻게 가다 보니까 이 여인이 있었고, 가다 보니까 예수님께서 지쳐서 우물가에 앉은 것이 아니라, 예수님은 실제로 목이 마르셔서 인성을 취하셨으니까 "물 좀 달라"고 말씀하신 것입니다. 그러나 실질적으로는 뭔가를 이야기하기 위해서,

즉 이 여인과 이야기하기 위해서 예수님이 가신 것입니다. 그래서 이 본문이 가지고 있는 풍성한 뜻은 여러 가지로 생각할 수 있겠고 특히 '복음 전도적'(evangelistic) 의미에서도 이 본문은 굉장히 의미 있다고 생각됩니다. 즉, 전도 대상자를 의도적으로 찾아가서 만나는 예수님을 생각할 수 있습니다.

그런데 이 여인과의 이야기 가운데서 우리는 요한복음에 나타나고 있는 큰 특징 하나, 전형적인 특징 하나를 늘 보게 됩니다. 예수님은 무슨 영적인 이야기를 하십니다. 여기서 물로 표현되어지는 무슨 영적인 이야기를 하고 계세요. 왜냐하면 그곳이 우물가였기 때문입니다. 처음부터 물로 시작합니다. 그래서 계속 물 이야기를 하시거든요. 물 길을 그릇도 없고 자기가 능력이 없어서 물 좀 달라고 하시는 이 분이 10절에 무엇이라고 이야기하십니까? "네가 만일 하나님의 선물과 네게 물좀 달라 하는 이가 누구인줄 알았더라면 네가 그에게 구하였을 것이고 그가 생수를 네게 주었으리라." 이 여자는 예수님이 말씀하시는 그 영직인 의미를 생각하지 않은 채 물리적인 이야기를 합니다. "주여, 물 길을 그릇도 없고, 이 우물은 깊은데 어디서 당신이 그 생수를 얻겠습니까?" 이 여인은 물리적인 물을 생각하지요? "우리의 조상 야곱이 이 우물을 우리에게 주셨고, 여기서 자기와 자기 아들들과 짐승이 다 마셨는데 당신은 야곱보다 더 크니이까?" 예수님은 거기에 대해서 가타부타 말씀하지 않으셨지만 결국 야곱보다 크신 이인 당신임에 대해서 이야기를 하신 것이지요. 예수님께서는 다시 영적인 이야기를 하십니다. "이 물을 마시는 자마다 다시 목마르려니와 내가 주는 물을 마시는 자는 영원히 목마르지 아니하리니 내가 주는 그 물은 그 속에서 영생하도록 솟아나는 샘물이 되리라" 주님을 진짜로 믿는 우리들은 예수님의 이 말씀의 뜻이 무엇인지를 다 직감하여 알고 있습니다. 나는 모르겠는데요 라고 하시는 분들은 아직 주님이 말씀하시는 그 깊이 있는 주님과의 사귐을 생각하지 않는 것이지요.

예수 그리스도와의 관련성 가운데서 우리가 영원토록 새로워지는 그 새로움을 만끽하는 것, 우리의 삶 자체가 예수 그리스도와 만난 이후에 계속해서 영속적인 새로움을 유지하며 살아가는 것, 우리 겉사람은 후패하나 속사람은 날로 새롭도다 말하는 바울의 말과 같이 예수님께서 여기서 이야기하는 것은 그 "날마다 새로운 새로움" 입니다. 그리고 요한복음의 맥락에서 그것은 성령님과 관련되어 있다는 것을 우리는 자연스럽게 생각할 수 있습니다. 예수 그리스도를 믿는 사람들에게는 그 안에 성령님이 계셔서 그들 안에서 지속적인 삶의 원천, 모든 새로움의 원천으로서 성령님이 작용하시기 때문에 그 사람들은 바깥으로는 지칠 수 있고, 바깥으로는 힘들 수 있지만 속으로는 지치지 아니한다. 그 말이 다가오는데. 이 말씀을 정말 믿고 있는지를 생각해 보아야야 합니다.

그러나 이 여인은 그 생각을 하지 않습니다. 다시 물리적인 생각을 합니다. 그래서 여인은 이렇게 대답하죠. 15절 "주여, 그런 물을 내게 주사 목마르지도 않고 또 여기 이 물길러 오지도 않게 하옵소서." 여기 왜 물길러 옵니까? 목마르니까. 마셔야 되니까. 이 여인에게는 어쩌면 여기 물길러 오는 것인 귀찮은 일이었을런지도 모릅니다. 이 시간이 12십니다. 대게 어느 나라나 12시는 햇빛이 쨍쨍 쬐는 때입니다. 팔레스타인은 훨씬 더 합니다. 그런데 그 시간에 물 길러 온다고 하는 것은 다른 사람들을 아마 피할려고 하는 의도가 있지 않았을까 하고 많은 사람들이 생각합니다. 정말 이 여인은 그 관계성에 있어서, 다른 사람들과 관계성을 제대로 갖는 것이 귀찮은 일이라고 생각해서 그것을 피하여 온 것 같습니다. 그 다음에 예수님과의 이야기 가운데서 그것이 잘 드러납니다.

이야기가 여기까지 무르익었을 때 예수님께서 갑자기 화제를 전환하십니다. 뭐라고 하십니까? "가서 네 남편을 불러와라" 얼토당토않은 동문서답이 다시 시작되는 것이지요. 물 이야기를 하셨으면 계속 '물' 이야기나 할 것이지 왜 남의 남편을 데리고 오라고 합니까? 이 여인은 "내 남편이 없습니다" 이렇게 이야기하지요? 이에 대해서 예수님께서는 이렇게 말씀하지 않습니까? "네가 남편이 없다 하는 말이 옳다. 네게 남편이 다섯이 있었고 지금 있는 자도 네 남편이 아니니, 네 말이 참되다." 예수님께서 "지금 있는 자도"라고 말씀하신 것으로 봐서 이 여인은 어떤 남자하고 같이 살고 있는 것 같습니다.

이 여인의 입장에서 한번 이 이야기를 생각해보시기 바랍니다. 얼마나 드러내기 어려운 이야기였습니까? 이 여인이 이 다섯 명 남편이 있었고, 지금 여섯 번째 사람하고 있다 라는 그 상황이 어떤 상황인지 우리는 알 수가 없습니다. 그러나 누구든지 직감할 수 있듯이 이 세상에서 정말 험악한 세월을 살아온 어떤 여인, 그 여인이 물 길러 왔고 예수님하고 이야기하는 것입니다.

접촉점: 수가성 여인의 질문

자신의 모든 것을 잘 드러내는 것을 볼 때 이 여인이 예수님에 대한 인식이 "주여 내가 보니 선지자입니다" 이렇게 변해 나가지요? 맨 처음에는 그저 어떤 유대인 남자라고만 생각했습니다. 유대인 남자가 어떻게 내게 말을 겁니까? 그게 의아했던 여자였습니다. 왜냐하면 유대인들이 사마리아 사람하고 상종하지 않기 때문입니다. 그런데 이제 이 분이 선지자구나 하는 인식이 생겼습니다. 그리고서 선지자이기 때문에 자기 마음속에 깊이 숨겨졌던 자기 자신의 아주 궁극적 관심 문제 하나를 끄집어내는 것 같습니다. 이 해석이 옳은 것 같습니다. 어떤 분들은 여기서 이 여인이 다른 이야기를 하는 것이 자기 사생활을 자꾸 끄집어 내는 것이 귀찮아가지고 화제를 전환하기 위한 것이라고 생각하시는 분들이 있습니다. 그럴 수도 있습니다. 이 여인의 속마음을 우리는 알 수 없으니 말입니다. 그러나 자기의 문제를 드러내는 것을 볼 때 나중에 자기 동네에 가서 이 여인이 가서 말하기를 "내게 일어난 모든 일을 말한 이 사람을 보시오. 이 사람이 메시야가 아닙니까?"라고 증언한 것을 봤을 때 이 여인에게 어떤 진지한 궁금증이 있었다라고 하는 것을 말할 수 있습니다. 예수님이 그저 유대인 남자가 아니다 하는 것을 깨닫게 되었을 때 이 여인이 평소부터 묻고 싶었던 굉장히 중요한 질문, 그리고 이 질문은 따지고 보면 굉장히 구속사적인 질문이기도 합니다.

이 여인은 사마리아 여인입니다. "사마리아 사람들은 유대인하고 상종하지 아니한다"고 그 앞부분에 이야기했습니다. 이 일은 어디로부터 시작되어졌을까요? 물론 이스라엘 백성들이 남북왕조로 나뉘어졌을 때부터 시작되었지요. 그러나 이 문제가 훨씬 더 심각해지는 것은 열왕기하 17장이 이야기해 주는 상황 때문입니다. 열왕기하 17장에 가면 24절 이하를 읽겠습니다. 앗수르의 정책이 얼마나 무시무시한 정책이었는지를 여기서 알 수 있습니다. "앗수르 왕이 바벨론과 구다와 아와와 하맛과 스발와임에서 사람을 옮겨다가 이스라엘 자손을 대신하여 사마리아 여러 성읍에서 두매 그들이 사마리아를 차지하고 그 여러 성읍에 거주하니라"(왕하 17:24). 그래서 어떻게 되었습니까? 여기 함의 되어 있는 것은 아주 극심한 식민정책(植民政策)이라고 하는데, 식민지 지배하는 것 정도가 아니라, 이 나라를 점령하고 이 나라를 점령한 다음에 이 나라의 중요한 사람들을 이 나라로 옮겨심는 것이죠. 이 나라의 사람들을 여기서부터 이리로 옮겨심는 것입니다. 사람들을 뿌리채 뽑아가지고 다른 곳으로 이주시키는 것입니다. 우리 중앙아시아로 강제 이주 당했던 우리 고려인들 상황하고 비슷한 것이지요. 옛날 러시아 사람들이 그렇게 하지 않았습니까? 왜 그렇게 하겠습니까? 반역을 일으키지 못하게 하는 것이지요. 그래서 기존에 살던 사람들이 있을 것이고 다른 사람들이 왔으니까 이질감이 형성되어져서 자기들끼리 문제가 있으니까 앗수르를 향해서 반역하지 못하도록 하는 아주 이상한 정책입니다. 더구나 이 때 이 사람들은 자기들이 섬기는 신들을 가지고 옵니다.

열왕기하 17장 25절을 보십시오. "그들이 처음으로 거기 거주할 때에 여호와를 경외하지 아니하므로 여호와께서 사자들을 그들 가운데에 보내시매 몇 사람을 죽인지라." 그래서 "그러므로 어떤 사람이 앗수르 왕에게 말하여 이르되 왕께서 사마리아 여러 성읍에 옮겨 거주하게 하신 민족들이 그 땅 신의 법을 알지 못하므로 그들의 신이 사자들을 그들 가운데에 보내매 그들을 죽였사오니 이는 그들의 그 땅

신의 법을 알지 못함이니이다." 그래서 어떻게 했습니까? 앗수르 왕이 아주 좋은 정책을 냅니다. 좋은 의도에서 시작된 건 아니지만 말입니다. 27절을 보십시오. "앗수르 왕이 명령하여 이르되 너희는 그곳에서 사로잡아 온 제사장 한 사람을 그곳으로 데려가되 그가 그곳에 가서 거주하며 그 땅 신의 법을 무리에게 가르치게 하라 하니." 그래서 졸지에 제사장 한 분이 선교사로 사마리아 땅으로 보냄을 받습니다. "이에 사마리아에서 사로잡혀 간 제사장 중 한 사람이 와서 벧엘에 살며 백성에게 어떻게 여호와 경외할지를 가르쳤더라. 그러나 각 민족이 각기 자기의 신상들을 만들어 사마리아 사람이 지은 여러 산당들에 두되 각 민족이 자기들이 거주한 성읍에서 그렇게 하여." 어떤 신들이 그들에게 있었는지를 이야기합니다. 그래서 사마리아라고 하는 곳이 여러 민족들이 각기 자기의 신들을 섬기는 곳이 되어졌습니다. 자기들의 신들을 가져온 것이죠. 그러나 동시에 하나님을 섬기기 시작합니다. 그리고 아주 놀라운 일이 벌어졌는데, 세월이 지나면서 완전하지는 않았겠지만 이들이 불완전한 형태로 여호와 하나님을 섬기기 시작합니다.

그리고 이 사마리아 사람들. 이 사마리아 사람들은 워낙 북이스라엘 사람들과 그곳에 끌려 온 여러 민족들이 합쳐진 사람들이겠지요. 그러니까 유대인의 입장에서는 이 사람들을 개 취급하는 것이 당연하다고 생각할 법도 합니다. 하나님의 율법을 무시하고 자기들 마음대로 사는 사람들, 그러나 세월이 한참 지나면서 보면 이 사람들이 다는 철저히는 안 그랬겠지만 소위 우리가 잘 아는 대로 사마리아 오경을 보존하고 있는 것입니다. 나쁜 점도 있죠. 구약의 풍성한 계시를 다 받아들이지 않아요. 오경에 있는 것만을 자기 자신들이 받아들입니다. 그러나 좋은 점은 뭐냐면 오경이 말하는 그 하나님을 우리는 섬긴다. 이 사람들이 워낙 하나님만 섬기는 사람들이 아니었습니다. 이들 가운데서 역사하던 그 제사장이나 이들 가운데 있었던 사람들이 얼마나 이 사람들을 잘 설복했는지를 알 수 있습니다 완전하지는 않지만 말입니다. 그래서 이 사람들이 나중에 진심인지 아닌지는 모르지만 이스라엘 백성들이 나중에 바벨론에 의해서 남쪽 유다가 점령당한 다음에 그 사람들도 소위 그 중에 제일 뛰어난 사람들을 바벨론으로 데리고 가잖아요. 그리고 그 사람들이 다시 돌아왔을 때 이 상황은 굉장히 독특한 상황입니다. 특히 그 때를 우리가 바벨론 포로기(捕虜期)기 또는 바벨론 포수기(捕囚期)라고 이야기하지 않습니까? 이 때에 사람들은 사실 이스라엘 백성 전부다가 바벨론으로 잡혀간 것은 아니거든요. 그러니까 아주 뛰어난 사람들만 간 것입니다. 보통 땅에 사람들 소위 민중들은 그냥 있는 것이지요. 그 사람들이 중요한 사람으로 취급을 받지 않았기 때문에 이 사람들이 갔다가 왔을 때 이 사람들이 온 그 상황 가운데서 이 사마리아 사람들이 무슨 반응을 보입니다.

에스라 4장 2절에 있는 말씀을 잠깐 볼텐데요. 이 사람들이 왔을 때 상황. 이스라엘 백성들이 이제 하나님 앞에서 땅을 새롭게 하고 성전을 세우려고 하는 마음을 가지게 됩니다. 하나님 앞에서 성전 건축하는 이야기는 에스라 3장 8절에 있습니다. "예루살렘에 있는 하나님의 성전에 이른지 이 년 둘째 달에 스알디엘의 아들 스룹바벨과 요사닥의 아들 예수아와 다른 형제 제사장들과 레위 사람들과 무릇 사로잡혔다가 예루살렘에 돌아온 자들이 공사를 시작하고 이십 세 이상의 레위 사람들을 세워 여호와의 성전 공사를 감독하게 하매" 얼마나 벅차오르는 시기였겠습니까?

그런데 4장 1절에 "사로잡혔던 자들의 자손이 이스라엘의 하나님 여호와의 성전을 건축한다 함을 유다와 베냐민의 대적이 듣고 스룹바벨과 족장들에게 나아와 이르되 우리도 너희와 함께 건축하게 하라 우리도 너희 같이 너희 하나님을 찾노라." 이 사람들은 어떤 사람들입니까? "앗수르 왕 에살핫돈이 우리를 이리로 오게 한 날부터 우리가 하나님께 제사를 드리노라 하니" 예루살렘 성전 건축에 동참하겠다고 하는 말입니다. 그럼 우리 같아서는 그냥 하자 그랬을 것 같지 않습니까? 그런데 "스룹바벨과 예수아와 기타 이스라엘 족장들이 이르되 우리 하나님의 성전을 건축하는 데 너희는 우리와 상관이 없느니라. 바사 왕 고레스가 우리에게 명령하신 대로 우리가 이스라엘의 하나님 여호와를 위하여 홀로 건축하리라 하였더니." 그리고 나니까 이 사람들이 정말 진심된 마음으로 성전을 건축하기를 원치 않았다고 하는 것이 그 뒤에 반응을 봐서 알 수 있습니다.

4절을 보십시오. "이로부터 그 땅 백성이 유다 백성의 손을 약하게 하여 그 건축을 방해하되 바사 왕 고레스의 시대부터 바사 왕 다리오가 즉위할 때까지 그 계획을 막았다." 그래서 성전 건축이 지연되게 하였습니다. 정확하지 않지만 유대인들이 아마 B.C. 536년에 돌아왔다고 생각하니까 그 때서부터 한 2년 동안 시작이 되다가 한 14년 정도를 못하게 돼요. 나중에서라야 성전을 완공하고 그 성전의 이름을 우리가 일반적으로 스룹바벨이 중심이 되었기 때문에 스룹바벨 성전이라고 언급하는 것이지요.

그리고 났을 때, 성전이 완공되고 나서 아마 516년경이 아닌가 하고 생각합니다. 완공되고 나서 북쪽 사람들은 B.C. 400년 경에 자기네들끼리 또 성전을 짓습니다. 그러니까 이 성전이 완공 되고 110년 이후에 자기들끼리 성전을 지은 것입니다. 나중에 복잡한 상황 가운데 유대 사람들이 B.C. 128년 경에 그 성전을 허물어 버립니다. 그 성전이 소위 이 여인과 예수님이 바라보고 있는 그 산, 그리심산에 있는 성전입니다. 그러면 사마리아 사람들의 입장에서는 자기들이 예배해 왔고, 자기네들이 성전을 지어가지고 여호와 하나님을 섬긴다고 하던 그 곳을 유대인들이 파괴하고 한 것을 바라보면서 마음속에 깊은 증오감이 있는 것이지요. 유대인들은 유대인편에서도 저 사람들은 잘못된 하나님 경배를 한다고 생각하고, 하나님 말씀대로 하지 않는다고 생각합니다.

하나님께서는 신명기에 말한 대로 중앙 성소가 있도록 하셨는데 그것을 흔들리게 하는 새로운 성전이 있도록 하는 것에 대해서 안타깝게 생각하고, 또 저쪽 사람들은 자기들 나름대로 하나님을 섬긴다고 하는데 유대인들이 그것을 진정한 것으로 인정하지 아니하는 이 상황을 생각할 때 마음에 안타까움을 가진 것입니다. 그래서 이 여인이 예수님께 질문을 합니다. 이것은 이 여인의 질문이기도 하지만 모든 사마리아 사람들의 질문이기도 합니다. 형태를 바꾼다면 이 세상 모든 사람들이 가장 진지할 때 하는 질문이기도 합니다.

그 여인의 질문은 이렇습니다. "우리 조상들은 이 산에서 예배하였는데"(요 4:20). 이산은 그리심산을 말합니다. "당신들의 말은" – 이 표현 자체에 벌써 '정통성을 우리들이 가지고 있다고 생각한다. 이곳에서 야곱과 우리들이 하나님께 예배했다. 우리들이 여기서 예배해 왔다.'는 생각이 들어 있는 것입니다. 그런데 당신들의 말은, 즉 유대인들의 말은 "예배할 곳이 예루살렘에 있다 하더이다." 그러니까 "어떤 것이 진짜입니까?"라고 예수님께 질문한 것입니다.

　이 여인은 상당히 이상하게 산듯한 여인이지 않습니까? 그런데도 굉장히 종교적인 질문을 하는 것을 보았을 때, 우리는 이것을 의미 있게 생각해야 합니다. 정말 굉장히 훌륭한 선생님을 만나서 질문할게 있다면 여러분은 무슨 질문을 하겠습니까? 그런데 이 여인은 그런 질문을 가지고 있었어요. 정말 "궁극적 질문"이지요. 이 세상 사람들이 말하는 그 궁극적 질문이 아니고, 자기에게 있어서 정말 사활(死活)을 걸 만한 굉장한 질문을 예수님께 가지고 왔어요. "어느 것이 진짜입니까?" 이것은 사마리아 사람들을 대표하는 질문이기도 하지요.

예수님의 대답

이 때 예수님께서는 아주 놀라운 대답을 하시는데, 그것은 두 가지에요. 첫째 대답은 너희들이 틀렸다는 이야기입니다. 그러나 둘째로, 이런 상황을 반전(反轉)시킬 날이 온다는 것입니다. 그런데 우리 예수님께서는 반전(反轉)시킬 상황이 온다는 것을 먼저 이야기하십니다. 21절을 보십시오. "여자여 내 말을 믿으라." 여기 "여자여" 하는 말은 예수님께서 가나 혼인 잔치에서 어머니께 여자여 하는 말하고 같습니다. 높여서 하는 이야기에요 "여자여 내 말을 믿으라." 진심인 것이지요. 다른 때 예수님께서 진실로 진실로 하는 이야기하고 비슷합니다. 요번에는 아예 "믿으라" 그러면서 이야기하십니다. 예수님께서 믿으라고 그랬으니 얼마나 더 믿어야 되겠습니까? 그리고 예수님은 또 이렇게 이야기합니다. "이 산에서도 말고 예루살렘에서도 말고 너희가 아버지께 예배할 때가 이르리라." 이것은 이 여인과 예수님의 입장에서 앞으로 올 것에 대한 이야기입니다. 예수님께서는 그것을 먼저 이야기하십니다.

앞으로 올 것은 "이 산에서 예배하는 것도 아니고 예루살렘에서 예배하는 것도 아니다"는 것입니다. 이것은 예수님께서 구속사적인 진전(進展)을 염두에 두고 이야기하신 것입니다. 그러니까 이 사람들이 사마리아 사람들을 대표하는 그 질문에 대한 예수님의 아주 궁극적인 대답입니다. 구속사적인 대답이라고 말할 수 있습니다.

이 여인의 질문은 "우리 조상들은 이 산에서 예배하였는데 그리심산에서 예배하였는데 당신네들은 예배할 곳이 예루살렘에 있다고 하는데 어떤 것이 진짜입니까?" 그랬더니 예수님께서 대답하시는 말씀이 22절에 있습니다: "너희는 알지 못하는 것을 예배하고 우리는" 유대인과 동일시하면서 이야기하는 것입니다. 이 여인이 말한 당신네들은 그 이야기 속에 예수님이 자기를 동일시하시면서 "우리는 아는 것을 예배하노니 이는 구원이 유대인에게서 남이니라." 그 구약시대에는 예루살렘에서 예배하는 것이 옳다는 것입니다. 너희들이 잘못됐다는 것입니다. 이 여인의 질문에 대해서 예수님께서는 "너희가 틀렸다"고 하시는 것입니다.

예루살렘에서 예배하는 것이 옳다는 것입니다. 왜 그렇습니까? 주님께서 이미 예루살렘에서 예배하는 것이 옳다고 이야기하셨기 때문입니다. 솔로몬한테 하나님께서 이야기하십니다. 역대하 6장 6절을 보십시오. "예루살렘을 택하여 내 이름을 거기 두고 또 다윗을 택하여 내 백성 이스라엘을 다스리게 하였노라". 예루살렘 성전을 완성한 후에 하나님께서 또 이야기하십니다. 밤에 솔로몬에게 나타나사 내가 이미 네 기도를 듣고 이곳을 택하여 제사하는 전을 삼았다. 그러기 때문에 이곳에서 하는 기도에 내가 눈을 들고 귀를 기울이리라. 구약 시대에는 예루살렘에서 하는 것이 의미가 있는 것이 돼요. 이는 내가 이미 이전을 택하고 거룩하게 하여 이미 네가 짓기도 이 전에 내가 이미 그랬다고. 내 이름으로 여기 영영히 있게 하였음이라. 내 눈과 내 마음이 항상 여기 있으리라. 하나님께서 중앙 성소라고 이야기하셨던 그 곳이 예루살렘이라고 하는 것을 확증해 주는 것입니다.

그래서 구약 시대에는 하나님께서 예루살렘에서 성전 예배를 하게 했을 때는 그곳에서 드리는 예배만이 진짜 예배고 다른 곳에서 드리는 예배는 아무리 정성을 다해서 드려도 그것은 참된 예배가 되지 않습니다. 하나님이 계시의 통로를 성전 예배로 국한하셨습니다. 구약 시대에는 다른 것은 있을 수 없어요. 그러하기에 우리 주 예수 그리스도께서 비록 그 제사 제도를 유대인들이 많이 훼손시켰고, 예수님께서 성전을 청결케 하시는 사건에서 잘 나타나 있듯이 문제가 있었지만 예수님께서도 성전 예배에 참여했던 것입니다. 예수님 그 당시에 예수님보다도 더 순결해보려고 노력하는 사람들이 있었습니다.

이 사람들은 성전 예배가 더럽다고 생각하고, 성전 예배에 도무지 참석할 수 없다고 생각해서 자기들을 따로 떼어내서 자기들이 따로 모임을 한 것입니다. 그들을 우리가 쿰란 공동체라고 이야기합니다. 예수님 당시 그런 일이 벌어지고 있는 것입니다. 그 사람들은 따로 있습니다. 그 사람들은 이를테면 우리 주님 보다 더 깨끗한 사람들입니다. 그러니까 이 상황이 얼마나 이상한 것이겠습니까? 우리가 도무지 그럴 수 없죠. 예수님께서 이 성전 예배가 의미 있다고 하신 것입니다. 그런데 그거는 사람들 자신 때문은 아니다. 예수님의 말씀 속에도 그것이 살아 있는 것이지요. "너희는 알지 못하는 것을 예배하고 우리는 아는 것을 예배하노니 이는 구원이 유대인에게서 남이니라" 하나님이 어떤 방식으로 메시야는 보내시는가? 어떤 방식으로 구원자를 보내시는가? 하는 것 때문에 이 계시의 통로가 의미 있는 것이지 유대인 그 자체가 의미 있는 건 아니다. 중요한 것은 이제 앞으로 갈 방향입니다.

영 안에서 하는 예배

23절을 보십시오. "아버지께 참되게 예배하는 자들은 영과 진리로 예배할 때가 오나니 곧 이 때라." 예수님께서 말씀하시는 "이 때라"라는 말은 매우 주의해야 되는데, 이것은 결국 예수님께서 십자가에 달리셔서 성전 예배에서 의도했던 모든 희생 제사를 완성할 것을 염두해 두고 하시는 말씀입니다. 그 일이 이루어지고 나면, 당신님이 앞으로 이루실 구속 사역을 생각하시면서 그 일이 이루어지고 나면, "이 산에서도 말고 예루살렘에서도 말고" 어디에서든지 주님께 예배할 때가 온다고 하시는 것입니다. 그래서 오늘 우리가 이 한국 땅에서 예배 드리는 것입니다. 그리고 또한 우리가 선교지에 나가서 그 사람들을 전도해서 같이 하나님께 예배하는 것입니다. 그 모든 일이 어떻게 가능하게 되었습니까? 오늘 의 본문에서 예수 그리스도께서 하신 말씀, 즉 "이 산에서도 말고 예루살렘에서도 말고 아버지께 예배할 때가 이르리라"고 하신 말씀이 성취되어져서 였습니다.

만일에 이 일이 이루어지지 않았더라면 우리는 여전히 예루살렘에 가서 예배했었어야만 됩니다. 예배를 드리기 위해서 수많은 비행기 값을 지불하셨어야 되는 것입니다. 그러나 우리 주 예수 그리스도께서 십자가의 구속을 완성하셨기 때문에 이제는 어디에서나 주 앞에 예배할 수 있는 놀라운 일이 우리에게 펼쳐진 것입니다. 그래서 우리는 우리가 주 앞에 이렇게 예배할 수 있다는 것에 대한 감사와 감격 가운데 있어야 됩니다. 어떻게 이 일이 이루어지게 되었습니까? 옛날에도 예배해왔고, 어제도 예배했고, 오늘도 예배하니까 그냥 날마다 예배하는 것입니다. 그런 것이 아닙니다. 어느 곳에서나, 따라서 이 한국 땅에서 주 앞에 예배할 수 있는 것은 주님의 구속 사역 때문에 가능해진 일이라는 것입니다.

하나님께서는 이미 오래 전부터 이 일을 위해서 준비하시고 십자가에서 그 일을 완성하신 것입니다. 그래서 이제 그리심산에서도 아니고 예루살렘에서 하는 것만도 아니고 그러나 그곳에서 하는 예배도 하나님께 하는 예배도 예배가 되고, 이곳에서 하는 예배도 예배가 되는 것입니다. 런던에서 하는 예배, 도쿄에서 하는 예배, 어디에서 하는 예배든지 주 앞에 예배가 되는데 이제는 장소가 이것을 결정하는 것이 아닙니다.

종교개혁자들이 정말 이걸 철저하게 생각했습니다. 우리에게는 특정한 장소가 성소가 아닌 것입니다. 주님의 말씀 속에 그것이 분명히 있었고, 신약의 성도들은 다 그렇게 생각했는데 사람들은 자꾸만 이상한 성지를 만들어가기 시작합니다. 그래서 천주교에는 성지가 무수하게 많습니다. 천주교에 의하면 우리나라에도 곳곳에 성지가 있습니다. 그래서 그들은 때가 되면 성지 순례를 하지요? 예루살렘 가는 것을 우리는 '성지 순례'라고 언급하지 않으려고 하지요. 왜 그렇습니까? 예수 그리스도의 십자가 사건 때문이지요. 십가가 이후에는 그곳만이 성지가 아니기 때문입니다. 그럼 뭐라고 할까요? "성경지리 및 문화연수" - 이런 것이겠지요. 우리 학교에서는 계속해서 그 비슷한 용어를 여태까지 써 왔어요. 굉장히 신학적 이해는 가지고 하는 것입니다. 그런데 정신을 안 차리면 혼용하는 경우가 있어요. 그런 좋은 용어도 쓰면서("성경지리 연수"), 그러면서 동시에 성지 순례 그런 말도 혼용하기 시작하면 나중에는 결국 잘못된 말이 계속 사용되는 것입니다.

루터의 문제점이 여기 나타나는데, 루터가 교회에서 사역하는 사람들이 목사, 섬기는 사람(minister)이라는 것을 아주 강조한 분입니다. 그러나 동시에 옛날서부터 써왔던 사제(priest)라는 말을 그냥 썼어요. 그래서 루터파 교회는 지금까지 계속 사제(司祭, priest)라고 합니다. 성공회도 마찬가지로 사제(司祭)라고 합니다(priest of the Church of England). 그것을 개혁파인 우리가 없애버린 것입니다. 목사님이 제사장(priest)이 아니기 때문입니다. 이 예배가 제사가 아니기 때문에 이런 잘못된 용어를 없애 버린 것인데, 혼용해 쓰다 보면 나중에는 이 세상 일반 은총 가운데서 우리가 쓰는 말 "악화가 양화를 구축한다"고 하지요. 그와 비슷한 일이 일어납니다. 그래서 잘못된 용어가 주로 쓰이게 되는 것입니다. 그런 의미에서 "성지 순례는 CBS와 함께"라는 이상한 말도 나타나는 것입니다. CBS가 기독교 방송이지 않습니까? 그런데 이런 말을 쓰면 그 분위기로는 기독교 방송이 천주교 방송이 되는 것입니다. 천주교에서는 '성지순례'라는 말을 써요. 그러나 우리는 그렇게 할 수 없는 것입니다. 우리는 진정한 순례가 있기 때문입니다. 개혁파에서는 이 세상에서 하나님의 백성답게 사는 일 - 바로 그것이 진정한 순례라고 생각했어요. 그래서 우리에게는 우리가 따로 어디 가는 것이 순례가 아닙니다. 진정 매일매일을 순례자로 사는 일. 그러면서 그렇게 산다고 하는 것을 어디서든지 "영과 진리로 예배한다"고 하는 것입니다.

"영 안에서"라는 말은 "엔 퓨뉴마티"(εν πνευματι)라는 말입니다. 그러므로 우리는 영 안에서 예배해야 됩니다. 한 순간도 여러분이 영 안에서 예배하지 않으면, 이 예배가 제대로 된 것이 아니라는 것입니다. 예수님께서 이야기하십니다. 하나님은 영이시니 예배하는 자가 영과 진리로, 즉 영 안에서 진리 안에서 예배할지니라. 아버지께서는 자기에게 이렇게 예배하는 자들을 찾으시느라. 우리가 주 앞에 예배한다고 합니다. 아버지께서 찾으신다고 했으니 그게 사실입니다. 이 시간에 주께서 영 안에서 예배하는 자들을 찾으실 때 주께서 이 사람은 참으로 예배하는 사람이라고 인정할 것입니다.

그렇게 한다면 우리의 예배가 예배할 때마다 달라질 수밖에 없습니다. 성령님 안에서의 예배일 수밖에 없습니다. 그리고 성령님하고 상관없이는 바른 예배는 도무지 이루어질 수 없습니다. 성령님과 상관없이는 내 영이 정말 영혼의 무릎을 꿇어서 주 앞에 경배하는 것일

수 없습니다. 왜 그렇습니까? 한번 생각해보세요. 여러분이 한 주간 동안 정말 깨끗하고 순결하게 최선을 다해서 주님의 백성답게 살았다고 해봅시다. 그렇게 살지도 못하지만. 살았다고 해보세요. 그 정성을 다 한 것을 가지고 주께 드리면 그 것이 과연 주께서 받음직한 것이겠습니까? 도무지 그렇지 않습니다. 하나님께서 가납(加納)할 수 있는 것이 아닙니다. 그런데 우리가 경배할 때 주께서 이것을 받으신다면 무엇 때문에 이것을 받아주시는 것입니까? 예수 그리스도의 삶 가운데서 이루신 온전한 의(義), 하나님의 율법을 다 성취하신 그 의(義), 그리고 우리 죄를 위해서 흘리신 십자가의 피 공로까지를 다 적용한, 예수님의 적극적인 순종과 수동적 순종 모두로 말미암아 얻어내신 그 의(義)를 우리에게 적용해주셨기 때문에, 전가해주셨기 때문에 우리가 그것으로 주 앞에 경배할 수 있는 것입니다.

그런데 예수님께서는 2,000년 전에 십자가에 돌아가셨기 때문에 성령님께서 우리를 연결시켜 주지 않으시면 우리는 도무지 십자가의 공로에 근거하여서 이 예배를 올릴 수가 없습니다. 그래서 참된 예배는 영 안에서의 예배일 수밖에 없는 것입니다. 주님께서 성령님으로 말미암아 우리를 예수 그리스도와 연결시켜 주지 않는다면 우린 주 앞에 한 순간도 제대로 예배할 수 없는 것입니다. 주님의 은혜 속에서 우리가 예배할 때 우리는 예배를 시작함 속에서도 주께서 우리를 구속하여 주셔서 이 땅 가운데서 하나님의 언약 백성으로 살게 하신 것에 대한 감사 가운데서 예배가 시작하지만 예배의 중간과 예배가 마치고 난 다음에 우리의 경배를 주께서 받으신다고 하는 것에 대한 감사가 우리 마음속에 넘쳐흘러야 합니다. 그 마음속에 감사가 없는 사람은 진정 주께서 이렇게 찾으시는 사람으로서, 예배자로서 주 앞에 있는지를 물어봐야 할 것입니다. 우리가 정성을 다해서 최선을 다했기 때문에 받으시는 것이 아닙니다. 성령님 때문에 그렇습니다. 물론 성령님 때문에, 예수 그리스도의 십자가 공로 때문에 우리를 받으신다고 생각하는 우리로서는 예배할 때 그 어떤 때보다 더 잘해야 됩니다.

저는 가끔 가다 아주 이상한 것을 발견합니다. 날마다 잠바를 입고 예배에 참석하시던 분이- 대게 청년들이 말이죠 - 깨끗한 양복을 입고 예배에 참석했어요. 어떤 일이 생긴 것일까요? 후에 물어 보니 "예배 마친 다음에 결혼식 가야" 된다는 대답을 들었습니다. 여기에 두 가지 문제가 있지요. 주일날 결혼식에 참석하러 간다는 것이 문제이고, 더 한 문제는 결혼식에 예의를 취하는 것이 하나님 앞에 예의를 취하는 것 보다 더 한 것으로 나타나는 것입니다. 심각한 문제입니다. 옛날에는 예배 시간에 정장을 입도록 했었습니다. 옛 선배들의 의도가 있는 것입니다. 물론 하나님은 겉을 보지 않으세요. 속을 보세요. 겉만 정장을 해야 소용은 없습니다. 그러나 우리로서는 예배를 귀하게 여기고, 예배를 존귀하게 여겨야 합니다. 예배에는 절대로 빠지거나, 참여하여 졸아서는 안 됩니다. 이것은 우리의 생명이에요. 정말 그렇습니다. 그냥 하는 말이 아닙니다. 이것은 정말 여러분들이 정말 평생 외쳐야 할 이야기입니다. 정말 우리가 예배하는 일에 모든 것을 다해야 합니다. 주께서 우리의 경배를 받아주신다는 것에 대한 감사 때문에 예배한다고 하는 데 어떻게 예배에 집중하지 않을 수 있겠습니까?

진리 안에서의 예배

주님께서는 그 뒤에 "진리 안에서" 예배하라고 하십니다. 물론 이는 "참되게 예배하라" 그런 뜻일 수도 있죠. 그러나 성경에서 특히 요한복음에서 계속 진리라는 말이 나타나는 곳마다 의미 있는 생각을 하게 합니다. 이것을 직접 연결시킨다고 하는 것이 좀 애매하긴 하지만 나중에 보면 17장 17절 말씀 "그들을 진리로 거룩하게 하옵소서. 아버지의 말씀은 진리니이다."과 연결시키는 것이 진리에서 그리 먼 것은 아닙니다.

요한복음에서 진리라고 하는 것은 첫째로, 예수님 자신, 즉 하나님 자신을 이야기할 때 썼어요. 그분은 참 진리이시다. 참되신 분이시다 하는 것입니다. 그러나 동시에 하나님의 말씀을 진리로 생각했습니다. 그래서 개혁자들하고, 특별히 청교도들은 이 진리를 하나님의 말씀과 관련해서 생각했습니다. 그래서 우리의 선배들은 진리의 말씀 안에서의 예배라고 이해했습니다. 그래서 천주교회의 에베와 루터파의 예배, 그리고 우리 개혁파의 예배에 차이가 있습니다.

천주교회는 개인이 만들어내지는 않지만 이렇게 하면 참 좋겠다고 여기는 것들을 예배 순서에 자꾸 넣습니다. 세월이 지나면 사람들이 자꾸 그렇게 됩니다. 그럴 때 흔히 쓰는 말이 "은혜스럽다"는 말입니다. 공동체가 만들어내기 때문에 고치기가 무척 어렵습니다. 그리고 세월이 한참 지나면 "이것은 몇 백 년 동안 우리가 해온 것인데" 어떻게 바꿀 수 있는가? – 이렇게 됩니다. 그래서 예배 순서 가운데 많은 것이 들어 왔어요. 촛불을 피고, 향을 피우고, 행진(procession)을 하고 등등. 구약과 신약을 막 섞어 내는 것입니다. 구약의 하나님께 찬양을 할 때 시편 찬양을 가지고 있잖아요. 시편 찬양 저 뒷부분에 가면 성전에 올라가는 노래 있잖아요. 그러니까 우리도 예배할 때 올라가는 노래를 해야 한다. 그래서 천주교회의 예배 순서 가운데 소위 '층계송'이 있습니다. 구약과 신약을 막 섞어가지고, 구약에 제사를 지냈으니까 예배가 제사가 되는 것입니다. 그리고 구약에 제사를 지냈으니까 예배를 인도하는 사람이 제사장, 즉 사제(priest)가 되는 것입니다. 천주교에는 그런 형태를 가지고 있는 것입니다.

루터파는 그 가운데서 성경이 명확히 하지 말라고 한 것만 빼 냈습니다. 구체적으로 루터파는 무엇을 빼 내었습니까? 예배가 제사(祭祀)라는 개념과 용어를 뺐어요. 복음에 근거해 보았을 때 우리의 예배가 제사가 아니니까 그렇게 한 것입니다. 그 배후의 생각은 다음 같습니다: '예수 그리스도의 단번에 드리신 그것만이 우리의 유일한 제사다. 날마다 우리가 드리는 영적인 예배인 삶, 성도의 삶 이것이 우리의 신령한 산 제사로서 드리는 것이다. 우리는 예수 그리스도의 십자가에 근거해서 이제 십자가에 감사하는 예배를 드린다.' 그래서 루터파는 '제사'라는 그 용어를 빼 버렸어요. 그리고 또 하나 뺀 것은 상(像) 숭배였습니다. "상을 만들어서 그 앞에 절하지 말아라."는 말씀 때문에 예배당 안에 있는 모든 상들을 다 철거했습니다. 십자가에 예수님의 상들이 옛날에 천주교에는 다 있었단 말이에요. 그걸 전부다 제거했습니다. 대신에 나머지 것들을 제거하지 않았습니다.

그런데 우리 개혁파 교회, 장로교회에서는 어떻게 했습니까? 성경이 말하고 있는 요소를 제외하고 나머지는 다 제거했습니다. 촛불 피우는 것을 제거했어요. 향 피우는 것도 제거했어요. 십자가를 예배당 안에 설치하는 것도 다 제거했습니다. 그러니까 이 안에서는 정말 하나님이 원하는 그 요소만 가지고, 성경에 있는 요소만 가지고 주 앞에 예배해야 되겠다는 의식이 가득 찼어요.

마치는 말: 우리의 예배는 참으로 개혁파 예배인가?

그래서 개혁파 예배에는 두 가지 특성이 나타납니다. 가장 중요한 것은 **'영적인 예배'** 입니다. 이 진리 안에서의 예배를 너무 강조하다가 영적인 예배라는 것을 잊어버리면 안 됩니다. 우리 예배는 항상 영적인 예배여야만 합니다. 우리는 항상 성령님 안에서 예배해야 합니다. 그러나 성령님 안에서 예배는 **'진리 안에서의 예배'** 이기도 해야 합니다. 우리가 이 땅 가운데서 예배할 때마다 우리의 선배들이 예수 그리스도의 마음속에 있는 바를 자기 자신들이 잘 파악했다고 생각했던 대로 정말 참된 예배, **성령님 안에서의 예배, 진리 안에서의 예배**를 주께 할 수 있기를 바랍니다. 같이 기도하시지요.

〈기도〉
거룩하신 주님, 감사합니다. 오늘도 주님의 말씀 앞에 우리를 세워주시고 이 땅 가운데서 주의 백성으로서 어떻게 예배해야 하는지에 대해서 생각하게 하심을 감사합니다. 우리의 삶 전체를 주님이 우리를 구속하여 주신 것에 대한 감사 가운데서 참으로 예배하는 일에 힘을 다할 수 있도록 하여 주시옵소서. 영원토록 주님을 예배하며 그 일로 우리의 기쁨을 삼는 우리 모두가 될 수 있도록 하나님께서 함께 하여 주시기만을 원하옵고, 이 모든 말씀을 우리 주 예수 그리스도의 이름으로 기도하옵니다. 아멘.

믿음을 따라 죽었으며

히브리서 11장13-14

김병훈 (조직신학)

들어가는 말: 잘못된 신앙인식 및 전도행위

강남에 가면 봉은사라고 있습니다. 큰 절이지요. 그 봉은사에 기독청년들이 가서 손들고 기도하고 땅 밟기 기도해서 말썽이 난 적이 있었지요. 이 일로 인하여 선교를 어떻게 해야 되는 것인지, 곧 다종교 사회 속에서 기독교인은 어떠한 선교적인 태도와 믿음의 삶을 가져야 하는 것인지 등에 대한 반성적 논의들이 좀 있었어요.

그런데 동국대 캠퍼스에서 또 큰 말썽이 있었습니다. 동국대 캠퍼스 안에는 마치 기독교 대학에 예배당이 있는 것처럼 절이 있는 모양이죠. 정각원인가 하는 절이 있는데, 그 안에 있는 불상에 다가 붉은 페인트로 십자가를 불상에다 탁 그려 놓고 오직 예수라고 써놓았다고 합니다. 자신이 기드온과 같다고 생각을 한 것인지, 그것을 믿음의 용기라 생각하는 것인지 모르겠습니다. 뿐만 아니라 정각원 법당 안에다가 소변을 보고 대변을 보는 일조차 있었다고 합니다. 법당 문짝을 아예 망가뜨리고 또 뜯어버리기도 하였으며, 사월 초파일 제등 행렬에 사용하려고 코끼리 모양의 등불을 만들어 놨는데 그걸 불질러 태워버리고, 동국대 안으로 큰 대형버스 두 세대 타고 밀고 들어가서 버스에서 내려서 전도지 나눠주고, 예수 찬양하고 그러다가 버스 타고 휙 도망가는 일도 있었다고 합니다. 이 학교, 동국대 정각사의 교법사 되신 스님이 참다 못해서 이들에게 문제를 이의 제기하고 이런 일이 발생하면 경찰의 도움을 받을 것이며, 앞으론 절대 용납지 않겠다고 하였다 합니다.

다 종교 사회 속에서 신앙생활은 어떻게 해야 되는 것일까? 복음을 전하여 그들의 영혼을 구원하기 위한 노력은 해야겠지만 어떻게 해야 되는 것일까요? 봉은사나 동국대에서 행한 일들은 무례하기 짝이 없는 일이죠. 이러한 행위는 일반 상식선에도 어긋나는 일입니다. 악을 행해도 악으로 악을 갚지 말고 선으로 악을 갚으라 하였는데, 이러한 행위는 선으로 악을 행하기는 고사하고, 사회적 예의에도 어긋난 일입니다. 만일 반대로 그러한 일을 우리가 당한다고 생각할 때, 어떻게 반응을 하겠습니까? 다종교 사회 안에서 더불어 살아가는 선린의 관계를 유지하면서도, 영혼을 구하기 위한 복음 전도는 매우 신중하며 커다란 지혜를 요구하는 일입니다. 봉은사나 동국대에서 있었던 행위들이 성경에서 교훈하는 전도 방법일까요?

혹시 기드온을 생각합니까? 기드온이 파괴한 우상은 이스라엘 안에 세워진 우상입니다. 즉 교회 안에 들어온 우상들입니다. 예배당 안에 우상이 실제로 들어온다면 용납하면 안 되겠지요. 근본적으로 뿌리를 뽑아 없애야 될 것입니다. 교회의 영적 성결을 지키기 위하여 우상숭배를 근절하여야 하는 싸움은 처절할 만큼 치열하게 싸워야 되는 것이지만, 이 교회 바깥에서 믿지 않는 자들과 사는 일에 있어서는 그와 같은 방식으로 대할 수 있는 것이 아니라는 이 이치를 왜 모를까? 하는 답답한 마음들이 듭니다.

잘못된 신앙행위에 대한 교회 지도자의 책임

이렇게 공격적이며 도발적인 행위들은 복음전도를 통해 믿음의 교회를 세워가는 일에 치명적인 방해가 됩니다. 복음을 전하기는커녕, 오히려 이야기거리, 또는 비방거리를 주는 것일 뿐입니다. 이런 것은 소수 극단적인 기독교 우익파의 일일 뿐, 기독교 주류와 상관이 없다고 둘러댈지 모르지만, 그렇게 간단한 문제가 아닙니다. 그것은 어쩌면 한국 교회가 신앙을 이해하는 일과 관련하여 전반에 걸쳐 건강치 않다는 것을 말해주는 증거일 수도 있습니다.

그렇게 볼 수 있는 까닭은 다른 사례를 통해서도 드러납니다. 우리가 알듯이 한기총이 얼마나 시끄러워요? 한기총의 대표회장의 선출과 맞물려 돈 문제에 얽혀 시끄러워지니까, 세상의 불법한 일을 다루듯이, 변호사이신 분이 한기총 대표회장 직무를 대행하는 일이 발생하기까지 하였습니다. 얼마나 부끄러운 일입니까? 기독교 감리회에서도 대표 감독을 세우지 못해 시끌벅적 하니, 이 또한 얼마나 부끄러운 모습입니까? 결국 여기서도 변호사가 그 감독직을 대신하는 일도 있었던 일이 있지 않습니까? 이것은 단순히 몇 사람의 문제가 아니라 교회 지도자의 문제요 목사의 문제가 되어지는 것이죠. 결국 한국 교회 전반에 걸친 문제들은 따지고 보면 모두가 목사들의 잘못에 원인이 있다고 볼 수밖에 없는 것입니다.

다른데서 이유를 찾을 수가 있겠습니까? 목사들이 모여 만든 조직이 오히려 법적 질서를 어그러뜨리는 일이 빈번하며 그럼에도 불구하고 아무 죄책도 느끼지 못하는 일들이 허다하게 나타나는 양상입니다. 오늘날 우리 한국 교회 신앙 이해가 건강하지 않다는 사실은 앞서 말한 바와 같이 선교라는 미명아래 저질러진 청년들의 행태 뿐 아니라 교회 지도자들의 모습에서도 나타나고 있습니다.

합신은 한국 교회에 소망이 될 수 있겠는가?

지금으로부터 31년 전에 이 학교가 시작되면서 우리는 학교의 3대 이념 바른신학 바른교회 바른생활을 내세우고 있습니다. 그 당시에 한국 교회 문제가 얼마나 심각한가를 보고 거기에 대한 소망의 빛이요 답을 주기 위해서 이 세 이념이 잡혀지고 그 세 이념은 전부 개혁 신학에서 뿌리가 나옵니다. 이 학교가 세워지면서 바라보았던 한국교회의 문제점들, 그것들을 바로 잡기 위하여 세 이념을 합신은 내세웠는데, 오늘의 한국 교회 상황은 그 세 이념을 필요로 하지 않을 만큼 상황이 개선되었는가? 생각해보시기 바랍니다. 답은 예전이나 지금이나 다를 바 없고 어떤 면에서는 더욱더 심각하게 문제가 되고 있다는 사실을 알 수가 있죠.

30년 전보다 훨씬 더 다종교 사회 안에서 교회의 평판은 나빠졌고, 그 가운데서 복음의 빛은 가리워지고 또 인정받지 못하게 되었으며, 상황은 더욱더 악화되었고 복음의 환경과 선교적 환경은 더욱더 나빠졌다고 볼 수가 있습니다. 이처럼 상황이 악화 된 것은 한편으로는 복음을 압박해오는 세상의 악함이 더욱더 강력해졌기 때문이라고도 할 수 있지만, 다른 한편으로는 그만큼 교회의 사회적 영향력이 약화될 만큼 우리 안에 문제가 더욱더 드러났기 때문이라고 볼 수 있습니다.

우리 합신이 과연 한국 교회에 소망이 될 수 있겠는가? 우리가 소망이 될 수 있겠습니까? 소망이 되어야겠다 싶어서 이 학교가 세워진 것이고, 그러한 소망이 되고자 해서 바른신학 바른교회 바른생활을 3대 이념으로 내세웠는데, 그 30년의 한 세대 거치는 동안에 있었던 긴 기도와 교육의 투자를 통해 과연 합신은 한국 교회의 문제를 해결할 소망을 주었는가? 지금 우리를 볼 때, 우리가 그 소망이라고 말할 수가 있는가? 그런가? 그동안도 많은 졸업생을 배출했고, 또 올해도 새로운 입학생이 오게 될 터인데, 합신은 과연 한국교회의 소망이 될 꿈의 비전을 이뤄갈 충분한 준비와 역할을 감당하고 있는가? 깊이 생각해 볼 문제라고 봅니다. 우리가 전부를 책임질 수는 없는 것이지만, 우리와 함께 있는 교단의 책임의 일부를 우리가 져야 되는 것은 분명하기 때문에 이 문제는 우리에게 주어진 숙제요, 질문이 아닐 수가 없는 것입니다.

믿음이란 무엇이며 믿음 생활이란 무엇인가?

 이러한 문제의식을 염두에 두면서, 도대체 믿음이란 무엇이며 믿음 생활이란 무엇인지를 생각해보고자 합니다. 오늘 본문을 보면 믿음이 뭔가에 대한 정의를 찾을 수 있는 실마리가 나옵니다. 13절에 "이 사람들은 다 믿음을 따라 죽었으며 약속을 받지 못하였으되 그것들을 멀리서 보며 환영하며 또 땅에서는 외국인과 나그네임을 증언하였다."고 기록되어 있습니다. 신앙생활이란 무엇입니까? 하고 물어볼 때, 이 13절 말씀에 근거하면 죽을 때 까지 믿음을 따라 사는 게 신앙생활이라고 말할 수가 있습니다. "죽을 때까지 일관되게 어떤 사람의 생을 돌아보니까 그 사람의 삶을 설명할 수 있는 하나의 원리가 있다. 저 사람의 삶의 내용을 우리가 들은바요 아는 바인데 저 사람의 한평생 인생을 무엇으로 설명할꼬? 무엇이 그의 삶을 이끌어 왔는지, 그 원리를 찾아보니까 한 가지가 있다는 거에요. 그것은 다름아닌 복음이라는 원리입니다. 저 사람이 살아온 인생은 예수 그리스도의 십자가 복음, 바로 그 복음이 그 사람의 삶을 결정해 온 본질적 원리였다. 그것이 평생에 일관되게 흐르고 그 사람의 모든 행동과 마음의 생각을 인과적으로 설명할 수 있는 이유이다." 이러한 사람은 믿음을 따라 죽은 사람이다 이렇게 말할 수가 있을 것입니다. 믿음은 평생 일관되게 살아가는 삶의 원리여야 합니다. 도대체 당신은 왜 그렇게 사오? 라고 물을 때 "믿음 때문입니다"라고 답을 할 수 있기를 바라는 것, 그것이 바로 우리가 기대하는 신앙생활입니다.

 신학적으로 말해서, 믿음은 대충 3가지 요소로 이루어졌다고 얘기합니다. 믿음의 3요소 중 하나가 지식이요, 하나는 동의요, 하나는 신뢰라 이렇게 얘기합니다. 이 세 가지 요소가 각각 갖고 있는 의미가 뭔가? 여러분 13절 말씀을 보게 되면 한 가지 그 말씀을 암시하는 풀이가 되어 있어요. "이 사람들이 다 믿음을 따라 죽었으며," 그 다음에 이어나온 말이 "약속을 받지 못하였으되"이지요? 이 말의 뜻이 뭡니까? 약속 자체를 받지 못했다는 것이 아니고 약속을 통해 주고자 했던 것, 곧 약속의 내용이 아직 이루어지지 않았다는 뜻입니다. 저들은 약속을 통해 소망하고 바라는 것이 무엇인가를 바라봤고 아직은 그것이 이루어지지 않았으나, 성취되지 않았으나, 그 약속을 붙들고 그것이 이루어질 줄 알고 나갔다. 그러니까 약속을 받았으나 약속한 것을 아직 받지 못했다는 말 속에서 그들이 이미 자신들이 하나님께 받은 약속의 내용이 뭔지를 아는 지식이 있음을 보여줍니다. 아브라함의 경우라면 복의 근원이 될 것이라 얘기했고, 네 이름이 창대케 될 것이라 했고, 하늘의 별과 해변의 모래처럼 많은 자손들이 있을 것이라 얘기 했으니까 그것이 이제 약속입니다. 약속의 땅을 통해서 이루어진 궁극적인 본향 천국 기업에 대한 약속이 그들에게 주어져 있습니다. 바로 구원에 대한 약속입니다.

본문에서 언급하는 믿음의 사람들은 바로 구원의 지식을 받은 자들입니다. 그 다음 이어서 보게 되면 그것들을 멀리서 보고 환영하였다 그랬습니다. 구원의 약속을 보고 의심한 것이 아니고, 그것이 과연 진리요 참인줄 알고 기뻐하며 동의한 것입니다. 믿음의 두 번째 요소가 이곳에 있다고 볼 수가 있죠. 그 약속을 받고 그것을 멀리서 보고 아직 이루어지지 않고 성취가 아직 안됐기 때문에 멀리서 있지만 그러나 보고 환영했으니 참인줄 알고 약속의 진실함을 믿고 그것이 이루어질 줄 믿고 기뻐한 사람들입니다. 믿음의 요소가 두 가지가 확인 될 수가 있습니다.

그런데 마지막 또 한 가지 요소가 있습니다. 또 땅에서는 외국인과 나그네임을 증언하였다. 그들이 증언자로 살아가는 것입니다. 그들이 외국인과 나그네로서 자신의 믿음을 증거하였다는 것은 그들의 삶의 원리가 자신이 믿고 있는 약속된 바에 의해 산 사람들이었기 때문에 믿음의 가장 중요한 우선적이며 영광스러운 요소, 이것이 없으면 믿음이 아니라고 말할 수 있는 가장 중요한 요소가 뭡니까? 그것은 그의 죽으신 그리스도와 그리스도의 교훈에 대한 절대적 의뢰입니다. 주님을 구주로 믿을 뿐 아니라 주님으로 믿고 살아가는 것이요 그가 주신 교훈대로 살아가기로 작정하여 의지해 나가는 것. 그것이 믿음이 있음에 대한 참된 영광의 요소입니다. 그것이 바로 나그네요 외국인으로 살아가는 삶의 증언을 통해서 나타나는. 이 세 번째 요소인데, 이것이 없으면 그건 믿음이 아닌 것입니다. 약속이 뭔지 지식으로 알고 그 약속에 기뻐하고 그게 참이다 라고 말해도 이 세 번째 증언자로 살아가는 나그네와 외국인의 삶이 없으면, 그건 주님과 그 교훈을 의지하고 신뢰하지 않는 것이며 또한 구원받은 믿음이 아닌 것입니다. 그냥 단순히 말해서 믿음이 아닌 것이지요.

잘못된 믿음의 이해들

지식의 요소는 필요한 것이지만 그것만으로는 구원 받는 믿음이 아닙니다. 이것은 야고보서 2장 19절에서 교훈하고 있는 자명한 사실이에요. "네가 하나님은 한 분인 줄 믿느냐 잘 하는도다" 누구도 믿고 떠느냐? "귀신들도 믿고 떠느니라" 지식만으로는 결코 구원 받는 믿음이라 할 수 없습니다. 그러니까 복음의 지식을 몇 가지 듣고 안다고 해서 구원받은 자 인양 인정해주고, 또 스스로 그렇다고 생각한다면 큰 오해가 벌어지죠. 삶에 대한 근본적인 변화도 없이 살면서도 그가 구원받은 자인 줄 아는 큰 오해가 나타나는 것입니다.

그러면 두 번째 요소인 동의를 생각해 봅시다. 들은 바 복음의 지식을 마음으로 기뻐하고 동의하면 구원을 받는가? 그것도 아닙니다. 마태복음 13장에 가게 되면 우리가 잘 아는 씨뿌리는 비유가 나와요. 돌밭에 여러 밭들의 비유가 있는데 흙이 얕은 돌밭에 떨어진 경우 어떻습니까? 말씀을 듣고 그 다음에 어떻습니까? "즉시 기쁨으로 받되" 그 속에 뿌리가 없어 잠시 견디다가 환난이나 박해가 일어나면 넘어집니다. 결과적으로 열매를 맺지 못해서 구원에 합당한 믿음이 아니라 얘기할 수가 있죠. 잠시 기쁨으로 받는 것, 그것은 구원 받기에 충분한 믿음이 아닙니다. 단순히 믿음의 한 요소를 갖고 있을 뿐이에요. 믿음의 한 요소, 동의하며 기쁨으로 받았지만, 환난과 박해가 그 믿음의 정체가 무엇인지 드러내기 전까지는, 믿음이 있는 것처럼 보일 뿐입니다. 아직은 전혀 믿음의 뿌리가 내린 사람이 못됩니다.

또 가시 떨기에 떨어진 씨앗의 경우는 어떠합니까? 진리의 말씀을 들었지만, 세상에 염려가 있고, 재물의 유혹에 말씀이 막혀 견디지 못합니다. 이들이 말씀을 듣고 있어서 겉모양으로는 하나님 말씀을 듣고 있으니까 믿음이 있는 것 같지요. 복음의 지식이 있는 것 같고, 또 "그것이 옳습니다"고 기뻐하며 동의하고 있으니까 신자요 구원받은 자 같지만, 이들은 세상 염려와 유혹이 있으면 다 넘어지는 사람이에요. 주 예수 그리스도와 주의 교훈에 따라 의지해서 살아가는 믿음의 요소는 전혀 나타나지 않으면서, 믿음에 열망하는 지식과 동의의 기쁜 모양은 갖고 있으니까 구원 받은 자라고 보는 것은 옳은 판단이 아니라는 말입니다. 그러한 사람은 주님이 인정하시는 구원의 믿음을 가지고 있지 못한 사람입니다.

야고보서 2장 26절에 "영혼 없는 몸이 죽은 것 같이 행함이 없는 믿음은 죽은 것이니라" 무엇을 의미합니까? 이들이 영혼 없는 몸이요 행함 없는 믿음으로 죽은 것임을 교훈하기 위하여 야고보 사도가 아브라함이 이삭을 바친 사건을 예로 들고 있지요? 그것은 행함이 구원의 기초가 된다는 것을 말하기 위함이 아닙니다. 그것은 결국은 그리스도의 말씀과 그 교훈을 전적으로 의지하는 삶의 증거가 그렇게 나타나야 한다고 말하는 거 아니겠습니까? 세상의 염려와 재리에 손해가 있다 할지라도 아들을 내어 죽이기까지라도 내가 도무지 감당치 못할 계산이 안 나오는 것이라 할지라도 주의 교훈이면 순종해야겠다라는 믿음의 요소가 있을 때 그것이 바로 살아 있는 믿음이요, 구원 얻는 믿음이라는 가장 근본적인 얘기를 지적하는 것이지요. 구원을 받으려면 이삭을 재물로 바치는 헌신을 해야 한다는 것을 말하는 것이 아닙니다. 이삭을 재물로 바치는 순종을 통해서 아브라함이 의롭다고 인정을 받은 자신의 믿음을 증거한 것처럼, 우리들도 우리의 믿음을 증거할 구체적인 증거들을 보일 수 있어야 한다는 것입니다. 믿음이 강하든지 약하든지, 그것은 상관이 없지요. 초점은 믿음의 진정성입니다. 성숙한 믿음이 아닐지라도, 연약한 믿음일지라도, 어른이면 어른다운 신앙이겠지만, 어린아이와 같은 믿음이라도, 그것이 참된 믿음이라면 그것에 걸맞는, 합당한 믿음의 증거가 있어야 한다는 말입니다.

듣고 깨닫는 자는 30배, 60배, 100배의 열매를 맺는다 그랬습니다. 그것도 동일한 교훈을 말합니다. 사람들이 하도 변하지 않으니까 복음을 가르쳐도 소용이 없다고 종종 말합니다. 그러나 과연 복음을 어떻게 가르쳐 놓고 그렇게 말하는지 묻고 싶어요. 가르치는 목사 자신이 복음을 어떻게 이해하고 있는지를 묻고 싶어요. 목사 자신이 복음을 이해하는 데로 가르치는 것 아니겠어요? 교인들에게 믿음을 바르게 가르치지 않고 교인들이 변하지 않는다고 불평을 한다면 목사 자신을 먼저 돌아보아야 할 것입니다. 자신을 가만히 들여다보면 자신도 믿음의 지식과 동의가 겨우 있을 뿐, 복음을 따라 살면서 그리스도를 주로 섬기고 사랑하는 믿음의 증거가 분명하지 않다면, 어떻게 교인들을 향하여 불평을 할 수 있을까요?

잘못된 믿음의 양태에 대한 처방들

어떤 목사님이 하도 안타까우니까 세계관 교육을 시켜야겠다고 말합니다. 세계관 교육은 아주 중요한 일이죠. 믿는 사람은 어떻게 살아야 될 것인가? 종교적 측면에서의 생활 영역 뿐 아니라 인생의 전 영역 안에서 우리가 어떻게 살 것인가를 말해주는 아주 중요한 심오하고 중요한 지식을 제공해 줄 것입니다. 그러나 세계관 자체가 구원 받은 믿음을 형성하는 근본을 일으키지 못합니다. 세계관은 지식의 한 부분을 더해주는 것입니다. 무엇을 우리가 어떻게 할 것인가 하는 지식의 부분을 더해 주는 것입니다. 근본적으로 믿음의 요소는 세계관의 학습에 있지 않습니다. 한국 교회의 문제에 대한 답은 세계관 학습에 있지 않은 거지요. 참된 믿음은 주님 앞에 심령을 내려놓고 주의 약속을 신뢰하고 주님만을 의지하며 살아가는데 있는데 있습니다. 이러한 믿음의 요소를 바르게 강조하지 않은 데에서 한국교회의 문제가 나타나고 있는 것이라 보는 것이 옳지요.

또 다른 측면에서, 복음에 대한 바른 이해가 심각하게 결여돼 있으므로 하여, 엉뚱하게도 행함이 있어야 구원 받는 식의 주장들이 힘을 얻어 복음 그 자체의 근본을 흔드는 일이 오늘날 한국 교회에 벌어지고 있는 것입니다. 행함이 구원의 기초가 아닌데도 불구하고 그걸 강조하는 것이 힘을 얻고 있는 것은 은혜의 복음을 전하고 이해하는 요소가 우리에게 무슨 문제가 있기 때문에 그런 것입니다. 단순 지식의 전달이 그것이 믿음으로 구원얻는 내용이 아님에도 불구하고 지식을 몇가지 전해 놓고 그 지식을 외우듯이 기억하면 구원이 있다고 얘기하거나 단순히 그 지식을 기뻐하고 약간의 자기에 대한 잘못을 아파하고 죄에 대한 슬픔이 약간 있으면 이게 구원 받는 것이라고 말하면서, 삶 속에 중심에 구주를 향한 예수님을 향한 하나님을 향한 근본적인 돌이킴이 없는데도, 참된 회개의 근본을 가르치지 않은 채 다 구원 받았다고 선언해버리니까 은혜의 복음이 진정한 은혜의 복음으로 나타나지 못하는 것이죠.

구원받는 믿음과 행함의 관계

그러면 행함이 은혜를 대신해야 되겠습니까? 그리스도의 복음 대신에 행함이 들어가야 되겠네요. 웨스트민스터 신앙고백서 11장에 의롭게 하심이라는 부분이 있습니다. 거기 2항에 이렇게 기록돼 있어요. 의롭게 하심과 관련하여 "믿음이란 그리스도와 그의 의를 받아들이고 의지하는 것"이라는 말이 있는데, 이게 참으로 중요한 표현입니다. 그리스도와 그의 의를 받아들이고 의지한다. 그리스도의 의에 전적으로 매달리는 것을 의미합니다. 믿음이 칭의의 유일한 수단인 것입니다. 의롭다 함을 받는다는 것은 그리스도의 보혈뿐인데 그 보혈의 은총을 받아 죄사함을 받는 일은 그리스도와 그의 의를 철저하게 의지하고 매달리는 거에요. 그렇지만 믿음은 의롭다함을 받는 사람에게 그것만 홀로 있는 게 아니고, 믿음과 다른 성령께서 주시는 은총이 함께 역사하니, 다른 모든 구원의 은혜도 함께 하니, 그러므로 죽은 믿음이 아니라 사랑으로 역사한다고 그렇게 돼있습니다. 살아 있는 믿음은 복음에 대한 지식을 가지고 있으며, 복음의 지식을 기쁨으로 동의하며, 복음을 확고하게 의지합니다. 그리할 때 예수 그리스도의 보혈로 인한 죄사함의 은총을 받아 누리게 되는 것입니다.

그것은 아주 중요한 문제입니다. 이것이 없으면 우리 스스로 제아무리 구원을 선언하고 은혜를 자랑한다고 하여도, 그것은 헛된 구원이요 값싼 복음일 뿐입니다. 죄 가운데 있으면서 은혜를 자랑하니, 오히려 은혜를 더하려고 죄를 더하는 꼴이 되고 맙니다. "은혜를 자랑하려고 죄 가운데 더 거하겠느냐? 그럴 수 없느니라" 말했는데 엉뚱하게 그런 결과를 낳는 일이 벌어지는 것입니다. 구원 받는 믿음에 관한 설명이 신앙고백서에 나옵니다. 거기 2항에 보면 이렇게 나옵니다. 이 구원 받은 믿음이라는 것은 이런 것이다. 구원 받는 믿음으로 인하여 기독교인이 믿는 바는 성경 말씀에 계시된 것은 무엇이든지 참되다고 믿는 것이다. 왜냐하면 그것은 하나님께서 그의 신적 권위로 말씀하신 건줄 알기 때문에 그런 것이요, 동시에 그 다음이 중요합니다. 성경 말씀이 교훈하고 있는 바에 따라서, 이전에 자기가 행한 것과는 다르게 말씀에 기초해 행동하는 것을 의미한다고 되어 있습니다. 그리하여 하나님의 교훈에 순종으로 나가는 것이지요. 하나님이 경계의 말씀을 주신 것을 받아보면 두려워 떨줄 압니다. 그럼으로 인해서 하나님이 이 세상에 사는 동안에 주신 약속을 붙들 뿐만 아니라 다시 오실 내세에 대한 소망을 붙들고 사는 사람을 가리켜서 구원 받는 믿음이 있는 신자라고 말합니다. 그러한 신자는 믿음으로 의롭게 되어 죄 사함을 받고 거룩함의 열매를 맺습니다. 연약하면 연약할수록 더욱 더 오직 예수 그리스도만을 믿고 받아들이고 의지함으로 구원에 나가는 그런 믿음을 증거합니다.

참된 구원의 믿음과 거짓 믿음의 구별

여러분, 참된 구원의 믿음과 거짓 믿음이 어떻게 다릅니까? 어떻게 구별할 수 있습니까? 흔히들 연약한 믿음과 거짓 믿음의 구별이 어렵다는 이유로 거짓된 믿음에 대한 구분을 피하는 경우가 있지요. 연약한 믿음은 참된 믿음이지 거짓된 믿음이 아닙니다. 연약하지만 참된 믿음은 거짓된 믿음과 분명하게 다릅니다. 본질이 다릅니다. 중심에 원심이 있으면 원심에 동그라미가 얼마만큼 큰가는 다를 수가 있습니다. 원심에서 지름이 5cm에 불과하는 원과 50cm가 되는 원은 그 규모의 차가 있기 때문에 50cm에 되는 큰 원이 5cm도 안되는 원에 비해서 성숙한 믿음이라 말할 수 있겠지요. 그러나 성숙한 믿음과 연약한 믿음이 같은 동심을 갖고 있습니다. 그것은 믿음의 본질 요소가 같음을 의미합니다. 다 예수 그리스도를 신뢰하고 그의 교훈에 복종하기를 소원하는 믿음의 영적 중생자에게 나타나는 것은 똑같은 것이에요. 그것이 말씀의 지식이 부족하고 또 연단 과정을 통해서 옛 사람을 벗어가는 일의 모든 경로와 과정을 거쳐가야 할 많은 시간이 필요하기 때문에, 성숙한 믿음과 연약한 믿음의 차이는 있을 수 있지요. 그러나 근원에 있어서 중생을 통해 드러나는, 그리스도에 대한 신뢰와 그 교훈에 복종하는 의지를 가지고 복음의 소망을 바라는 이 중심은 연약한 믿음이던지 성숙한 믿음이던지 다를 수가 없습니다. 중심은 동일합니다. 원의 크기는 달라도 중심이 같은 동심원상의 크기의 차이지 중심이 다른 것이 아니지요. 그러나 거짓 믿음은 원의 중심이 다릅니다.

　연약하지만 참된 믿음은 그리스도를 사랑하고 존경하고 그를 닮고 싶어하는 마음을 부인하지 못합니다. 거짓 믿음은 예수님을 우선적 가치로 여기지 않습니다. 예수를 10번을 말해도 사실은 자기 자신을 위한 그리스도일 뿐이에요. 그리스도 앞에서 자신을 바르게 바라보지 못합니다. 연약하더라도 그것이 참된 믿음이라면 죄를 혐오하고 미워합니다. 그러나 거짓 믿음은 죄를 가볍게 여겨요. 나 빼고 다하는데 뭐 그 정도면 괜찮지 않겠나고 스스로 자부하지요, 뿐만 아니라 자신의 생각에 약간의 선을 행하였다고 생각이 되면 자신을 의롭게 여기기까지 아지요. 예를 들어, 오늘 광고하면서 무감독 시험제에 대해서 강조를 했는데, 여러분 가운데 죄를 가벼이 여기는 사람이 있다는 것 아니겠어요? 적당히 사람들이 누리고 성경책 갖고 들어와서 성경책 여백에다가 힌트 다 써 놓고 들어와서 성경을 보는 겁니다. 거짓으로 보는 겁니다. 할만한 수단을 다 동원해서 부정을 하지요. 대학 다닐 때 잘못 배운 버릇을 그대로 가지고, 신학교 와서도 으레 그런 줄 알고 하다가, 그것이 잘못이라고 말하면 거부감 일으키고 반항하고 저항하는 심리가 나타나게 된다면, 이러한 사람이 과연 진실한 믿음을 가진 사람이냐 생각할 수가 있지 않겠어요?

교육은 거짓된 신자를 참된 신자 만들지 못합니다. 신학교 교육이 여러분을 참된 신자로 만들수가 없다는 말이에요. 참된 신자 되는 것은 성령의 은혜입니다. 여러분이 스스로 하나님 앞에서 받는 은혜입니다. 여러분의 연약한 신앙이 성숙한 신앙으로 되어가는 일에 있어서, 신학적 지식을 배우는 일과 학교생활을 통한 일들이 성숙과 연단의 기회도 되고 자신도 돌아보는 기회가 되면서 성숙해 질 수 있지만, 학교가 여러분에게 구원 받는 참된 믿음 자체를 주지 못합니다. 물론 여러분 가운데 학교의 교육을 통해 복음을 듣고 비로소 깨달아 믿음을 갖게 되는 일이 있을 수 있겠지요. 학교교육이 여러분에게 복음을 듣고 새롭게 나오는 기회를 제공한다면, 그 사람은 그때야 비로소 믿는 자가 될 것입니다.

거짓 믿음의 양상

거짓 믿음인 사람은 남들도 다 하는데 뭐. 그 정도쯤이야 생각합니다. 세상이 다 그런거지 뭐. 가만히 보니까 목사님도 그런 것이고 학우들

다 그러니까 그럴 수 있는 것이 아닌가. 죄를 싫어하지 않고 자기 성정에 적당히 어울려서 그냥 묻어둔 채 때로는 죄에 대해서 반감하고 분노하고 화를 내기도 이럴 수 있는가 라고 말하지만 그건 일반 은총에서도 할 수 있는 일입니다. 예수 안 믿는 사람들도 분노하고 혐오하고 이럴 수 있는가 격분하지요. 그 정도 수준에서 하는 거에요. 죄를 근본적으로 하나님의 심령으로 아파하며 뿌리 뽑아내는 영적 자세나 노력과 경건의 훈련은 없습니다.

말씀 앞에서 참된 신자라면 자기 심령을 겸비하게 합니다. 그러나 그렇지 않은 사람에게는 말씀이 단지 바위에 흐르는 물과 같을 뿐이에요. 비가 쏟아지고 나면 바위가 물에 젖지 않습니까? 바위가 젖은 것을 보고 바위 속에 물이 스며 들었다고 생각하면 안 됩니다. 그저 겉에 물이 흘러진 것일 뿐이에요. 잠시 뒤면 다 마르고 맙니다. 바위 속으로는 물이 스며들지 않은 것처럼, 말씀이 심령의 겉만을 적실 뿐 심령이 변화가 된 것은 아닙니다. 겉 모양은 종교적 모양은 갖고 있지만 그 심령은 전혀 아닌 것이지요.

주님께서 이스라엘 백성에게 너희가 완악한 자들이요 강퍅한 자들이요 돌같이 굳은 마음을 가진 자들이라고 책망하셨을 때, 이스라엘은 비에 적셔진 돌과 같은 자들이라고 할 수 있습니다. 주님이 마태복음에서 돌밭에 떨어진 비유를 드셨을 때, 바로 돌밭이 그와 같은 자들이라 말할 수 있습니다. 거짓 믿음은 결코 성장하지 않습니다. 그들은 죽어 있기 때문에 성장 자체를 할 수가 없습니다. 그리고 그들은 스스로 자기 안에서 충분합니다. 스스로 자기 안에서 충분하기 때문에, 거짓 믿음 가진 사람들은 주님의 교훈마저도 심령에 받지 않으니, 절대로 성장하지 않습니다. 그냥 머물러 있는 거지요. 노아가 술 취한 사례를 들어 자신들도 술취할 수 있다고 말하며, 롯도 소돔과 고모라에서 살았으니까 자신들도 그렇게 살 수 있는 것이라고 말하며, 다윗의 간음과 허물이야 말로 자신들의 허물들을 가리는데 좋은 빌미가 됩니다. 목사가 간음을 하고 그 마음에 위로를 받는 유일한 경우의 예가 다윗이에요. 하나님이 사랑하는 다윗도 이렇게 죄 용서를 받았다고 하여, 목사 자신이 자신의 죄를 감추고 하나님의 용서를 자랑하며, 자신의 죄를 용납합니다. 마음이 강퍅하고 죄에 대한 자책을 깊이 인정하지 않아요. 그러나 참된 믿음은 그렇지 않습니다. 성장을 향해 끊임없이 갈망합니다. 하나님 나라와 그리스도의 교통과 사귐에 대한 열망이 있기 때문에 자기가 아무리 노력해도 그리스도와 온전한 사귐을 이룰 수 없는 안타까움이 있어서 늘 주님 앞에 은혜를 사모합니다.

어떤 사람들이 이런 자들일까? 누가 이런 자들일까? 그것은 사실 약간의 어려움만 부딪치는 일을 겪게 되면 바로 드러납니다. 주님이 우리 신앙의 정체성을 드러내기 위하여 사용하시는 방법 중에 하나가 고난이죠. 여러분이 이제 기말고사를 보는데 그것도 일종의 고난입니다. 시험을 보아야 하는 과목이 많지요? 세상에 이런 대학원이 어디 있어요? 이렇게 학점요구를 많이 하고, 이렇게 시험을 많이 보고 어렵게 하는 것도 하나의 고난이거든요. 신학대학원 틀 자체가 매우 힘든 과정입니다. 이 고난의 시기를 어떻게 주 앞에서 견뎌나갈 것인가? 기억하시기 바랍니다. 이때를 통해서 여러분의 믿음의 정체성이 드러날 것입니다. 물질의 고난, 영적인 환난 어떤 것도 마찬가지입니다. 순결한 믿음을 드러낼 것이고 하나님을 더욱더 바라보게 하시고 주님만 의지하게 하시고 죄를 깨닫게 하시고 결국 마지막엔 그리스도의 형상을 닮은 믿음의 자녀들로 우리를 빚어가기 위한 하나님의 사랑이 고난의 방편으로 우리에게 다가오지요.

죽었는가? 살았는가? 나태한가? 깨어 있는가? 이것이 굉장히 중요한 문제입니다.

나가는 말: 참된 믿음의 양상과 합신의 3대 이념

연약하지만 참된 믿음은 결국 성장이라는 것으로 마지막 판가름이 납니다. 3학년 학우들 여러분, 여러분에게 이번 학기는 이제 마지막인데 들어올 때 비해서 지금 여러분 신앙이 성장했는가 보세요. 성장하지 않았으면 여러분 다시 돌이켜 생각해야 돼요. 이유가 도대체 뭔가? 병들어 있는 거에요. 신학을 이만큼 배웠는데도 신앙이 성장하지 않았으면 여러분 설명할 길이 없어요. 여러분이 병들었다는 거 외에는. 흔히들 우스운 소리로 학교에 들어올 때는 목사인데, 나갈 땐 집사도 못돼 나간다는 말을 합니다. 여러분, 이런 자조적인 말은 수치스러운 말입니다. 합신도 그런거 아닌가? 합신도 들어올 때는 목사로 들어왔다가 나갈 때는 집사로 나갑니까? 여러분 신앙이 떨어져 나갑니까? 여러분 책임이에요 그거. 학교 책임 아니에요. 학교가 교수님들이 잘못 가르치거나 학교 제도상의 문제가 있어서 그런 거 아닙니다. 여러분 신앙이 병들어 있는 거에요. 3학년 학우들 잘 돌아봐야 돼요. 1학년 학우도 2학년도 마찬가집니다. 자라나야 합니다. 신학교에서 신학을 배웠는데 신학의 옅은 지식을 갖고, 신학을 희롱하는 일에 재주가 늘어나면 되겠어요? 판단하고 희롱하고 말장난 하는 일이 많고 변명만 늘어 가면 그 재주가 신앙을 채워갈 수 있겠는가? 겸손과 관용이 있어야 될 텐데, 겸손과 관용은 없고 절제는 없어진 채 비판하고 희롱의 지식만 늘어간다면, 여러분의 믿음은 도대체 무엇인가? 그거입니다.

여러분의 신학 지식이 여러분의 믿음에 필요한 지식을 채워주는 일을 한다고 하더라도, 또 복음의 지식을 동의하고 수업 시간에 그것으로 인해 기뻐한다고 하더라도, 정욕을 따르지 않고, 믿음의 지식대로, 합신의 신학대로, 개혁신학을 사랑하며 순종하는가의 문제는 여러분에게 주어진 과제이며 책임입니다. 바른 신학과 바른 교회와 바른 생활을 세워가야 될 텐데, 그건 여러분 개개인의 몫입니다. 감동과 기쁨 그 자체가 여러분의 구원 받은 믿음을 다 입증하는 것이 아닙니다. 신학교 입학할 때 면접을 하잖아요. 교수님들은 그 때 어떻게든 여러분들 중심 안에 있는 믿음의 의뢰와 신뢰 요소를 찾아내고 그걸 볼려고 애를 씁니다. 그러나 제한된 시간에 그 많은 것도 알지 못한 채 결국 여러분의 믿음의 지식과 동의 수준에서 대게 멈춰 버리지요. 더 깊게 물어봐야 되는데 못 물어보고 말잖아요. 그래서 입학이 허락됩니다. 찬양하며 눈물도 흘리고 선교지 답사 가서 감동도 받습니다. 감동은 예수 안 믿는 사람이라도 받습니다. "울지마 톤즈" 보고 불교인도 감동 받는 거에요. 선교지에 가면 감동 받을 요소는 믿음의 요소가 없어도 도덕적으로 있는 것입니다. 그것만이 있다면 그것이 다 일시적 신앙입니다. 뿌리 깊은 신앙의 증거들로는 불충분합니다. 진정한 증거는 여러분 심령 안에 예수 그리스도만을 전적으로 의지해서 살겠다는 각오여야 됩니다. 그 각오 외에는 여러분의 믿음을 세워 갈 증거나 다른 방법이 없습니다. 그 각오가 분명해야 증거가 나타나고 증거가 나타나야 이 시대에 다 종교 사회 속에서 복음을 전할 수 있는 힘을 얻는 것이죠.

교회가 무엇으로 복음을 전하겠습니까? 초대 교회 때는 우리보다 훨씬 더 극심한 다 종교 사회잖아요. 그 소수의 무리였잖아요. 그들의 선교 방식이 뭐였습니까? 믿음 안에 굳건히 서는 거였어요. 죽어도 서는 것이고 어떤 어려움도 견뎌가는 것이고 그리고 믿음 안에 살아가니까 사람들이 저것들 도대체 왜 저럴까? 물을 때 답이 뭐였어요? 그리스도 아니었어요? 오늘날의 신자들 바라보면서 저것들 왜 저럴까? 그리스도가 보입니까? 저 교회가 왜 저럴까? 그러면 그 교회 안에 그리스도가 보입니까? 그게 보이면 우리는 오늘도 살아 있는 선교를 하는 것이고 아니면 그리스도를 훼방하는 선교를 하는 것이죠.

성경말씀 읽고 마치겠습니다. 히브리서 같이 읽었던 11장 마지막 12장 1-3절까지 말씀. 같이 읽죠. "이러므로 우리에게 구름 같이 둘러싼 허다한 증인들이 있으니 모든 무거운 것과 얽매이기 쉬운 죄를 벗어 버리고 인내로써 우리 앞에 당한 경주를 하며 믿음의 주요 또 온전하게 하시는 이인 예수를 바라보자 그는 그 앞에 있는 기쁨을 위하여 십자가를 참으사 부끄러움을 개의치 아니하시더니 하나님 보좌 우편에 앉으셨느니라 너희가 피곤하여 낙심하지 않기 위하여 죄인들이 이같이 자기에게 거역한 일을 참으신 이를 생각하라" 주의 말씀입니다. 어차피 우리는 어려운 경주를 하는 사람들입니다. 12장 1절에 나온 것처럼 인내로 하는 경주입니다. 인내는 고난이에요. 아픔이 있고 괴로움이 있습니다. 그렇지만 우리에게 소망이 있는 것은 믿음의 주요 온전하게 하시는 예수가 있기 때문입니다. 모든 죄를 다 용서하신 주님 주님께 나가면 다 허물을 가려주시는 주님 어떤 죄라도 용서하십니다. 지금껏 여러분 사역하시다가 큰 죄를 짓는다고 생각해 보십시다. 주님 앞에 나오면 용서받을 수 있습니다. 그 은혜 망극하심을 생각하고 그 은혜 앞에 합당히 반응해야 함을 각오한다면, 최소한의 신앙적 양심과 은혜에 대한 감사의 분량을 드려야 될 책임만 의식한다면, 아마 우린 좀 달라질 것입니다. 교회가 달라지고 합신의 설립목적도 교단내에도 또 드러날 것입니다. 그러므로 우리 가운데서 소망이 있지 않은가? 이렇게 말할 수 있을 것이라 생각합니다.

〈기도〉
하나님 아버지 앞에, 주여 우리가 머리를 숙이옵나이다. 주의 말씀을 들었사오니 우리 심령 속에 은혜를 부어 주시옵소서. 주께서 사랑하여 죄 가운데 있는 우리를 불러 내셔서 주의 백성으로 삼으셨사오니 감사하옵나이다. 비옵건데 우리를 은혜로 부르시어 주님의 도구로 삼으시고 신학을 공부하도록 부르신 주님, 말씀을 맡은 종의 사명을 감당할 만한 자로 우리를 빚어 주시옵소서. 우리의 심령이 신학을 배우는 모든 훈련의 과정을 통해 얻어진 지식으로 인하여 교만케 되지 않도록 하옵시고, 오히려 그 지식으로 더욱더 주 앞에 나가는 자들이 되도록 우리 심령 속에 은혜를 부어 주시옵소서. 정녕 하나님의 약속을 받은 자이면서, 멀리서 이 약속을 환영하고 기뻐하다가, 이 땅에서는 나그네요 외국인이라 칭함을 받고 산 자들처럼 우리가 살게 하옵소서. 영적 혼동의 시대 속에서 한국 교회 조국 교회를 바라보며 합동신학교를 세웠던 그 설립의 이념과 또 하나님이 이 학교를 향해 가지신 뜻을 우리가 생각해 보며, 또 교단의 발전을 생각해 보며, 우리 각각 한 사람이 주께로부터 받은 소명들을 생각하며, 우리가 이전과 변화된 역사를 갖기를 원합니다. 사랑하는 학우들에게 은혜를 부어 주시옵소서. 한 학기 동안 달려온 걸음이 육체적으로 지치고 힘든 가운데 있음을 주께서 아시옵나이다. 하나님 아버지, 사랑하는 학우들에게 힘을 더하여 주시고 이번 학기의 마지막 수업을 잘 듣도록 도와주시며 힘써 기말을 치러가는 모든 과정 속에서 저들에게 오히려 은혜를 깊이 깨닫는 시간을 가질 수 있도록 저들에게 큰 은혜를 부어 주시옵소서. "숨질 때 하는 말 이것일세. 다만 내가 비는 말은 내 구주 예수를 사랑하였습니다" 말하는 것처럼 평생 우리가 신자로서 나가야 할 믿음의 원리를 붙들고 나갈 수 있도록 복을 주옵소서. 그리하여 우리를 바라보는 자들이 "과연 이자가 주님을 사랑한 자구나!"라는 말을 들을 수 있도록 우리의 삶의 중심의 원리를 주께서 주장하여 주시옵소서. 감사하옵고 예수님 이름으로 기도하옵나이다. 아멘

"내가 물려 받은 영적 유산"

디모데후서 3장14; 히12장1-2

김명혁 (역사신학·명예교수)

제가 지난 5월 2일 합신교단 30주년기념대회에 가서 "우리가 물려 받은 영적 유산"이란 제목으로 간증 설교를 했는데, 오늘 6월 3일 합신 1학기 종강예배를 드리면서 "내가 물려 받은 영적 유산"이란 제목으로 거의 같은 내용의 간증 설교를 하려고 합니다. 좀 긴 내용인데 37분을 넘지 않게 하려고 합니다. 오늘 여러분들에게 주려고 던킨 도넛 370개를 가져왔기 때문입니다. 지난 30여 년을 돌아볼 때 우리 합신과 합신교단의 허물과 실수가 많았던 것을 인정할 수 밖에 없습니다. 너무 비판적이었고 위선적이었습니다. 말씀과 기도에 전력을 다하지도 못했습니다. 온유와 겸손과 포용을 지니지도 못했습니다. 그럼에도 불구하고 하나님의 망극하신 은혜와 사랑으로 그리고 우리 신앙의 선배님들의 귀한 삶과 가르침으로, 박윤선 목사님, 노진현 목사님, 장경재 목사님, 박도산 목사님 등 선배님들의 귀한 삶과 가르침으로 우리 신학교와 교단이 한국교회의 인정과 존경을 받는 신학교와 교단으로 발전했고 국내외에 인정과 존경을 받는 목회자들을 많이 배출 했고 세계 곳곳에 인정과 존경을 받는 선교사들을 많이 배출 하게 된것을 생각할 때 하나님께 무한한 감사와 영광을 돌리며 신앙의 선배님들에게 존경과 사랑과 감사를 드리지 않을 수 밖에 없습니다.

저와 여러분들이 지금 하나님의 자녀들로 그리고 하나님의 일꾼들로 존재하게 된 것은 첫째는 하나님의 망극하신 은혜이기 때문이지만 둘째는 신앙의 선배들이 우리들에게 물려 준 영적 유산 때문이라고 생각합니다. 성경은 우리들이 아브라함과 모세와 사무엘과 다윗과 같은 허다한 믿음의 증인들을 바라보아야 하고 그리고 믿음의 주요 또 온전케 하시는 이인 예수님을 바라보아야 한다고 권면합니다. "이러므로 우리에게 구름 같이 둘러싼 허다한 증인들이 있으니 모든 무거운 것과 얽매이기 쉬운 죄를 벗어 버리고 인내로써 우리 앞에 당한 경주를 경주하며 믿음의 주요 또 온전케 하시는 이인 예수를 바라보자"(히12:1,2).

우리들이 성부 성자 성령 하나님으로부터 그리고 우리들의 믿음의 선배들로부터 물려 받은 값진 유산은 세상적인 축복이나 물질적인 금은 보화가 아닙니다. 회개와 믿음, 사랑과 눈물, 헌신과 섬김, 희생과 소망과 같은 값진 영적 유산입니다. 이와 같은 값진 영적 유산은 우리들이 스스로 만들 수 있는 것이 아닙니다. 누군가로부터 물려 받아야 하는 것입니다. 얼마 전에 방지일 목사님께서 이런 말씀을 하셨습니다. "경건의 삶이란 내가 수양을 쌓는다거나 내 아이큐를 개발하거나 발휘하는 데서 생기는 것이 아니고 성령께서 주시는 것을 받음으로 생기는 것입니다." 영적 유산은 교육이나 프로그램으로 개발하는 것이 아니라 물려 받는 것이라는 말씀입니다. 그래서 사도 바울은 자기가 '받은' 것을 전한다고 말하면서 자기에게서 '받고 듣고 본' 바를 행하고 그리고 물려주라고 권면했습니다. "내가 받은 것을 너희에게 전하였노니"(고전15:3). "너희는 내게 배우고 받고 듣고 본 바를 행하라"(빌4:9). "내게 들은 바를 충성된 사람들에게 부탁하라"(딤후2:2). 회개와 믿음, 사랑과 눈물, 헌신과 섬김, 희생과 소망과 같은 영적 유산은 도서관에서 얻어지는 것도 아니고 혼자 명상을 해서 얻어지는 것도 아니고 교육이나 프로그램으로 개발되는 것도 아닙니다. 예수님을 바라보면서 물려 받아야 생기고, 믿음의 선배들을 바라보면서 물려 받아야 생기는 것입니다. 지금 우리 한국교회와 목회자들과 신학생들과 성도들이 가장 힘써야 할 일은 세상의 유행을 따르는 일이나 프로그램을 개발하는 일이 아니라고 생각합니다. 예수님과 믿음의 선배들을 바라보면서 예수님과 믿음의 선배들로부터 영적 유산을 물려 받는 일이라고 생각합니다. 그러면 이제부터 "내가 물려 받은 영적 유산"이라는 제목으로 간증 설교를 하려고 합니다.

첫째로, 저는 평양에서 순교하신 저의 아버지 김관주 목사님으로부터 순교 신앙의 영적 유산을 보물로 물려 받았습니다. 저의 아버지 김관주 목사님은 신의주제 이 교회에서 한경직 목사님과 함께 목회 하시는 동안 일본 사람들과 타협하지 않다가 여러번 붙잡혀 가서 감옥살이를 했습니다. 저는 어렸을 때 어머니와 함께 감옥을 찾아가서 감옥 안에 계시는 아버지가 들으시라고 담장 밖에서 "뜸북 뜸북 뜸북 새 논에서 울고 뻐꾹 뻐꾹 뻐꾹새 숲에서 울제 우리 오빠 말 타고 서울 가시면 비단 구두 사 가지고 오신다더니" 노래를 목청을 높여서 부르곤 했습니다. 저의 아버지 김관주 목사님은 후에 평양 서문 밖 교회에서 목회 하시는 동안 공산당과 타협하지 않다가 붙잡혀 가서 사동탄광에서 감옥살이를 하다가 순교했습니다. 저는 어렸을 때부터 하나님을 믿는 신앙은 세상과 타협하지 않으며 신앙의 절개를 지키는 순교 신앙이라는 것을 아버지로부터 보고 느끼며 배우게 되었습니다. 그래서 저는 주일날에도 학교에 오라고 하는 학교와 타협하지 않고 주일을 끝까지 성수하다가 학교에서 벌을 받기도 했고 정학을 당하기도 했습니다. 그때 저에게 주일성수와 새벽기도와 순교 신앙의 뿌리를 내리도록 저를 가르쳐주신 분들은 서문밖교회의 주일학교 선생님들인 이인복선생님, 명선성 선생님, 최병목 선생님들이었습니다. 결국 저는 사동 탄광에서 감옥살이를 하시던 아버지를 찾아가서 여기서는 주일을 지키며 신앙생활을 제대로 할 수 없기 때문에 남쪽으로 가겠다고 말했습니다. 아버지는 저를 바라보시면서 그러면 가라고 말씀하셨습니다. 저를 너무너무 사랑하시며 저 없이는 못 살겠다고 말씀하시던 저의 어머니도 울면서 그러면 가라고 말씀하셨습니다. 결국 저는 11살 때인 1948년 8월 38선을 넘어서 남쪽으로 왔습니다. 함께 넘어오던 어른들은 모두 인민군들에게 붙잡혔고 저만 혼자서 산과 들과 강을 뛰어넘어 남쪽으로 왔습니다. 남쪽으로 온 후 몇 년 동안 저는 어머니가 보고 싶어서 밤마다 눈물을 흘리면서 울었지만 한편으로는 주일을 마음껏 지키며 신앙생활을 마음껏 하게 된 것이 너무너무 좋았습니다. 저는 아버지와 어머니로부터 순교 신앙의 영적 유산과 희생적인 사랑의 영적 유산을 보물로 물려 받았고, 주일학교 선생님들로부터 주일성수와 새벽기도와 순교 신앙의 영적 유산을 보물로 물려 받았습니다. 얼마나 감사한 일인지 모릅니다.

둘째로, 저는 6.25 사변 때 대구에서 한국의 무디 이성봉 목사님으로 부터 회개와 새벽기도와 은혜사모의 영적유산을 보물로 물려 받았습니다. 제가 피난 시절 대구에서 3년 동안 중학교를 다닐 때 이성봉 목사님께서 몇달에 한번씩 이교회 저교회에서 부흥회를 인도하셨는데 저는 이성봉 목사님께서 인도 하시는 부흥회를 거의 빠지지 않고 참석하곤 했습니다. 저는 이성봉 목사님의 설교를 빨아먹듯이 온 몸으로 받아 드리곤 했습니다. 얼마나 큰 은혜와 감동을 받곤 했는지 모릅니다. 회개하라고 하면 회개하고, 새벽기도를 하라고 하면 새벽기도를 하고, 철야기도를 하라고 하면 철야기도를 하고, 성경을 암송하라고 하면 성경을 암송하고, 안수기도를 받으라고 하면 안수기도를 받고, 이성봉 목사님이 하라고 하는 것은 무엇이든지 했습니다. 금요일 철야기도를 마치고 토요일 새벽 안수기도를 받을 때는 기도 제목이 무엇이냐고 물으면, 좋은 목사님이 되는 것이라고 말씀 드리곤 했습니다. 나중에는 저를 알아보시고는 "너 기도 제목이 좋은 목사님 되는 거지. 고놈 기특하다" 라고 칭찬해 주시면서 기도해주시곤 했습니다. 이성봉 목사님의 회개의 메시지는 저를 지탱해 주는 버팀목이 되었고, 은혜 사모의 메시지는 저의 삶을 지탱하는 자양분이 되었습니다. 저는 이성봉목사님으로 부터 회개와 새벽 기도와 은혜사모의 영적 유산을 보물로 물려 받았습니다. 얼마나 감사한 일인지 모릅니다. 저는 중학생 시절 대구에서 새벽기도를 빠지지 않았고 주일 성수를 철저하게 했는데 주일에는 아침부터 밤까지 집에 가지 않고 교회에 있었습니다. 이성봉 목사님은 또한 물질에 대한 탐욕이 전혀 없으신 청렴한 분이셨습니다.

셋째로, 저는 서울로 올라와서 고등학교와 대학교를 다니면서 김치선 목사님으로부터 회개와 새벽기도와 은혜 사모와 전도의 영적 유산을 보물로 물려 받았습니다. 제가 서울로 올라와서 창동교회에 다니면서 김치선 목사님을 만나게 되었습니다. 김치선 목사님은 한국의 예레미야이셨고 기도운동과 부흥운동의 아버지와 같은 분이셨습니다. 저는 주일 아침과 저녁과 수요일 저녁은 물론 새벽기도회를 빠지지 않았고 교회에 나와서 예배와 기도를 열심히 드렸습니다. 주일에는 아침부터 밤까지 집에 가지 않고 교회에 있었습니다. 김치선 목사님은 매일 새벽 "성령이여 강림하사 나를 감화하시고 애통하며 회개할 맘 충만하게 합소서" 찬송을 부르고 눈물을 흘리면서 회개의 기도를 드리셨고, 성령의 은혜를 사모하셨고 그리고 2만 8천 여 동내에 우물을 파게 해 달라고 간절하게 기도를 드렸습니다. 2만 8천 여 동내에 교회를 세우게 해 달라는 기도였습니다. 저는 그때 남산 아래 회현동에서 살았는데 새벽기도를 마친 다음에는 남산에 올라가서 30여분 동안 더 성경을 보며 기도하고 집으로 내려와서는 아침 밥을 먹고 서울 고등학교를 30여분 동안 걸어서 다니곤 했습니다. 저는 김치선 목사님께서 인도하시는 부흥회는 삼각산이든 관악산이든 어디든지 따라다녔는데 대구 주암산에까지 따라다니곤 했습니다. 연초 마다 3일씩 금식 기도를 하라고 하면 금식기도를 했고, 관악산에 기도원을 지을 때 산 아래서 돌을 산 위로 나르라고 하면 기꺼이 날랐습니다. 저는 김치선 목사님을 너무너무 좋아하고 존경하고 사랑했습니다. 김치선 목사님의 사랑도 많이 받았습니다. 저는 고등학교 3학년 때 무조건 왕십리로 갔습니다. 왕십리에 우물을 파기 위해서였습니다. 왕십리 들판에 나가서 서울고등학교 학생의 교복을 입고 찬송을 부르며 아이들을 불러모았습니다. 그리고 설교를 했습니다. 아이들 오륙십 명이 모여들기 시작했습니다. 천막을 구해다가 천막을 치고 천막교회를 시작했습니다. 「한양제일교회」라는 교회 간판을 달았습니다. 어른들도 4,5십 명이 모여들었습니다. 고3과 대1학년 시절 2년 동안 철 없이 개척목회를 했는데 이 모두가 김치선 목사님으로부터 물려 받은 영적 유산 때문이었습니다. 저는 김치선 목사님으로부터 회개와 새벽기도와 은혜 사모와 전도의 영적 유산을 보물로 물려 받았습니다. 얼마나 감사한 일인지 모릅니다.

넷째로, 저는 사랑의 원자탄 손양원 목사님으로 부터 믿음과 사랑과 소망의 영적 유산을 보물로 물려 받았고 특히 긍휼과 용서와 사랑과 섬김과 희생과 순교의 영적 유산을 보물로 물려 받았습니다. 저는 고등학교 2학년 때 어느 날 아침 남대문 네거리에 있던 서점에서 「사랑의 원자탄」이란 책을 사 들고 남산에 올라가 숲 속에서 하루 종일 저녁이 될 때까지 읽으면서 울고 또 울고 기도하고 또 기도한 일이 있었습니다. 자기 몸을 돌아보지 않으면서 나병 환자들을 그렇게도 극진하게 섬기며 사랑한 손양원 목사님의 이야기를 읽으면서 그리고 자기가 사랑하던 두 아들을 총살한 원수 같은 공산당을 불쌍히 여기면서 그를 용서하고 사랑한 손양원 목사님의 이야기를 읽으면서 그리고 순교를 사모하고 천국을 사모하신 손양원 목사님의 이야기를 읽으면서 저는 울고 또 울었습니다. 그 후부터 손양원 목사님은 제가 가장 존경하고 사랑하고 본받고 싶은 신앙의 스승이 되었습니다.

손양원 목사님은 믿음의 사람이었습니다. 손양원 목사님은 믿음의 유산을 아버지와 어머니로부터 물려 받았습니다. 손양원 목사님은 어릴때부터 새벽기도와 주일성수와 십일조의 신앙을 부모님으로부터 물려 받았습니다. 손양원 목사님은 또한 사랑의 사람이었습니다. 그의 사랑은 나환자 사랑과 섬김 그리고 원수 사랑과 섬김으로 나타났습니다. 저는 손양원 목사님이 지어서 부르시던 "주여 애양원을 사랑하게 하여 주시옵소서"라는 노래의 가사를 읽을 때마다 가슴이 미어지는 깊은 감동을 받곤 합니다. 그의 사랑의 극치는 1948년 10월 여수 순천 반란 사건 때 나타나 보였습니다. 사랑하던 믿음의 두 아들 동인군과 동신군이 공산 폭도들에게 붙잡혀 10월 21일 순천 경찰서 뒷 마당에서 총살을 당해 죽었다는 소식을 전해들은 손 목사님 내외는 엄청난 충격에 쌓여 비통해 했습니다. 반란 사건이 진압되고 두 아들을 죽인 안재선이 잡혔다는 소식을 들은 손양원 목사님은 밤을 새워 통곡하고 기도하고 교회를 나오면서 이렇게 말했습니다. "저 영혼이 불쌍해서 어쩌나, 내 아들들은 죽어서 천국에 갔지만, 안재선은 죽으면 지옥 갈텐데, 저 영혼이 불쌍해서 어쩌나." 손양원 목사님의 마음에는 커다란 사랑의 폭풍이 일어나고 있었습니다. "그를 살려야 한다. 그를 용서해야 한다. 그를 사랑해야 한다." 결국 손양원 목사님은 긍휼과 용서와 사랑의 가슴으로 안재선을 품으면서 그를 살렸습니다. 손양원 목사님은 또한 소망의 사람이었습니다. 손양원 목사님의 삶은 천국과 종말신앙에 의해 지배된 소망의 삶이었습니다. 그의 가슴과 의지와 시선은 세상이나 세상의 안일에 매이지 않았고 오직 천국과 내세에 붙잡혀 있었습니다. 순교를 사모하면서 살았습니다. 손양원 목사님은 이세상의 재물이나 평안이나 명예에는 티끌만큼의 관심도 기울이지 않았습니다. 손양원 목사님은 옥중 생활을 하면서 힘들고 지칠때마다 손수지은 "주님 고대가"를 불렀는데 저는 그 노래의 가사를 읽을 때마다 가슴에 깊은 감동을 받으며 천국을 바라보며 사모하게 됩니다. 저는 부족하고 또 부족한 사람인데 손양원 목사님 내외분으로부터 믿음과 사랑과 소망의 영적 유산의 부스러기를 아주 조금이라도 보물로 불려 받게 되었습니다. 그리고 저는 부족하지만 모두를 향한 긍휼과 용서와 사랑과 섬김과 희생을 몸에 지니고 순교의 길까지 달려가기를 소원하게 되었습니다. 얼마나 감사한 일인지 얼마나 큰 축복인지 모릅니다.

다섯째로, 저는 한경직 목사님으로부터 온유와 겸손, 눈물과 참회, 긍휼과 사랑 그리고 협력과 화평의 영성을 보물로 물려 받았습니다. 제가 1살 난 애기 때부터 한경직 목사님을 만나게 되었고 한평생 한경직 목사님의 사랑과 가르침을 받게 된 것은 너무나 큰 은혜와 축복이었습니다. 한경직 목사님은 온유와 겸손의 목사님 이었습니다. 누구나 쉽게 다가갈 수 있는 온유와 겸손과 부드러움의 목사님이었습니다. 제가 무례한 부탁을 드린 때도 있었지만 언제나 부드럽게 들어 주시곤 했습니다. 한경직 목사님은 또한 맨날 우시면서 참회의 기도를 드린 눈물의 목사님이었습니다. 자기 죄와 민족의 죄를 하나님께 아뢰시면서 맨날 우셨습니다. 한경직 목사님은 또한 모두를 불쌍히 여기시고 모두를 받으시고 모두를 사랑하신 긍휼과 포용과 사랑의 목사님이었습니다. 그에게는 원수도 없었고 분노도 없었습니다. 독재자들을 위해서도 기도하셨고 자기에게 해를 끼친 일본 사람들과 북한 사람들을 위해서도 마지막까지 눈물로 기도하시다가 가셨습니다. 한경직 목사님은 또한 교파와 교단을 초월해서 모두와 협력 하시면서 화평을 추구하신 협력과 화평의 목사님이었습니다. 한경직 목사님은 결국 물욕을 내어 던진 삶이 깨끗한 청빈의 목사님이었습니다.

저는 한경직 목사님의 특별한 사랑을 받곤 했습니다. 제가 남한산성으로 한 목사님을 찾아 뵐 때마다 한 목사님은 제 손을 붙잡고 "아버지, 아버지" 하시면서 순교하신 저의 아버지를 부르시곤 했습니다. 제가 하는 말을 들으시고는 언제나 "좋아, 좋아"라고 말씀하시곤 했습니다. 마지막까지 한 목사님을 돌아보시던 백운경 장로님은 이런 말을 하곤 했습니다. "한 목사님은 김 목사님이 오시면 제일 좋아하시지요." 너무너무 황송한 일이었습니다. 저는 한경직 목사님으로부터 온유와 겸손, 눈물과 참회, 긍휼과 사랑 그리고 협력과 화평의 부스러기를 아주 조금이라도 보물로 물려 받았습니다. 얼마나 감사한 일인지 모릅니다. 이와 같은 영적 유산은 교육이나 프로그램으로 개발

되는 것은 아닙니다. 영적으로 체험적으로 인격적으로 물려 받아야 합니다. 이와 같은 의미에서 저는 너무너무 행복한 사람입니다.

여섯째로, 저는 박윤선 목사님으로 부터 기도와 말씀, 진실과 겸손, 단순함과 소박함과 따뜻함의 영성을 보물로 물려 받았습니다. 박윤선 목사님은 기도와 말씀에 사로 잡힌 분이었습니다. 총신에 계실 때 역삼동 개나리 아파트에 사셨는데 매일 새벽, 택시를 타고 총신 뒷산에 올라가서 2,3시간씩 기도하시는 모습을 한 6개 월 동안 옆에서 목격한 일이 있었습니다. 그때 저도 박 목사님을 흉내 내며 두 달 동안 새벽에 총신 뒷산에 올라가서 박 목사님 가까이에서 기도하곤 했습니다. 박 목사님은 어디에 가실 때나 또는 사람들과 대화하는 시간에도 간간히 "주여! 주여!"라고 그의 영혼이 하나님을 향해 부르짖곤 했는데 영혼의 호흡 소리와 같이 들렸습니다. 박 목사님은 1979년 총신에 학생 소요 사태가 일어났을 때에도 기도로 일관했습니다. 학생들이 이사회에 반기를 들고 일어서서 이사들과 교수들의 자동차를 뒤집어엎기까지 했습니다. 그런데 학교의 책임자이신 박 목사님께서 학생 대표들을 불러서 타이르거나 사태 수습을 협의하는 대신 특별 기도회를 선포하시고는 밤마다 강당에서 기도회를 인도하셨습니다. 그런데 며칠이 지나서 기도회의 효력이 나타나기 시작했습니다. 학생들이 저마다 일어나서 "내가 누구의 자동차를 뒤집어 엎었습니다!"라고 소리를 지르며 회개하기 시작했습니다. 박 목사님은 합신에서 교수하실 때도 기도로 일관 했습니다. 교수 세미나를 주로 기도원에 가서 하시곤 했습니다. 박윤선 목사님은 한 평생 기도와 말씀에 사로 잡힌 그래서 하나님께 붙잡힌 삶을 사신 분이었습니다. 그래서 그 분의 설교에는 언제나 가슴과 영혼을 움직이는 성령의 감동이 넘치고 있었습니다. 하나님께 붙잡힌 박윤선 목사님의 삶은 또한 진실과 겸손, 단순함과 소박함과 따뜻함의 인격으로 나타났습니다. 박윤선목사님은 가식과 꾸밈이 없는 어린아이와 같은 단순하고 소박하고 따뜻한 마음과 미소를 지닌 분이었습니다. 그리고 저에게 특별한 믿음과 사랑과 애정을 나타내 보이신 분이었습니다. 저에게 자주자주 전화를 거시곤 했습니다. 때로는 질문도 하시고 때로는 다른 사람들에게는 이야기 하지 말라고 하시면서 마음 속에 있는 생각을 저에게 말씀하시던 분이었습니다. 저는 어려운 일이 있으면 언제나 박 목사님과 상의하곤 했습니다. 박 목사님은 소통이 잘 되던 분이셨습니다. 저는 박윤선 목사님이 세브란스 병원에 입원하고 계시던 마지막 일주일 동안 거의 매일 찾아 뵙곤 했는데 그때야 말로 박목사님께서 기도로 일관한기간이었습니다. 그때 박목사님께서는 "산에 가서 기도하다가 죽고 싶다"고 고백 하시기도 했습니다. 목사님을 찾아오시는 분들을 위해서 일일이 기도해 주시셨습니다. 그리고 "소위 박 목사의 의를 제해 달라"고 호소하시면서 회개와 참회의 기도를 드리셨습니다. 박 목사님은 결국 "주 예수여! 내 영혼을 받으시옵소서"라고 부르짖으며 주님 품에 안기셨습니다. 저는 하나님과 기도와 말씀에 붙잡혀 사신 저의 스승 박윤선 목사님을 만나게 하시고 그분과 함께 일하게 하시고 그분으로부터 배우게 하시고 그리고 그분의 특별한 사랑을 받게 하신 하나님께 무한한 감사와 영광을 돌리며 저의 스승 박윤선 목사님께 무한한 감사와 존경과 사랑을 표합니다.

일곱째로, 저는 방지일 목사님으로부터 순수함과 섬세함과 정확함과 따뜻함과 눈물의 영성을 보물로 물려 받고 있습니다. 저는 방지일 목사님을 가까이에서 뵈면서 방 목사님께서 순수하고 섬세하고 정확하고 따뜻한 영적 통찰력을 지니신 분이시고 지치지 않는 열정을 지니고 달려가면서 주님과 교회와 성도들을 섬기시는 분이시고 그리고 순수한 눈물을 하염없이 흘리시는 분이심을 발견합니다. 세속화와 인간화로 치닫고 있는 한국교회를 정확하게 진단하시고 올바른 길을 제시하시는 선지자와 제사장의 사명을 수행하고 계시는 귀한 분이라고 생각합니다. 방 목사님은 또한 부족한 저에게 따뜻한 사랑과 격려의 손길을 펴시는 너무 고마운 분이십니다. 몇 달에 한 번씩 저에게 전화를 거시고 식사를 '대접' 하시겠다고 하시고 일산으로 강화도로 고양시로 퇴촌으로 이곳 저곳으로 저를 데리고 가셔서 음식을 사주시는 정이 많으신 분이십니다. 세계 곳곳에 흩어져 있는 수 많은 선교사들에게 깊고 섬세한 관심을 가지고 매일 인터넷으로 메일을 보내시면서 사랑과 격려의 손길을 펴시는 분이시기도 합니다. 그리고 방 목사님은 다윗처럼 그리고 어린 아이처럼 하염없이 눈물을 흘리며 우시는 분이십니다. 방 목사님에 대한 이야기를 다 할 수가 없습니다. 방 목사님께서 하신 주옥과 같은 말씀들 중에서 몇 가지를 소개하므로 방 목사님에 대한 이야기를 대신 하려고 합니다.

"우리 존재의 모든 오관이 오직 하나님을 바라보고 듣고 느끼고 만져야 합니다. 우리 자신이나 상황이나 전략이나 계획 등을 바라보는 대신 오직 주 여호와 하나님을 바라보아야 합니다."(2005년 10월 도미니카선교대회에서). "교회는 예수님의 십자가의 피 소리를 중계하는 중계소인데 부름 받은 자들은 이 임무를 맡았어요." (2008.12.363빌딩 한국교회의 밤). "우리가 새로운 피조물이 되려면 용광로에 들어가서 모든 더러운 것들을 녹여버려야 하고 그리고 채소가 햇빛을 받아야 '신선도'를 유지하는 것처럼 우리가 날마다 아니 순간마다 주님의 빛을 받아야 합니다."(2010.1.1). "전에는 주일 아침 예배나 저녁 예배에 참석하는 신자들의 숫자가 거의 같았는데 언제부터인가 절반으로 줄어든 것은 문제야요. 그리고 주일 아침에 예배 보고 교인들이 헌금 낸 돈으로 점심 먹고 오후 예배 보고 집으로 가니 참 문제야요. 우리 영등포교회도 오후 예배로 바꾸자는 말이 나오는데 방 목사 죽은 다음에 바꾸자고 해요, 나 참!"(2010년 1월 23일 저에게 하신 말씀). "김 목사, 나는 어제 아침 모임에서 어느 분이 회개 기도를 하면서 한국교회의 부끄러운 문제들을 조목, 조목 고발하는 듯한 기도와 한국 교회를 향해서 회개하라고 설교하는 듯한 기도를 하는데 나는 '아멘'이라고 할 수가 없었어."(2011.1.22전화 통화에서). "길선주 목사님은 사경회 때마다 찬송가 177장을 부르면서 회개와 자복을 강조했어요. 그때는 성령의 지배를 받으려고 애를 썼는데 지금은 각종 프로그램과 음악으로 성령을 지배하려고 대들어요." "한국교회가 분쟁과 갈등의 문제를 해결하려면 야곱처럼 브니엘을 거쳐야 합니다. 야곱처럼 병신이 되어야 합니다."(2011.4.8한복협 월례모임). "삼합리교회에서 흘린 눈물의 바다를 본 후로 '눈물의 사람이 되게 하소서'가 내 기도 제목이 되었다. 사람들 앞에서는 그리 우는 모습을 보이지 않지만 나 혼자 있을 때면 우는 때가 많다. 깊은 밤중에 일어나 우는 때도 있고 혼자 길을 걸으면서 우는 때도 적지 않다. 나는 말씀을 보다가 종종 하염 없이 눈물을 흘릴 때가 있다. 원고를 쓰면서 찾은 성구에 도취되어 감격의 눈물을 왈칵 쏟기도 한다… 어린 아이는 잘 운다. 배가 고파도 울고, 보고 싶어도 울고, 기저귀가 젖어도 운다. 어린 아이는 우는 방법밖에 알지 못하기 때문이다. 우리 신앙인들은 이런 의미에서 어린 아이가 되어야 한다. 말을 못해도, 울기만 해도 아버지는 우리의 소원을 아신다. 어린 아이는 우는 것이 그의 장기요, 유일한 방법이요, 길이다. 그런 의미에서 우리는 어린 아이가 되어야 한다. 너무 지나치게 생각하고 통달하려고 하다 보니 울지 않게 된 것이다. 기도의 최고봉은 눈물의 기도이다. 기도 가운데 눈물의 기도가 제일인데, 우리는 어린아이에게 이 기도를 배워야 한다."(「나의 눈물을 주의 병에 담으소서」 pp. 27, 28, 41, 43, 44). 얼마나 귀하고 보배로운 영적인 유산인지 모릅니다. 다윗과 사도 바울과 막달라 마리아와 길선주 목사님과 이기풍 목사님과 이성봉 목사님과 김치선 목사님과 한경직 목사님이 지녔던 눈물의 유산을 방지일목사님이 지니시고 우리들에게 그 유산을 전해 주고 계십니다. 그래서 저는 금년 새해 기도 제목 네 가지 중에서 네 번째를 "눈물과 수고와 희생의 사람이 되게 하소서"로 정했습니다.

  이제 말씀을 맺습니다. 우리가 바라보고 또 바라보아야 할 것은 세상의 유행도 아니고 세상의 가치관도 아닙니다. 우리가 힘써야 할 것은 멋진 행사나 프로그램에 치중할 것도 아닙니다. 믿음의 주요 또 온전케 하시는 예수님만을 바라보고 또 바라보아야 할 것입니다. 그리고 예수님 닮기를 소원하며 살았던 우리 신앙의 선배들을 바라보고 또 바라보아야 할 것입니다. 그리고 우리 신앙의 선배들이 우리들에게 물려준 값진 영적인 유산들을 귀하게 여기고 고이 간직하면서 살도록 힘써야 할 것입니다. 사랑하는 합신의 교수님들과 학생 여러분들! 우리들이 모두 우리 신앙의 선배들로부터 물려 받은 새벽기도와 주일성수의 영적 유산을, 순교 신앙의 영적 유산을, 회개와 은혜 사모의 영적 유산을, 믿음과 사랑과 소망의 영적 유산을, 긍휼과 용서와 사랑과 섬김과 희생과 순교의 영적 유산을, 온유와 겸손, 눈물과 참회, 긍휼과 사랑, 협력과 화평의 영적 유산을, 기도와 말씀, 진실과 겸손, 단순함과 소박함과 따뜻함의 영적 유산을, 순수함과 섬세함과 정확함과 따뜻함과 눈물의 영적 유산을 물려 받고 고이 간직할 수 있기를 바랍니다. 우리들이 성부 성자 성령 하나님으로부터 그리고 우리들의 믿음의 선배들로부터 물려 받은 값진 유산은 회개와 믿음, 사랑과 눈물, 헌신과 섬김, 희생과 소망과 같은 값진 영적 유산입니다. 이와 같은 보석과 같은 아름다운 영적인 유산을 물려 받고 고이 간직하시는데 최선을 다하시기 바랍니다.

목회와 신학 그리고 소명

출애굽기 3:13-15; 4:10-17

김영재 (역사신학·은퇴)

"신학교에서 배운 대로 목회해서는 교회가 성장하지 않는다." "무슨 수단을 써서라도 목적을 달성하는 것이 중요하다." 등등의 말들은 오래 전부터 있었던 말인데, 이러한 이야기가 우리 신학교 안에서도 오갑니다. 그런 말소리가 수그러들기는커녕 더 커지고 있다는 말도 듣습니다. 그 말은 신학 교육이 실제 목회와는 거리가 있다는 말이기도 하고 신학 교육이 목회의 필요에 부응하지 못한다는 말이기도 합니다.

「목회와 신학」지에 한동안 "목회와 신학의 가교"라는 난을 두고 있었습니다. 목회와 신학의 가교라는 말은 목회의 영역과 신학의 영역이 별개이거나, 아니면 양자가 불가분의 것임에도 불구하고 괴리 상태에 있게 된 현실에서 둘의 연결을 시도하자는 뜻에서, 아니면 둘의 관계를 규명하자는 뜻에서 두게 된 것이라고 이해할 수 있습니다. 목회와 신학 사이에 "다리를 놓는다" 혹은 "둘을 연결한다"고 할 정도로 둘이 별개의 것입니까? 목회와 신학은 별개의 것이 아니고 하나입니다. 하나이면서 구분될 따름입니다. 양자는 사람에 따라 혹은 상황에 따라 괴리가 있게 되고 그것이 심화될 뿐입니다.

신학교육의 원리

복음서에 보면, 예수님께서는 제자들을 부르신 지 얼마 지나지 않아 전도하러 보내셨습니다. 먼저 충분히 가르치고 훈련을 시키신 후에 내보내신 것이 아니고, 아직 미숙함에도 불구하고 내보내셨습니다. 복음을 가르치시면서 바로 전도함으로 실천하게 하시고 실천함으로써 복음을 배우도록 하신 것을 보게 됩니다. 이것이 제자 교육, 다시 말하면 신학교육의 원리입니다. 예수님의 제자 교육은 공자나 석가모니나 소크라테스의 것과는 달랐습니다. 왜 그렇습니까? 그것이 복음의 속성이기 때문에 그렇습니다. 복음은 하나님의 능력이요 사람을 구원하는 기쁜 소식이므로 시급히 전달해야 하는 말씀이기 때문입니다. 그러므로 신학은 일반 학문과 같지 않습니다. 신학이 우주와 인생의 본질에 관하여 말한다는 점에서 철학과 유사한 것 같으나 실은 판이합니다. 철학에서는 질의응답과 논리 전개에 끝없이 시간을 보냅니다. 그러나 신학은 그렇지가 않습니다. 신학은 처음부터 하나님의 백성, 즉 교회를 염두에 두고 그것을 전제로 한다는 점에서 특이합니다.

신학은 먼저 독서를 많이 하고 명상하고 사색한 결과 진리를 터득하고서 그것을 백성들에게 가르치는 그런 것이 아닙니다. 신학은 신을 찾거나 진리를 찾는 학문이 아닙니다. 신학은 우리 인간과 만물을 창조하신 구원의 하나님을 만나고, 그분의 명령에 따라 하나님의 백성에게 하나님께서 하시는 말씀을 전하고 설교하는 것입니다. 선지자와 사도에게는 신학과 목회가 별개의 것이 아니었습니다. 그것은 모든 신학자와 목회자에게도 마찬가지입니다. 성경 말씀, 즉 하나님의 말씀을 받아 그 말씀을 설교하는 것이, 즉 말씀을 선포하며 가르치는 것이 신학이고, 백성들로 하여금 하나님의 말씀을 듣게 하고, 말씀을 따라 살게 하며, 설교자가 그들과 함께 사는 것이 목회입니다. 그런 뜻에서 목회는 신학과 목회의 과업을 가장 충실히 이행하는 복된 그리스도의 제자의 길입니다. 하나님의 백성, 즉 교회에 대한 관심은 없이 그냥 신학에 관심이 끌려서, 신학을 통하여 하나님을 알기 위하여 신학을 시작하는 것, 즉 소명 없이 신학을 하는 것은 옳은 신학이 아닙니다.

하나님께서 모세에게 나타나 보이심은 모세로 하여금 하나님 당신 자신에 대한 지식을 갖게 하려고 하거나 그냥 대화하시기 위해서가 아니었습니다. 하나님께서 이스라엘 백성이 고난 가운데 신음하는 소리를 들으시고 그들을 구원하시기 위하여 모세에게 오셨습니다. 모세는 말씀을 들어야 하는 백성을 의식하는 데서 신학적인 질문을 하게 되었습니다. 감히 하나님의 이름을 물었으며, 하나님께서 당신의 이름을 알리시는 말씀을 들었습니다. 하나님께서 아브라함, 이삭, 야곱에게 나타나실 때는 당신의 이름을 밝히지 않으셨습니다. 야곱이 얍복 강변에서 하나님과 씨름한 후 이름을 물었을 때, "네가 왜 내 이름을 묻느냐?"고만 대꾸하시고 그냥 복을 내리셨습니다. 자녀가 아버지를 그냥 아버지로 알면 그만이듯이 사람이 하나님을 하나님으로 알면 그만입니다. 대문 앞에 선 이더러 누구세요 묻는 말에 아버지가 '나야 나' 하면 그만인 것이나 같습니다.

그러나 이제는 상황이 달라졌습니다. 하나님께서 당신 자신을 나타내 보이시고 말씀하시고 함께 하시고자 하는 대상은 이스라엘 백성이었습니다. 자신들의 정체성도 잃고 노예로서 매일 힘든 노동을 하느라 심신이 지치고 절망적인 상황을 겪으면서 불신으로 억세어지고 거칠어진 백성들이 바로 하나님께서 마음을 두고 계신 대상이었습니다. 모세는 단지 전달자일 뿐이므로 하나님께서 어떤 분이신지 알려야 했으며, 자신이 하나님으로부터 보냄을 받은 사람임을 알려야 했습니다.

하나님께서는 당신 자신을 가리켜 "스스로 있는 자"(에웨 아쉐르 에웨)라고 말씀하십니다. 이 말씀을 3인칭으로 지칭하는 이름이 여호와(야웨)입니다. 영원 자존자, 창조자이시며 만물을 초월해 계시는, 불변하시는 거룩하신 하나님이십니다. 여호와 하나님께서는 또한 아브라함의 하나님, 이삭의 하나님, 야곱의 하나님이라고 말씀하십니다. 초월하시는 창조주 하나님이실 뿐 아니라, 내재하시는 하나님, - 사실 내재라는 말도 추상적인 의미로 이해되는 말입니다 - 내재하시되 사람을 사랑하시고, 아브라함을 불러 택하시고, 복 주시며 자손에게까지 복 주실 뿐 아니라, 그로 말미암아 만민이 복을 받게 될 것이라고 약속하신 하나님이십니다. 택한 백성을 사랑하시고 찾아 주시되

한 사람 한 사람을 개인적으로 인격적으로 상대해 주시는 하나님이십니다. 하나님께서는 아브라함뿐 아니라 그의 아들 이삭과 손자 야곱과도 동일한 관계를 맺으시고 약속의 말씀을 재확인하시는 하나님이십니다.

하나님을 대면하는 것만으로는 신학은 아직 시작되지 않습니다. 신학, 즉 하나님에 관하여 얘기하는 것, 하나님을 객관화하여 3인칭으로 지칭하면서 말하는 것은, 하나님을 대면하고, 하나님께서 사랑하시는 백성을 염두에 둘 때, 비로소 신학이 시작되고 의미를 갖게 됩니다. 하나님께서 당신의 백성을 얼마나 사랑하시는지를 깨닫는 것이 신학입니다. "하나님이 세상을 이처럼 사랑하사 독생자를 주실" 정도로 사랑하신다는 사실을 아는 것이 신학입니다. 하나님께서 우리 각자를 부르심은 우리가 하나님께서 사랑하시는 백성의 한 사람이기 때문이며, 우리를 전도자로 부르신 것은 하나님께서 당신의 백성들을 사랑하시기 때문입니다.

하나님께서는 구약 성경 여러 곳에서 선지자를 부르십니다만, 모세를 부르시는 여기 본문의 장면이 가장 생생하고 구체적으로 서술하고 있는 장면입니다. 이 장면은 하나님의 아들 예수 그리스도께서 죽었다가 부활하셔서 베드로와 제자들에게 나타나 보이시고 그들에게 소명을 주시는 장면을 연상하게 합니다. "네가 나를 사랑하면 내 양을 먹이라." 베드로와 제자들에게 하신 주님의 말씀은 하나님께서 모세에게 하신 말씀과 같은 말씀입니다. 그 말씀은 우리 모든 말씀의 사역자, 목회자에게 주시는 말씀입니다. 신학은 목회를 전제함으로써 성립하며, 교회가 있어서 존재하고, 목회는 신학이 있어서 존재

합니다.

그러므로 하나님의 말씀을 전하는 것, 즉 설교가 곧 신학입니다. 설교로 표현되거나 환원되지 않는 신학은 신학일 수 없습니다. 신약의 서신들이 곧 신학이요 목회를 위한 설교입니다. 설교는 성경을 하나님의 말씀으로 받아 선포하고 가르치는 데서 성립합니다. 성경의 권위를 인정하지 않는 곳에는 신학이 없을 뿐 아니라, 설교도 없고 목회도 없습니다. 그러므로 성경 말씀의 권위를 높이지 않은 중세의 교황주의 교회에서는 진정한 의미의 목회가 없었습니다.

말씀의 권위와 목회

말씀의 권위를 높였던 종교개혁자들에게는 그들의 신학이 곧 설교였으며, 설교가 곧 신학이었습니다. 종교개혁에 활력소가 되었던 루터의 신학적인 짧은 글들이 다 그가 한 설교였습니다. 루터와 칼빈의 강해 설교가 곧 그들이 남긴 성경주석입니다. 설교는 독백이 아니고 교회의 회중을 앞에 두고 전달하는 말씀의 선포요 가르침입니다. 종교개혁자들은 말씀의 권위를 높이며, 말씀에 순종하고, 말씀에서 은혜를 받고 말씀을 따라 설교함으로써 목회를 회복하였습니다. 그들은 목회자임과 동시에 신학자였습니다. 그들에게는 목회와 신학이 하나였습니다.

그러나 종교개혁 다음 세대, 즉 정통주의 시대에 오면 목회와 신학에 괴리가 생기기 시작합니다. 신학자와 목회자가 성경의 권위를 높인다고 하면서도 지나치게 교리논쟁에 몰두하는 나머지 그들의 설교가 사변적이며 추상적이 되었습니다. 그러면서 백성들은 하나님 말씀의 올바른 이해에 미치지 못하게 되었습니다. 설교 말씀이 어려워졌습니다. 사람들의 현실 생활과 그들의 관심사와는 동떨어진 설교가 되었습니다. 사람들은 설교에서 충족함을 얻지 못했습니다. 그리하여 교회는 생동성을 상실해 갔습니다.

교회 역사에서 초기의 신학 교육은 교회 안에서 제자 교육을 통하여 이루어졌습니다. 신학교가 교회의 학교로 독립된 기관이 되면서도 역시 신학교는 여전히 교회에 속한 학교로 존재해 왔습니다. 교회학교가 혹은 수도원의 학교가 대학으로 발전하고 새로 조직된 대학 안에 신학과가 개설되면서 신학은 점점 더 일반 학문처럼 되어 갔습니다. 17세기 계몽 사조 이후 합리주의를 따르고 성경을 한갓 문서로 취급하는 사람들로 말미암아 신학은 목회와는 무관한 학문으로, 다시 말하면 교회와는 별개의 독자적인 학문으로 발전하게 되었습니다. 신학이 조직신학, 성경신학, 교회사 등으로 분화되고 전문화되면서 그런 경향은 더 심화되었습니다. 19세기에 합리주의와 자유주의 신학이 만연하면서 많은 사람들이 성경의 권위에 대하여 회의하며 비판하는 사상을 받아들이기 시작하였습니다.

성경을 하나님의 말씀으로 믿는 신앙을 거부하는 사람은 더 이상 참된 의미의 설교는 할 수 없게 됩니다. 그런 신학을 따르는 목회자에게는 목회의 상실과 함께 설교도 무의미한 것이 되고 맙니다. 구약의 자료비평으로 유명한 율리우스 벨하우젠(Julius Wellhausen, 1844-1918)은 자신의 학설을 발표한 이후 설교하기를 중지했다고 합니다. 그의 처신은 학자적인 양심에 근거한 것이었지만, 그럴 수밖에 없는 당연한 처신이었습니다.

그런데 성경의 권위를 인정하지 않으면서도 여전히 설교하고 신학을 한다는 사람들이 많습니다. 그러한 많은 사람들이 성경에서 출발하지 않고 상황에서 출발하는 신학을 합니다. 철학을 하고 사회학을 하듯이 신학을 합니다. 그래서 많은 주제 신학을 쏟아내고 있습니다. 정치신학, 해방신학, 민중신학, 토착화신학, 세속화신학, 흑인신학, 여성신학, 생태신학, 심지어는 사신신학(死神神學) 등을 쏟아냅니다. 그들이 관심을 두는 주제에 신학이란 말을 함부로 갖다 붙입니다. 그들에게 성경은 다른 문서들과 마찬가지의 참고 문헌일 뿐입니다. 이런 주제 신학이 왜 나오게 되었는지에 대한 이해나 반성도 없이, 오늘 우리 주변의 보수적인 신학자들까지 덩달아 영성신학, 생명신학, 새벽기도신학, 삼천리반도금수강산신학, 하면서 주제신학 양산에 가세합니다. 한심한 일입니다.

교회사를 영미에서는 church history 독일어권에서는 Kirchengeschichte 라고 할 뿐인데, 우리나라에서는 교회사를 '역사신학'이라고 하면서 그 말을 더 많이 사용합니다. '역사신학'은 문자 그대로는 말이 되지 않습니다. 아마도 이런 것이 보수 신학자들 중에서도 주제 신학을 별 의식 없이 만들어내는 데 한 원인을 제공하게 된 것 같습니다.

20세기에 이르러 자유주의 신학이 만연했던 독일어권 교회에서는 성경의 권위에 대한 신앙의 상실로 말미암아 목회자들은 설교를 할 수 없는 곤경에 빠졌습니다. 하나님의 말씀을 갈망하는 교회의 청중들을 앞에 두고 목사들은 어찌할 바를 몰랐습니다. 이러한 목회자들에게 희망을 준 신학이 한 목회자에게서 나왔습니다. 역사 비판을 접어둔 채 말씀을 강조한 바르트(Karl Barth, 1886-1968)의 소위 말씀의 신학은 비록 정통신학과는 달랐으나 무엇을 설교해야 할지 몰라 방황하던 설교자들에게 그나마도 설교할 수 있는 용기를 주게 되었다고 합니다. 그러나 하나님의 말씀을 전적으로 신뢰하게 해 주지 못하는 바르트의 신학으로는 하나님의 백성들, 주님의 양 무리를 푸른 초장으로 잔잔한 물가로 인도할 수 없습니다. 오늘날 유럽의 교회에서 유감스럽게도 그것이 드러나고 있습니다. 바르트는 자유주의에 반대한다고 하나, 한편 역사주의 관점에서 역사에 근거한다는 성경비평을 인정하고 받아들입니다. 그러면서도 성경의 권위를 뒷받침하는 영감설을 지지하느라 원역사 또는 초역사라는 개념을 설정하였습니다. 성경 말씀이 하나님의 말씀이 되게 하느라 그는 긍정과 부정의 변증법 논리로 역사와 원역사 또는 초역사를 넘나들며 성경을 해석합니다.

    그러나 성경을 하나님의 말씀으로 확신하며, 누구나 쉽게 이해할 수 있도록 설명하지 못하는 신학과 해석으로는 교회가 자랄 수가 없습니다. 모세가 하나님의 말씀을 전할 때 아론이 대변자로, 동역자로 동참하였습니다. 우리 설교자들이 아론과 같은 대변자라면 하나님의 말씀을 받은 그대로 전해야 한다는 것을 잘 드러내 보여줍니다(출 4:14). 예수님께서 말씀하십니다. "모세가 광야에서 뱀을 든 것같이 인자도 들려야 하리니, 이는 그를 믿는 자마다 영생을 얻게 하려 하심이니라(요 3:14)." 구원에 이르는 믿음이 어떤 것인지 잘 드러내는 말씀입니다. 광야에서 뱀에 물려 죽어가는 사람들이 모세가 든 구리 뱀을 쳐다보면 구원을 얻었습니다. 거기에는 합리적으로 타당한 설명이

나 개연성의 설명이 있을 수 없습니다. 하나님께서 하신 약속을 믿고 따르는 응답이 있을 뿐입니다.

사역자의 요건

그래서 바울은 말합니다. "형제들아 내가 너희에게 나아가 하나님의 증거를 전할 때에 말과 지혜의 아름다운 것으로 아니하였나니, 내가 너희에서 예수 그리스도와 십자가에 못 박히신 것 이외에는 아무것도 알지 아니하기로 작정하였음이라(고전 2:1,2)." "내 말과 내 전도함이 설득력 있는 지혜의 말로 하지 아니하고 다만 성령의 나타나심과 능력으로 하여, 너희 믿음이 사람의 지혜에 있지 아니하고, 다만 하나님의 능력에 있게 하려 하였노라(고전 2:4,5)." 이것이 바로 예수님의 가르치심이요 바울과 제자들의 선포요 개혁주의 정통 신학입니다.

신학은 목회에 그대로 반영되므로 목회와 신학은 불가분의 것입니다. 그리스도의 교회의 목회자는 성경을 하나님의 말씀으로 확고히 믿어야 하고 가감 없이 전해야 합니다. 그렇지 않으면 거짓 선지자가 될 뿐입니다. 반면에 성경이 하나님의 말씀이라고 고백하면서도 하나님의 뜻은 살피기를 게을리 하고 백성들의 기복신앙이나 부추기며 그들이 듣기 좋아하는 말로만 설교하는 목회자는 예레미야를 괴롭히던 선지자들처럼 거짓 선지자임을 면할 수가 없습니다. 하나님의 말씀을 어떻게 백성들에게 선포하고 가르치며 그들로 하여금 말씀을 따라 하나님의 백성답게 살게 할 것인가 하는 문제는 목회자나 신학교육을 전담하는 신학자가 함께 모색해야 할 과제입니다. 그러나 우리는 성령께서 하신다는 바울의 말씀을 늘 기억해야 할 것입니다. 아론의 화술보다는 모세가 하나님의 말씀을 맡은 사실과 말씀 앞에 진실함이 중요합니다.

이 시간에 우리는 하나님께서 모세에게 처음으로 당신의 이름을 계시하신 본문 말씀을 통하여, 하나님께서 당신의 백성을 얼마나 사랑하시는지를 다시 한 번 깨닫습니다. "하나님이 세상을 이처럼 사랑하사 독생자를 주셨으니, 누구든지 저를 믿는 자마다 멸망하지 않고 영생을 얻으리라(요 3:16)." 여러분에게 맡기시는 하나님의 백성, 즉 주님의 교회를 하나님께서 사랑하시고 무한한 관심을 두십니다. 하나님께서 그들을 사랑하시므로 여러분들을 부르시고 하나님의 백성을 목회하는 종으로 심부름꾼으로 사용하십니다.

설교자는 설교에서 하나님을 3인칭으로 지칭하며 말씀을 전합니다. 그러나 우리가 설교를 준비할 때 본문의 말씀은 하나님께서 당신 자신을 1인칭으로 지칭하시며 직접 우리 자신에게 하시는 말씀으로 들어야 합니다. 그리고 우리는 설교하고 목회하는 전도자요, 목회자로서 당신의 백성을 지극히 사랑하시는 하나님의 마음을 헤아려야 하며, 그런 마음을 가져야 합니다. 하나님께서 스스로 있는 자이시면서 아브라함의 하나님, 이삭의 하나님, 야곱의 하나님이심을 기억하십시다. 교회의 머리이신 그리스도께서는 네가 나를 사랑하면 내 양을 먹이라고 말씀하시는 주님이심을 늘 기억하십시다.

하나님의 사랑을 깨닫고 느끼고 이해하는 것, 그리고 주님을 사랑하고 주님께서 사랑하시는 백성들을, 즉 교회를 주님께서 사랑하시듯이 사랑하는 것, 그것은 이성이나 논리로 깨우쳐 아는 것이 아닙니다.

그것은 사귐을 통하여, 함께 하는 삶을 통하여 알게 되고 사랑하게 되는 것입니다. 하나님께서는 어떤 요건을 갖춘 사람을 사역자로 부르시며, 부르심을 받은 이들이 어떤 요건을 갖추고 어떤 마음 자세를 갖기를 바라십니까? 여러 가지 덕목이 있겠습니다만, 가장 중요한 것은 겸손입니다. 모세가 부르심을 받은 장면에서 모세를 모델로 볼 수 있습니다. 혹시 우리가 어떻게 모세와 같은 지도자에게 비견이 될 수 있을까 하는 생각이 듭니까? 예수님께서 추수할 것은 많은데 일꾼을 보내 주소서 하고 기도하라고 하셨으므로 구원의 복음 사역을 위하여서는 수많은 모세와 베드로와 바울과 제자들이 필요합니다. 역사에 수많은 사람들이 복음 사역을 위해서 몸 바쳐 일했습니다. 그러므로 우리 모든 사역자들이 모세를 모델로 삼을 자격이 충분합니다.

모세는 동족을 구하려다가 동족의 오해와 배은망덕으로 크게 좌절하여 미디안으로 피신하여 양치기로 살고 있을 때 하나님의 부르심을 받았습니다. 그는 좌절을 겪고 자신감을 잃고 있었던 것이 하나님과의 대화에서도 잘 드러나고 있습니다. 하나님께서는 모세의 사명을 말씀해 주셨으나 모세는 자신감을 잃은 상태에서 얼른 벗어나지 못했습니다. 하나님께서는 모세에게 기적을 보여 주셨으나 소명에 대하여 막무가내로 사양하였습니다. 전도자로서 가장 치명적인 결격 사유를 들어 말했습니다. "입이 뻣뻣하고 혀가 둔한 자입니다" 하면서 사양하였습니다.

하나님께서 하시는 말씀을 귀담아 들으십시다. "누가 사람의 입을 지었느냐 누가 말 못하는 자나 못 듣는 자나 눈 밝은 자나 맹인이 되게 하였느냐? 나 여호와가 아니냐? 이제 가라 내가 네 입과 함께 있어서 할 말을 가르치리라(출 4:11,12).” 그럼에도 불구하고 모세는 또 말했습니다. “오, 주여, 보낼 만한 자를 보내소서.” 하나님께서 노여워하시며 말씀하셨습니다. “말 잘하는 네 형 아론이 네 입 노릇을 할 것이라”고 하셨습니다. 하나님께서 당신의 나라와 교회를 위하여 쓰실 자를 어떻게든 쓰십니다.

모세도 그렇지만, 예수님께로부터 재차 부름을 받은 베드로 역시 예수님을 부인한 이후 자신을 자학할 정도로 의기소침한 가운데 있었습니다. 자신이 믿을 수 없는 사람임을 알았습니다. 많은 학문을 쌓은 바울의 경우는 어떠했습니까? 이론에 밝고 논리 정연한 바울, 예수 믿는 자들을 잡아서 죽음에 넘기던 기고만장한 바울은 예수님을 만나고 눈이 안 보이게 되었습니다. 절망적인 상태에 빠진 것입니다. 주님께서는 바울의 기를 꺾으시고 사도로 사용하셨습니다. 그래서 부르심을 받은 사역자들은 겸손히 하나님의 능력만 나타나기를 바라며, 그렇게 살며 사역했습니다.

하나님의 소명을 받는 사역자의 요건은 겸손입니다. 나는 아무것도 할 수 없는 사람임을 철저하게 자각하면서도, 하나님께서 함께 하시면 하나님의 뜻을 이루어 드릴 수 있다는 믿음을 가지는 겸손입니다. 자신의 무능함을 알고 늘 함께 해 주시기를 애걸하는 것이 겸손입니다. 겸손한 모세에게 들려주신 지팡이는 이스라엘 백성을 이끌고 필요할 때 하나님의 기적과 도우심을 청하는 데 사용하라는 지팡이요 하나님께서 함께 하신다는 물증이었습니다.

그러나 모세가 단 한 번 백성들의 성화에 화를 내어 하나님께서 명하시는 대로 사용하지 않은 것이 화근이 되었습니다. 하나님께로부터

쓰라린 징벌을 받았습니다. 여호와께서 모세와 아론에게 말씀하셨습니다. "너희가 나를 믿지 아니하고 이스라엘 자손의 목전에 나의 거룩함을 나타내지 아니한 고로 너희는 이 총회를 내가 그들에게 준 땅으로 인도하여 들이지 못하리라(민 20:12)"

사역자는 목회와 교회의 성장과 부흥을 위해서도 겸손하게 하나님께 도우심을 간구하며 머리를 조아려야 합니다. 목회가 잘 되어 갈 때도 여전히 겸손해야 합니다. 교회가 부흥하고 사람들이 많이 모인다고 고개를 들면 하나님께서 외면하십니다. 징계하십니다. 하나님을 뵙고 말씀에 겸손히 귀 기울이고 섬기는 신학이 없어지면, 우리의 추한 모습이 드러나게 됩니다. 하나님의 영광을 드러내는 교회의 빛을 가리는 존재가 됩니다. "너는 배우고 확신한 일에 거하라(딤후 3:14)" 하는 말씀은 바울이 이미 목회하고 있는 디모데에게 한 말씀입니다. 목회와 신학은 하나라는 깨달음은 말씀 사역을 위하여 부르심을 받은 모든 사역자들이 평생 지녀야 하는 각성이요 과제입니다.

하나님의 영광을 위하여 하라

고린도전서 10장 31-33

오덕교 (역사신학·은퇴)

들어가는 말: 한국 교회의 문제점들

요즈음은 교회가 세상으로부터 많은 비판을 받고 있습니다. 그런데 이렇게 교회가 사회로부터 비판을 받은 것은 교인들 때문이 아니고, 대개는 소위 목회자들 때문입니다. 특히 큰 교회 목회자들로 인해서 우리 한국교회가 치명적인 비판을 받고 있습니다. 한국에는 오천명이 넘는 대형교회가 아흔 아홉 개 있다고 합니다. 그런데 그 아흔 아홉 개 교회 가운데 오늘 날 세상의 비판과 지탄을 받고 있는 교회가 열 두 교회라고 합니다. 어떤 교회는 목사가 담임목사를 구타했다고 하고, 어떤 교회는 목사가 공금을 횡령한 일로, 또 어떤 교회는 성추행으로 인해서 교회가 지금 세상으로부터 지탄을 받고 있습니다. 기독교 단체들도 마찬가지입니다 한국 기독교를 대표한다고 하는 것이 소위 한국 기독교 총 연합회를 생각할 수 있는데요. 한기총의 대표 회장 선거에서 금전이 뿌려지고 그것이 한국 사회에 이슈가 되고 있습니다. 이런 심각한 교회부정과 부패 - 이런 행위는 바로 목회자들이 오늘날 자기들이 서야 할 위치에 서지 않았음을 우리에게 보여주는 현상들이라 생각할 수 있습니다. 우리는 목회자가 되기 이 자리에 모인 사람들입니다. 그러므로 우리들에게 이것은 남의 일이 아니라 우리의 일이라 생각합니다. 이런 면을 생각하면서 우리는 오늘 말씀을 통해서 몇 가지 교훈을 얻으려 합니다.

많은 학자들이 한국 교회를 보면서 한국 교회 장래에 대해서 매우 비관적으로 이야기 합니다. 서강대학교의 장용호 교수는 미래 사회가 나아가는 것을 예측하면서 시뮬레이션을 통해서 2,040년이 되면 한국에서 기독교인은 없어질 것이라고 말합니다. 그런 증거와 조짐들이 한국 사회에 나타나고 있다는 것입니다. 우리가 영국에 가거나 프랑스에 가거나 한때 기독교가 활발했던 나라들을 가보면 교인을 찾기가 어려운 일을 경험하곤 합니다. 그런데 이보다 더 악한 상황이 한국 땅에도 일어날 수 있다는 것입니다. 사실 1990년대 이후부터 한국에서도 교인수가 계속해서 감소하기 시작했습니다. 지난 20년 동안도 교인 수는 계속 줄어들고 있습니다. 그러나 그것에 대해서 교회는 아무런 대책을 내놓지 않고 있습니다. 이런 상황으로 가게 되면 2040년 쯤 되면 한국에 더 이상 기독교인이 없게 될 것입니다. 목회자들의 세속화, 그리고 교회 문화 자체도 세속화되고 있는 것에 근본적인 원인이 있다고 생각합니다. 오늘날 우리가 드리는 예배는 어떻습니까? 저는 우리들의 예배도 매우 세속화되었다고 생각합니다. 전통적인 예배로부터 우리 예배는 많이 이탈해 있습니다. 저는 지난 주간 저녁에 어떤 교회 공동체에서 예배하면서 '내가 왜 여기서 예배를 드릴까?'라는 생각이 들었습니다. 귀가 아파서 예배를 드릴 수 없었습니다. 내가 예배하러 와 있는지, 공연장에 와 있는지 알 수가 없는 상황이었습니다. 그러한 느낌을 나 혼자만 가졌을까요? 내가 보수적인 목회자이기 때문에 소위 열린 예배라는 그런 형식들을 도입하고 있는 밴드중심의 예배를 보면서 거기에 대해서 거부하는 마음이 생겼을까요? 나뿐 아니라 수많은 사람들이 거기에 대해서 비판적인 생각을 표현합니다.

소위 여러 현대적인 기법을 통해서 많은 젊은이들을 교회로 끌어들이기 위해서 예배를 바꿨습니다. 그런데 그 결과 어떻습니까? 오늘날 많은 젊은이들이 교회를 떠났습니다. 우리가 젊은이들을 끌어들이기 위해서 세속적인 방법을 끌어왔지만 오히려 많은 젊은이들이 교회를 떠났습니다. 통계에 의하면 오늘날 대학생들 가운데서 교회 예배에 정기적으로 출석하는 학생의 수가 4%밖에 되지 않는다고 합니다. 예배의 타락이 교회의 쇠퇴로 이어지는 현상이라고 생각합니다. 예배에는 거룩함이 나타나야 합니다. 그런데 예배가 공연처럼 되고 세속적인 유희 문화로 변질된다고 한다면 하나님께서 그것을 받으실 리가 없습니다. 아무리 우리가 좋고, 기쁘다고 할지라도 우리 하나님께서는 그런 예배를 받지 않으실 것이고, 따라서 그 안에서 하나님의 은혜가 나타나기를 우리는 기대할 수 없습니다. 교회 세속화로 인해서 교회는 맛을 잃은 소금같이 되어가고 많은 사람들의 발에 짓밟히는 상황에 처해 있습니다. 많은 젊은이들이 교회를 떠나고 있고 많은 사람들이 교회를 떠나서 조용한 천주교로 돌아가는 현상들이 일어나고 있습니다.

교회교육에서도 엄청난 도전들이 우리에게 오고 있어요. 주일학교가 지금 문을 닫고 있어요. 그것은 여러분의 책임입니다. 주일학교가 텅텅 비고 있습니다. 서창원 목사에 의하면 그가 합동측 서울과 수도권에 있는 비교적 큰 교회 사백교회 설문조사를 했다고 합니다. 그 결과 유아 유치부 아이들이 평균적으로 17명이라고 합니다. 한국 교회 이런 모습을 보면서 우리의 미래에 비관적일 수밖에 없습니다. 교회가 변화되지 않고 새로워지지 않고 교회가 하나님 말씀으로 거듭나지 않는다면 주님의 촛대는 이 땅에서 떠나게 될지도 모른다는 두려운 생각이 제 마음 속에 있습니다.

오백년 전에 루터에 의해 종교개혁이 일어났던 것처럼 다시 한 번 이 땅에도 그런 개혁운동이 있어야겠다고 생각을 해 봅니다. 그래서 저는 이런 것을 생각하면서 이 고린도 교회를 생각하고 이 고린도 교회를 생각하면서 이 고린도 교회에 주신 바울의 교훈들을 생각하게 되었습니다.

고린도와 고린도 교회

고린도 교회는 이 지상에 있던 성경에 나타난 교회들 가운데 가장 문제가 많은 교회였습니다. 이 고린도 교회는 바울이 제 2차 전도여행 때에 세운 교회입니다. 고린도는 그리스 해안에 발전한 도시입니다 그래서 두 개의 항구를 가지고 있었습니다. 고린도에서 2.5 킬로미터 떨어진 레케움이라는 항구는 이탈리아와 무역을 많이 했구요, 14 킬로미터 떨어진 겐그리아는 아시아와의 무역항이었습니다. 그래서 고린도에는 많은 부자가 있었으며, 동시에 많은 노예와 가난한 사람들도 있었습니다. 고린도 사람들은 무역을 통해서 많은 돈을 벌어들였는데 이 돈을 음행하는데 많이 썼습니다. 그래서 그들에게 "음행하는 자"라는 별명이 붙여질 정도였습니다. 바울은 이런 음행이 만연한 도시에서 복음을 전하였고, 1년 반 이상을 그곳에 거주하면서 교회를 세웠습니다.

그러나 그가 떠난 후에 고린도 교회는 많은 문제들을 나타내기 시작했습니다. 그래서 그는 편지를 써서 고린도인에게 개혁을 촉구합니다. 고린도 교회가 당면했던 문제는 어떤 것 들입니다. 교회가 파벌로 나누어져 있습니다. 또한 고린도 교회는 세상을 닮아가서 교회 안에도 음행이 만연했습니다. 또한 성도들 사이에 사랑이 없기 때문에 성도들 사이에 일어난 일을 세상 법정에 고발함으로 교회가 망신을 당한 경우도 있었습니다. 6장에 보면, 또 고린도 교회에서 우상의 제물을 먹는 자들로 인해서 많은 어려움이 있었습니다. 성령의 은사 문제가 있었구요, 부활을 부정하는 사람들이 일어나서 교회가 어려움 가운데 있었습니다. 고린도 교회를 보면 뿌리에서 머리까지 하나도 성한 곳이 없습니다. 다 썩었고 다 부패했고 소망이 전혀 없는 교회입니다. 한국 교회를 볼 때 저는 고린도 교회와 결코 차이가 없다고 생각을 합니다. 이 고린도 교회를 통해서 사도바울이 우리에게 보여주는 것은 이 지상의 교회가 타락하면 이렇게 타락할 수 있다는 것을 보여

주는데 한국 교회가 그런 상황이라 저는 생각합니다.

부패한 교회에 주시는 사도의 말씀(1): 하나님의 영광을 위하여

이렇게 부패한 교회를 보면서 바울은 뭐라고 말합니까? 바울은 이렇게 부패하고 썩어 있는 교회를 보면서 그 교회를 떠나라고 하지 않고 그 교회 안에 있으면서 교회를 개혁할 것을 우리에게 요구하고 있습니다. 바울은 이 부패한 교회를 개혁하는 방법에 대해서 오늘 우리에게 말씀해 주고 있습니다. 저는 고린도전서 10장 31절 말씀이 바로 바울이 고린도 교인들에게 보내는 편지의 핵심이라고 생각해요. 고린도 교회에 일어난 여러 이야기들을 제시합니다. 그 여러 일을 제시하면서 그의 결론은 무엇이냐면, 먹든지 마시든지 무엇을 하든지 하나님의 영광을 위해서 하라는 것입니다. 고린도 교회 안이 여러 분파 문제로 서로 누가 옳으냐는 싸움이었지요. 고소하는 문제 이런 싸움 문제를 가지고 옳으냐 틀리냐를 가지고 서로 나누는 교회를 향해서 바울이 주는 본문은 그것이 하나님께 영광이 되겠는가? 내가 주장하고 하는 이 모든 것들이 과연 하나님의 영광을 위한 것인가? 하나님의 영광을 짓밟는 것인가? 그것을 생각하는 것이지요. 그래서 바울은 먹든지 마시든지 무엇을 하든지 하나님 영광을 위해서 하라고 합니다.

    우리가 주의 일을 감당할 때 우리는 하나님 말씀에 기초해서 해야 할 줄 믿습니다. 왜냐면 세상의 모든 가치관들은 변하지만 하나님 말씀은 변하지 않는다고 했어요. 천지는 없어지지만 하나님 말씀은 일점, 일획도 변화되지 않는다고 했습니다. 하나님 말씀은 하나님의 성령으로 영감된 말씀이기 때문에 우리로 하여금 교훈과 책망과 바르게 함에 유익한 말씀입니다. 그래서 우리는 이 하나님의 말씀에 기초해서 행동을 해야 합니다. 우리의 모든 행동의 기준은 하나님의 말씀이 되어야 합니다.

그런데 하나님 말씀을 백성들에게 선포하고 백성들에게 알려줄 때 그들에 대해서 갖는 자세는 사랑에 기초해야 된다고 합니다. 바울은 고린도전서 8장을 통해서 이런 논의를 구체화시켜요. 우리가 하나님 말씀에 기초해서 행동한다 할지라도 우리는 그것을 사랑으로 하라는 겁니다. 지식을 따라서 정죄하는 자세로 한국 교회를 비판할 것이 아니라, 한국 교회를 끌어안으라고 말하는 것입니다. 지식은 교만하게 합니다. 우상의 제물이 아무 것도 아니라는 것이 옳습니다. 왜냐면 우상은 존재하지 않기 때문입니다. 그러나 그런 마음을 가지고 우상의 제물을 먹을 때 믿음이 약한 사람들은 우리를 보고서 넘어질 수 있습니다. 그러므로 우리가 무엇을 하든지 내가 옳다고 해서 밀어 붙일 것이 아니라 내가 하는 말과 내가 하는 행동이 다른 사람들에게 어떠한 영향을 미치는 지를 생각하면서 조심스럽게 행동하라는 것이지요.

우리는 합신에 와서 3년 동안 계속해서 '바른 신학, 바른 교회, 바른 생활'에 대해서 배우고 듣게 될 것입니다. 우리의 신앙과 우리의 삶 자체가 바라야 됩니다. 바른 것은 좋습니다. 그러나 그것에 기초해서 다른 사람을 정죄하는 자리에 서면 안 되요. 아무리 우리가 하나님 말씀에 비춰서 바른 자리에 서 있다고 할지라도 믿음이 약한 자를 볼 때 그들을 정죄하는 자리에 서면 안 됩니다. 그것이 바로 교만한 것이라고 했습니다. 지식은 교만하게 한다는 것이지요. 그러나 사랑은 세우는 것입니다. 우리가 하나님 말씀을 전할 때 그들을 사랑하는 마음에서 그들 편에서 말씀을 전하는가 아니면 그들을 정죄하면서 말씀을 전하는가는 큰 차이를 냅니다. 바울이 우리에게 주는 권면이 바로 그것입니다. 모든 일을 사랑으로 하라.

우리는 마귀의 성품을 영향을 받기 때문에 다른 사람을 정죄하기를 잘합니다. 다른 사람 비판하기를 잘 합니다. 그래서 사도들은 성경을 통해서 마귀 정죄하는 자리에 가지 말라고 강권합니다. 미가엘 천사가 모세의 시체를 놓고서 사탄과 싸울 때 정죄할 수도 있었지만 하나님께서 너를 정죄하기를 원한다. 그가 정죄하지 않고 그렇게 했다 유다서에 그렇게 얘기하지요. 야고보서를 통해서 보면 사탄의 정죄하는 자리에 빠지지 않도록 하라고 권면합니다. 우리는 정죄하는 자들이 아닙니다. 우리는 한국 교회를 보면서 그들을 정죄하는 자리에 서서는 안 됩니다. 그들을 세우는 자리 그들을 하나님 말씀으로 붙잡아주고 하나님 말씀가운데 바로 설 수 있도록 세워서 하나님 앞에 돌아올 수 있도록 해야 하는 사명이 우리에게 있는 것입니다.

우리는 모든 것이 우리에게 가능하다 바울은 이렇게 모든 것이 우리에게 가능하나 모든 것이 유익한 것이 아니라고 합니다. 모든 것이 가능하지만 모든 것이 우리에게 덕을 세우는 것이 아닙니다. 우리 목회자들 하나님의 사람들에게 필요한 것은 무엇입니까? 내가 옳다고 해서 밀고 나가는 것이 아니라, 그것이 덕을 세우는가, 즉 교회에 유익이 될 수 있겠는가, 하나님의 영광을 드러낼 수 있겠는가를 생각하면서 행동을 해야 합니다.

부패한 교회에 주시는 사도의 말씀(2): 누구에게나 거치는 자가 되지 말라!

바울은 오늘 말씀을 통해서 또 무엇을 강조합니까? 너희가 유대인에게나 헬라인에게나 하나님의 교회에나 거치는 자가 되지 말라는 것입니다. 이것은 하나님의 영광을 드러내는 하나의 방법이라고 생각합니다. 우리 목회자들은 다른 사람을 실족하게 해서는 안 된다는 이야기입니다. 우리는 간혹 어떤 사실이라든가 지식에 기초해서 단순하게 말을 하거나 행동하는 경우가 많이 있습니다. 그러나 우리 행동의 출발점은 어떤 사실을 이야기 하는 것 그 이상이 되어야 해요. 그렇지 못하면 다른 사람을 실족하게 할 수 있습니다. 우리에게는 다른 사람을 배려하는 마음이 필요합니다. 다른 사람을 배려하는 마음이 없이 스스로 옳다고 해서 생각하는 것은 교만입니다. 그래서 바울은 "어떤 일을 하든지 나의 유익을 구하지 말고 남의 유익을 구하라"고 말합니다. 왜냐하면 우리의 양심은 우리의 것이 아니라 다른 사람을 위한 것이기 때문입니다. 우리가 진정 하나님을 사랑한다면 내가 아무리 옳고 바르다고 할지라도 교회를 위해서 자기 목숨을 내놓는데 까지 나아가야 됩니다. 이것이 바로 순교적인 신앙이라고 볼 수 있습니다. 교회를 위해서는 자신의 모든 것 내가 옳은 것, 모든 것을 포기할 수 있어야 합니다.

또한 바울은 우리가 낮아짐을 통해서 많은 사람들을 얻어야 한다고 말합니다. 우리 그리스도의 생활은 다른 사람들을 얻기 위해서 있는 것이라고 합니다. 고린도전서 9장 19절에서 23절 말씀 보면 바울은 이런 말을 합니다. "내가 모든 사람에게 자유하였으나 스스로 모든 사람의 종이 된 것은 더 많은 사람을 얻고자 함이라 유대인에게 내가 유대인 같이 된 것은 유대인을 얻고자 함이요 율법 아래 있는 자들에게는 율법아래 있지 아니하나 율법 아래 있는 자와 같이 된 것은 율법 아래 있는 자들을 얻고자 함이요, 율법 없는 자에게는 내가 율법 없는 자가 아니요, 도리어 그리스도의 율법 아래 있는 자나 율법 없는 자와 같이 된 것은 율법 없는 자들을 얻고자 함이라. 약한 자들에게는 약한 자와 같이 된 것은 약한 자들을 얻고자 함이요 여러 사람에게 내가 여러 모양이 된 것은 아무쪼록 몇몇 사람을 구원코자 함이니 내가 복음을 위해서 모든 것을 행함은 복음에 참예하고자 함이라." 바울은 그의 행동의 모든 목적을 사람들을 얻는데 두고 있어요. 그래서 유대인들에게는 유대인처럼 행하고 이방인들에게는 이방인들과 같이 생활했습니다.

오늘날 우리 하나님의 교회에 하나님의 사람들이 필요한 덕목이 무엇입니까? 우리 하나님의 사람에게 필요한 덕목은 가벼운 정직함이 아닙니다. 나의 말 한마디 한마디 가볍게 양심선언 하는 것이 아닙니다. 이것이 하나님의 교회에 성도들에게 나의 행동 하나 하나가 얼마나 하나님께 영광이 될지를 생각하면서 조심하면서 생각하고 말하는 것이라 할 수 있습니다.

얼마전 한기총 회장을 한 사람이 자신은 돈을 써서 한기총 회장에 당선되었다고 선언했습니다. 대단한 용기라고 생각합니다. 사실 그대로 밝히는 것은 용기가 아니면 불가능해요. 그렇지요? 전 대단하다고 생각해요. 그렇지만 그의 행동이 하나님의 교회에 유익이 되었는가? 그렇게 얘기하는 것이 과연 하나님의 교회에 유익이 되었는가? 그는 진실하고 담대하게 양심선언을 했지만 과연 그것이 하나님 교회에 유익했는가?를 생각해 보아야 합니다. 저에게 그 목사가 문자를 보냈더라구요. 그 사람이 나한테 보낸 문자 30개를 받았어요. 공의를 행합시다 정의를 행합시다. 내가 보내고 싶은 문자가 하나 있어요. "당신이나 잘하시지요!" 웃을 일이 아니지요. 이것이 부끄러운 우리의 현실이예요. 잘못된 것이라고 외치는 것이 중요한 것이 아닙니다. 물론 잘못된 것을 보면서 침묵하는 것도 비열한 것입니다. 그러나 그런 걸 볼 때 우리들이 어떻게 해야 할 것인가? 어떻게 하는 것이 하나님의 교회에 유익이 될 것인가? 어떻게 하는 것이 하나님의 영광을 드러낼 것인가를 생각하면서 말하고 행동해야지. 경솔하게 처신하는 것은 하나님의 교회에 욕을 돌리는 결과를 가져온다고 볼 수 있습니다.

다른 예를 하나 들어볼까요? 노아가 홍수가 끝난 이후에 포도나무를 심고 포도주를 마시고 취해서 벌거벗은 가운데 잠을 잤습니다. 이것을 본 아들 함이 밖으로 나가서 그 두 아들에게 아버지가 벌거벗고 잔다고 말했습니다. 이는 사실에 근거해서 이야기한 것이지요. 하지만 그는 그의 아버지로부터 저주를 받았습니다. 이 말씀이 교훈하는 바는 무엇입니까? 물론 사실이 중요합니다. 그러나 사실을 얘기할 때 다른 사람에 대한 배려하는 마음이 없는 그런 사실 폭로는 죄악이라는 것입니다.

그러므로 그리스도인들의 행동 원리는 사랑이어야 합니다. 저는 여러분들에게 많은 이야기를 하지 않겠습니다. 여러분들이 세상을 살아갈 때 말씀 중심으로, 말씀대로 외치십시오. 그러나 외치면서도 이 말씀이 여러분들의 어떤 행동으로 나타날 때는 사람들이 이해할 수 있는 상황 속에서 하지 않는다고 한다면 아무 효과가 없을 겁니다. 그러므로 우리 그리스도인의 행동의 원리는 사랑에 기초해야 됩니다. 다른 사람을 배려하는 마음. 내가 비판을 하고 내가 해야 할 사람에 대한 배려하는 마음이 없이 정죄하는 가운데 폭로를 하거나, 우리가 교회에서 지적을 하거나 비판을 하는 것은 세우는 것이 아니라 넘어뜨리는 결과를 가져오게 될 것입니다. 그래서 사도 바울은 우리에게 이렇게 이야기합니다. 너희는 먹든지 마시든지 무엇을 하든지 하나님의 영광을 위해서 하라. 이것이 하나님께 영광이 되겠는가? 이것이 하나님의 교회에 유익이 되겠는가? 수많은 사람들 유대인이나 헬라인이나 또는 그리스도 교회에 과연 유익이 되고 있는가 우리의 모든 관심은 내가 아니라 교회의 유익이되어야 한다는 이야기지요.

마지막 점검: 교회 개혁은 자기 개혁부터

마지막으로 우리 한 번 점검해볼 것이 있습니다. 교회개혁은 누가 해야 됩니까? 교회 개혁은 누구를 해야 됩니까? 나부터 해야 됩니다. 교회 개혁은 우리의 개혁운동은 다른 사람을 비판하고 다른 사람을 정죄하는데서 출발해서는 안 됩니다. 우리의 개혁운동은 나부터 시작해야 됩니다. 이것이 합신 정신이예요. 제가 30년 전 미국에 유학한 가운데서 합동측에서 보고 배운 것에 대해서 너무 화가 나고 짜증이 나서 비판한 적이 있어요. 총신대학에서 가르치면서 교권주의자였던 한 목사가 얼마만큼 교회에 나쁜 짓을 하고 아주 나쁜 것들을 웨스트민스터에서 친구들한테 이야기를 했습니다. 그런데 그 이야기가 박윤선 목사님한테 들어간 것 같아요. 박윤선 목사님이 미국에 오셔서 절 불렀습니다. "오 목사!" 그러면서 저한테 조용히 다음 같이 말씀하시는 거예요.

"우리가 한국 교회가 부패한 것을 안다. 합동측 부패한 것 안다. 그러나 우리는 어떠냐? 우리가 그 사람들 보다 나은 것이 있느냐? 우리가 개혁 운동을 일이킨 것은 합동측의 부정과 부패를 비판하기 위해서 나온 것이 아니라 우리 자신부터 하나님 앞에 바로 서기 위해서 나온 것이다. 너의 비판은 잘못된 거다. 너부터 바로 서라."

마치는 말

사랑하는 학우 여러분! 우리의 개혁 운동은 한국 교회 한기총 대표단 금권 선거했으니 물러나라는 것이 아니예요. 여러분들은 자격도 없어요. 나부터 하는 것이 중요합니다. 나부터 하나님 앞에 바로 서고 나부터 하나님 말씀에 바로 서 있을 때 동지들이 생겨날 겁니다. 그 동지들을 통해서 수많은 사람들이 영향을 받고 그들을 통해서 한국 교회는 새로워지는 역사가 나타날 줄 믿습니다. 중요한 문제는 나에게 있습니다. 내 스스로 우쭐해서 합신 와서 공부한다. 그 시시껄렁한 얘기 좀 하지 마십시오. 다른 사람들 여러분보다 더 공부 많이 해요! "합신 고등학교다." – 그런 사기가 어디 있습니까? 여러분들이 공부 많이 하는 것 아닙니다. 제가 웨스트민스터에서 공부할 때 한 학기에 네 과목을 하는데 한 과목에 책을 스무권 읽으라고 그러라고요.

영어책을 한 학기 하려면 적어도 영어책 80권을 읽어야 한 학기 하는 거예요. 그렇게 했습니다. 그렇게 해서 코스웍을 마칠 수 있었습니다. 여러분 속지 마십시오. 여러분들이 공부를 많이 하고 있다? 속지 마세요. 문제는 여러분들이 내가 얼마만큼 실력이 있는 사람인가 그게 중요해요. 공부는 많이 했다는 것이 중요한 것이 아니라 얼마만큼 실력이 있는가가 중요해요. 여러분 실력이 없다면 설교자로서 실력이나 영적인 말씀을 전하는 자로서 실력이 없다고 한다면 여러분들은 아무것도 아닙니다(nothing). 우리는 이것을 기억해야 합니다. 다른 사람을 얘기할 필요 없습니다. 다른 사람 어찌하든지 우리는 하나님 앞에 서서 나 자신부터 하나님 앞에서 개혁해 나갈 때 하나님은 우리를 통해서 하나님 하시고자 하는 일들을 이루실 것입니다. 비록 세상 사람들이, 학자들이 한국 교회에 대해서 비관적으로 말을 하고 그런다 할지라도 우리 한 사람 한 사람이 바로 서 있을 때 우리를 통해서 우리 교회가 살아나고 우리가 살아나서 우리 주변의 교회들이 살아날 때 하나님은 제로가 될 것이라는 그것을 앞으로 백 퍼센트로 놀라운 역사를 이루실 줄 믿습니다. 이런 소망이 여러분들에게 있습니다.

　　여러분들이 잠을 자거나 게으르거나 역사의식을 가지지 않고 하루 하루를 소비한 다면 30년 후에 한국 교회는 없을 것입니다. 여러분들이 지금부터 정신을 차리고 한국교회 장래를 바라보면서 기도하면서 격려하면서 붙잡아 줌으로 30년 후에 한국교회가 온 세계의 복음화를 이루는 아름다운 교회로 우뚝 설 수 있도록 우리 스스로 한 사람 한 사람이 개혁자로 우뚝 서게 되기를 바랍니다.

새 언약의 사랑

고린도후서 3장 1-6절

안상혁 (역사신학)

과거에 다이어트를 해서 약 8kg을 감량한 적이 있습니다. 참 대단하죠? 사실 열 번 정도 시도했다가 아홉 번은 실패하고 딱 한번 성공을 한 것이있답니다. 문제는 제 의지력이 약하다는 사실에 있었습니다. 스스로 한심하게 생각했었죠. 그러다가 작은 결심을 했습니다. 제가 담당하던 중등부에서 어느 날 광고 시간에 제가 앞으로 나가서 공언을 했습니다. 학생들 앞에서 제 목표를 밝힌 것이지요. "여러분 이번 여름에 안전도사가 5kg 감량하겠습니다!" 역시 제 예상대로 상당한 효과가 있었습니다. 이제 학생들이 다 알고 나니까 그 때부터는 정말 해야겠더라고요. 마침 그 때가 2002 월드컵이 한창 진행될 때 였습니다. 축구 경기를 보면서 저도 스태퍼 위에서 한국 선수들과 함께 뛰었지요. 감사하게도 당시 한국팀이 너무 잘 했어요. 4강전까지 계속 올라간 덕분에 저도 한참을 같이 뛸 수 있었죠. 결국 그 여름에 목표를 초과달성하여 8kg까지 살을 뺐답니다. 알 수 없는 미래에 관해 무엇인가를 먼저 공언하는 것이 때로는 연약성을 극복하는 데 조금 도움이 된다는 사실을 알게 되었습니다.

1. 새 언약 시대 교회의 네 가지 원리

자, 지금 이 자리에서 저는 또 한 가지의 약속을 드리고자 합니다. 앞으로의 제 채플 설교에 관한 것입니다. 저는 지난 수년 동안 미국에서 언약신학이라는 주제로 박사 논문을 썼습니다. 우선 제 자신의 신앙을 위해서라도 유학 기간 내내 제 마음의 뜨거움을 유지하길 원했습니다. 그래서 논문 주제를 잘 잡아야겠다고 생각했지요. 무엇보다 교회에 유익이 되는 논문을 쓰길 원했습니다. 논문 주제가 언약신학인데, 이것을 교회와 관련짓고 싶었습니다. 자연히 '언약'이라는 단어와 '교회'라는 단어의 조합을 시도하게 되었습니다. 흥미롭게도 "교회 언약"이라는 주제가 실제로 존재했음을 알게 되었습니다. 이를 계기로 "교회 언약"의 언약신학적인 기초에 대해 글을 쓰게 되었지요.

교회 언약을 공부하면서 17세기 청교도의 언약신학의 원리들 가운데 목회 현장에 직접 적용될 수 있는 내용을 특별히 선별해 낼 수 있게 되었습니다. "새 언약 시대의 교회"를 위한 네 가지 원리, 곧 자명성, 자발성, 확실성, 완전성 등의 원리입니다. 언약신학자들은 특히 다음의 성경 구절들로부터 앞의 네 가지 원리를 도출해 내었습니다. 예레미야 31장, 에스겔서 36장, 복음서와 바울서신에 등장하는 성만찬의 텍스트, 그리고 히브리서 7~9장의 말씀 등입니다. 앞으로 기회가 되는 채플 설교 때마다 하나씩 여러분께 소개할 예정입니다. 이를 통해 현재 우리가 섬기는 교회가 앞으로 어떤 모습으로 성장하기를 하나님께서 기대하고 계시는 지 함께 생각해 보길 원합니다.

2. 자명한 사랑: "고린도전서 다시 읽기"

오늘은 네 가지 가운데 첫 번째 원리를 말씀 드리겠습니다. 자명성의 핵심적 요소는 하나님의 자명한 사랑이에요. 그리고 "자명한 사랑"을 잘 예시해주는 성경적인 실례는 고린도전서라고 생각합니다. 잘 아시다시피 고린도후서에서 사도 바울은 자신의 사도권을 변호합니다. 고린도교회가 바울의 사도직에 관해 이의를 제기한 듯합니다. 어떤 학자들에 따르면, 고린도교회의 죄문제를 사도 바울이 지적하고 치리를 행한 것이 문제의 발단이 되었을 것이라고 합니다. 치리하는 과정에서 고린도교회의 분열이 발생했고, 사도 바울에게 불만을 가졌던 사람들이 생겨났으며, 어떤 계기를 통해 그들이 결집하게 되었다는 것이죠. 이제 그들은 바울의 담임목사직은 물론 한 걸음 더 나아가 그의 사도직 자체에 대한 정면 도전을 감행합니다. 그들의 행적을 명시적으로 다룬 사료가 남아 있지는 않습니다. 대신 우리에게는 사도 바울이 남긴 고린도후서가 있습니다. 그 안에 사도바울은 도전받는 사도권을 변호합니다. 우리는 바울의 변론을 통해 반대자들이 제기했던 도전의 내용을 역추적 해볼 수 있습니다.

학자들의 견해를 살펴보니 많게는 약 14개, 적게 잡아도 한 6-7가지의 항목들이 있었습니다. 모두 바울을 반대하는 이유가 있었던 거예요. 저도 직접 세어 보았습니다. 약 10가지 정도가 눈에 띄었습니다. 첫째, 사도 바울은 사도가 아니다. 왜냐하면 거짓말 하는 목회자이기 때문이다. 거짓을 말하고 또한 교회를 경홀히 여기는 사람이 어떻게 사도라고 자칭할 수 있느냐는 것입니다. 무슨 말인가 자세히 들어보면 아마도 바울이 고린도 교회를 방문한다고 말했다가 미룬 것 같습니다. 이것을 보고 바울이 거짓말을 했다고 비난한 것이죠. 또한 바울의 마음 속에 고린도 교회가 우선순위에 있지 않다고 주장하면서 바울이 최소한 우리의 담임목사는 아니라고 주장한 것 같습니다. 이에 대해 바울이 대답합니다. "내가 너희 교회를 방문하기로 했다가 늦어진 것은 사실인데 너희를 아끼는 마음으로 일부러 그런 것이다." 당시 사도는 교회에 대한 치리권이 있었습니다. 그런게 고린도 교회에는 죄 문제가 있었잖아요. 이런 상황에서 바울과 고린도 교회의 만남은 은혜로운 만남이 될 수 없었을 것입니다. 오히려 판사와 죄인의 만남으로 될 것을 바울은 우려했던 것이지요. 그래서 보다 덕스러운 만남이 되기 위해 바울은 시간을 좀 두고 기다렸다는 것입니다. "나는 너희의 자정 능력을 믿는다"라고 말하면서요. 실제로 일정 시간이 흐른 뒤에 교회의 문제는 어느 정도 해결이 된 듯 합니다. 이제 바울은 이렇게 말합니다. "거봐라 너희가 그래도 덕스럽게 일을 잘 처리하지 않았느냐?"

두 번째 도전은 오늘 본문하고 관련이 있습니다. 곧 바울은 사도의 추천서를 가지지 않았다는 도전입니다. 그 당시 초대교회는 오늘처럼 인터넷도 없고 전화도 없었습니다. 반면 교회를 방문하는 순례 전도자들이 많았던 것 같습니다. 문제는 처음 보는 목사들이 정말로 제대로 된 목회자인 줄 어떻게 알 수 있느냐는 것이지요. 오늘날로 비유하자면 이 사람이 혹시 신천지에서 파송한 추수꾼인지 아니면 정말 예루살렘 교회에서 부목사 하다 온 사람인지 구분하기가 어려웠다는 것이죠. 이런 상황에 아마도 적지 않은 사역자들이 자신의 신분을 증명해주는 일종의 추천서를 가지고 다닌 듯 합니다. 오늘날도 목사가 되면 노회에 일종의 증명서를 발행해 주지 않습니까? 신분이 확실해야 강단에 세울 수 있는 것이지요. 그런데 바울 선생님은 이러한 추천서를 들고 다니지 않은 듯합니다. 오늘날로 비유하자면 "학력이 불분명하다." "혹 목사 면허증을 위조한 것은 아니냐?" 이런 식의 공격을 한 듯 합니다.

세 번째 도전은 조금 치사스럽습니다. 바울 사도가 헌금을 갈취했다는 공격입니다. 7장 2절을 보면 사도 바울 선생님이 이 때문에 마음이 많이 상하셨던 거 같습니다. "우리는 아무에게서도 속여 빼앗은 일이 없노라"고 말씀합니다. 또한 11장 8절에 보면 "야, 내가 너희를 섬기기 위해 너희가 아닌 다른 여러 교회들에서 요를 받은 것이 탈취한 것이라." 무슨 뜻일까요? "내가 고린도 교회를 개척하고 죄를 진 게 있다면 오히려 월급 안 받은 죄 밖에는 없다. 그럼 목회비를 어디서 받았겠냐? 그건 다른 교회들로부터 후원을 받은 거야!" 이렇게 말씀한 것입니다. 그런데 바울은 이렇게 한번 말씀하고 그만두지 않습니다. 정말로 마음이 많이 섭하셨던 것 같습니다. 그래서 12장 13절에서 이렇게 말씀합니다. "내 자신이 너희에게 폐를 끼치지 아니한 일

밖에 다른 교회 보다 부족한 것이 무엇이 있느냐 너희는 나의 이 공평치 못한 것을 용서하라." 말을 굉장히 재밌게 하셨죠.

네 번째 도전은 좀 더 심합니다. 아주 자존심을 상하게 하는 공격을 합니다. 사도 바울 선생님을 향해서 이렇게 말합니다. "바울은 사도도 아니다. 왜냐하면 사도라면 왜 이렇게 설교를 못하냐?" 설교자에게 언변이 없다고 하는 것은 사실 설교를 못한다는 뜻이죠. 그런데 바울 선생님이 뭐라고 대답하시냐면 그거 인정하세요. "그래 나는 말에 졸하다. 그러나 진리 지식에는 그렇지 않다. 그리고 글은 좀 잘 쓴다." 사실 사도 바울의 겸손한 고백은 어느 정도는 사실을 반영한 듯도 합니다. 우리가 오늘도 사도 바울 선생님 글을 읽으면 얼마나 감동이 됩니까? 정말 바울의 시대에 태어나서 그 분의 설교를 한번 들어봤으면 좋겠다는 생각이 들기도 합니다. 그런데 이제 본인 이야기도 그렇고 그분의 설교를 늘 들었던 고린도 교회 교인들의 증언에 따르면 바울의 설교는 그렇게 탁월하지는 않은 듯합니다. 바울의 글이 말보다 훨씬 낫다고 하니까요. "그들의 말이 그의 편지들은 무게가 있고 힘이 있으나 그가 몸으로 대할 때는 약하고 그 말도 시원하지 않다 하니.."(고후10:10) 사도행전 20장에 기록된 유두고의 사건이 생각이 납니다. 유두고가 설교를 듣다가 그만 죽지 않았습니까? 당시의 상황을 누가가 상세히 기록을 했습니다. 누가는 역사가의 눈으로 사태를 객관적으로 묘사했습니다. 사도행전 20장 7절에 따르면 사도 바울 선생이 이제 강론을 할 때 말을 밤중까지 계속했다고 합니다 ("그들에게 강론할새 말을 밤중까지 계속하매."). 그러니까 일단 설교가 9시에 시작해서 12시가 넘도록 계속되었다는 것이죠. 그런데 누가가 한

번 더 기록해요. "바울이 강론하기를 더 오래하매.." (행20:9) 공동 번역 성경을 보니까 이렇게 기록되어 있습니다. "바울로의 이야기가 너무 오래 계속되니까." 유두고가 졸 수 밖에 없는 이유를 마치 바울에게 돌리는 듯한 뉘앙스입니다. 누가 선생님이. 같은 사역자의 입장에서 볼 때도 이렇게 생각한 것이죠. "아이고, 저렇게 지루한 설교를 왜 이렇게 오래하나?" 얼마나 지루한 설교였냐 하면 사람을 죽일 만큼 지루했던 것입니다. 마침내 유두고가 졸음을 이기지 못해 그만 낙상을 하여 죽게 됩니다. 바울 선생이 강론을 멈추고 유두고를 붙잡고 그 위에 엎드려 그 몸을 안았다고 말합니다. 아마도 기도하는 자세가 아닐까 생각합니다. 자기에게도 책임이 있으니 얼마나 간절히 기도했기에 하나님이 살려주셨을까 생각이 들기도 합니다. 재미있지요?

다섯 번째 도전은 매우 심각한 도전입니다. 고후 13장 13절을 봅시다. 그 내용은 다음과 같습니다. "바울은 사도가 아니다. 왜냐하면 바울을 통해서 지금 말씀하는 주체가 예수님인줄 우리가 어떻게 아느냐?" 이거는 너무 중요한 도전입니다. 바울이 지금 이 시점까지 이미 여러편의 서신들을 기록도 하고 설교도 한 것이 분명합니다. 그런데 고린도 교회가 이렇게 도전합니다. "그게 바울 네 말이지 정말 예수님이 너를 통해 말씀 하신 것인지 우리가 어떻게 아느냐? 예수님이 너를 통해 말씀하신다는 증거가 있느냐?" 참으로 심각한 도전입니다.

3. 사도 바울의 교회사랑: "새 언약의 일꾼"

지금까지 약 다섯 가지 도전들의 내용을 소개해 드렸습니다. 거의 대부분의 요구는 결국 "증거를 한번 제시해 보라!"는 것으로 요약될 수 있습니다. 이에 대한 사도 바울의 대답이 무엇인줄 아세요? 이것을 보고 "정말 바울 선생님은 글을 잘 쓰시는 구나!" 감탄을 했답니다. 자 바울의 대답을 들어봅시다. 바울 선생님이 주저하지 않고 증거를 대겠다고 말씀합니다. 그리고 자신의 사도 됨을 드러내는 가장 강력한 증거는 "바로 너다!"라고 외칩니다. 고후 3장 2절을 보세요. "너희는 우리의 편지라" 이 편지는요 바로 앞에 등장하는 "추천서"를 의미합니다. 추천서.. 기억하시죠? 바로 사도의 신분을 증명하는 증명서를 일컫는 것이죠. 그러니까 지금 증명서를 요구하는데 교회 앞에 "나의 사도됨을 증거하는 가장 강력한 증명서는 노회 도장 찍힌 종이쪼가리가 아니라 바로 너희 자신"이라는 겁니다. 수사학적으로 분위기를 반전시키는 것이죠. 물론 사도바울의 치밀한 논리가 밑에 깔려 있습니다. 빨리 한 번 말씀 드릴 테니까 잘 들어 보세요. "왜 너희가 가장 강력한 증거인가?" 바울은 먼저 사도직의 정의부터 내립니다. 첫째, 바울에 따르면 사도직은 의의 직분입니다. 그리고 의의 직분을 정죄의 직분과 율법의 직분과 구분하죠. 둘째, 그런데 의의 직분을 세우신 분은 성령 하나님이에요. 셋째, 성령의 가장 큰 특징은 그 분이 살리는 영이라는 것입니다. 넷째, 이제 바울은 이렇게 질문합니다. "너희는 지금 살았냐? 아님 죽었냐?" 당연히 그들은 살아있다고 대답할 것입니다. 이제 바울은 이렇게 결론을 내립니다. "거봐, 그럼 나 사도 맞는거야!" 바울의 논리입니다. "너희는 내가 전하는 복음 듣고 살아 났지? 그럼 너희를 살리신 분은 성령이신 거야. 그런데 성령께서 세우신 직분을 통해 복음을 너희에게 전하셨지. 성령이 세우신 영의 직분은 의의 직분이고 그 의의 직분 곧 사도직인거야. 그러므로 내가 사도인 것이 맞는 거야!"

사도 바울 선생님이 이렇게 논리를 펴는 근거가 되는 키워드는 6절 말씀에 등장하는 "새언약의 일꾼"입니다. 이 새언약의 일꾼을 이야기하실 때 바울 선생님은 앞서 소개한 예레미야 31장을 염두에 두신 것이 틀림없습니다. 이 부분에 대해서는 유영기 교수님께서 좋은 논문을 써 주셨습니다. 〈새언약의 약속과 신약에서의 성취에 대한 해석학적 차이〉(1989). 이 논문을 읽어보니까 신약학계에서는 이런 논의가 있었던 것 같습니다. 곧 고린도후서 3장의 텍스트와 예레미야 31장의 텍스트는 서로 무관하다는 주장이지요. 볼프란 사람이 이렇게 주장했는데 유영기 교수님이 이것을 잘 반박하고 계세요. 참고하시기 바랍니다. 자, 그렇다면 새 언약의 텍스트가 오늘 본문과 어떤 관련을 맺고 있나요? 예레미야 31장에 기록된 새 언약의 첫 번째 특징은 '자명성'에 있습니다. 하나님 지식의 자명성이지요. 하나님은 이렇게 호언장담하십니다. "새 언약 시대가 도래하면 그 때에는 어린 아이로부터 노인에 이르기까지, 큰 자로부터 작은 자로 이르기까지 하나님에 대해 따로 공부 하라고 말할 필요가 없게 될 것이다. 왜냐하면 하나님 지식이 이미 그들 가운데 충만하고 너무 자명할 것이기 때문이지." 여기서 자명성은 우선은 진리 지식의 자명성이라 얘기할 수도 있구요, 또한 하나님의 사랑에 대한 자명성이라 말할 수 있습니다. 모두 동의하듯이 하나님의 자명한 사랑은 십자가에서 성취되었습니다. 십자가 앞에서 "하나님은 사랑이시라"는 사실을 입증할 더 이상의 증거가 필요 없게 된 것입니다. 당시 이스라엘 백성이 가지고 있었던 커다란 신학적 난제가 있었습니다. 그것은 "우리가 하나님의 택한 백성이라면 왜 하나님께서 우리를 이렇게까지 버려 두시느냐?"라는 질문이었습니다. 그런데 십자가 앞에서 이들의 해묵은 의문이 해결된 것입니다. 곧 그들은 결코 버림받은 백성들이 아니었던 것입니다. 하나님은 오래전부터 한 마음으로, 곧 십자가의 사랑으로 그들을 품고 계셨던 것입니다. 어떻게 아냐구요? 십자가는 아주 오래전부터 구약의 선지자들에 의해 예언되었기 때문입니다. 십자가를 하나님은 아주 오래전부터 계획하신 것입니다. 하나님의 백성이 디아스포라를 당하여 어려움을 당할 때에도 하나님은 십자가의 사랑으로 그들을 돌보고 계셨던 것입니다. 요컨대 하나님의 십자가 사랑, 곧 자명한 사랑이 성취됨으로 새 언약 시대가 개막되었다고 말할 수 있습니다.

이처럼 자명한 십자가의 사랑에 수종을 드는 직분이 바로 사도직입니다. 잠시 부모의 자명한 사랑을 생각해 봅시다. 자녀들은 엄마의 엄마됨, 아빠의 아빠됨을 증거를 통해 인식하지 않습니다. 여러분의 자녀가 어느 날 집에 돌아오더니 이렇게 말을 합니다. "엄마 내가 오늘부터 엄마를 진짜 나의 엄마로 모실께요!" "도대체 무슨 얘기냐?" 자녀가 대답을 합니다. "아무래도 엄마가 내 엄마가 같지 않아서, 얼마 전에 엄마 머리카락과 내 피를 국가수에 감정 의뢰를 했거든. 그런데 오늘 결과가 나왔어요. DNA가 일치한다네. 그러니깐 이제 엄마가 내 엄마 맞는 거야!" 이런 말을 하는 자녀에게 "역시, 내 자식은 똑똑하구나! 매우 과학적으로 사고할 줄도 알다니 참으로 자랑스럽다!" 뭐, 이렇게 말 할 부모는 아무도 없을 겁니다. 또 다른 가정을 해 볼까요? 여러분이 어느 교회에 청빙 받아 가서 몇 년 동안 열심히 사역했습니다. 어느 날 장로님이 오셔서 이렇게 말합니다. "목사님 내가 이번 주부터 목사님을 정말 담임목사로 모시겠습니다!" "도대체 무슨 말씀이세요?" 장로님이 이렇게 대답합니다. "제가 그동안 목사님 설교를 들으면서 정말 많이 의심을 했습니다. 얼마전에는 목사님의 신분증과 목사 면허증을 몰래 가져다가 진본 여부를 확인했지요. 졸업하신 학교와 노회 등에서 모두 목사님이 진짜 목사님 맞다고 그러네요!" 자, 상황이 이쯤되면 벌써 여러분의 목회는 이미 깨어진 것입니다.

그런데 잘 들어보세요. 방금 말씀드린 것과 동일한 정말 있을 수 없는 일이 현재 고린도 교회 안에서 벌어지고 있는 것입니다. 사실 바울이 자신의 신분을 드러낼 수 있는 한 두가지 증거를 제시하면 표면적인 갈등은 쉽사리 해결될 수 있는 것처럼 보입니다. 그런데 생각해 보세요. 국과수에 감정을 의뢰하기 위해 부모에게 머리카락을 내 놓으라고 요구하는 자녀나 목사 면허증을 좀 검사해 보자고 달려드는 당회원 앞에서 아무 생각 없이 요구를 들어주고 문제를 해결했다고 생각하는 부모나 목사는 아무도 없을 것입니다. 사태가 이렇게까지 치닫게 된 보다 근본적인 원인을 찾아 해결책을 마련해보려고 하겠지요. 정확히 같은 이유에서 사도바울은 고린도 교회의 도전을 가장 단순한 방식으로 해결하지 않고 있는 것입니다. 증거만 몇가지 대면 상황이 종결될 것 같지만 바울은 문제의 본질을 붙잡고 싶었던 것입니다. 깨어진 목회 현장에 대한 바울의 안타까운 심정이 이 서신에는 잘 드러나 있습니다. 또한 잘 생각해 보세요. 만일 사도직이 이 새언약의 자명성에 봉사하는 것이 분명하다면, 사도의 증거를 댄다는 사실이나 시도 자체가 사실상 어불성설인 것입니다. 바울은 대신 사랑과 생명이라는 두 가지 단어에 크게 집착합니다. 왜냐하면요 그 속성상 생명이라는 것은 증거를 필요로 하지 않습니다. 이게 죽었는지 살았는지를 증거문서를 통해 알리지 않습니다. 살아있는 것은 스스로를 증명합니다. 생명이란 건 속성상 자명성을 가지고 있습니다. 또 다른 하나는 "사랑의 자명성"입니다. 내가 누구를 사랑하는 것, 내가 알고 사랑받는 그 사람이 압니다. 물론 개인차가 좀 있겠죠. 감각이 좀 둔한 사람은 다소 늦게 알 수는 있지만 "사랑"이라는 것만큼 자명한 것은 없을 것입니다. 바로 이러한 맥락에서 바울 선생님이 긴 반박을 통해서 생명과 사랑 두 가지를 가장 집요하게 추적하는 것입니다. 아까 생명에 대해서는 이야기 했죠? 잠시 "사랑"에 대해 생각해 봅시다. 바울은 교인들에게 이렇게 묻습니다. "너희 안에 정말 나의 사랑이 없느냐? 예수 그리스도의 사랑이 없느냐?" 바울은 살아 움직여서 도저히 스스로 무시할 수 없는 사랑의 존재를 계속 집요하게 추적을 하는 것입니다.

바로 이 시점에서 한 번 생각해 볼 사실이 있습니다. 사도직을 교회사의 관점에서 한 번 조명해 보는 것이지요. 교회사에서 사도의 위치는 굉장히 중요합니다. 특히 정경이 성립되는 과정과 밀접히 연결되어 있었기 때문입니다. 이 사람이 사도냐 아니냐를 구분하는 가장 중요한 기준은 딱 하나에요. 이 조건이 만족되면 비록 그 사람이 설교를 못해도, 얼굴이 못생겨도, 아무 상관이 없어요. 그 기준은 사도라는 단어 안에 암시되어 있습니다. 사도(Apostle)이라는 말은 "보냄을 받은"(sent by) 자라는 뜻입니다. 누가 보낸 것일까요? 특별히 성육신하신 예수 그리스도께서 직접 파송하신 제자들을 일컬어 사도라고

(따로 구분하여) 명명한 것이죠. 사도 시대 이후에 출현한 교회 지도자들은 아무리 위대하다 할지라도 예수님의 제자들과는 따로 구분하였습니다. 교회사에서 다음 세대의 지도자들은 주로 "속사도"(sub-apostles)라고 불렀습니다. 예수님이 직접 파송한 제자들과는 일단 구분을 하는 거죠. 자, 이 기준에서 볼 때, 바울은 사도일까요 아닐까요? 예, 분명히 사도입니다. 왜냐하면 다메섹 도상에서 예수님을 직접 만났잖아요. 부활하신 주님을 만났고, 그 부활하신 주님께서 그를 이방의 사도로 직접 파송하셨죠. 이것이 사실이라면 바울의 사도권 변호에 있어 이것 하나를 제시하면 모든 게임은 쉽게 끝납니다. 그런데요, 바울은 이처럼 가장 강력한 자신의 경험을 언급조차 하지 않습니다. 그거 얘기 안하세요. 사도행전에서는 두 번 이상 간증하셨는데 여기서는 안하십니다. 왜 그랬을까? 그 이유를 묵상하면서, 저는 저절로 눈물을 쏟게 되었습니다.

그리고 또 하나가 있어요. 바울이 사도냐 아니냐를 따질 때, 일반 교인들의 입장에서 듣고 싶어 하는 내용은 대부분 12장에 등장합니다. 여기서 사도 바울은 자신만의 독특한 신비 체험과 또 표적과 기사들을 잠깐 언급합니다. 이것이야말로 보통사람들이 직접 보고 듣고 느끼길 원하는 것이겠지요. 흥미로운 사실은 이 주제를 바울이 다루는 방식입니다. 그의 사도권 변호의 맨 마지막에 잠깐 이야기할 때, 바울은 이것들을 매우 "무익"한 증거로서 소개한 다는 것입니다. "무익하나마 이야기 하겠다"는 것이죠. 무익(useless)하는 것은 사실상 증거로서의 아무 가치가 없다는 의미입니다. 한 걸음 더 나아가 바울 선생님은 이것들을 어리석은 것으로 묘사합니다. 그러니까 지금부터 내가 얘기하는 것들은 "사실상 내 사도권 변호에 아무런 유익이 없고, 그 말을 꺼내는 것 자체가 어리석은거야"라고 말씀하는 것이죠. 과연 이렇게 말을 꺼내는 것이 일종의 수사학일까요? 저는 그렇게 생각 안합니다. 이해를 돕기 위해 비유를 하나 들겠습니다. 만민XX교회 이XX 목사님 교회의 홈페이지에 한 번 방문해 보시죠. 그분은 내가 이단 아니고 정말 하나님의 종이라는 거 증명하기 위해 홈페이지에 "기사와 표적들"을 소개합니다. 마우스를 클릭하고 들어가면 그동안 자기가 기도해서 병을 낫게한 사람들, 집회할 때 일어났던 신비한 현상, 그리고 온갖 신비한 사진들을 일종의 "증거들"로서 제시하고 있습니다. 사실 이것이 일반적인 사람의 심리를 반영한 것입니다. 이처럼 외적인 증거에 의존해서 자신이 "하나님의 사람"임을 인정받고 싶은 것이죠.

그러나 잘 보세요. 지금 사도 바울은 정반대 논리를 펴고 있는 것입니다. 그러한 외적인 증거들은 사실 아무 것도 아니다. 바울의 이러한 생각은 앞서 소개한 새언약의 "자명성"의 원리로 조명해 볼 때 그 내적인 논리가 잘 드러납니다. 잘 생각해 보세요. 자명성이라는 말 뜻은 어떤 외적인 증거를 필요로 하지 않는다는 뜻입니다. 그렇죠? 또한 증거를 필요로 하지 않는 직분이 (새언약 시대의) 사도의 직분입니다. 그런데 어떤 외적인 증거를 통해 사도직 변론을 시도하는 자체가 어불성설이라는 거죠. 왜 사도바울은 이런 결정적인 증거들을 본격적으로 제시하지 않았고, 잠깐 언급할 때조차도 구체적 내용은 얘기 안하고 제목만--그것도 이것을 무익하고 어리석은 것이라 말하면서--언급한 것일까? 제 생각은 이렇습니다. 이렇게 말하는 거는 제자 공동체에게 불공평한 것이기에 그렇습니다. 왜냐하면요 우리가 다 같이 예수님의 제자들이잖아요. 제자 공동체잖아요. 그런데 "내가 나는 예수님으로부터 직접 파송받았으니까 너희랑 틀려" 이렇게 얘기하는 즉시 우리 사이에 서열이 생기잖아요. 교회사 속에서 이런 일이 실제로 일어났습니다. 중세 로마 가톨릭 교회는 교회의 권위를 인위적으로 세우기 위해서 평신도와 성직자 사이에 넘어갈 수 없는 존재론적인 간극을 만들어 놓았습니다. 성직자들 안에도 일종의 계서제를 도입했습니다. 베드로로부터 권위를 받은 교황과 일반 사제는 서로 다른 권위를 가졌습니다. 모두 성경과 무관한 인위적인 시도였지요.

그런데 성경과 초대교회의 역사에서 사도들이 그와 같은 시도를 했다는 기록이 없습니다. 인위적으로 사도의 권위를 세우려 했다는 기록을 찾을 수 없어요. 오히려 복음서가 기록하는 제자들의 모습은 오히려 보통 사람만큼도 못한 모습입니다, 그렇죠? 자기들끼리 싸웠죠, 잘 배우지 못했죠, 급기야 예수님을 배반하기까지 했습니다. 이처럼 자기들의 못난 모습을 누가 기록으로 남겼을까요? 예, 사도들 자기들이 직접 쓴 것입니다. 사도들은 "나는 너희와는 다른 존재야"라고 스스로를 차별한 적이 없어요. 바울 역시 예외가 아닙니다. "내가 사도니까, 내가 예수님이랑 너희 보다 좀 더 친하니까, 너희는 나를 존경해야 돼!" 바울은 이렇게 말하지 않았습니다. 사실 이런 식의 논리는 제자 공동체에게 불공평한 것입니다. 또한 주님께 대해서도 그건 정당하지 못한 겁니다. 자식을 키우는 부모의 입장에서 한 번 생각해 봅시다. 저는 두 사내아이를 키우고 있습니다. 둘이 가끔 싸워요. 둘 다 아빠를 너무 좋아해서 어렸을 때는 아빠를 두고 많이 싸웠어요.

큰 녀석이 동생에게 이렇게 말했다고 가정해 봅시다. "야, 너 까불지 마. 아빠를 알면 내가 더 잘 알아. 나는 너보다 3년이나 아빠와 더 살았어. 그리고 아빠는 나를 더 좋아해" 만일 이런 말을 부모가 들었다면 기분이 어떨까요? 비록 둘째가 뭘 잘못했다 할지라도 형이 이야기한 것은 사실이 아니라고 말해주고 싶지 않을까요? 왜죠? 실제로 사실이 아니니까 그렇죠. 아빠는 두 녀석을 똑같이 사랑하죠. 마찬가지입니다. 같은 교회 안에서 생활하면서 "나는 예수님과 더 친해! 그렇니까 너희는 내 말을 잘 들어야 돼!" 이렇게 말할 수 없는 것입니다.

고후 13장 3절의 말씀도 이와 비슷한 맥락에서 주해해야 합니다. 본문의 의미를 좀 더 명확하게 드러내기 위해 (죄송하지만) 제가 영어로 읽어 드리겠습니다. "Since you are demanding proof that Christ is speaking through me." 이 말의 뜻은 이렇습니다. "지금 예수님께서 나를 통해서 너희에게 설교를 한다, 너희에게 말씀을 전한다는 것에 대해 너희가 증거를 요구하고 있지?" 자, 사실이 이렇다면 바울은 무슨 대답을 해야 할까요? 예, 다메섹 도상의 체험을 이야기 하거나, 아니면 어떤 사도의 표적을 근거로서 제시해야 하지 않을까요? 그런데 바울은 전혀 다른 이야기를 꺼내어 우리를 당황하게 합니다. 바울은 여기서 자기를 변호하기보다 오히려 자기를 고소하는 사람들을 위한 논증을 시작합니다. 이 때문에 논리의 흐름이 딱 끊어지는 느낌을 받습니다. 바울의 말입니다. "He is not weak in dealing with you, but is powerful among you." 도대체 이게 무슨 말인지 처음에는 제대로 이해를 못했습니다. 바울 선생님이 이렇게 말하는 것 같습니다. "여기서 잠깐, 너희는 지금 크게 잘못 생각하는 거야. 지금 너희가 제기한 질문 자체가 틀렸어. 너희의 질문에 따르면, 내가 진짜 사도라면 예수님과 좀 더 친하다는 이야기인데 그 증거를 제시해 보라는 것이지. 그런데 이건 틀린 생각이야!" 왜 그럴까요? 질문하는 사람들은 마치 사도는 예수님하고 좀 더 가깝고 나머지는 열등한 이등 신자라는 전제를 수용하고 있기 때문입니다. 바울은 그거 아니라고 확실히 밝히는 것입니다. 성령께서 사도인 나에게 역사 하시는 거나 너희 회중 가운데 역사 하시는 거나 질적인 차이가 전혀 없다는 겁니다. 아까의 예화를 다시 생각해 보세요. 형의 말도 안 되는 이야기를 듣고 둘째가 이렇게 대답을 한다고 가정해 봅시다. "형이 나보다 아빠를 3년이나 더 사귀었다고? (그렇다면 진짜 아빠는 형을 더 사랑한다는 이야기인데?) 난 믿을 수 없어. 형이 나보다 3년 더 살았다는 출생증명서를 가져와봐!" 동생이 이렇게 요구한다고 해서 형이 실제로 증명서를 떼다가 보여주면 그 꼴이 얼마나 웃기겠어요. 지금 사도 바울도 비슷한 요구를 받은 것입니다. 만일 제대로 된 형이라면 이런 상황에서 이렇게 말해야겠죠. "잠깐, 야 우리가 싸우는 건 싸우는 거고, 아빠는 너나 나나 똑같이 사랑해. 괜히 아빠 사랑을 의심하는 것은 건드리지 말고 싸우자." 바울 역시 비슷한 태도를 취한 것입니다. 비록 자기를 맹공격하는 원수 같은 교인들이지만 그들의 마음에 한 순간이라도 하나님의 온전한 사랑을 이해하지 못하는 것을 바울은 차마 볼 수가 없었던 것입니다. 교회 공동체를 향한 사도 바울의 진실한 사랑을 우리가 읽어낼 수 있는 부분이라 생각을 합니다.

13장에 이르면 드디어 사도 바울이 마지막 변론으로 부활의 능력을 언급하는 장면이 나옵니다. "드디어 이제 올게 왔구나!" 저는 처음에 그런 생각을 했어요. "그럼 그렇지 그래도 마지막에 사도의 권위를 한번쯤은 세워야겠지!" 그러나 마지막 순간까지 바울은 그런식의 변론을 펼치지 않습니다. 대신 이렇게 말합니다. "자, 너희가 너희는 계속 나를 씹어라. 나는 너희를 계속 끝까지 사랑할 꺼야! 예수님도 그랬어." 바울은 예수님이 "약함" 가운데 십자가에 달리셨다고 말합니다. 그런데 진짜 하나님이 약해서 십자가를 지셨을까요? 왜 주님은 약함으로 십자가에 달리셨죠? 예, 사랑 때문에 그랬죠. 사실 사랑 때문에 약함을 취하셨다는 의미에서 바울의 진술은 사실입니다. 여러분, 자녀를 너무 사랑해서 그 앞에서 벌벌 떠는 부모들을 자녀들이 정말 고마워하던가요? 많은 경우 오히려 자녀들은 사랑이 많은 부모를 오히려 업신여깁니다. 버릇도 없는 경우가 다반사입니다. 그게 인간의 죄성이지요. 영적인 세계도 마찬가지입니다. 지금 고린도 교회의 모습에서 우리는 이 모습을 발견합니다. 사실 바울이야말로 사도 중에 사도가 아니겠어요? 권위로 얘기하면 둘째가라면 서러워할 텐데요 그 바울이 지금 이처럼 약하고 비참한 취급을 받고 있지 않습니까? "그래 나는 약함으로 십자가에 달린다. 너희는 계속 나를 씹어라. 난 너희를 계속 사랑할꺼야!" 바로 십자가의 논리입니다.

자, 이처럼 (사랑의) "약함" 가운데 십자가를 지신 예수님이 그 다음에 어떻게 되셨나요? 예, "하나님의 능력으로 다시 살아나셨습니다." 하나님의 능력이요 부활의 능력입니다. 바울은 이것을 자기에게 적용합니다. "이와 똑같이 내가 너희를 사랑해서 나는 죽는다. 나는 자존심도 없다. 다 내가 죽고 이렇게 너희 밑으로 기어 들어가겠다.

그러면 하나님이 나를 살리실꺼야. 부활의 능력으로 살리실꺼야!" 그런데 여기서도 바울이 어떻게 말을 끝내는지 잘 살펴보아야 합니다. 바울은 이렇게 말하지 않습니다. "마침내 하나님은 내 편을 들어주시지. 그래서 나를 다시 살리신 거야. 그러니 이제 부활의 능력으로 너희를 제대로 다스릴꺼야!" 바울은 이렇게 자신의 권위를 세우지 않습니다. 대신 이렇게 말합니다. 죄송하지만 다시 한 번 영어 성경을 읽겠습니다. 4절 맨 끝에서 이렇게 말합니다. 부활의 목적으로 하나님께서 바울을 살리신 이유가 뭐냐면 "to serve you." (너희를 섬기게 하기 위해서)입니다. 기가 막힌 노릇이죠.

여러분, 목회 하다가 한 번은 죽을 수 있어요. 어떤 태권도 유단자 출신의 목사님이 같은 교회 장로님께 많은 시달림을 받았다고 합니다. 어느 날 새벽 기도회에 왔더니 아무도 없고 말썽 부리는 그 장로님 한 분만 와서 앉아 있더랍니다. 그래서 그 날 예배 후에 한번 힘으로 제압해 버렸다는 이야기를 듣고 웃은 적이 있습니다. 그러나 이것은 극히 예외적인 경우지요. 대부분 목회자들은 참습니다. 예수님 때문에 인내하는 것이지요. 내가 한번 참아서 죽었다고 칩시다. 그랬더니 하나님께서 부활의 능력으로 날 다시 살리신 거에요. 그래서 "하나님 감사합니다. 이제는 주님이 주신 이 부활의 능력으로 힘 있게 다스리겠습니다."라고 말을 합니다. 그랬더니 주님이 이렇게 대답하십니다. "아니야 그게 아니야! 부활의 능력은 그렇게 쓰는 게 아니야." "그럼 왜 저를 다시 살리셨나요?" 주님께서 다시 대답하십니다. "다시 가서 또 십자가를 지고 죽으라고 살렸지. 앞으로도 네가 죽을 때마다 다시 살려 줄게. 부활의 능력은 이렇게 쓰는거야!" 예, 바로 이런 의미입니다. 사도 바울 선생님이 지금 그 이 이야기를 하는 것이죠.

하나님께서 부활의 능력으로 우리를 살리시는 이유는 또 다시 죽게 하시려고 그랬다는 겁니다. 바울 선생님이 글을 정말 잘 쓰신다고 말씀 드렸죠. 고린도후서 곳곳에서 수사학적인 표현을 자주 사용하셨죠. 이제 편지를 마무리 하면서 부활 이야기를 하시잖아요? 사실 고린도 후서 전체를 놓고 보면 부활이라는 주제로 처음과 끝을 연결시키고 계십니다. 1장 보세요. "우리 마음에 사형 선고를 받은 줄 알았으니 이는 우리로 자기를 의지하지 말고 오직 죽은 자를 다시 살리시는 하나님만 의지하게 하심이라."(9절) 13장의 이야기와 결국 똑같은 말입니다. "기독교의 진리는 참 신비하더라. 부활의 능력이 있는데, 이것은 너무 신비해서 죽지 않으면 경험할 수 없는 거야. 우리가 교회를 사랑하는 마음으로 십자가의 죽음을 통과했더니 하나님께서 부활의 능력으로 우리를 다시 살려주시더라!" 그런데 그 다음절이 좀 이상해요. "그가 이같이 큰 사망에서 우리를 건지셨고 **또 건지실 것이며**" 미래형이죠. "이 후에도 건지시기를 그에게 바라노라!" 무슨 뜻입니까? 한 번의 죽음으로 결코 끝나지 않는다는 것 아니겠습니까? 목회 현장에서의 죽음이 한 번으로 끝나지 않고 미래에도 계속 반복된다는 의미이지요. 여러분 이것이 바로 부활의 능력입니다. 하나님께서 우리에게 베푸시는 부활의 능력은 내가 섬기는 그 교회 안에서 내가 죽어서 도저히 내가 살아날 능력 자체가 나한테 없는데 하나님이 살리셔서 또 죽게 하시고 또 살리셔서 또 죽게 하시는 것입니다.

이제 진짜 마지막입니다. 13장 10절에 보면 바울이 "권위"(authority)를 언급합니다. 드디어 사도의 권위를 마지막 결론으로 제시하는 것일까요? 이쯤 되면 이미 예상하실 수 있겠지만 마지막 순간까지 바울은 자신의 권위를 세우는 방향으로 결론을 내리지 않습니다. 오히려 자기의 마지막 간과 쓸개를 다 내어 놓습니다. 권위의 목적은 "너희를 넘어뜨리리려 하는 것이 아니라 오히려 세우려 함이다 not to destroy, but to build you up"라고 말합니다. 여러분, 정말 그렇습니다. 교회 내의 모든 권위는 살리는 권위이지 죽이는 권위가 아닙니다. 교회 안의 모든 권위는 인위적으로 세우는 것이 아니라 **세워지는** 것입니다. 바울 선생님이 고린도후서를 통해 우리에게 가르쳐 주시는 중요한 교훈입니다. 사도의 권위는 자명한 사랑으로부터 자발적으로 세워지는 "사랑의 권위"인 것입니다. 고린도교회가 하나님의 자명한 사랑을 어떻게 알았을까요? 첫째는 사도 바울이 전하는 복음의 메시지를 통해 이해하게 되었지만 둘째로 바울의 존재 자체를 통해 하나님의 자명한 사랑을 실제로 보고 느끼며 체험한 것입니다.

4. 적용

고린도 후서에서 계시된 "자명한 사랑"의 이야기는 그 이후로도 계속됩니다. 특히 선교의 역사를 보면 그렇습니다. 우리나라가 처음 복음을 받았을 때도 자명한 사랑은 잘 드러났습니다. 우리의 선조들은 선교사들의 말에 의해서만 설득을 당해서 복음을 받아들인 것이 아닙니다. 물론 언어적인 선포가 분명히 있었죠. 그러나 그와 더불어 선교사들의 삶을 통해 하나님의 사랑을 목격한 것입니다. 십자가에서부터 하나님은 이러한 "자명한 사랑"의 원리를 복음 전도의 원칙과 수단으로 못 박으신 겁니다. 그래서 애초부터 기독교는 이슬람의 길을 선택할 수 없었어요. 한손에 코란, 한손에 칼. 왜 칼을 들었는지 아세요? 이 진리가 너무 귀하기 때문에 강제로 그걸 동원해서라도 이것을 네가 받는 것이 너에게 유익하다 그 논리에요. 그리고 이슬람 신앙을 받으면 그들은 정복민을 진짜 자기 형제로 받아들였어요. 알라 앞에서 평등하다. 다 형제다. 나름 매력적인 요소가 있었지만, 어째든 포교의 수단으로 칼(강제력)을 사용한 것이지요. 진정한 의미에서 기독교의 복음전도는 이 길을 택할 수가 없습니다. 원칙적으로 전도와 선교는 하나님의 자명한 사랑 앞에서 스스로 항복할 수밖에 없도록 만드는 것입니다. 오늘 고린도후서의 말씀을 통해서도 이 원칙을 배울 수 있습니다. 여러분 이처럼 "자명성"의 원리는 선교는 물론 지금 우리의 목회 현장에도 동일하게 적용되어야 합니다. 혹 "권위"의 문제로 교회 안에 어려움이 있나요? 하나님의 말씀을 힘 있게 전하기 위해 먼저 여러분의 권위를 세워야겠다고 생각하시나요? 바라기는 오늘 고린도후서에서 바울 사도가 선택한 "십자가와 부활의 길," 그리고 그 안에 계시된 "자명한 사랑"의 원리를 택하시기 바랍니다.

〈기도〉

하나님 아버지 감사합니다. 우리를 새언약의 일꾼으로 불러 주셔서 감사드립니다. 그 의미가 무엇인지 사도 바울의 교회 섬김을 통해서 우리에게 알기 쉽게 보여 주시니 감사합니다. 하나님, 우리에게 부활의 능력이 필요합니다. "그가 이같이 큰 사망에서 우리를 건지셨고 또 건지실 것이며 이후에도 건지시기를 그에게 바라노라" 바울의 기도를 나의 기도로 삼길 원합니다. 이 시간 성령의 능력을 구합니다. 바울을 살리셨던 하나님, 바울의 목회 현장에서 쓰러질 때마다, 연약함으로 십자가의 죽음을 경험할 때 마다 그를 살리셨던 하나님, 오늘 나의 목회 현장에서 나를 살려주시옵소서. 부활의 능력으로 살려주시고 나를 붙들어 주셔서 다시 한번 일어나 교회섬김의 사명을 끝까지 잘 감당하도록 하옵소서. 부활의 능력으로 다시 살아서 주님의 교회를 끝까지 사랑하며 섬기게 하옵소서. 예수님의 이름으로 기도합니다. 아멘.

하나님 나라에 들어가는 그리스도의 종

베드로후서 1장 1-11절

한성진 (역사신학)

2008년도에 저는 신학대학원 3학년 학생이었습니다. 그 때 제1회 합신, 고신, 총신 학술제가 열렸습니다. 그 때 저는 지금은 목사님인 강태인 전도사와 함께 '섬기는 리더십'이라는 제목으로 지금 이자리에서 발표를 했습니다. 당시는 servant leadership(섬기는 리더십) 이란 말이 우리나라에 처음 소개될 시기였습니다. 상당한 큰 화제였던 것 같아요. 두 개 교단 신문, 교계 신문 등에 3개월 동안 연재 되었습니다. 신대원 3학년 학생의 글이 여러 신문에 세 달이나 연재되었으니 굉장한 영광이었지요. 그런데 그 친구와 제가 그 소논문을 쓴 주목적은 '우리가 종이 되자'였어요. 그런데 이름이 servant leadership 이다 보니까 대부분 기사나 응용된 내용은 어떻게 하면 리더가 되는가? 종이 되는 것이 리더가 될 수 있는 아주 좋은 방법이다 이렇게 된 것 같습니다. 아직도 한국 교회가 큰 고통을 받는 이유 중에 하나는 우선은 저희 목회자들이 종이 되기보다는 사도임을 먼저 내세우는 것이 아닌가 합니다. 최근에도 스스로 사도라고 주장하시는 분들이 있는데요. 신학적인 이유를 떠나서 종이 되기 전에 사도라고 주장하는 것은 하나님의 말씀인 성경에도 맞지 않는 것 같습니다. 그래서 항상 우리의 정체성은 예수 그리스도의 종이라는 것. 이것을 기억했으면 좋겠습니다. 우리가 예수 그리스도의 참된 종이 될 때 하나님께서 주님께서 주신 사역을 저희들에게 맡기시는 것으로 믿습니다.

시몬 베드로는 "우리 하나님과 구주 예수 그리스도의 의를 힘입어 동일하게 보배로운 믿음을"이라고 얘기합니다. 우리가 가진 믿음은 그야말로 보배로운 믿음입니다. 우리가 가진 믿음이 하찮게 느껴진다면 또는 이 믿음이 거추장스럽게 느껴진다면 그 믿음은 어떤 것일까요? 그러나 사도 베드로는 분명하게 우리가 받은 믿음은 보배로운 믿음이라고 이야기하고 있습니다. 주님께서 이런 믿음을 주심에 감사드립니다.

이 믿음은 우리가 함께 받은 것입니다. 우리가 인식해서 주어진 것이 아니라 하나님께서 우리에게 주신 것입니다. 혹시 여기 계신 원우님들 교수님들 중에 자신이 언제 구원 받았는지, 몇월 몇일 몇시 몇분 모르시는 분 계십니까? 큰일입니다. 큰일. 만약에 이것을 정확히 안다면 이게 바로 구원파지요. 구원의 확신이 없으면 구원을 받지 못했다는 구원파의 주장입니다. 왜냐하면 우리가 구원 받은 것은 우리가 태어나기 전에, 우리가 모태에서 조직되기도 전에, 이 세상이 만들어지기도 전에, 창세 전에 하나님께서 지명하여 부르셨기 때문입니다. 우리는 이렇게 믿습니다. 그러므로 우리가 신학생으로 이 자리에 앉아 있는 것은 이 세상 보다 더 소중한 하나님의 약속과 하나님의 사랑으로 저희들이 이 자리에 앉게 된 것임을 믿습니다.

그러므로 우리의 믿음은 보배로운 믿음입니다. 하나님과 우리 주 예수를 앎으로 저희들이 하나님을 알지요. 하나님은 어떤 분이시죠? 이 세상을 창조하신 분입니다. 단순히 세상을 창조하신 분 만이 아니라, 이 우주를 창조하시고 이 시간조차 하나님께서 만드셨기 때문에 진행되고 있습니다. 그 하나님이 이 세상을 이처럼 사랑하셔서 예수 그리스도를 보내주셨습니다. 예수 그리스도를 이 땅에 오셔서 우리를 위하여 죽으시고 우리가 그 공로로 인하여 구원 받았음을 믿습니다. 이 앎이 우리에게 주어졌습니다.

마태복음 11장 27절은 다음처럼 말씀합니다. "내 아버지께서 모든 것을 내게 주셨으니 아버지 외에는 아들을 아는 자가 없고 아들과 또 아들의 소원대로 계시를 받은 자 외에는 아버지를 아는 자가 없느니라." 따라서 오직 아버지의 아들만이 아는 그 비밀을 우리에게 알게 하셨습니다. 아버지의 아들의 소원대로 계시를 받은 것입니다. 따라서 우리에게 은혜와 평강이 넘칠 줄을 믿습니다.

하나님은 은혜와 평강이 넘치심으로 우리에게 아버지가 아들을 알게 하신 그분의 은혜와 평강이 우리에게도 동일하게 넘칠 것입니다. 그분의 신성한 능력으로 그리스도께서 지으신 하나님의 능력이 우리에게 부어집니다. 사람은 한계와 마름이 있습니다. 그러나 하나님의 능력은 언제나 풍성하십니다. 그 능력이 우리의 삶의 모든 영역에 넘칠 거예요. 생명이라고 하는 것은 우리가 생명 활동을 유지하기 위해서 필요한 의식주와 우리의 감정생활과 우리의 문화생활과 우리의 지식생활과 이 모든 것에 필요합니다. 그리고 경건이라 함은 우리의 신앙생활과 우리의 교회생활과 우리가 하나님의 종으로서 살아가는데 필요한 모든 것입니다. 이 모든 것을 우리에게 풍족하게 넘치게 주셨음을 믿습니다.

하나님께서 주신 것은 그 종들에게 단지 믿음의 주요 온전케 하신 이인 예수를 따라가는데 필요한 우리의 신앙상의 문제, 우리의 신학적인 문제 이런 부분만의 해결책을 주신 것만이 아니라고 믿습니다. 하나님께서 그 종을 보내실 때 그 종의 생활에 필요한 모든 것도 아울러 주셨음을 믿습니다. 이는 하나님의 영광과 더불어서 우리를 부르신 이를 앎으로 말미암음입니다. 우리가 그분을 먼저 시인한 것이 아니라 그분께서 우리를 먼저 부르셨기 때문에 알게 된 것입니다.

4절입니다. "이로써 그 보배롭고 지극히 큰 약속을 우리에게 주사 이 약속으로 말미암아 너희가 정욕 때문에 세상에서 썩어질 것을 피하여 신성한 성품에 참여하는 자가 되게 하려 하셨느니라." 우리말 성경은 이렇게 앞뒤가 좀 바뀐 것 같아요. 제가 신약에 대해서 깊이 알지는 못하지만 원문을 찾아보고 여러 성경들을 비교해 보니까 다음 순서가 더 올바른 것 같습니다. "이로써 그 보배롭고 지극히 큰 약속을 우리에게 주사 이 약속으로 말미암아 우리가 신성한 성품에 참여하는 자가 되었고 그로 인해서 그 결과 악한 욕망 때문에 비롯되는 세상의 부패에서 피할 수 있게 하셨다" 이렇게 이야기 합니다.

우리가 우리 능력으로 정욕과 썩어질 것을 피했기 때문에 신성한 성품에 참여하는 자격이 주어진 것이 아닙니다. 하나님의 약속으로 말미암아 우리가 신성한 성품에 참여하게 되었습니다. 오히려 이 신성한 성품에 참여하게 되었기 때문에 우리가 이 세상에서 비롯되는 욕망으로 잉태되고 그 다음에 이 세상의 구조적인 악이나 이 세상의 문제에서 비롯되는 부패들로부터 우리가 피할 수 있게 된 것을 믿습니다. 그러나 그럼에도 불구하고 우리가 과연 세상의 부패에서 승리하고 있는가? 라는 부분에서는 의문을 표하지 않을 수 없습니다. 왜냐면 우리가 보고 있는 현실은 예수 그리스도가 머리되신 영광스러운 교회가 그야말로 신의 성품에 참여하고 하나님의 영광을 전파하고 사람들에게 희망을 주는 것이 아니라 그야말로 암울한 현실이기 때문입니다.

그러면 어떻게 해야 될까요? 예수님의 수제자 된 베드로는 저희들에게 권면을 합니다. 그러므로 너희가 더욱 힘써 너희 믿음에! 믿음은 모든 것의 기초입니다. 그리고 믿음은 하나님께서 주신 선물입니다. 보배로운 선물입니다. 우리는 이 보배로운 믿음이라는 선물을 굳게 붙잡아야 될 줄로 압니다. 그러나 이 믿음에 덕을 더하라고 합니다. 이 덕은 어떤 것일까요? 착함 순결 정직입니다. 믿음이 있는 자들은 그 믿음에 착함과 순결함과 정직을 더해야 할 줄 압니다. 이럴 때에 저희들이 비둘기처럼 순결하게 될 줄로 믿습니다. 그리고 이 덕에 지식을 더하라고 합니다. 이 지식은 덕스럽게 행동할 수 있는데 필요한 지식이기도 합니다. 그러나 우리가 잘 알듯이 하나님과 사람에 대해서 아는 지식이기도 합니다.

칼빈이 기독교강요에서 말했듯이 우리는 하나님에 대해서 알면 알수록 우리 자신에 대해서 더 잘 알게 됩니다. 왜냐고요? 우리는 우리의 깊은 속을 모르지만 우리를 만드신 하나님께서는 우리의 가장 깊은 속까지도 아시기 때문이지요. 하나님께서 우리를 만드셨기 때문에 우리가 내 자신도 모르는 나의 가장 깊은 내면에 있는 것을 하나님께서는 아십니다. 그리고 한편으로는 사람에 대해서 인간에 대해서 더 잘 알아 가면 알아갈수록 하나님에 대해서도 더 잘 알게 됩니다. 오호라 나는 곤고한 죄인이로소이다. 나에게서는 어떤 구원과 선함의 요소도 발견할 수 없습니다. 그로 인하여 참으로 하나님께 무릎 꿇고 오직 하나님의 은총만을 바라게 되는 것입니다. 이 지식이 우리 사회에 우리 안에 더욱더 깊어지고 넓어지고 뿌리가 내리기를 원합니다.

이 지식에 절제를 더하라고 이야기합니다. 여기서 베드로가 말한 절제는 사회적인 절제라기 보다는 개인적인 절제입니다. 우리가 특히 하나님의 종으로 부르심을 받았기 때문에 종이 되기 위해서는 절제가 필요합니다. 우리가 그냥 평민이거나 자유인이거나 위에 있는 사람이라면 우리 마음 내키는 대로 하고 싶은 대로 할 수 있는 자유도 있을 것입니다. 그러나 우리는 하나님의 종이기 때문에 우리 스스로가 절제해야 됩니다. 때로는 불리한 환경 속에서도 그 불리함을 감수해야 될 것입니다. 억울하고 속 터지고 그야말로 참을 수 없는 환경 속에서도 참아야만 합니다. 우리가 그리스도의 종이기 때문입니다.

이 절제에 인내를 더하라고 합니다. 이 인내는 사회적인 맥락이 있습니다. 세상과 타협하지 않고 말씀을 끝까지 지키는 것이 인내입니다. 세상의 파고가 너무나 강력하기 때문에 세속화의 영향이 너무나 크기 때문에 이제는 말씀에 대한 신뢰가 사라져가는 시대입니다. 이러면 이럴 때일수록 저희들은 말씀을 굳게 잡고 예수 그리스도가 승리하셨듯이 최후 순간까지 승리하기를 원합니다.

이 인내에 경건을 더하라고 말씀하고 계십니다. 우리가 흔히 경건이라고 할 때 성경에서 말하는 경건은 겉모양이 아닙니다. 속사람이며 참 속에서 나타나는 경건입니다. 우리 모두가 경건을 향해 살아가야 될 것입니다. 이 경건에는 하나님의 능력이 있습니다. 약해보이나 욱여쌈을 당하는 것 같으나 사방이 막힌 것 같으나 하나님의 사람은 하나님에 대한 두려움과 사랑으로 결국은 승리할 것을 믿습니다.

이 경건에 형제 우애를 더하라고 말씀하십니다. 여기서 형제 우애라는 것은 인간관계의 변화를 의미합니다. 말로는 하나님을 사랑한다고 하면서 형제를 사랑하지 않는 것은 하나님을 사랑하지 않는 것이라고 성경은 말씀하고 있습니다. 우리가 참으로 하나님을 사랑한다면 인간관계에 있어서 변화가 있어야 할 줄로 압니다. 가장 가까운 곳에서부터. 자기 자신을 용납하십시오. 나의 죄 된 속성은 예수 그리스도께 내어드리고 예수 그리스도의 신의 성품이 저에게 주어지기를 기도합니다. 그리고 가장 가까운 아내, 남편, 우리 자녀들, 우리 부모님들, 우리 형제들에게 그리스도의 종으로써 섬기기를 원합니다. 우리의 권리를 내가 목회자의 길을 걸으니까 사역자의 길을 걸으니까 나를 위해서 희생하십시오. 고통을 감수해 주십시오. 요구하기 전에 저희들이 이 어려운 상황 속에서도 우리가 할 수 있는 참된 인간관계, 형제를 사랑하고 위로하고 그들을 위해서 기도하는 일을 멈추지 않아야 할 줄로 압니다.

이 형제 우애는 마침내 사랑으로 완성됩니다. 사랑은 하나님의 성품이기 때문입니다. 따라서 사랑하는 자는 하나님의 성품을 소유하는 자가 됩니다. 하나님은 사랑이시기 때문입니다. 베드로전서 4장 7절에서 베드로 사도는 다음처럼 말씀합니다. "만물의 마지막이 가까이 왔으니 그러므로 너희는 정신을 차리고 근신하여 기도하라 무엇보다도 뜨겁게 서로 사랑할지니 사랑은 허다한 죄를 덮느니라." 우리가 아무리 올바른 교리를 지녔다고 한들 우리가 아무리 개혁주의 교회라는 자랑스러움을 지녔다고 한들 우리에게 사랑이 없으면 소리 나는 구리가 될 것입니다. 울리는 꽹과리가 될 것입니다. 사랑은 허다한 죄를 덮습니다. 만물보다 심히 악한 것이 인간의 마음이기 때문에 우리

속에 의로운 자가 없기 때문입니다. 따라서 사랑만이 우리의 허다한 죄를 덮어주실 것을 믿습니다.

제가 일전에 이러한 이야기를 했더니 어떤 분들이 이야기하시더라고요. 교리에 비춰서 별로 큰 죄를 지은 것 같지 않다. 그렇게 살아오고 있다. 그런데 왜 죄를 강조하는가? 하나님 앞에 단 한사람도 의인이 없다는 말은 신학적인 의미뿐만이 아니라 실제로 저희들은 다 죄인입니다. 제가 알고 있는 목사님께서 하와이로 유학을 가셨어요. 유학을 가셨는데 그냥 우리나라 상식처럼 CD를 구워 가셨습니다. 그런데 그 구워 가신 거는 어쩔 수 없다고 생각하는데 여기에 MS 워드 97 이름을 쫙 적어가셨어요. 하와이 공항에서 걸리셨어요. 유학 간다고 친구 분이 구워주신 건데...억울하지요. 공항 경찰이 묻더랍니다. 여기 와서 형을 살겠느냐? 한국으로 추방되겠느냐? 추방되셨어요. 실제로 저도 대부분 정품을 쓰고 있긴 하지만 포토샵 쓸 때마다 고민을 합니다. 이길 어떻게 해야 될까? 써야 될까? 말아야 될까? 이렇게 따져보면 그야말로 하나님 앞에 선한 사람이 한 사람도 없는 거예요.

그러면 어떻게 해야 될까요? 너는 죄인이라고 정죄해야 될까요? 왜 내 스스로가 죄인인데 어떻게 정죄하겠습니까? 다만 그 사람 위해서 기도하고 저 자신을 위해서 기도하고 그리고 사랑으로 우리의 죄를 사랑으로 속죄 받는 길 밖에 없는 줄로 믿습니다. 제가 남아프리카에서 유학할 때 스코틀랜드 장로교회를 다녔습니다. 이 교회를 다니면서도 그야말로 참 한심했어요. 이분들이 새벽기도도 안 해! 수요예배는 드린 것 같습니다. 뭐 뜨거움도 보이지 않고 좀 냉랭해요. 대부분이 인텔리고 교수님들이고 장관 출신들도 있고 성도들이 200명 정도 됐습니다. 그런데 목사님께서는 굉장히 고민하시는 거예요. 이 냉랭한 교회를 어떻게 살릴 것인가? 그리고 꼭 크리스마스나 또는 추수감사절 지나면 1-2년에 한 분 정도 자살을 하셨습니다. 휴가 기간이 지나면 외로움 속에서 연세 드신 분들이 그렇게 자살을 하곤 했어요. 정말 신앙도 약하고 한국 교회에 비해서 너무 형편없다 이런 생각이 강하게 들었습니다. 그런데 어느 해 목사님께서 결단을 하셨습니다. 가야만디라는 조그만 흑인촌이 있어요. 거기도 교회가 있습니다. 그 교회에 한 달에 한번 방문해서 교환 예배를 드리자 이러시는 거예요. 교회가 막 뒤집어졌죠. 백인들 굉장히 프라이드 높고, 인종 차별은 끝났지만 아직도 백인과 흑인은 다른 인종이라고 생각하고 있는 분들에게 이 목사님께서 그냥 시작을 했습니다.

흑인들이 왔고, 그 다음 달에는 백인들이 왔고 이렇게 1년이 진행됐어요. 백인 공동체는 그랬던 반면, 흑인 공동체는 굉장히 가난하고 어려운데도 기쁨과 축제가 있었습니다. 고기를 못 사서 그냥 돼지기름 사서 그걸 성도들이 튀겨 먹더라고요. 그런데도 기쁨이 있고 즐거움이 있고, 찬양이 있었어요. 그런데 한편으로는 미래에 대한 희망이 없어요. 왜? 저축이란 개념이 거의 없어서 그냥 한 번 그러고 말고, 에이즈로 죽고 폭력으로 죽고 여러 가지 그런 부분으로 희망이 안 보이는 그런 교회였습니다. 1년 정도 지나면서 이분들이 교제를 하면서 변화가 서서히 일어나기 시작했어요. 흑인들을 조금씩 채용해서 일을 시키기도 했고, 또 저축도 하게하고 그 지역에 어떤 일들이 필요하면 기여해서 고치기도 하고. 또 한편으로는 이 백인들도 흑인들을 위해서 기도하기도 하고 1년 쯤 지났을 어느 때입니다.

목사님 이름이 헌트였는데요. 사냥꾼이죠. 헌트 목사님께서 "아, 우리 자매교회에 성도들 중에 여섯 분의 여성분이 에이즈에 걸리셨습니다. 그런데 이 여섯 분 자녀들에게서 태어난 아이들이 지금 태어난 아이들부터 여섯 살 아이들까지 여섯 명이 있는데 이 아이들은 조만간에 죽을 것 같아요. 짧게는 한 달 길게는 5-6년 후에 죽을 것입니다. 이렇게 말씀하시더라고요. 그러시면서 이것은 하나님께서 원하시는 선한 일이고 사랑의 일이라고 생각하기 때문에 이 아이들이 죽기 전까지 대신 맡아서 길러 주실 분이 없습니까?" 광고를 하시더라고요. 충격 이였습니다. 우리나라 교회 같으면 이런저런 사정이 있으니까 계획을 짜고 기도를 하고 6-7개월 걸리겠죠. 그런데 광고하는 즉시에서 그렇게 말씀해 버리시더라고요. 그래서 저는 굉장히 당황했지요. 그런데 더 놀란 일은 200명 중 무려 30명 정도에 달하는 분들이 즉석에서 손을 드시더라고요. 예배 끝나자마자 여섯 가정이 선택됐습니다. 그런데 그 다음 일주일 동안 저는 지옥을 경험했어요. 저희 아들 4살짜리 호중이가 유치부에 다니고 있었는데요. 그 다음 주부터 그 애들 여섯 명이 온다는 거예요. 혹시 놀다가 긁혀서 피가 나고 그러면 에이즈에 옮는 것이 아닌가? 에이즈는 그렇게 옮지 않아요. 제가 그렇게 차갑고 냉랭하다고 비웃었던 그 성도들, 그 성도들이 그들을 받아들였고 그 다음 주부터 유치부 모임에 온다고 하는 그 말이 저는 제가 지금까지 가져왔던 한국 크리스천이라는 자부심과 올바른 신학을 하고 있다는 이 신념, 한 순간에 허물어지는 것을 경험했습니다.

일주일의 지옥을 거치고 그야말로 주신 이도 하나님이시고, 데려가시면 그것도 하나님의 뜻이다 하고 결국은 교회를 안 옮기고 계속 다녔는데요. 참으로 하나님께서 이루신 사랑이 이룬 기적을 보았습니다. 그리고 그 해, 그 다음해 그 다음 다음해 그 교회에 자살자가 한 분도 없었어요. 사랑은 허다한 죄를 덮습니다. 허다한 죄를 덮기 위해서 무엇보다도 뜨겁게 사랑하라고 이야기하고 있습니다. 한국 교회는 말로는 뜨겁게 사랑하지만 실제로는 이처럼 뜨거운 가슴들이 없습니다. 저희들이 참된 사랑의 요소들을 배워야 될 줄로 압니다.

8절입니다. "이런 것이 너희에게 있어 흡족한 즉 너희로 우리 주 예수 그리스도를 알기에 게으르지 않고 열매 없는 자가 되지 않게 하려니와 이런 것이 없는 자는 맹인이라 멀리 보지 못하고 그의 옛 죄가 깨끗하게 된 것을 잊었느니라." 우리가 신학생으로서 열심히 공부를 하고 있습니다. 신학의 목적은 무엇입니까? 믿음의 주요 온전케 하시는 이인 예수를 바라보자. 이것이 신학의 목적인 줄 압니다. 그러므로 이 일에 우리가 게으르지 않고 열심을 품고 주를 섬기듯이 공부해야 될 줄로 압니다. 이 공부를 통해서 저희들이 여기서 열매 없는 이라는 것은 열매가 없다는 것을 의미하기도 하지만 비효율적이라는 말을 뜻하기도 합니다. 우리의 신앙이나 우리의 섬김이 비효율적이지 않고 그야말로 효율적이면서 열매를 얻는 그러한 사역이 되기를 원합니다. 그러나 이런 것이 없는 사람은 맹인입니다. 왜 맹인이 될까요? 사단은 우리가 이러한 시도를 할 때마다 공격을 합니다. 네가 그래봤자 죄인이다. 네가 해서 뭐하겠어? 또는 전도사 주제에. 일개 교회 목사 주제에. 일개 신학교 학생 주제에. 그러나 우리는 가장 중요한 것을 기억해야 합니다. 우리의 옛 죄가 깨끗하게 된 것입니다. 따라서 우리가 비록 아직도 죄인이나 하나님께서는 죄인 된 우리를 그리스도의 종으로 불러주셨고, 하나님의 거룩한 사역자, 사도의 역할에 준하는 역할들을 하게 하셨습니다.

에베소서 4장 21절-25절입니다. "진리가 예수 안에 있는 것 같이 너희가 참으로 그에게서 듣고 또한 그 안에서 가르침을 받았을진대, 너희는 유혹의 욕심을 따라 썩어져 가는 구습을 따르는 옛 사람을 벗어 버리고 오직 너희의 심령이 새롭게 되어 하나님을 따라 의와 진리의 거룩함으로 지으심을 받은 새 사람을 입으라. 그런즉 거짓을 버리고 각각 그 이웃과 더불어 참된 것을 말하라 이는 우리가 서로 지체가 됨이라" 우리가 예수 그리스도를 앎을 통해서 그리고 그 앎을 주님께서 주신 믿음으로 인해서 우리의 죄가 깨끗케 되었음을 믿습니다. 그리하여 우리는 옛 사람을 버린 새 사람으로서 능히 그리스도의 종으로 설 수 있게 되었음을 확신합니다.

"그러므로 형제들아 더욱 힘써 너희 부르심과 택하심을 굳게 하라" 우리의 부르심은 무엇입니까? 우리의 부르심은 그리스도의 종이자 사도로 부르심을 받은 것입니다. 이 말은 우리가 섬기는 일과 또 구원을 전하는 일에 부름 받았음을 의미합니다. 우리의 소명을 의미합니다. 우리가 그냥 이 자리에 앉아 있는 것이 아닙니다. 직업을 위해서 이 자리에 앉아 있는 것이 아닙니다. 우리는 부르심을 받은 자들입니다. 그리고 택하심을 받았습니다. 우리의 정체성입니다. 우리의 정체성은 옛 사람이 아니라 새 사람입니다. 따라서 우리의 사역자 됨은 주님께서 주신 영광스러운 임무임을 더욱더 굳게 하시기를 원합니다. 예수 그리스도가 이겼듯이 주님께서는 우리들을 사용하셔서 세상을 이길 것입니다. 우리가 이것을 행한 즉 언제든지 실족하지 않을 것입니다. 언제든지라는 말은 결코 절대로라는 의미와 같습니다. 우리가 이같이 행한즉 절대 실족하지 않을 것입니다. "이같이 하면 우리 주 곧 구주 예수 그리스도의 영원한 나라에 들어감을 넉넉히 너희에게 주시리라" 11절의 말씀도 좀 전에 4절의 말씀처럼 약간 순서를 바꾸는 것이 더 본래의 뜻에 맞을 것 같습니다. "이같이 하면 너희가 우리 주 예수 그리스도의 영원한 나라에 들어가기 전까지 너희의 필요를 충분히 채워주실 것이며 환영을 받으며 그 나라로 들어갈 것이니라."

참으로 어려운 시기입니다. 힘든 시기입니다. 앞으로 더욱더 힘든 기간이 시작될 것입니다. 경제와 함께 사람의 마음도 더욱 각박해질 것이 분명합니다. 사람의 마음이 각박해지면 사회에 온갖 범죄도 더욱 많아질 것입니다. 또한 성경에 나오는 말세의 고통들이 더해갈 것입니다. 그러나 이런 어려운 때, 우리들은 그리스도의 종으로서 그리스도의 사도로서 예수 그리스도의 영원한 나라를 바라보며 이겨 나가야 할 줄로 믿습니다. 내 자신이 참으로 그리스도의 종으로 바로 설 때 우리 가정이 변화될 줄로 믿습니다. 비록 작은 것이지만 내 자신이 참으로 그리스도의 종으로서의 정체성과 그 부르심과 택하심에 충실할 때 우리 교회가, 이 절망스러운 우리 한국 교회가 변해갈 줄로 믿습니다. 그리하여 다시금 한국 교회가 예수 그리스도를 머리로 섬기는 한국 교회가 하나님께 영광 돌리는 귀한 교회가 되는 그날을 그려봅니다. 그 교회를 이루는 그 하나님의 나라의 귀한 종들인 우리 사역자들, 동역자들 힘냅시다! 주를 바라보고 그 길을 따라갑시다.

〈기도〉

살아계신 하나님, 아직도 옛 사람의 억눌림에서 벗어나지 못하는 저희들을 당신의 종으로 당신의 사역자로 불러주셨습니다. 주님, 우리들은 너무나 참으로 가진 것도 없고 지식도 부족하며 용기와 담력, 의지도 부족함을 압니다. 그럼에도 불구하고 주님께서 주신 이 보배로운 믿음 이 믿음에 덕을 더하게 하시고 이 덕에 지식을 더하게 하시고 이 지식에 절제를 더하게 하시고 이 절제에 인내를 더하게 하시고 이 인내에 경건을 더하게 하시고 형제 우애와 사랑을 더하게 하셔서 참으로 하나님의 신성한 성품에 참여하는 자가 되게 해주시옵소서. 그리하여 그리스도의 몸 된 종으로서 이 세상에서 하나님 나라를 위해 충성하고 헌신하며 그리고 마침내 우리 주 구주 예수 그리스도의 영원한 나라에 환영 받으며 들어가기를 원합니다. 예수 그리스도의 이름으로 기도드립니다. 아멘.

다인종교회

고린도전서 12장 12-13절

이순근 (기독교교육학)

요즘에 우리 모두는 한국 교회를 염려하고 있습니다. 제가 오늘 학교 오면서도 극동방송을 들었는데 서울에 있는 큰 교회 목사님께서 설교하시는 것을 들으면서 왔습니다. 그분도 한국 교회를 무척 염려하신다는 말씀을 설교 중에 하고 계셨어요. 제가 오늘 설교하려고 하는 것과 같은 내용인가 싶어서 유심히 들으면서 왔습니다. 그분은 미국에서 목회하시다가 한국교회 큰 교회로 청빙 받아서 오신 분인데 요지는 그겁니다. 본인이 미국교회에서 여기 오기 전에 갈등을 많이 하셨다고 합니다. 왜냐하면 한국 교회가 지금 어두운 시절을 지나고 있는데 잘 될 곳에 가야지 잘되지 않는 곳에 가면 안되지 않는가? 그러면서 언더우드 선교사님 기도하시면서 기도하셨던 그 기도문을 가지고 본인이 기도하셨다고 합니다. 하나님, 지금은 아무것도 보이지 않습니다. 그 유명한 기도. 한국 교회가 지금 아무것도 보이지 않습니다. 내가 가야되겠습니까? 말아야 되겠습니까? 그러면서 기도하는데 주님께서 그러셨데요. 어둡기 때문에 가야 된다! 제가 그 말씀을 들으면서 공감되는 부분도 있었고, 조금 의문이 생기는 부분도 있었습니다. 어쨌든 지금 우리 모두는 이처럼 한국 교회를 염려하면서 앞으로 한국 교회가 어떤 방향으로 나가는 것이 주님의 뜻이겠느냐? 이 위기를 벗어나기 위해 어떤 방향으로 나아가야 하는가? 고민하고 있는데 저는 그 중에 하나가 다인종 교회로 가야되는 것이 아닌가 최근에 그렇게 생각하고 있습니다. 제가 생각하는 이유를 오늘 성경 본문 말씀을 가지고 좀 설명하도록 하겠습니다.

오늘 본문 말씀은 교회론이라고 이해를 하고 있습니다. 교회가 어떤 곳이냐? 물론 12장에 은사에 대한 얘기도하지만 은사에 대한 얘기보다는 저는 교회에 관한 얘기가 기초적인 얘기가 아니겠는가? 그렇게 보고 있습니다. 왜냐하면 11장에서 성만찬 얘길 하면서 분쟁이 있었습니다. 18절에 보면 교회는 그렇게 분쟁이 있는 곳이 되면 안된다. 11장 18절 이하에 보면 교회는 그렇게 파당이 있으면 안되고 가진 자나 못 가진 자나 종이나 자유자나 차별 없이 다 성만찬에 공통적으로 참석해야지 그런 거 갖고 차별하면 안된다. 그런 말씀을 하시고 이어서 12장에서 오늘 본문 말씀하고 있기 때문에 은사 얘기 보다는 교회 이야기를 하고 계시는구나. 그렇게 생각을 했습니다. 그런데 제가 이 본문 가지고 지금 교회에서 죽 설교를 하는 중인데, 12장 여기 할 때 다시 생각하게 된 것이 13절입니다. "우리가 유대인이나 헬라인이나 종이나 자유인이나 다 한 성령으로 세례를 받아 한 몸이 되었고 또 다 한 성령을 마시게 하셨느니라" 다인종 교회를 얘기하고 있다는 걸 알게 됐어요. 다인종 교회입니다. 지금 한국 사회는 다인종 사회로 가고 있는데 우리에게 좀 낯설은 경험입니다. 그런데 제가 가만 생각해 보니까 우리나라만 다인종 사회를 제일 늦게 경험하는 것 같아요. 여러분 가만히 한번 생각해 보십시오. 유럽이나 동남아시아나 다인종 사회를 오래전부터 살아오고 있었어요. 다인종 사회가 새로운 뉴스가 아닙니다. 그런데 우리에게는 뉴스입니다. 그리고 성경시대 속에 있었던 이 고린도교회나 에베소교회나 로마교회나 뭐 심지어 예루살렘에 있는 그런 교회라 할지라도 이미 다인종교회를 이루고 있었습니다. 그런데 우리는 교회 그러면 다인종교회는 상상이 안가요. 교회는 한국 사람만 모이는 곳이지 다른 인종이 모인다는 것은 경험해 보지 못했어요. 그래서 낯섭니다. 그런데 제가 언뜻 어느 순간 그런 생각을 했어요. 왜 하나님께서 한국 교회만큼은 이렇게 뒤늦게 다인종교회를 경험하게 하실까? 그것도 21세기에 와서. 이미 2000년 기독교 역사 속에서 수많은 다른 민족 교회들 속에서는 다인종교회가 아주 평범한 것이었는데, 지금 우리가 보고 있는 고린도교회나 에베소교회나 전부 다인종 교회였는데 그런 다인종교회를 그렇게 오랫동안 경험하게 하셨느데 왜 우리에게는 지금에 와서야 다인종교회, 다인종사회를 경험하게 하셨을까? 이런 생각을 하게 됐습니다. 그래서 여기 "유대인이나 헬라인이나" 이 말을 한국 사람이나 이방인이나 이렇게 바꿔서 한번 적용을 해봤습니다. "종이나 자유자나" 이건 가진 자나 못가진 자나. 오늘 한국사회는 빈부격차로 인해서 사회적 계층 간의 갈등이 심화되고 있지 않습니까? 그러니까 이 한 귀절에 지금 우리가 겪고 있는 것이 다 나와 있습니다. 한국 사회가 지금은 "종이나 자유자" 같은 사회적 계층 간의 갈등이 심화되고 있지만 시간이 좀 더 가면 한국 사람과 타인종간의 갈등도 깊어지지 말란 법이 없습니다. 우리가 갈등 해소를 위해 노력하지 않으면 시간이 가면 갈수록 더 깊어지기가 쉽습니다.

그런데 저는 이렇게 생각을 했습니다. 지금 한국 교회가 한국 사회로부터 많은 비판을 받고 있는데 이 비판에서부터 우리가 회복되려면 어떤 길이 있을까? 아, 그것은 한국 사회가 앞으로 나갈 이상적인 공동체의 모습을 교회가 보여주는 것이 아닐까 그런 생각을 했습니다. 싫든 좋든 어쨌든 한국 사회는 다인종사회로 가기 때문에 다인종 사회가 돼야 되는데 아직까지 모델이 없습니다. 작년과 재작년에 걸쳐서 프랑스하고 영국 쪽에서 대통령과 그 수상되는 사람들이 자기네 나라에서는 다문화 정책이 실패했다라고 공식적으로 선언을 했습니다. 실패한 그 사회를 모델로 할 수는 없지 않겠습니까? 과거 우리가 경제 발전 할 때 선진국을 모델로 했습니다. 마찬가지로 한국이 다문화 사회로 갈 때, 다인종 사회로 갈 때 선진국을 모델로 해야 할 겁니다. 그런데 미국이 성공했습니까? 미국도 실패했습니다. 영국이 성공했습니까? 영국도 실패했습니다. 프랑스도 실패했다고 선언하고 있고 독일도 그렇습니다. 선진국에서도 성공하지 못했기 때문에 한국 사회가 앞으로 모델로 삼을만한 사회가 없는 것입니다.

오늘처럼 한국 교회가 사회로부터 비판받는 시기에 나아가야 할 방향을 놓고 고민하면서, 찾은 한 가지 대안은, 한국교회가 한국 사회에 필요한 존재로 인정받는 것이 아닌가 싶습니다. 우리 한국교회가 여러 인종이 어울려서 평화스럽게 살아가는 공동체를 이룬다면 한국사회에 바람직한 사회상을 제시하는 역할을 하는 것입니다. 그런가하면 오늘 한국교회가 계층간의 갈등이 해소된 이상적인 공동체를 이루는 것도 한 역할이 될 것입니다. 교회 안에도 빈부격차 차별이 있습니다. 여러분이 목회하고 있는 교회, 여러분이 섬기고 있는 교회가 이 13절 말씀을 모델로 삼아서 다인종 사회 또 사회계층간의 갈등이 없어진 그런 교회가 되도록 하기 위해서 우리가 좀 더 노력해야 될 때가 아닌가 그런 생각을 합니다. 여러분 얼마나 공감하실지 모르겠습니다. 만약에 처음 듣는 얘기라면 앞으로 생각 좀 해보십시오.

아까 말씀드린 그 목사님이 방송설교 중에 "한국 교회가 위기다 위기다!"고 하셔서 곰곰이 생각해 봤습니다. 한국 교회는 언제 위기가 아니였던 때가 있었나? 제가 예수 믿은 지 50 몇 년 됐습니다. 그런데 어려서 기억이 없을 때는 모르겠고 제가 커가지고 초등학교 시절부터 교회생활 한 걸 더듬어 보면 교회는 항상 가난하고 힘들었습니다. 70년대가 지나고 80년대부터 교회가 좀 성장하면서 대형교회가 많이 등장했습니다. 지금까지 대형교회가 많이 성장해 오고 있는데 가만 생각해보니까 한 70%나 80%에 해당되는 작은 교회들은 항상 위기 속에서 지나왔습니다. 많이 잡으면 30%, 적게 작으면 20% 더 적게 잡으면 5%에 해당되는 대형교회나 중형교회들만 성장을 경험했습니다. 80년대 이후부터 지금까지 한 30년동안 놀라운 성장을 경험했습니다. 그런데 위기라면 그 대형교회들이 위기지 작은 교회들은 항상 위기였습니다. 개척교회 하시는 분들 계시면 실감나실 거에요. 개척교회는 항상 위깁니다. 지금도 작은 교회는 항상 위기에요. 언제 문 닫을지 몰라요. 언제 교인들이 맘 변해가지고, 한 30명 모이는 교회에서 언제 그 중에 주동하는 집사님이 10명 데리고 나갈지 모릅니다. 작은 교회들은 항상 위태위태하고 조마조마합니다. 그러니까 목회자가 그런 분하고 타협을 안할 수도 없습니다. 거기에 갈등이 있습니다. 그러니까 지금 여러 사람들이 한국 교회가 위기라고 그러시는데 위기는 항상 있어왔습니다. 70-80% 교회는 지금도 위기고 옛날에도 위기였습니다. 새로운 위기가 아닙니다. 다만 위기는 큰 교회들이 위깁니다. 출석률이 자꾸 줄고, 옛날 같지 않으니까 위기라고 하는 것입니다.

이제 우리는 한국 교회가 비판을 받게 된 원인들을 찾아야 합니다. 여러 가지 분석해보면 나올 겁니다. 그 중에 하나가 우리가 너무 양적인 성장만 치중하다 보니까 그러지 않았는가 반성해야 됩니다. 가장 큰 반성은 우리 목회자들이 해야 되고 그 다음 신학생들, 여러분들이 하셔야 됩니다. 교회가 양적으로 성장하는 것 좋은 일입니다. 그거 싫어할 사람 아무도 없습니다. 그러나 양적인 성장이 다가 아닌데 지나치게 교회 성장이라고 하는 개념에 빠졌고, 거기에 교회성장학까지 만들어 지면서 너무 우리가 그쪽으로 정신없이 갔던 것 같습니다. 그래서 이제는 멈춰서서 무엇이 잘못됐는가를 생각하면서 성경에서 말하는 교회 모습으로 돌아가야 합니다. 성경에서 말하는 교회 모습 중에 하나가 오늘 13절의 모습이라고 저는 새롭게 발견했습니다!

오늘 말씀 속에는 양적인 성장의 얘기가 전혀 없습니다. 교회 안에 이미 들어와 있는 성도들, 유대인이나 헬라인이나 종이나 자유자나 한 몸을 이루었는데 원리적으로 한 몸을 이룬 것에 그치지말고, 실제적으로 한 몸을 이루어야 된다는 것을 강조하고 있습니다. 여러분이 섬기시는 교회가 지방에 있는 교회일수록 다문화 가정이 많이 나올 겁니다. 그 가정들을 잘해 주십시오. 물론 담임목사님이 잘해줘야 되지만, 여러분이 별로 권한이 없더라도 여러분 수준에서 좀 잘해 주십시오. 교회 성장 차원에서 그분들을 잘해주지 말고 진심으로 잘해 주세요. 진심으로. 그래서 그분들이 한국 사회 적응을 못해도 교회는 적응 잘하게. 그래서 그분들이 한국 사회에서는 고통을 당해도 교회에서는 기쁨이 있고 행복이 있고 행복한 삶을 살도록 이렇게 해줘서 그 교회가 소수의 다민족 다문화 가정이 나와서 정말 아름답게 교회 생활 하면서 이곳에서 그렇게 인생을 잘 사는 걸 보면 그 교회 자체가 한국 사회 모델이 될 것 입니다. 그렇게 되면 우리가 한국 사회에 할 말이 있습니다. 우리 한국 사회가 앞으로 풀어야 될 과제인 건강한 다문화사회건설을 교회는 이미 하고 있다고 말할 수가 있는 것입니다.

그리고 여러분들이 언젠가 신학교를 졸업하고 목회를 하러 나가실텐데 그 때는 여러분 목회 현장에서 이웃을 보면 거기 반드시 다문화 가정이 있을 겁니다. 그들에 대해서 관심을 많이 가지십시오. 최근에 로잔 복음화운동 쪽에서 디아스포라 분과인 글로벌 디아스포라 네트워크(GDN)을 만들었어요. 그런데 그 GDN의 책임을 맡은 분들은 전부 아시아 사람들입니다. 백인들이 아니고. 그중에 대표되는 분이 조이티라라고 하는 필리핀 사람인데, 지금 캐나다 국적을 갖고 있는 분입니다. 그분이 얼마 전에 만났는데 그런 얘기를 하세요. 자기가 최근에 용어를 하나 새로 쓰고 있다고 합니다.. 그게 뭐냐면 region beyond 라는 말이 그 동안에 많이 회자 됐었는데 지금은 자기는 region around 라는 말을 많이 쓴다는 겁니다. 그러니까 지역을 넘어 라는 말을 많이 썼는데 지금은 지역 그 둘레에, 지역 그 자체에 그런 말을 많이 쓴다는 뜻입니다.

그게 무슨 얘기냐면 전에는 디아스포라라고 하는 것이 활발하지 않을 때는 우리가 선교를 하러 가려면 인종을 넘어가야 되니까 지역을 넘어가서 다른 인종에게 가서 복음을 전해야만 했는데 지금은 어느 도시든지 간에 바로 그 지역 자체 안에 타인종들이 많이 들어와 있다는 겁니다. 그런 점에서 이제는 시대적으로 region beyond가 아니라 region around시대가 됐다는 겁니다. 맞는 말입니다. 그래서 people on the move라는 말을 쓰더군요. 말하자면 이동중인 사람들이지요. 디아스포라를 가리키는 하나의 또다른 용어인데, UN 자료에 따르면 그 숫자를 약 한 2억정도를 잡는다고 합니다.그 사람들이 어떤 사람들이냐 하면 자기가 태어난 곳에서 살지 않는 사람들의 숫자라고 합니다. 현재 인생을 살고 있는 그곳이 자기가 태어난 곳이 아닌 사람 숫자가 전 세계에 한 2억 정도가 된답니다. people on the move 그 사람들을 타겟으로 해서 앞으로 신학생들이 신학교를 졸업해서 목회할 때는 주변에 그런 사람들이 반드시 있기 때문에 그런 사람들을 대상으로 목회할 것도 생각해야 된다고 합니다. 전 일리가 있다고 봅니다.

거기에 또 관심 가지신 분이 닥터 테드 야마모리라고 하는 분이 계시는데 이 분은 로잔에서 인터내셔널 디렉터했던 분입니다. 그런데 그 분이 계획하고 있는 포럼이 하나 있는데 2015년에 필리핀 마닐라에서 로잔 GDN주최로 글로벌 디아스포라 포럼(GDF)를 하려고 합니다. 그 포럼을 통해서 compendium(자료집)을 만들려고 합니다. 말하자면. 그 자료집에는 디아스포라 현황이 다 들어가야 되고 디아스포라 신학도 들어가서 디아스포라에 관한 총체적인 정보가 다 들어있는 일종의 매뉴얼 같은 자료집을 하나 만드는 것이 목표입니다. 만들어서 전 세계의 모든 신학교에 보내면 신학교에서 그걸 받아가지고서 신학생들에게 디아스포라 코스를 하나 개설하도록 돕겠답니다. 그래서 2015년에 그 포럼을 하고 2020년까지 5년 동안에는 전 세계 주요 신학교의 51%에 해당되는 곳에서 5년 내에 디아스포라에 관련된 코스가 개설되도록 노력하겠다고 합니다.

특별히 여기 1학년 신입생으로 들어오신 학우님들 환영합니다. 합신 잘들어 오셨어요. 합신이 세상에서 제일 좋은 신학교입니다. 제가 지금 농담하는게 아니라 진심으로 말하는 겁니다. 제가 다녀봐서 알고 지금도 다녀봐서 압니다. 잘 들어오셨어요. 여기 들어와서 3년 동안 여기서 가르쳐 주는 소위 개혁주의 신학을 잘 배우십시오. 들어오기 전에는 여러분들의 신학적 입장이 달랐을 수 있어요. 다양한 배경에서 왔을 겁니다. 하나님께서 어쨌든 여러분들을 이곳으로 보내셨어요. 그래서 여러분들이 계신 동안에 다른 것보다 이 개혁주의 신학에 대해서 깊이 있게 연구하시고 배우시고 그래서 나가실 때는 여러분 나름대로 체계를 갖추시고 나가시기 바랍니다. 목회를 하다 보면 제가 경험한 것이지만 자신의 신학이 없이는 흔들리게 돼 있어요. 선교를 해도 마찬가집니다. 교수를 하면 더 말할 것도 없어요. 내 신학적 입장이 딱 서있지 않으면 항상 중심을 못잡고 여기서 이 소리하면 그런가, 저기서 다른 소리하면 그런가 하면서 귀가 얇아갖고 늘 흔들리는 목회를 할 수 밖에 없어요. 그런데 자기 입장이 있으면 비교가 되기 때문에 다른 신학과 다른 운동의 장단점을 알 수 있습니다. 그러니까 개혁주의 신학이 절대적 진리다 우리 그렇게는 주장하지 않습니다. 가장 성경적이다 그렇게 말할 뿐이죠. 우리가 믿기로. 그래서 다른 신학에도 장점도 있고 다양한 영적 신앙적 운동에도 각기 장점도 있습니다. 그런데 내 것이 없으면 비교가 안됩니다. 항상 뭔가 내것이 있어야 비교가 되는 겁니다. 제 키가 큽니까 작습니까? 기준이 뭐에요? 이승구 교수님하고 비교하면 제가 크지요. 기준이 있어야 된다는 겁니다. 기준이 없으면 아무 말도 할 수 없는 겁니다. 그러니까 내 것이 있어야 되는 겁니다. 나는 개혁주의 신학 입장입니다. 내 것이 있으면 다른 신학 내용이 왔을 때 비교가 되니까 거기에 대해서 내 의견도 있고 장단점을 가려낼 수 있는 것입니다. 그래서 여러분이 여기 3년 동안 계시면서 개혁주의 신학을 잘 배우세요. 그러면서도 앞으로 나가셔서 목회하실 현장을 늘 살펴보시면서 목회하시기 바랍니다. 그 중 하나가 디아스포라들의 움직임이에요. 우리 한국 사회에 많은 디아스포라가 들어와 있고 여기도 지금 디아스포라가 있잖아요. 조선족 학생들. 사실은 저도 디아스포랍니다. 미국서 살다가 와가지고 전 국적이 어딘지 나라가 어딘지 모르겠어요. 여긴지 저긴지 왔다갔다 해요. 그래서 결론을 저는 천국시민이다 그렇게 생각하기로 했어요. 그런 면에선 우린 다 디아스포라입니다.

그래서 여러분 저는 한국 사회가 교회를 비판할 때 저는 그 비판을 그렇게 심각하게 받아들이지 않습니다. 우리가 잘못한건 우리가 누구보다 잘 알고 있는데 비판해서 깨달은게 아니라 우린 잘 알고 있었어요. 다만 그것이 남에게까지 알려졌다는 게 부끄러울 뿐이지요. 우리 그 동안에도 고민하고 이걸 어떻게 해야 되는가 고민해 왔기 때문에 그렇게 심각한 문제는 아닙니다. 그리고 저는 항상 하나님을 믿습니다. 교회의 주인은 예수님인 걸 제가 믿습니다. 우리가 잘못하는 거지, 주님이 잘못하시지는 않아요. 그리고 주님이 능력이 없어서 교회가 그렇게 비판받도록 내버려 두시는 것도 아니고 주님께서 관심이 없어서 교회가 잘못된 길을 가는 것도 내버려 두시는게 아니에요. 뭔지 모르지만 주님의 뜻이 계신 것입니다. 우리는 항상 그래서 주님 앞에 나가서 은혜를 구해야 합니다. 실수는 우리가 해 놓고 책임은 주님께 지라고 하는 것이 미안하지만 그래도 우리가 주님 앞에 나가서 은혜를 구해야 합니다.

여러분 정말 한국 교회를 사랑하신다면 우리가 한국 교회 비판하는 거 조심해야 됩니다. 아까 오면서 들었던 방송설교하셨던 그 목사님께 섭섭한 감정이 느껴지더군요. 그 동안에 자기는 미국에서 있었잖아요. 미국에 있었으면서 한국 교회 그 고통에 동참하지 않았으면서 왜 한국 교회는 어둡다고 그래요? 미국 교회는 밝습니까? 그리고 남들이 우리 비판하는 것도 모자라서 왜 우리가 우리를 비판합니까? 우리는 비판해도 정말 사랑해서 우리가 아파하면서 비판해야 되는데 남들 비판하는 것처럼 비판하고 자기는 빠질 것처럼 생각하지 마십시다. 우리끼리는 비판해도 돼요. 근데 왜 돌아서 다른 사람이 비판하면 나도 그렇게 생각한다고 왜 그래요? 그러니까 우리가 비판을 하더라도 애정을 갖고 비판하는 거 하고 자기는 빠져서 비판하는 건 이건 다른거에요. 오늘같이 사회가 교회를 비판할 때 그럼 교회가 어디로 가야 되는가? 제가 찾은 하나의 대안은 다인종 교회로 가는 겁니다. 먼저 교회 안에서 아름다운 다인종 사회가 이루어진 그 모습을 오늘 한국 사회에 보여주면 한국 사회가 "아, 교회가 쓸만하구나. 그런 존재가 있어야 되겠네. 우리 지금 사회가 풀어야 할 숙제가 다인종 사회인데 이미 저긴 잘하고 있으니까 저기를 모델로 삼으면 되겠다!" 이렇게 평가할 때 교회의 긍정적 이미지가 부각 될 겁니다.

그런가하면 사회 계층 간의 갈등도 점점 심화되고 있는데 교회 안에서 우리가 그 문제를 기도하면서 지혜를 가지고 성경적으로 풀어나가면 한국 사회가 한국 교회를 또 긍정적으로 볼겁니다. 그래서 오늘 이 12장 13절 말씀을 여러분 깊이 있게 한번 묵상해 보시면서 여러분이 현재 목회하는 교회를 보십시오. "주님! 우리 교회 안에도 한국 사람과 다문화 사람들, 그리고 가진 사람과 못 가진 사람들이 다 한 성령으로 세례를 받아 한 몸이 되게 하여 주시옵소서!" 기도하면서 여러분이 노력하시고 여러분부터 앞장서서 이 일에 헌신하실 때 다른 교회는 안되도 여러분이 섬기시는 교회가 작을지라도 그렇게 되기만 한다면 주님께서 쓰실 겁니다. 모델은 클 필요가 없어요. 모델은 작아도 됩니다. 주님께서 모델로 쓰시는 그런 교회들이 많이 나오기를 바랍니다.

푯대를 향하여

빌립보서 3장 10-14절

박영선 (설교학·석좌교수)

사도 바울은 이 빌립보 3장에서 자기가 갖고 있었던 자랑할 만했던 모든 것들이 다 쓸모 없는 것으로서 복음에 해가 된다는 고백과 함께, 가장 중요한 것은 그리스도를 믿음으로 말미암는 하나님께로부터 난 의라고 선언합니다. 그리하여 그리스도의 부활의 권능과 그 고난에 참여함을 아는 것이 하나님의 자녀 된 자의 핵심되는 복음이요 비교할 수 없는 자랑이라 고 합니다. 우리는 모두 예수 그리스도의 부활로 말미암아 오늘 이 자리에 있는 사람들이고 그렇게 지난 2천년의 기독교 역사가 이어져 왔습니다.

십자가와 부활의 순서

부활의 권능, 부활의 승리, 그것은 현실적으로 우리의 것입니다.

그럼에도 불구하고 여기 10절에 보면 "내가 그리스도와 그 부활의 권능과 그 고난에 참여함을 알고자 하여"라고 말합니다. 예수님께서 성육신하시고 고난당하시고 죽으시고 부활하셨습니다. 그 결과, 부활 승리로 인하여 기독교가 성립되었지만 마지막 결과로 열매를 따먹는 지금의 생애가 아닙니다. 아직도 계속되는 세상 역사 속에서 하나님의 자녀로 부름 받은 각각의 성도들과 사역자들의 생애를 부활에서 역추적을 하지 않고, 순서를 예수님이 살아오신 것과 같이 밟는다는 것입니다. 그의 죽으심을 본받아 어떻게 해서든지 죽은 자 가운데서 부활에 이르는 순서를 밟는 삶을 산다고 고백하고 있습니다.

우리 기독교 신앙 내에서 십자가를 강조하느냐 부활을 강조하느냐 하는 점에서는 큰 모순 없이 둘 다 왕성하게 강조해야 할 것들입니다. 부활 없는 십자가라는 것은 없고, 십자가 없는 부활이라는 것은 없습니다. 그러나 그 순서가 가지는 의미에 대한 깊은 이해가 우리에게 필요합니다. 그 이해가 없으면 신앙 현실에서 주님이 다시 오시기까지의 기간에 대한 이해가 빈곤해지는 것입니다.

성찬식 때 즐겨 봉독하는 고린도전서 11장에 의하면 "내가 너희에게 전한 것은 주께 받은 것이니..."(23절) 해서, 주께서 떡을 주시고 잔을 주사 주의 죽으심을 주께서 다시 오실 때까지 전하도록 한 예식으로 선언합니다. 예수의 죽으심을 그가 다실 오실 때까지 증언하라는 것입니다. 거기에 순서가 나옵니다. 부활의 승리가 이루어졌으나 주께서 부활의 완성을 온 세상에 공공연하게 나타내시는 재림을 보류하시고 죽으심을 기념하도록 성찬식을 요구한 것같이 지금은 죽으심을 증언해야 하는 때요 죽으심의 방식으로 일해야 하는 때라고 가르치는 겁니다.

　죽는다는 게 뭘까요? 여러분들 모두 하나님의 종으로서 부르심에 대한 확인이 있어서, 적극적이든 부정적이든 어떤 확인이 있어서 이 자리에 온 사람들입니다. 적극적으로 확인을 하고 오면 무슨 부작용이 있느냐? 이렇게 각오하고 왔는데 아무도 놀라지 않는다는 사실이 부작용입니다. 이렇게 썩 괜찮은 내가 이런 각오를 하고 모든 좋은 것을 포기하고 왔는데 하다못해 채플실에 내 이름의 자리 하나 만들어 주지도 않거든요. 부정적으로 온 경우, 몰리고 몰리고 몰려서 그래 좋다 하나님께 남은 인생 맡기겠다, 그저 보너스로 사는 인생인 줄로 알겠다고 나왔는데, 그러면 뭔가 확인해주셔야 할 거 아닙니까? 아 다른 데서는 안 보이던 게 보여야 할 텐데 여기에 와도 똑같이 막막하고 덤덤하고 또 그날이 그날 같으니 당황하는 것입니다.

　시편 105편에 가면 요셉의 생애를 이렇게 간단히 요약하고 있습니다. 시편 105편 17절 "그가 한 사람을 앞서 보내셨음이여 요셉이 종으로 팔렸도다 그의 발은 차꼬를 차고 그의 몸은 쇠사슬에 매였으니 곧 여호와의 말씀이 응할 때까지라 그의 말씀이 그를 단련하였도다 왕이 사람을 보내어 그를 석방함이여 뭇 백성의 통치자가 그를 자유롭게 하였도다 그를 그의 집의 주관자로 삼아 그의 모든 소유를 관리하게 하고 그의 뜻대로 모든 신하를 다스리며 그의 지혜로 장로들을 교훈하게 하였도다." 요셉은 그러니까 입지전적인 인물로 늘 오해들을 합니다. 비전의 사나이, 이것이 제일 많이 오해되는 점입니다.

　비전이라는 것은 두 가지 견해로 구분할 수 있습니다. 세상적인 견해는 인류와 역사는 발전한다는 계몽주의적 진보관이 그것입니다. 역사는 발전하고 인류는 발전한다는 거기에 비전이 하나 있습니다. 다른 하나는 우리 예수 믿는 사람들에게 있습니다. 결국 하나님이 당신의 뜻을 이루시며 그의 은혜와 능력으로 당신의 나라를 건설하신다, 이것이 신자들의 비전입니다. 그런데 하나님이 약속하셨다, 하나님이 그리하신다, 그것의 증거가 예수에게서 역사적으로 증명이 됐다는 것은 생략되고, 그저, 비전을 가져! 이렇게 되면 그 때부터 망하는 겁니다. 그 전제가 자꾸 누락이 됩니다.

여러분, 아침에 왔더니 친구가 "밥은 먹었어?" 묻습니다. "못 먹었어." "힘을 내." 도대체 뭘 근거로 힘을 내라는 거예요. 돈을 내서 밥을 먹게 하고 힘을 내라고 할 거 아니에요. 근거가 있어야지요. "믿음을 가져." 어떻게? 발버둥을 쳐도 그런데 어쩌라고요. 친구라고 하는 말이 "조금만 기다려봐. 나도 그런 시절이 있었는데 이게 끝이 아니야" 그런다 말이오. 이렇게 우리는 자꾸 윽박지르고 강요해서 결국 자기만 편해지는 거예요. 옆이 불안해하는 걸 못 참는 겁니다. 왜죠? 나도 불안하거든요. 나도 쩔쩔매고 있는데 옆에서 무서워하니까 더 무서운 거지요. 무서운 영화 보러 갔는데 옆에서 더 떠니까 그만 보고 나가자고 한 꼴입니다. 다들 쩔쩔매는데 기도하는 거 보면 그래요. 다들 빌빌대는데 왜 그러느냐면 믿음이 없어서 그렇습니다. 여기까지 온 게 뭔지, 하나님이 인도하시는 게 뭔지 모르는 겁니다.

요셉의 순종이 주는 교훈

요셉을 보세요. 요셉은 어떻게 됐나요? 형들한테 시기를 당해서 팔려 종이 됐다가 무고를 당해서 감옥에 왔습니다. 그래서 어떻게 됐어요? 넋이 빠졌지요. "요셉이 종으로 팔렸도다. 그의 발은 차꼬를 차고 그의 몸은 쇠사슬에 매였으니..." 그의 '몸'에 각주가 뭐라고 돼 있습니까? 히브리어 원어로 혼이라는 단어인데. 우리말에 혼비백산(魂飛魄散)했다는 말입니다. 요셉이 비전 가운데 자기 인생을 이해하고 믿음으로 견디고 있는 게 아니라 넋이 빠졌어요. 그런데 어떻게 됐죠? 그 다음에 총리가 됩니다. 큰 기근이 들어 온통 굶주리는 판인데 애굽에는 요셉이 준비한 곡식이 있습니다. 그리고 형들이 찾아옵니다. 그 때 알아요. "형님들, 나를 여기 보낸 것은 형들이 아니고 하나님이십니다." 그 때 아는 겁니다. 당연히 종으로 팔려갈 때도 몰랐고 종살이 할 때도 몰랐으며 감옥에 있을 때도 몰랐습니다. 총리가 되고도 정신이 없었어요. 형들을 만나고서 비로소 알았습니다. "아, 하나님이 보내셨습니다." 다시 읽어보세요. 주어가 언제나 하나님입니다. 16절 "그가 또 그 땅에 기근이 들게 하사 그들의 의지하고 있는 양식을 다 끊으셨도다. 그가 한 사람을 앞서 보내셨음이여 요셉이 종으로 팔렸도다." '그가'에 동그라미 쳐 보세요. 그가 그런 겁니다. 요셉은 자기 길이 뭔지 하나도 몰랐어요. 정신이 없었지요. 너무 억울했고 어떻게 해야 될지 몰라 쩔쩔맸습니다. 오늘 죽을까, 내일 죽을까, 그랬습니다.

    우리가 2차 대전 중에 유대인들이 고난을 당한 일을 잘 알고 있지요. 여러 가지로 못할 짓들을 했습니다. 그런데 어느 책에서 보통 못 들었던 얘기를 하나 보았어요. 못 먹고 극심한 노동에 시달리고 모멸감과 학대를 받는 문제가 아니라 밤에 잠을 제대로 잘 수가 없었대요.

왜냐면 자살하는 사람을 도와주느라고… 밤에 그렇게들 많이 자살을 했고, 자살을 다 도와줬다고 해요. 시설이 시원치 않아서 자살하는 것도 쉽지 않았다고 해요. 그래서 의자 놓고 단단한 데 줄 매고 순서대로 올려서 놓고 잡아 당겨서… 어차피 죽기로 했으니 잡아 당겨서 빨리 목이 부러져 죽게 한 것인데, 다음 순서가 많으니까요. 그러느라고 잠을 못 잤다고 하는데, 요셉이 그런 길을 간 것입니다.

그런데 하나님이 하시는 걸 나중에야 알게 됩니다. 왜? 그 길이 우리 생각과 너무 달라서죠. 너무 크고 깊어서 우리는 이해가 안가요. 예수를 믿는다는 것은 사도 바울이 얘기하는 것같이 내게 있던 모든 것을 다 해로 여기고, 배설물로 여기고 그리스도의 고난과 죽으심과 부활에 참여하는 겁니다. 하나님이 인간이 되어 인생을 살고 우리의 손에 손가락질을 받고 우리 손에 당신을 넘겨 죽음까지 받아들이신 그 말이 안 되는 길의 신비, 그것이 역전되는 부활에 대하여 너무 놀라게 되는 겁니다.

우리는 어떻게 그림을 그리고 싶어 하나요? 목표가 저 위의 부활 승리이니 여기서부터 상승 곡선을 그려야 할 것을 기대합니다. 내일은 좀 나아야 될 거 아니에요? 1학년 처음 들어왔을 때보다는 2학기가 낫고, 2학년이 되면 좀 더 낫고, 3학년이 되면 좀 더 나아야 한다 그것입니다. 1학년 때는 정신이 없어서 몰랐고, 2학년 때는 정신을 차려서 몰랐고, 3학년 때는 졸업반이라서 정신이 없다 말입니다. 한 것과 안 한 것이 도무지 차이가 없으니 다시 시험 보면 합격할 수도 없을 것 같습니다. 정신이 없어 죽어 나가는 거지요. 가장 중요한 건 나에게 진전이 없다는 사실입니다. 훌륭한 교수들이 가르치는데 다 아무 쓸모가 없다고 생각되고, 자기 자신이 느끼기에 왜 이걸 해야 되는지 망연할 뿐입니다.

요셉이 감옥에서 배워서 총리가 됩니다. 백관을 제어하고 장로를 교훈하는 것을 거기서 배웠는데, 그 땐 자기가 그거 배우는 줄도 몰랐어요. 죄인들한테 무슨 소리를 들었겠어요. 억울한 얘기, 부정과 불공평의 사실들, 개인 사정의 절박함을 들었습니다. 그 때 그게 늘 아우성이고 불평이고 비명이었는데 뭐가 좋았겠어요? 넌 오늘은 그만해라 그랬을 겁니다. 또 해결해 줄 수가 있어야 얘기도 듣는 것이지, 해결해 줄 수도 없는데다 나 자신도 억울해 죽겠는데 옆에서 억울하다고 떠들고 야단입니다. 누가 더 억울한지 매일 시합만 해서야 되겠습니까! 신학생들의 표정이 나쁜 이유가 뭔가요? 누구도 말을 시킬 수가 없어요. 톡하고 건드리면 터질 것만 같은 그대들입니다. 우리가 무슨 길을 가는지, 십자가가 뭔지 알아야 합니다.

본문으로 돌아와 기가 막힌 표현을 보세요. "내가 그리스도와 그 부활의 권능과 그 고난에 참여함을 알고자 하여 그의 죽으심을 본받아 어떻게 해서든지 죽은 자 가운데서 부활에 이르려 하노니." 이제 하나님의 일하심의 신비를 깨닫는 겁니다. 지고 망한 것이 끝이 아닙니다. 십자가와 부활은 우리가 아는 대로 승리와 성공의 조건들의 조합이 결과를 만들어내는 방식이 아닙니다. 그래서 기꺼이 뭘 할 수 있죠? 뒤를 돌아보지 않고 앞으로만 가겠답니다. 이게 무슨 '돌격 앞으로' 얘기가 아니죠. 뒤를 돌아본다는 건 뭐냐면 여태까지 뭘 했나, 문득 한 번씩 돌아보는 거죠. 그걸 봐야 연장선상에서 앞을 상상할 수 있을 것 아니에요. 말하자면 내가 라틴어를 하고 영어를 하고 철학을 하고 역사를 했어야 신학을 할 거 같잖아요. 그런데 뒤를 돌아보니까 내가 한 거랑 전혀 상관없는 겁니다. 하다못해 경영이라도 했으면 어떻게 해보겠는데 그런데 그것도 몰라요. 쓸 데 없는 거만 해온 거지요. 그것을 돌아보지 않는다는 겁니다. 돌아보아도 그림이 보이질 않고 앞을 예측할 수가 없어요. 내가 선 자리, 내가 지금 있는 자리가 하나님이 요셉을 인도하신 식으로 하나님의 뜻을 이루시는 하나의 손길이라는 것만 믿고 부름 받은 자리에서 예수 그리스도가 가신 것처럼 순종의 길로 앞으로만 가겠다는 겁니다.

하나님의 일하심과 말씀의 단련

여태껏 뭐했냐고 누가 묻는다면 모른다 말입니다. 끝나봐야 아는 거죠. 예수님이 재림하셔야만 드러날 하나님의 신비하고 놀라운 일의 어느 한 조각일 터입니다. 그러니까 막막한 것은 당연한 거지요. 믿음이란 이해하고 장악하고 조작할 수 있는 범위를 벗어나는 욕구입니다. 당연히 막막한 거고 그걸 견디는 겁니다. "어찌하든지 죽은 자 가운데서 부활에 이르려 하노니" 죽음으로 내려가지 않고 부활할 수는 없지요. "아무든지 나를 따라오려거든 자기를 부인하고 자기 십자가를 지고 나를 좇을 것임이라"를 제대로 이해하지 못하고, 그걸 무슨 비장함과 장렬함의 형태로 들고 다니면 안 됩니다. 넋이 빠진 표정은 맞아요. 어떻게 될지 정신이 하나도 없지만 그러나 믿음의 걸음을 걷는 겁니다.

밥을 타 갖고 어디로 먹었는지 모르게 먹는 거야 정상이지요. 너무나 분명해서 너 밥 안 먹을 거면 내놔! 이건 누구나 간단히 생각하는 것입니다. 하나님의 일하심은 간단하지 않습니다. 항상 분명한 게 아닙니다. 물론 그렇게 부름을 받은 사람이 있는 거 알지요. 분명한 일을 맡아야 되는 사람들이 있습니다. 그러나 대다수에게 인생은 분명하지 않습니다. 오직 하나만 분명해요. 예수 그리스도가 하나님의 아들이시고 우리를 구원하러 오신 구주시라는 것만 확실히 압니다. 이 말은 그저 운명에 관한 일이 아니고, 역사와 인생과 개인과 현실이 하나님의 손 안에 있다는 뜻이지요. 하나님은 선하시고 의로우시고 우리를 사랑하시고 우리를 편드시는 분이십니다. 우리에게 일어난 일이 어떤 일도 하나님이 허락지 않은 일이 없습니다. 우리에게 일어나는 어떤 일도 거기에서 내가 외면하고 게을러도 되는 일이 없어요. 그래서 오늘의 싸움을 해야 할 거라고 성경이 요구합니다.

그래서 그 다음에 나오는 얘기가 이겁니다. "그러므로 누구든지 우리 온전히 이룬 자들은 이렇게 생각할지니 만일 어떤 일에 너희가 달리 생각하면 하나님이 이것도 너희에게 나타내시리라 오직 우리가 어디까지 이르렀든지 그대로 행할 것이라." 지금 공부하는 이 시기에도 비전이 분명한 사람이 있어요. 그리고 목사직을 받고도 왔다 갔다 하는 사람도 있습니다. 급하게 하나님이 부르신 다른 형태입니다. 자기 마음에 들라고 요구하지 마세요. 분명한 것이 물론 중요하고 분명하다는 것은 큰 복이에요. 그러나 분명치 않은 것은 너무 큰 걸 받았기 때문에 그런 걸 수도 있습니다. 다 세어볼 수가 없어서 그래요. 너무 많아서 넋이 빠져 있어요, 이게 정말일까 하고.

우리가 할 수 있는 것은 대단히 적은 부분입니다. 순종하는 겁니다. 하나님이 내 인생을, 내 능력을 쓰는 것이 아니라 모세의 지팡이

같이 하나님이 쥐고 계셔서 우리가 위대해지는 것입니다. 우리가 위대해야 할 필요가 있어서가 아니라 하나님은 위대하심을 중단하실 수가 없기 때문입니다. 시편 105편은 이스라엘 역사를 아브라함에서부터 출애굽까지를 다룹니다. 나중에 보세요. 거기 주어가 "내가, 내가" 해서 하나님이 주어입니다. 요셉은 뭘 이해 못했을까? 이스라엘 백성이 애굽에서 나라를 이룰 거라고 전혀 상상하지 못했을 겁니다. 알 수가 없지요. 모세가 나타나서 열 가지 재앙을 베풀어 이스라엘을 독립시킬 수 있으리라고 꿈도 못 꿨지요. 요셉은 물론 자기가 일할 수 있는 자리, 자기가 간 길, 그리고 자기 인생에서 확인한 바 "나를 여기 보내신 것은 형들이 아니라 하나님이십니다"라는 고백을 가졌습니다. 그리고 그렇게 하나님이 계속 일하실 것이라는 정도는 알았어요. 그 후에 누가 나오지요? 모세가 나옵니다. 모세, 당연히 몰랐지요. 다윗도 몰랐고요. 예수가 오신다는 것은 비스름하게 구약 성도들이 알고 있었겠지만 우리가 아는 식으로 알 수는 없었습니다.

게다가 거기에 우리까지 나올 줄 무슨 수로 알겠습니까. 동일한 하나님이십니다. 아브라함의 하나님은 이삭의 하나님이고 야곱의 하나님이고 요셉의 하나님이고 엘리야의 하나님이고 다윗의 하나님이고 바울의 하나님이며 우리의 하나님이십니다. 그 하나님의 자녀들입니다. 하나님이 하시는 일이 너무 큰 반면 우리는 우리 시대의 확인에 너무 익숙해서 그 막막한 사이에서 갈등을 할 수밖에 없습니다. 그러니 당연히 막막해야 합니다. 그러니까 믿음은 단지 확신의 싸움이 아닙니다. 기도를 보세요. 여러분들 기도에서 최고의 약점은 너무 결벽을 떤다는 것입니다. 그렇게 결벽을 떠는 이유가 뭐죠? 우리는 신학교까지 왔는데 하라는 공부는 안 하고 매일 병신같이 살고 있습니다, 이런 말을 하는 이유는 뭔가요? 불안해서 그러는 겁니다. 그렇게 얘기함으로써 하나님 앞에 나를 못 버리게 만드는 거지요. 그거라도 해서 내가 가죽을 다 벗겨내듯이 그 때를 벗겨내야 그나마 근거가 생겨서 그러는 겁니다. 기도는 그렇게 하는 게 아니라 은혜를 구하고 지혜를 구하는 것입니다. 여러분이 얼마나 병신이고 죄인인가는 굳이 입에 담는 게 실례입니다. 어디에 대고 그딴 말을 하고 앉아 있나요.

그런데 열심히 하는 기도가 있지요. 하나님께 맡기는 겁니다. 그렇게 맡길 때 이젠 하나님이 하셔야지 전 모릅니다, 하게 됩니다. 난 할 거 다했어요. 금식도 했고, 고함도 질렀어요. 그렇게 되는 겁니다. 그러니까 엄살들 떨지 마세요. 막막하다고 어떻게 해서든지 뭘 하나 잡아서 확인을 하려고 하지 마세요. 요셉을 봐요. 어떻게 됐습니까? 하나님이 묶어 놓은 것입니다. 하나님이 쇠사슬로 몸을 묶어서, 히브리어 표현으로 쇠사슬이 그의 혼을 뚫고 그 발이 족쇄에 묶여서 어떻게 할 수가 없는 것입니다. 하나님의 말씀이 그를 단련하였습니다. 곧 하나님의 말씀이 응할 때까지 가야 합니다. 그러니 환장하는 시간입니다. 기독교에서 이런 말도 하는지 모르나 환장하는 시간인 것입니다. 이것이 하나님이 일하시는 방법입니다. 우리가 생각하는 모든 바를 뒤엎으시고 하나님이 누군가를 알게 하시고 하나님이 일하시며 충족시키는 과정이라 말입니다. 당연히 넋이 빠져야 하고 아무것도 분명하지 않습니다.

예수를 다시 생각해야 합니다. 하나님이 누구신가? 어떻게 일하시는가? 그가 얼마나 신실하신가? 확인하는 겁니다. 거기에 맡길 수 없다면, 그것이 어렵다면, 전전긍긍하는 과정까지 소중하다는 것을 알게 되실 겁니다. 문제를 쉽게 풀어서 쉽게 답을 얻어 가지고 피상적이고 경박한 신자가 되지 마세요. 싸구려 선교사가 되지 말고 하나님의 하나님 되심과 일하심의 신비를 예수로밖에는 담을 수 없다는 것을 아는 그 과정을 걷는 자로서 진실한 순종을 가지고 인내하시고 매달리시기 바랍니다.

〈기도〉

하나님 아버지 은혜를 감사합니다. 하나님이 우리 같은 것들을 들어 쓰신다는 사실 앞에 감사할 뿐입니다. 우리가 하나님의 다만 도구가 아닌 다만 소모품이 아니요, 사랑하는 자녀요 종이요 동역자로 부름받은 사람. 우리가 우리의 능력으로 하나님을 돕는 것이 아니요 하나님의 뜻을 순종하기 위하여 하나님 손에 붙잡힌 바 된 인생인 것을 기억하고 바울의 고백을 우리의 고백으로 고백합니다. 어찌하든지 주의 죽으심을 본받아 죽은 자의 자리에서 부활에 이르는 참다운 복음의 시대 은혜의 시대 교회의 시대 그리고 하나님의 은총과 구원이 필요한 이 세상 역사 속을 걸어가는 우리들 되게 하여 주시옵소서. 예수님 이름으로 기도합니다. 아멘.

더 중요한 것과 덜 중요한 것

여호수아 1장 1-9절

정창균 (설교학)

위기에 처한 현실

모세가 죽었습니다. 여호수아는 위기 상황에 처하게 되었습니다. 그 동안은 모세 밑에서 참모 노릇만 잘 하고, 시키는 대로만 하면 되었습니다. 그러나 어느 날 갑자기 모든 것을 자기가 결정하고 자기가 책임져야 하는 중요한 위치에 서게 된 것입니다. 자신이 처한 이 현실이 단순히 자기 개인의 인생길의 기로일 뿐만 아니라, 민족사에도 중대한 기로가 되는 엄청난 의미를 갖는 그런 현실에 직면하게 됐습니다. 지난 40년 동안 그 꿈 하나 갖고 지내온 그 약속의 땅이 건너편에 있습니다. 이제 이 백성을 이끌고 그 땅에 들어가야 하는 책임을 걸머져야 합니다. 물론 언젠가 이런 날이 올 것이라는 것은 알고 있었습니다.

그리고 준비도 해왔습니다. 그러나 아직도 기력이 쇠하지 않았고 시력이 어두워지지 않은 사람 모세가 죽은 것입니다. 그리고 그 모든 뒷감당과 앞으로 가야 될 길을 책임져야 되는 자리에 여호수아가 이르게 된 것입니다.

여호수아의 심정이 어땠을까요? 드디어 모세가 죽었구나, 만세 만세 만만세, 이제는 내 세상이다, 그랬을까요? 아닙니다. 매우 불안하고 두렵고 난감했을 것이 분명합니다. 경험적인 상식으로 보아도 분명하고, 오늘 우리가 읽은 말씀을 보아도 분명합니다. 2절은 말씀을 그렇게 하고 있습니다. "내 종 모세가 죽었으니 이제 너는 이 모든 백성과 더불어 일어나 이 요단을 건너 내가 그들 곧 이스라엘 자손에게 주는 그 땅으로 가라" "모세가 죽었다." "이 모든 백성" "이 요단" "그 땅" 이 한 절 안에 동원되어 있는 모든 단어들이 여호수아가 어떤 심정으로 이 현실을 맞고 있을까를 능히 짐작하게 합니다. "모세가 죽었다." 그 위대한 영웅, 그 사람만 있으면 모든 것이 해결되고, 그 뒤에만 숨으면 되고, 그 그늘에만 있으면 되었던 그 사람이 죽어버렸다고 말하는 것입니다. "이 모든 백성!" 이들은 어떤 백성입니까? 지팡이 하나 내밀어 홍해를 갈라버리고, 산에 올라가서 팔을 들고 있는 것만으로도 아말렉 족속을 진멸해 버리는 초인적 능력을 구사했던 위대한 영웅인 모세도 이들을 감당할 수 없어서 시시때때로 얼굴을 땅에 대고 엎드리고, 수시로 쩔쩔매게 했던 이 족속입니다. "이 요단"은요? 연중 수심이 가장 깊어서 물이 강둑까지 넘실거리며 앞을 가로막고 있는 강입니다. 그럼에도 건너가야만 하는 이 요단강입니다. "그 땅"은요? 그냥 걸어 들어가서 이곳저곳 말뚝 박고 문패 달고 이것은 내 땅, 그것은 네 땅하고 사이좋게 나누어차지하면 되는 땅이 아닙니다. 이미 철병거로 무장한 가나안 족속들이 정착하고 있는 땅입니다. 목숨을 건 전쟁을 하여 빼앗아야만 하는 땅을 말하는 것입니다. 이 한 절에 있는 이 모든 단어들은 지금 여호수아가 처한 상황이 얼마나 두렵고 불안하고 아슬아슬한 상황인가를 생생하게 느끼게 합니다. 이어지는 하나님의 말씀이 온통 여호수아를 안심시키고, 그에게 용기를 주는 안전보장의 말씀들로 가득 차 있다는 사실도 여호수아의 지금 심정이 어떤가를 드러내줍니다. 여호수아는 매우 난감하고 불안하고 두려운 상황에 사로잡혀 있습니다.

하나님의 명령

그 때 하나님께서 나타나셨습니다. 하나님이 나타나셔서 여호수아를 일대일로 대변하고 말씀하십니다. 하나님이 하신 첫 말씀은 그것이었습니다. 3절 "내가 모세에게 말한 바와 같이 너희 발바닥으로 밟는 곳은 모두 내가 너희에게 주었노니 곧 광야와 이 레바논에서부터 온 땅과 또 해지는 쪽 대해까지 너희의 영토가 되리라 네 평생에 너를 능히 대적할 자가 없으리니 내가 모세와 함께 있었던 것 같이 너와 함께 있을 것임이니라 내가 너를 떠나지 아니하며 버리지 아니하리니 강하고 담대하라 너는 내가 그들의 조상에게 맹세하여 그들에게 주리라 한 땅을 이 백성에게 차지하게 하리라" 하나님께서 여호수아에게 하시고자 하는 말씀의 핵심은 분명합니다. "그러니 강하고 담대하라!"

는 것입니다. 한마디로 하면 이거지요. "쫄지마!"

그리고 나서 매우 중요한 명령을 내어 놓으십니다. 본문 7절에서 9절까지에 있는 말씀이지요.

"오직 강하고 극히 담대하여 나의 종 모세가 네게 명령한 그 율법을 다 지켜 행하고 우로나 좌로나 치우치지 말라 그리하면 어디로 가든지 형통하리니 이 율법 책을 네 입에서 떠나지 말게 하며 주야로 그것을 묵상하여 그 안에 기록된 대로 다 지켜 행하라 그리하면 네 길이 평탄하게 될 것이며 네가 형통하리라 내가 네게 명령한 것이 아니냐 강하고 담대 하라 두려워하지 말며 놀라지 말라 네가 어디로 가든지 네 하나님 여호와가 너와 함께 하느니라"

긴 말씀이지만 이 명령의 핵심은 아주 간단하고 분명합니다. 7절 "나의 종 모세가 네게 명령한 그 율법을 다 지켜 행하라 우로나 좌로나 치우치지 말라" 8절 "이 율법 책을 네 입에서 떠나지 말게 하며 주야로 그것을 묵상하여 그 안에 기록된 대로 다 지켜 행하라" 이것이 위기 상황에 처하여 불안해하고 두려워하는 여호수아에게 주신 하나님의 명령입니다.

여러분 이 상황에서 주어지는 이 명령이 어떻게 생각되세요? 말이 됩니까? 지금 눈앞에 닥친 당장 해결해야 될 시급한 문제는 무엇입니까? 가나안 땅에 들어가는 것입니다. 가나안 땅은 아무도 없는 땅에 가서 말뚝 박고 새끼줄 치고 이것은 네 땅, 이것은 내 땅 그러면 되는 땅이 아니라는 것은 여호수아가 알고 있고, 이스라엘 백성 모두가 알고 있습니다. 가나안은 신천지를 개척하기 위하여 꿈을 안고 들어가는 땅이 아닙니다. 이미 철병거로 무장한 정착민이 지배하고 있는 땅에 쳐들어가는 것입니다. 전쟁이 전제 되어 있는 것이라는 말입니다. 그러므로 이들에게 당장 급한 것은 어떻게 가나안에 들어가서 저들과 싸워 이길 것인가? 전쟁에서 승리하기 위한 대비책이 가장 시급한 문제입니다. 그러므로 이 상황에서 하나님께서 나타나셔서 "그러므로" 하고 하셔야 될 말씀은 뭐 이런 내용이어야 되겠지요. "그러므로 너희는 지금부터 18세 이상의 청년들을 모아서 특수 훈련을 시켜라. 그리고 금모으기를 해서 그걸로 군비를 비축하라. 사관학교를 만들어서 특수 공격 부대를 양성하라. 그들은 동쪽이 약하니까 슬쩍 동쪽으로 가는 척하다가 주력부대는 서쪽으로 가서 그곳을 쳐라." 뭐 이런 전력이든지, 전략이든지, 전술이든지, 전투력이든지, 군비든지, 이런 얘기가 주어져야 맞는 거 아니겠어요? 그런데 하나님께서 이 시급한 상황에 나타나셔서 하시는 말씀은 "모세를 통하여 너희에게 준 말씀을 묵상하고 그 말씀을 지켜 행하고 우로나 좌로나 치우치지 말라"입니다. 그것도 한 번이 아니라 반복적으로 강조하십니다. 이게 말이 됩니까? 정말 세상 물정도 모르고, 상황파악도 못하는 엉뚱한 명령이요, 답답한 훈수라는 생각이 들지 않으세요? 입장을 바꿔놓고 한 번 생각해 보세요. 우리는 성경을 마치 신문기사를 읽듯이 남의 일로 알고 너무 건성으로 읽으니까 언제나 은혜만 되고 언제나 지당한 말씀만 되는데, 여러분이 당사자가 되어서 읽어보시라고요.

이게 무슨 말일까요? 너희들 가서 죽거나 말거나 전쟁은 어떻게 되는가 상관없고 나는 너희에게 하나님 대우를 받아야겠다 이걸까요? 성경이 하나님의 말씀을 듣고 나올 때는 그 말이 기록되고 있거나 발설되고 있는 그 언어나 그 문자를 말하는 것이 아닙니다. 그 말씀의 주인이요, 그 말씀을 하시는 하나님 자신을 말하는 것이지요. 하나님의 말씀을 순종한다는 말은 바로 하나님을 순종한다는 말인 것이지요. 하나님의 말씀이 임했다는 것은 다름 아닌 하나님이 찾아오셨다는 말이지요. 그렇다면 하나님이 주신 말씀을 주야로 묵상하고 그 말씀을 지켜 행하라는 이 말씀은 결국 무슨 말일까요? 결국 하나님과의 관계를 바로 맺으라는 말입니다. 그런데 하나님은 왜 전쟁을 앞둔 여호수아와 이 백성들에게 이렇게 현실성 없는 엉뚱한 명령을 하시는 걸까요?

승리의 비결

하나님의 말씀을 주야로 묵상하고 그 말씀을 지켜 행하라는 말씀이 전쟁을 치루어야 하는 이 사람들에게 무슨 의미를 갖고 있는가는 분명합니다. 하나님은 사실 이렇게 말씀하시는 셈입니다. "너희 눈앞에 현실로 닥친 그 중대하고 시급하고 두려운 그 일을 성공하기 위하여 가장 중요한 것은 너희의 전투력이 아니다. 너희의 전략이 아니다. 전술이 아니다. 너희의 군비가 아니다. 나와의 관계를 어떻게 맺고 갈 것인가 하는 것이 가장 중요한 관건이다." 승리의 결정적인 비결은 하나님과의 관계를 바로 맺는 것이라는 말씀입니다. 그러므로 하나님은 지금 이들이 직면하고 있는 전쟁에는 관심이 없으시고, 딴 이야기만 하시고 있는 것이 아닙니다. 그 전쟁 이야기를 하시는 것입니다. 그 전쟁을 어떻게 하면 승리할 수 있는가를 말씀하고 있는 것입니다. 승리의 비결이 무엇인가를 말씀하시는 것입니다. 그러므로 하나님은 그 말씀 뒤에 약속의 말씀을 반복적으로 붙여놓으신 것입니다. 7절에 "그리하면 어디로 가든지 형통하리라" 8절에 "그리하면 네 길이 평탄하게 될 것이며 네가 형통하리라" 결국 가나안 정복과 정착의 문제는 이스라엘 백성과 가나안 족속 사이의 문제가 아니고, 하나님과 이스라엘 백성 사이의 문제라고 말씀하는 셈입니다. 가나안은 하나님을 절대적으로 신뢰하고 그에게 순종하는 이스라엘 백성과 그들에게 신실한 언약을 수행하시는 하나님이 펼쳐내는 운동장이라고 말하고 있는 것입니다.

우리는 이 점에 있어서 자주 자주 실수를 하곤 하지요. 눈앞에 닥친 급한 일을 우선하느라 하나님과의 관계를 바로 맺는 일을 뒷전으로 미루는 것입니다. 눈앞에 닥친 문제를 해결하는 것이 우선이라며 하나님과의 관계를 던져버립니다. 그러나 문제를 해결하지 못하고 문제는 점점 더 어려워질 뿐입니다. 문제 해결의 진정한 비결은 하나님께 있는데, 그 하나님을 더 급한 현실문제가 있다면 버려버리는 잘못을 범하는 것입니다. 현실적으로 다급한 일 순서로 목회를 하고 또 인생을 사는 사람은 언제나 다급한 일 따라잡다가 죽습니다. 여러분 급한 일은 죽는 순간에도 있습니다. 급한 일을 위주로 살 것인가? 중요한 일 위주로 살 것인가? 무엇이 더 중요하고 무엇이 덜 중요한 일인가를 분별하며 살아야 합니다. 어떤 일에는 목숨을 걸어야 되고 어떤 일은 미련 없이 놓아야 될 일이 있습니다. 현실적으로 아무리 다급하고 두려운 일이 닥쳐온다 하여도 언제나 가장 중요한 일, 가장 근본적인 일, 가장 본질적인 일, 최우선의 일은 하나님과의 관계를 바로 맺는 일입니다. 거기에 승리와 성공의 비결이 있습니다.

담대하라

하나님께서 여덟 번에 걸쳐서 같은 말을 반복하면서 극도로 강조하는 것이 있습니다. 담대하라는 것입니다. "마음을 강하게 하라 담대하라." "너는 마음을 강하게 하고 극히 담대하라." "마음을 강하게 하고 담대히 하라." "두려워말며 놀라지 말라." 여덟 번을 같은 말을 반복합니다. 무슨 말일까요? 그냥 막연하게 마음을 독하게 먹어라. 용기를 가져. 힘내. 용기를 내. 이런 말일까요? 무엇을 두려워하지 말란 것일까요? 무얼 하는데 마음을 강하게 하고, 무얼 하는데 극히 담대히 하라는 말이에요? 이것은 막연한 말이 아닙니다. 그 앞에 하신 말씀, 곧 주야로 하나님의 말씀을 묵상하고, 그 가운데 기록한 말씀을 지켜 행하는 일에 강하고, 담대하고, 두려워하지 말고, 놀라지 말라는 말씀입니다. 왜 그럴까요? 왜 그것을 하는 데에 이렇게 강하고 담대하라, 두려워말라, 강하라, 극히 담대하라, 마음을 강하게 하라고 마치 소나기를 쏟아 붓듯이 하시는 걸까요? 전쟁을 앞둔 현실 가운데서 하나님의 말씀을 주야로 묵상하고 그 말씀을 지켜 행하는 것, 곧 하나님과의 관계를 바로 맺는 것을 가장 중요하게 여기고 앞세우며 사는 것이 그렇게 만만치 않은 일이라는 증거입니다. 그렇게 한다는 것은 현실적으로 두려워할 수밖에 없는 상황이라는 것이지요. 많은 사람이 눈앞에 닥친 현실적인 문제를 해결하는 일에 우선순위를 두고 사는 세상에서 하나님과의 관계를 바로 맺는 것을 앞세우며 산다는 것은 모든 사람들이 살아가는 방식을 거스려야 되는 일이지요. 그러니 그것은 대단한 용기와 담대함을 발동해야만 가능한 일이라는 것입니다. 하나님과의 관계를 바로 맺는 일에 우선순위를 두고 그렇게 살려고 하면 많은 현실적인 어려움에 직면하게 될 것입니다. 본인도 심리적으로 매우 두렵고 불안하게 될 것입니다. 세상도 그렇게 살도록 가만히 놓아두지 않을 것입니다. 다른 사람들이 사는 세상과는 다른 세상을 살아야 되니까, 다른 사람들이 붙잡고 사는 가치와는 다른 가치를 가지고 살아야 되니까, 왕따를 당해야 되고, 고통을 당해야 되고, 손해를 봐야 되고, 소외를 당해야 되고, 세상 물정도 모르는 자라고 무시당해야 하고, 외로움을 견뎌야 됩니다. 그러므로 이 세상에서 하나님의 말씀대로 살기 위해서는 담대해야 합니다. 마음을 극히 담대히 해야 합니다. 두려워하지 않아야 합니다. 놀라지 않아야 합니다.

그것은 하나님을 절대 신뢰하는 사람이 아니면 할 수 없는 일이지요. 하나님을 절대적으로 신뢰하는 사람은 하나님께 대하여 절대적인 순종을 할 수 있습니다. 세상이 아니라, 하나님을 두려워하는 사람이 아니면 갈 수 없는 길이지요. 하나님을 두려워하는 사람은 하나님 외에 아무 것도 두렵지 않고, 하나님을 두려워하지 않는 사람은 하나님 외에 모든 것을 두려워하게 된다는 말이 있습니다. 하나님을 두려워하는 사람은 세상이 두렵지 않습니다. 그래서 아무리 다급한 일이 벌어지고, 아무리 겁나는 현실이 닥쳐도 무엇보다도 하나님의 말씀을 순종함으로 하나님과의 관계를 바로 맺는 일을 최우선으로 삼으며 사는 담대함을 가질 수 있습니다. 여러분 혼자서 거대한 시대의 흐름을 뒤바꿀 수는 없습니다. 그러나 혼자서라도 시대의 거대한 흐름을 거역하는 삶을 사는 날 동안 걸어갈 수는 있습니다. 그러므로 모세의 뒤를 이어 사역을 시작하면서 하나님과의 관계를 바로 맺는 일에 담대 하라는 이 말씀을 들은 여호수아가 사역을 마치는 고별 설교에서 그렇게 말 할 수 있었을 것입니다. "너희는 다 너희 조상이 갔던 길을 따라 가든지 너희 조상이 섬겼던 다른 신을 섬기는 길로 가든지 가라. 그러나 너희 모두가 모든 민족이 이 시대 전부가 그 길을 가는 것이 옳다고 생각하고 그 길을 가는 것이 유익이라고 생각하고, 그 길을 가는 것이 성공의 비결이라고 생각하고, 그 길로 가지 않고는 이 시대에 살아남을 수 없다고 생각하고, 그리하여 이 시대의 사람 모두가 그렇게 한다 할지라도 나와 내 집은 오직 여호와만 섬기겠다." 나 한 사람이 시대의 흐름을 뒤바꿀 수는 없습니다. 그러나 나 한 사람이라도 하나님을 순종하면서 이 시대를 거역하는 길을 갈 수는 있습니다.

우리는 그 길을 가도록 불림을 받고 있습니다. 우리가 이 세상의 흐름을 거역하며 하나님 편에 서서 살기를 두려워하지 않고, 강하고 담대하게 하나님의 편에 서는 것은 간이 커서가 아닙니다. 성격이 독해서가 아닙니다. 선천적으로 용기를 타고 나서가 아닙니다. 사람이 사는데 무엇이 더 중요하고 무엇이 덜 중요한가를 알기 때문입니다. 승리하는 인생의 진정한 비결이 어디에 있는지를 알기 때문입니다. 하나님이 주신 약속과 하나님을 절대적으로 신뢰하기 때문입니다. 하나님께서 가나안과이 전쟁과 건너야할 요단과 가나안과의 전쟁을 앞두고 여호수아에게 주셨던 그 약속의 말씀은 오늘 날 우리에게도 여전히 주시는 약속입니다.

"오직 강하고 극히 담대하여 나의 종 모세가 네게 명령한 그 율법을 다 지켜 행하고 우로나 좌로나 치우치지 말라 그리하면 어디로 가든지 형통하리니 이 율법 책을 네 입에서 떠나지 말게 하며 주야로 그것을 묵상하여 그 안에 기록된 대로 다 지켜 행하라 그리하면 네 길이 평탄하게 될 것이며 네가 형통하리라 내가 네게 명령한 것이 아니냐 강하고 담대 하라 두려워하지 말며 놀라지 말라 네가 어디로 가든지 네 하나님 여호와가 너와 함께 하느니라"(수1:7~9)

이것은 하나님과의 관계를 바로 맺고 사는 모든 하나님의 백성들에게 주시는 영원한 약속입니다. 이것이 바로 하나님의 신실하심입니다. 그것 때문에 우리는 담대한 것입니다. 그것 때문에 우리는 고난 가운데서도, 좌절의 현실 가운데서도, 위험이 닥치는 현장에서도 당당하고 자신만만할 수 있는 것입니다. 우리는 그러한 삶을 살도록 불림을 받았습니다. 어떤 상황 가운데서도 무엇보다도 하나님의 말씀을 순종함으로 하나님 편에 서서 하나님과의 관계를 바로 맺고 사는 일에 강하고 담대하게 사는 여러분이 되시기를 축원합니다.

처음 행위를 가지라

요한계시록 2장 1-7절

이승진 (설교학)

앞으로 목회자가 되기 위하여 훈련을 받는 신학생의 입장에서는 최근 한국교회 안에서 일어나는 여러 부정적인 현상들, 교회를 비판하는 뉴스들이 우리 마음을 상당히 무겁게 만듭니다. 아주 우울하게 만듭니다. 한국교회를 대표하는 베스트셀러 작가 목사님이 어느 날 갑자기 성범죄 때문에 세간의 비난을 받고 있습니다. 또 모 교단의 정기총회 시간에 어느 목사님이 갑자기 허리춤에서 가스총을 꺼내들면서 갑자기 카우보이로 돌변하는 모습이 공영방송 뉴스로 소개되면서, 저와 여러분의 마음이 정말 오그라드는 심정입니다. 작년 말에 어느 교회 목사님은 교회 공금을 유용한 죄로 세상 법정에서 법의 심판을 받으면서, 판사로부터 다음과 같은 훈계를 들어야만 했습니다. 판결문에서 판사는 이렇게 훈시합니다. "피고인은 자신의 인생 대부분의 시간을 투자해서 오늘날 영향력 있는 교회를 이뤘다. 이런 경우에 본인과 교회를 동일시하거나 교회를 본인 소유로 잘못 생각하는 일이 많다. 피고인이 초창기에 자신의 사리사욕을 앞세웠다면 지금처럼 훌륭한 교회를 이루지 못했을 것이다. 초심으로 돌아가 분열된 교회를 추스르고 정상화하기 위해 어떠한 일을 할지 성찰하기 바란다." 판사의 훈시의 결론은 초심으로 돌아가라는 것입니다.

이것은 교회가 세상을 향하여 선포해야 할 하나님의 말씀인데, 오늘날 한국교회는 오히려 세상으로부터 하나님의 음성을 들어야만 하는 굴욕스런 지경에 빠졌습니다. 도대체 어쩌다가 한국교회는 세상으로부터 개혁을 주문받고 있는 개혁의 대상으로 전락해버렸는가? 그 이유는 오늘 본문 4절의 말씀으로 표현한다면 "처음 사랑을 버렸기 때문"입니다. 에베소 교회뿐만 아니라 오늘 한국교회가, 저와 여러분이 주님 앞에서 처음 사랑을 버렸기 때문입니다.

'처음 사랑을 버렸다'는 평가 속에는 '처음에는 주님을 사랑했었다'는 반어적인 의미가 들어 있습니다. 저와 여러분도 처음에는 주님을 사랑했습니다. 오늘 한국교회 앞에서 세간의 손가락질을 받는 목사님들도 처음에는, 저와 여러분 이상으로 주님을 헌신적으로 사랑한 줄 믿습니다. 지금 4절의 말씀 속에서 주님으로부터 책망을 받고 있는 에베소 교회도 처음에는 정말 탁월한 교회였습니다. 에베소 교회는 사도 바울이 2차 전도여행 막바지에 소아시아에 들러서 개척한 교회이고(행 18:19-22), 이후에도 수 개월을 머물면서 복음으로 집중적으로 양육한 교회입니다. 바울은 에베소를 떠난 이후에도 이 교회를 잊지 못하고 브리스길라와 아굴라와 같은 초대교회의 신실한 일꾼을 파송해서 계속 양육했고(행 18:23-24), 또 사도 바울이 다시 와서 3년을 지내면서 정말 혼신의 힘을 다 쏟고 밤이고 낮이고 쉬지 않고 눈물을 흘리면서 말씀으로 권면하고 양육했습니다(행 20:31).

그 결과로 에베소 교회는 세상 문화에 강력하게 저항할 수 있을 정도로 성장하였습니다. 복음의 능력을 나타낼 수 있었습니다. 계시록이 기록될 당시 에베소 지역은 로마 다음으로 번성한 최고의 도시였고 로마의 최신 문화들이 그대로 에베소에도 유입되었습니다. 그래서 로마인들이 즐기는 목욕문화, 우상신전 안에서 행음을 하는 문화, 원형 경기장에서 검투사들이 서로 죽고 죽이는 것을 웃으면서 구경하고 즐기는 관람 문화가 발달했습니다. 주변의 문화가 이렇게 타락하다 보니까 에베소 교회가 복음의 순수성을 지키기가 쉽지 않았을 것입니다. 왜곡된 가르침들이 에베소 교회 안으로 충분히 들어 올 수 있습니다. 이런 상황에서도 당시 에베소 교회는 2절 말씀처럼 주님의 복음을 보존하고 전파하는 일에 최선을 다했습니다. 그리고 말씀에 든든히 뿌리가 내려서 갖은 핍박과 고난 중에도 인내하였습니다. 또 교리의 순수성을 잘 유지해서 거짓된 사도들이나 악한 자들을 받아들이는 일을 경계했습니다. 거짓 사도들이 교회를 방문해서 헛된 가르침을 설교할 때, 에베소 교회 교인들은 말씀에 든든히 뿌리를 내리고 있어서, 하나님의 말씀에 속한 것과 그렇지 못한 것을 분명히 분별할 수 있는 영적인 분별력을 발휘했습니다.

저는 앞서 부정적인 사례로 말씀드렸던 목사님들, 지금 세간의 손가락질을 당하는 목사님들, 그 분들의 처음 사랑을 의심하지 않습니다. 그 분들도 예전에는 저와 여러분들처럼 예수님의 십자가 안에서 정말 자기 인생의 BC와 AD가 바뀌는 경험을 했을 것입니다. 그리고 정말 내 평생을 전부다 복음에 쏟아 붓는데 '이 몸이 일백 번을 죽더라도 전혀 아깝지 않다' 는 그런 확신을 가지고 목회 사역을 시작했을 것입니다. 그리고 이 분들의 목회 사역에 정말 성령께서 기름을 부어주셨기 때문에 그렇게 교회가 부흥한 줄 믿습니다. 그 목회 사역의 부흥은 악령의 역사로 그렇게 된 것이라고는 생각하지 않습니다.

그런데 왜 오늘날에는 이렇게 악한 마귀의 유혹에 빠진 것이 분명한 비참한 모습을 드러내보이고 있는가? 그 이유는 2절부터 4절 말씀에 나옵니다. 사역의 관심이 우리의 행위와 우리의 수고와 우리의 인내에 집중되면서, 우리의 시야가 주님의 십자가로부터 멀어지게 되면 점차로 우리의 사역의 동기가 엉뚱한 것으로 뒤바뀌었기 때문입니다. 첫 사랑에 대한 감격이 동기가 아니라, 우리의 능력과 그 능력에 대한 보상을 동기 삼아서 사역을 감당하는 전문적인 직업꾼으로 변질된다는 것입니다. 그래서 사역자의 타락에는 간단한 기본 공식이 있습니다. 일단계는 십자가 복음에 대한 감사와 감격에서 출발하는 단계입니다. 하지만 2단계에서는 시간이 흐르면 복음에 대한 감사와 감격에서 시작한 사역에 대하여 작은 보상들이 주어지기 시작합니다. 그리고 마지막 3단계에서는 내 사역의 관심이 주님의 십자가에서 세속적인 보상으로 점차 이동하게 됩니다. 그러면서 주님에 대한 사랑이 낡아빠진 헌신짝처럼 보이면서 타락의 길을 가는 것입니다.

최근에 MRI (자기공명영상) 기술이 발달하면서 인체 내부를 훤하니 들여다볼 수 있게 되었습니다. 그 중에 특히 fMRI 기술은 우리가 머릿속에서 어떤 생각을 할 때 뇌의 특정 부위가 활성화되는 순간을 생생하게 영상으로 보여주기 때문에, 사람이 지금 무슨 생각을 하고 어떤 방식으로 그런 생각을 발전시켜가는지, 뇌와 심리의 상호 작용들을 영상으로 생생하게 관찰할 수 있는 길이 열렸습니다. fMRI를 가지고 사람의 뇌를 연구해보니까, 우리 사람의 뇌는 내가 원하는 것을 얻고자 막 생각하고 노력하면 마치 컴퓨터 회로가 돌아가면서 열이 발생하듯이 뇌도 무슨 생각에 집중하면 마구 신경세포가 급속도로 활발하게 움직이면서 그 부분이 활성화되는 것을 볼 수 있습니다. 뇌가 활성화되면 엔돌핀도 분비가 되면서 기분이 좋아집니다. 그런데 내가 이기적인 목적으로 생각할 때, 즉 돈을 벌어야겠다거나 명예를 얻어야겠다는 이기적인 동기로 흥분을 할 때, 우리 뇌의 어느 부분이 활성화되는가 하면, VTA, 복측피개영역이라는 부분이 막 활성화됩니다. 복측피개영역은 이기적인 목적으로 흥분하면 막 활성화되기 때문에 과학자들은 이 부분을 가리켜서 '이기중추' 라는 이름을 붙였습니다.

그런데 이 심리학자들이나 뇌신경과학자들이 참으로 놀랍게 생각하는 부분이 뭔가 하면, 이 이기중추라는 부분은 참 신기하게도 사람이 코카인 같은 마약을 하고 안도감과 황홀감에 빠질 때 극도로 활성화되는 부분과 똑같더라는 것입니다. 무슨 의미인가 하면, 사람이 극도의 쾌감을 느낄 때 활성화되는 쾌감중추는 다름 아닌 이기중추이고, 이기중추는 곧 쾌감중추라는 것입니다. 세상 사람들이 왜 저리 이기적으로 사는가? 그 이유는 쾌감중추가 활성화되기 때문입니다.

물론 사람이 이기적인 생각을 하고 쾌락에 빠질 때만, 감정이 고조되고 행복감을 느끼는 것만은 아닙니다. 사람은 이기적인 동시에 이

타적입니다. 내가 희생하고 헌신해서 다른 사람이 행복을 얻을 수 있다면 그것도 역시 나를 행복하게 만듭니다. 그래서 또 fMRI로 뇌를 살펴보니까 이렇게 이타적인 동기로 우리가 다른 사람의 행복을 바라는 기대감을 가지고 헌신할 때도 활성화되는 부분이 있는데, 그곳이 어디인가 보니까 이 부분은 이기중추와는 다른 부분인 후부상측두구라는 부분인데, 학자들이 이 부분이 이타적인 동기로 헌신할 때 마구 활성화된다고 해서 이 부분을 '이타중추'라고 부릅니다.

이렇게 우리 뇌는 항상 행복을 추구하고 즐거움을 추구하고 엔돌핀이 분비되는 것을 원합니다. 그런데 문제는 뭐냐 하면, 첫째로 이기중추는 매우 강력한 중독성을 가지고 있다는 것입니다. 어느 정도 중독성이 있는가 하면 목숨을 포기해버릴 정도로 중독성이 있습니다. 실험용 쥐에게 실험을 해 봤습니다. 쥐 앞에 두 가지 스위치를 달아 놨습니다. 하나는 이기중추에 미세한 전기 신호를 흘러 보내서 이기중추를 자극하는 신호입니다. 또 다른 신호는 누르면 음식물이 나오는 식탁 스위치 두 가지를 설치했습니다. 쥐가 맨 처음에는 배가 고프니까 음식물 스위치를 눌러서 땅콩을 먹습니다. 배가 부르니까 이제 이기중추를 누르기 시작하는데 중독성이 있어서 점점 스위치를 누르는 시간이 길어집니다. 갈 때까지 가다가 결국은 뇌가 타버려도 계속 누릅니다. 중독되면 목숨도 돌보지 않는 것이 무서운 것입니다.

두 번째는 문제는 우리가 어느 한 가지 일에 대하여 집중할 때 우리 뇌에서 두 중추가, 이기중추와 이타중추가 동시에 활성화되지는 않는다는 것이고, 셋째는 한 가지 문제에 대하여 두 가지 중추가 서로 활성화되기 위해서 경쟁하면, 결국 이기중추가 이타중추를 억제하면서 사람을 계속 흥분시키고 행복감을 느끼게 만드는 동력으로 지속되는 것은 결국 이기중추더라는 것입니다.

2002년 미국심리학회지에 발표된 논문에 의하면 미국 앤아버 커뮤니티 고등학교에서 교장선생님이 학생들이 수업 과정을 성실하게 완수할 있도록 유도하기 위해서 수학능력이 좋은 반을 잘 인도한 교사에게는 연봉의 12% 정도를 추가 보너스로 보상하겠다고 약속합니다. 평가 기준이 뭔가 하면, 학생들이 학교에 일단 잘 나오려고 하지 않기 때문에 먼저 학생들의 출석률을 개선하는 것이 중요합니다. 그래서 학기말에 미리 예고도 하지 않고 불시에 무작위로 아무 교실로 가서 학생들의 80% 이상이 출석한 상태로 수업을 진행하는지를 채크합니다. 출석한 학생이 전체 재적 학생 중에 80% 이상이면 그 교사에게는 연봉의 12%정도 보너스가 약속됩니다. 연봉의 12% 보너스를 더 지급한다고 하니까 교사의 입장에서는 학생들 성적은 둘째치고 일단 학생들 모두가 열심히 수업에 참석하도록 유도하는 것이 중요해졌습니다. 그래서 열심을 다해서 학생들의 출석을 독려하면서 수업을 진행했더니 그 결과로 일단 학생들의 수업 이수율은 상당히 개선이 되었습니다.

그런데 새롭게 등장하는 문제점은 시간이 점점 지나면서 학생들의 출석률이 다시 하락하기 시작하고 결정적으로 GPA 시험 평균이 형편없이 떨어지더라는 것입니다. 왜 그런가? 그 이유를 조사해보니까, 맨 처음에 교사들이 학생들을 위해서 헌신할 때 맨 처음의 동기는 아이들에 대한 사랑의 마음으로 이타중추가 활성화되었었습니다. 교사들이 학생들을 순수한 동기로 사랑의 마음으로 교육할 때에는 학생들도 교사들의 사랑의 마음에 공감하면서 따라와주었는데, 이제 교장선생님이 보너스로 교사들의 이기중추를 자극하기 시작하면서, 교사들이 학생들에게 헌신하는 동기가 학생들에 대한 이타심에서 보너스를 향한 이기심으로 뒤바뀌어버린 것입니다. 학생들의 입장에서도 선생님들이 자신들을 향하여 열정을 쏟는데 그 열정에 진심어린 애정이 느껴지지 않고 다른 압박감이 느껴지면서 성적이 다시 떨어지는 부정적인 결과가 나타났습니다.

세상에 모든 사람들이 처음 동기는 순수하고 좋았지만, 나중에 왜 '골룸'과 같은 탐욕스런 모습으로 변질되는가? 그것은 바로 타락의 기본 공식 때문입니다. 순수한 헌신이 보상을 낳았지만 문제는 그 보상 때문에 이기적인 본능을 자극하고 그렇게 자극받은 이기중추가 결국은 이타중추를 억누르면서, 서서히 부패와 타락이 시작되고 처음에는 전혀 예상치 못했던 추악한 일들이 생기더라는 것입니다.

저와 여러분이 맨 처음에는 왜 신학공부를 시작했습니까? 그것은 하나님의 은혜가 감사하고, 하나님에게서 뿜어져 나오는 그 밝은 영광의 빛에 내 존재 전부를 태우더라도 전혀 아쉬울 것이 없겠다는 감사 때문입니다. 나를 부르신 그 하나님을 더욱 잘 알고 싶어서 신학교 문을 두드렸습니다. 그렇게 해서 헌신적으로 신학을 공부하고 열심히 레포트를 쓰는 것입니다. 회개한 결과로 나타나는 처음 행위입니다. 또 맨 처음에 강단에 오를 때에는 내가 어찌 이 자리에 오를 수 있는가 싶고, 부족한 내 설교라도 이렇게 들어준 성도들이 감사하고, 하나님의 영광을 가리우는 것이 너무나도 죄송해서 쥐구멍에라도 들어가고 싶은 심정인데, 설교 중간 중간에 사람들이 신기하게도 아멘! 해

줍니다. 그리고 교인들은 내가 설교를 잘 했다고 수고했다고 격려해주고 사례비도 주고합니다. 여기까지는 아무런 문제가 없습니다. 이러한 열매는 회개에 근거한 처음 행위이기 때문입니다.

그런데 그러한 처음 행위에서 비롯된 보상들이 자꾸만 내 안에 이기중추를 활성화시키려고 합니다. 사람들의 박수가 점점 좋아지기 시작하고 또 보상이 달콤해지기 시작하고 점차 중독성향을 보이기 시작합니다. 그래서 어제 한 사람이 아멘 했다면 오늘은 두 사람이 아멘해 주지 않으면 내 기분이 아주 불쾌합니다. 내 스스로 신기하게 생각했던 것이 바뀌기 시작합니다. 어떻게 나같은 죄인이 감히 하나님 앞에 사람들 앞에 설 수 있는지 예전에는 그런 것이 신기했다가, 이제는 내 입에서 어떻게 이렇게 아름다운 천상의 언어를 폭포수처럼 쏟아낼 수 있는가? 둘 다 신기하지만 어제의 관심사는 하나님의 은혜였다면, 오늘의 관심사는 내 능력과 내 실력에 스스로 자기가 감동합니다.

그렇게 내가 대단해 보이면 이제 내 앞에 있는 사람들이 다들 무식해 보입니다. 어떻게 저렇게 내 말 한 마디에 저렇게 사람들이 울고 웃고 하는 것인지, 교만한 마음이 들어오면 이제 이들을 내 영향력으로 조종해보고 싶은 마음이 생깁니다. 그렇게 점점 예수님의 십자가는 작아 보이면서 이제는 어느 날 갑자기 넘지 말아야 할 선을 아주 과감하게 넘어가버리더라는 것입니다.

언젠가는 강도사 인허를 받았는데 교회 집사님이 아시고는 교역자들 전부에게 양복을 한 벌씩 맞춰주시겠다고 말씀하셨습니다. 다른 교역자들도 전부 그렇게 하기로 결정하고는 저에게 통지를 해 주셨는데, 당시 저는 한참 신학교에서 은혜를 받으면서 교인들로부터 물질을 기대하면 안 된다고 교육을 받았는데, 교육을 받을 때에는 뭐 교인들이 그런 일이 있을까 싶었는데, 막상 그런 일이 생기니까 속으로는 기분이 좋으면서도 일단 나는 양복을 받지 않겠다고 과감하게 선언했습니다. 그러니까는 다른 선배 목사님들이 매우 난처한 표정을 지으시는데, 그 모습을 보면서 제 속으로 묘한 쾌감 같은 것이 느껴졌습니다. 그러면 그렇지! 저 목사님들은 저렇게 타락했지만, 나는 그래도 의로운 강도사야, 이런 모습을 주님이 인정해 주시겠지? 하지만 선배 목사님의 말씀을 듣고 정신을 차리고 양복을 감사히 받아 입었습니다. 그 당시는 그렇게 제가 철이 없었습니다.

그러면 사역자로 부름 받은 우리는 어떻게 중간에 타락하지 않고 끝까지 이 길을 갈 수 있을까? 그 비결은 5절 말씀처럼 평생토록 회개를 계속하는 것입니다. 신자가 성화의 과정에서 평생토록 회개를 계속 이어가려면, 늘 두 가지를 붙잡아야 합니다. 첫째는 내가 예수 십자가가 아니었더라면 이렇게 나는 죽을 수 밖에 없는 죄인이구나? 내가 지금 예수를 믿지만 내 안에는 아직도 이렇게 파괴적인 영향력을 행사하는 죄성이 남아 있구나? 그것을 하나님의 말씀으로 바라보고, 하나님 앞에 그 죄를 가지고 나와서 회개하며 용서를 구하고, 십자가 보혈의 능력으로 그 죄악을 몰아내는 것입니다. 그 다음에는 나를 구원하시고 내 죄 용서하시고 성령을 부으시고 교회를 섬기도록 인도하신 하나님을 찬양하며 하나님의 능력을 구하고 내 안에 새로운 생명의 씨앗이 부어졌음을 인하여 늘 감사하는 것입니다. 그리고 그 새로 피조된 하나님의 생명을 풍성히 누리는 삶을 계속 살아가는 것입니다. 간단히 말하자면 죄에 대하여 죽고 하나님께서 부여하신 의의 성품을 되살려 가는 것입니다.

　회개를 지속하면 그 회개는 반드시 거룩한 행위를 만들어냅니다. 이 거룩한 행위는 5절의 처음 행위는 2절의 행위와 다른 행위입니다. 원어로는 둘 다 에르곤(ἔργον)이지만 2절의 에르곤은 시간이 지나면서 자신을 돋보이게 만들고 이기중추를 활성화시키는 에르곤이라면, 5절의 에르곤은 회개 때문에 생겨난 에르곤이고, 내가 행하지만 나를 부정하게 만드는 에르곤이고 하나님의 영광만을 더욱 부각시키는 에르곤입니다. 이렇게 나를 부인하고 오직 하나님만을 높이고 그러면서 우리의 뇌 안에서 이타중추가 활성화되면서 주님의 사역을 기쁨으로 감당하는 것이, 저와 여러분이 중간에 타락하지 않고 주님 부르신 이 길을 평생토록 이어갈 수 있을 줄 믿습니다.

　반대로 우리의 초점이 사역에 대한 보상으로 옮기는 순간 벌써 내 안에 이기중추가 자극이 되고 이기중추는 점차 중독으로 가면서 벌써 타락은 우리 안에 시작되고 있음을 주의하시기 바랍니다. 5절 말씀에 하나님이 경고하십니다. "처음 행위를 가지지 않으면, 회개하지 않으면, 네 촛대를 옮기리라" 촛대는 뭡니까? 한 마디로 교회의 영광을 거두시겠다는 것입니다. 구원받지 못하고 지옥간다는 이야기가 아니라, 교회라고 하는 이름은 가졌지만 하나님의 영광이 사라진 빈 껍질만 남았다는 것입니다. 하나님의 영광이 사라진 교회는 나중에 주어지는 하나님의 형벌이 아니라 먼저 스스로 하나님의 영광을 버린 결과입니다.

　카우보이 목사님이나 성범죄 목사님이 예전에 헌신할 때 모든 것이 순수했고 모든 것이 저와 여러분처럼 거룩했지만, 지금은 이들을 통해서 하나님의 영광이 발현되지 않습니다. 이분들이 지옥 가는 것은 아니지만 촛대가 옮겨진 것은 분명합니다. 앞으로 회개할 가능성은 남아 있습니다. 하지만 그렇게 오점이 있는 회개로는 자신의 영혼을 구원할 수 있을런지는 몰라도, 남을 구원으로 인도하는 그러한 영향력 있는 사역자로 살아가기는 어려울 것입니다.

우리는 어떻게 첫사랑을 회복할 것인가? 맨 처음에 두렵고 떨리는 마음으로 하나님 앞에 섰을 때를 기억하시기 바랍니다. 내 죄를 용서해 주셨던 그 하나님의 놀라운 사랑이 내 마음 속으로 폭포수처럼 밀려들어오면서 말씀이 내 속을 밝게 비추고 그 속에 있던 온갖 죄악들의 실체에 눈이 떠졌던 그 날의 감격을 기억하시기 바랍니다. 말씀으로 내 죄가 보임에도 불구하고 그런 온갖 죄악에도 불구하고 십자가 보혈로 내 죄 용서하시고 하나님 자녀 삼으시고 하나님 나라 백성 삼으신 하나님을 바라보시기 바랍니다. 그리고 또 주님의 거룩한 신부인 이 교회를 섬기는 사역자로 나를 불러주시고 인정해 주시고 그렇게 사역자로 살아갈 수 있도록 순간순간 다양한 방식으로 먹을 것 입을 것을 공급해 주시면서 나를 오늘날 여기까지 끌고 오신 그 하나님을 바라보시기 바랍니다. 그리고 주님을 기뻐하는 것을 우리의 힘과 능력으로 삼으시기 바랍니다. 세상의 모든 폭풍과 온갖 비바람이 몰려올지라도 나를 붙잡고 위로하시는 주님만을 기쁨으로 삼고 주님만을 우리의 즐거움의 동력으로 삼으시기를 간절히 축원합니다.

진리를 향한 열정

레위기 20장 9절

김학유 교수 (선교학)

하나님 아버지, 이 세대가 혼탁합니다. 사회와 교회가 혼탁합니다. 이 시대를 어떻게 섬겨야 되는가를 저희들에게 가르쳐 주시고, 이 시대를 책임질 수 있는 열정을 저희들에게 쏟아부어 주시옵소서. 이 시간에 하나님의 말씀을 대할 때 우리의 마음이 뜨거워지게 하시고, 하나님의 음성을 듣게 하시고, 결단이 있게 하시고, 헌신이 있게 하여 주시옵소서, 예수님 이름으로 기도합니다. 아멘

부르심

말씀을 준비하면서 선지자들의 부르심에 대해서 쭉 공부를 좀 해봤습니다. 선지자들이나 주의 종들이나 공통적으로 하나님께서 부르실 때

는 그 시대에 필요한 사역을 맡기기 위해서 부르신다는 것을 알았습니다. 여러분이 잘 아시는 대로 모세는 이스라엘 백성들을 해방시키기 위해서, 여호수아는 가나안을 정복하기 위해서, 다윗은 왕국을 세우기 위해서, 선지자들은 타락한 백성들의 죄악을 지적하고 그들의 회복을 위해 사명을 받습니다. 신약 시대에 오면 사도 베드로는 이스라엘 백성을 위해서 사도로 부르심을 받습니다. 사도바울은 이방인들의 선교를 위해서 부르심을 받습니다.

하나님의 계획은 시대를 따라 분명하셨던 것 같습니다. 저는 이 시대를 보면서 정말 진리가 살아있는가? 공의가 살아있는가? 하나님의 말씀이 살아있는가? 안타까운 마음으로 분노로 가득 차 있을 때가 많이 있습니다. 여러분 예레미야의 마음이 담긴 15장 17절 말씀을 한번 참고해 보시죠. 말씀을 먹을 때는 말씀을 대할 때는 기쁨이 있었지만 자기가 살아가는 환경을 돌아 봤을 때는 분노가 넘쳐났던 것을 발견할 수 있습니다. 16절-17절을 한번 같이 읽겠습니다. "만군의 하나님 여호와시여 나는 주의 이름으로 일컬음을 받는 자라 내가 주의 말씀을 얻어 먹었사오니 주의 말씀은 내게 기쁨과 내 마음의 즐거움이오나 내가 기뻐하는 자의 모임 가운데 앉지 아니하며 즐거워하지도 아니하고 주의 손에 붙들려 홀로 앉았사오니 이는 주께서 분노로 내게 채우셨음이니이다."

이 본문을 보면 예레미야 안에 두 가지 갈등이 있었어요. 말씀을 접할 때는 영적인 기쁨이 있었습니다. 하나님을 만날 때, 하나님의 말씀이 자기를 채울 때 영적인 기쁨이 샘솟듯 했지만은 자기가 살아가는 주변의 환경을 볼 때는 분노가 자기 마음속에 분노가 치밀어 오른다고 고백하는 것을 볼 수가 있습니다. 저 역시 하나님의 말씀을 듣고 우리 합동신학대학원 캠퍼스에 와 있을 때는 정말 기쁩니다. 학생들을 보며, 교수님들 만나고, 강의 시간에는 정말 기쁨이 있습니다마는 이 세상의 뉴스들을 보면 분노가 솟아올라요. 도가니 보셨나요? 여러분. 광주에 있는 모처에서 장애아들을 성폭행한 사건을 고발한 영화라고 그래요. 요즘 며칠 사이로 전국이 떠들썩합니다. 한국 사회의 도덕적 타락의 단면을 보여주는 사건이라고 저는 생각을 합니다.

교회도 마찬가지지요. 어느 구석하나 자신 있게 내 놓을만한 곳이 없고, 이미 기독교가 '개독교'가 된지 오래 됐습니다. 기독교인이라는 것이 부끄럽고 특별히 목회자라는 것이 부끄러운 시대가 되었습니다. 예레미야는 그 시대를 바라보면서 분노로 가득 차 있었습니다. 그의 메시지는 파멸과 멸망이었습니다. 20장 8절을 보면 이 예레미야의 메시지는 두 단어로 요약될 수 있는데요. 파멸과 멸망입니다. 예레미야의 메시지는 굿 뉴스는 아니었어요. 예레미야가 이스라엘 백성들을 향해서 던지는 메시지는 배드 뉴스였습니다. 너희들이 이제 망할 것이요, 칼과 창에 죽임을 당할 것이요, 너희의 자녀들은 포로로 잡혀갈 것이다. 파멸과 멸망을 선포하는 것이 예레미야 선지자의 몫이었습니다. 그것으로 인해서 그는 치욕과 모욕거리가 되고 심지어 나아가서 자기의 태어남에 대한 한탄이 터져 나오는 것을 볼 수 있습니다. 여러분 20장 14절 말씀을 한번 참고하시죠. 14절 이하에 보면 자기의 탄생에 대한 분노가 있습니다. 내가 차라리 태어나지 않았으면 좋았을 것을 왜 나로 하여금 이 죄악을 보게 하시며, 왜 나로 하여금 이 죄악을 선포함으로 말미암아 고난을 당하게 하십니까?

자기의 생일을 저주한 인물이 성경에 많지 않습니다. 여러분 잘 아시는 욥. 욥기를 보면 자기의 태어난 그 자체에 대해서 하나님 앞에 원망을 하는 기록이 등장합니다. 그만큼 예레미야 선지자의 사역은 매우 힘든 사역이었습니다. 외로운 전투였지요. 모든 선지자들이 평강을 외칠 때 홀로 멸망을 외쳐야 되는 매우 외롭고 힘든 사역이었음을 우리가 이 말씀을 통해서 알 수 있습니다. 그럼에도 불구하고 그의 마음은 불붙는 것 같았다고 여기 기록돼 있습니다. 견딜 수 없는 마음으로 가득 찼다고 기록돼 있습니다.

여러분께서는 고 박윤선 박사님을 영상을 통해서 만나셨겠습니다만 저는 그 분의 강의를 직접 들었던 사람입니다. 그분의 한마디 한마디는 정말 불방망이 같았습니다. 확신과 열정과 진리를 향한 끝없는 열심, 이런 것들이 우리에게 커다란 감동으로 늘 다가왔습니다. 어떤 때는 설교하시다가 또는 강의하시다가 책상을 내리쳐서 책상이 깨어진 적도 있었답니다. 그만큼 진리를 향한 열정으로 뜨거웠던 분이십니다. 은퇴하신 유 영기 교수님도 그 분의 뒤를 이어서 상당한 열정을 가지고 강의하셨던 분이셨습니다. 그래서 그 분은 열정이 타오를 때마다 "대갈빡"을 깨드려 버리겠다는 말씀을 종종 하셨습니다. 처음에는 무슨 말인지 몰랐는데 나중에 알고 보니까 머리통을 깨뜨려 버리겠다는 말씀이셨습니다. 굉장히 무서운 말씀을 하셨죠. 우리가 기도 안하고, 말씀 연구 안하고, 게으르게 살아가는 제자들의 모습을 보면서 그분 안에 열정이 솟아오르셨던 것 같아요. 여러분은 우리 학교가 적어도 이러한 진리를 향한 열정으로 출발한 학교라는 사실을 아셔야합니다. 하나님의 말씀에 붙들리고, 이 시대를 책임지고, 타락한 사회를, 타락한 교회를 바로잡고, 하나님의 무너진 말씀을 바로 세우기 위해서 세워진 학교가 우리 합동신학대학원입니다. 30년 전에 작지만 소수의 교수님들과 목회자들이 힘을 합쳐서 우리 학교를 출발시켰죠.

하나님과의 깊은 만남(Encounter)

이 말씀을 준비하면서 리챠드 백스터의 책을 쭉 읽어 봤습니다. 여러분 잘 아시는 〈참목자상, reformed pastor〉라는 책이 있는데요, 그분은 우리 목회자의 역할을 이렇게 비유했어요. 마치 수천 명이 타고 있는 배의 밑바닥에 구멍이 났습니다. 그래서 누군가 이 구멍을 막아야 되는데, 이 물이 새어 들어오는 구멍을 막아야 하는 사람이 어떻게 한 순간도 긴장하지 않을 수가 있느냐? 목회자는 이와 같이 매 순간 긴장하면서 자기의 사역을 감당해야 된다. 저는 이 말씀을 보면서 상당히 도전을 받았습니다. 하나님의 말씀을 맡은 자는 배에 구멍이 뚫려서 물이 들어오는 것을 막아내는 심정으로, 정말 깨어서 한순간도 게으르지 않고, 영적인 사역에 매진해야 된다는 사실을 깨닫게 됩니다. 그분이 한 말을 제가 여기 인용해 보겠습니다. "하늘의 일을 대수롭지 않게 냉랭하게 말한다면 이는 하늘의 일들에 관해 전혀 아무 말도 하지 않는 것만큼이나 나쁜 것이다. 하나님의 일을 선포할 때 대수롭지 않게 냉랭하게 전하는 것은 차라리 하나님의 말씀을 전하지 않는 것과 마찬가지다." 리챠드 백스터는 우리 말씀을 맡은 자들 안에 이 뜨거운 열정이 솟아나야 한다는 것을 강조해서 말씀해 주셨습니다.

당신들이 하나님의 말씀을 전할 때는 마치 하나님이 말씀하시는 것 같이 전해야 된다. 얼마 전에 송 태근 목사님께서 저희 학교에 와서 심령 부흥회를 인도하셨는데요. 고 김 창인 목사님께서 그런 말씀을 하셨대요. 젊은 목회자들을 불러 놓고 "장례식에 갈 때, 장례식에 가서 설교할 때 당신이 마치 천국에 다녀온 것처럼 설교하시오." 여러분, 천국에 다녀온 것처럼 말씀을 선포해야 됩니다. 리챠드 백스터는 설교의 방법론에 대해서 상당한 관심을 가지고 있었던 것 같습니다. 쭉 읽어보니까, 우리가 어떻게 전하는가가 얼마나 중요하냐? 듣는 자의 능력에 맞게 전해야만 한다는 사실을 매우 강조하셨습니다. 요즘 인류학에서 사용하는 전문 용어로 표현자면 "수용자 중심의 메시지" (receptor-oriented message)가 되어야 한다는 것입니다. 우리가 아무리 탁월한 학문적 지식을 가지고 있어도 듣는 자들의 눈높이에 맞추지 못하면 그 메시지는 아무런 의미가 없어진다는 말이지요. 어떻게 해서든지 생동감 있게 전하는 방법을 연구하십시오.

제가 이 예레미야 선지자의 열정을 공부하면서 도대체 이 열정이 어디에서 비롯됐는가를 한번 살펴봤습니다. 마침내 그의 열정의 근원이 하나님과의 만남이었다는 사실을 발견했습니다. 여러분 예레미야 1장으로 한번 건너가 보겠습니다. 예레미야 1장 6절,7절,8절에 하나님과 만나는 장면이 나와 있지요. 하나님께서 "누구에게 보내든지 너는 가라 무엇을 명하든지 말해라. 두려워하지 말아라." 사실 예레미야는 이 장면에서 스스로 아이라고 고백하고, 말할 줄 모른다고 고백을 합니다. 아이러니컬하지요. 하나님께서 선지자를 선택하실 때 말 잘하는 사람을 선택해야 하는데 오히려 말 못하는 사람을 선정했다는 것이 매우 아이러니컬한 사실이 아닌가 생각됩니다. 어쨌든 이 하나님과의 만남. 이것이 사역자의 첫 번째 출발이라고 생각을 합니다. 이사야도 마찬가지죠. 이사야 6장에 보면 이사야 선지자의 사역의 출발은 하나님과의 만남이었습니다. 이사야서 6장에 보면 하나님의 거룩하신 모습을 보게 됩니다. 그리고 이사야는 즉시 자기가 죄인임을 깨닫게 됩니다. 그리고 하나님의 사명을 받는 장면이 이사야서 6장에 기록되어 있습니다. 이 장면을 보면서 우리는 하나님으로부터 사명을 받은 사역자는 하나님과의 깊은 만남(encounter)을 통해서 그의 사역이 시작된다는 사실을 발견할 수 있습니다.

여러분 신약시대에 바울을 보십시오. 사도 바울이 어떻게 그렇게 열정적인 사역자가 될 수 있었습니까? 사도 바울이 그렇게 열정적인 선교사로 거듭날 수 있었던 비결이 무엇입니까? 신학 전공하신 분들은 바울을 신학자라고 부르시는데요. 저는 사도 바울을 선교사라고 부릅니다. 이 사도 바울 같은 탁월한 선교사가 나올 수 있었던 배경 속에는 예수 그리스도와의 깊은 만남이 있었습니다. 여러분도 잘 아시는 대로 사도행전 9장에서 소위 "그리스도의 현현"(Christophany)이라고 부르는 예수 그리스도의 나타나심, 예수 그리스도와의 만남(encounter)를 통해서 그의 신학이 바뀌어지고, 비전이 바뀌어지고, 복음을 위해서 생명을 내거는데 까지 나아가는 사역자가 됩니다. 이사야나 예레미야 선지자나 사도 바울이나 모두 공통적인 특징이 있다면 모두 하나님과의 깊은 만남이 있었다는 것입니다.

여러분이 진정으로 하나님의 사역자가 되길 원하신다면 하나님과 깊은 만남의 시간을 가지시기 바랍니다. 이미 경험한 분도 있을 테고, 아직 경험하지 못한 분도 있을 겁니다. 그러나 분명한 것은 하나님과의 깊은 encounter 없이 이 길을 간다는 것을 불가능합니다. 가더라도 가짜가 될 것이고 어려움과 역경이 있을 때 포기하고 쓰러지고 말 것입니다. 이 부분을 좀 더 자세히 알고 싶어서 제가 역사적인 기록들을 쭉 한번 살펴봤어요. 도대체 기독교 역사상 크게 쓰임을 받은 탁월한 사역자들이 어떻게 하나님과 만났는가를 알기 위하여 한 30여명을 조사해 봤습니다. 저는 이 탁월한 기독교 지도자 30-40명의 회심 이야기(conversion history)를 읽으면서 도전을 많이 받았는데요. 여러분이 기억하는 모든 탁월한 지도자들은 전부 하나님과의 만남의 사건이 분명해요.

죠지 뮬러를 여러분이 잘 아실겁니다. 하지만 죠지 뮬러도 처음부터 훌륭한 영적 지도자는 아니었습니다. 죠지 뮬러는 부유한 집안에서 태어나지만 그의 삶은 거의 불량배 수준이었었지요. 죠지 뮬러의 특기는 고급 호텔에서 자고 몰래 도망치는 것이었습니다. 뮬러가 카이저라는 선교사님의 설교를 듣고 회심하기 전에는 도박, 술, 도둑질 등을 일상화하며 지냈던 인물입니다. 그러나 그리스도를 만난 후로 전혀 다른 사람이 되지요. 윌리암 캐리, 현대선교의 아버지지로서 세계 선교의 새로운 장을 연 인물입니다. 여러분, 처음부터 캐리가 탄생된 것이 아닙니다. 캐리는 기록에 보니까 갱이었었어요. 갱. 갱이 뭐죠? 소년 조폭이에요. 조폭. 교회도 잘 안나왔구요. 거짓말을 너무 잘하는 소년이었습니다. 후일 그는 토머스 채터 목사를 만나서 회심을 합니다. 회심 이후 그의 삶은 180도 다른 삶을 살기 시작했습니다.

네비게이토의 창설자 도슨 트로트맨의 삶도 이들과 크게 다르지 않았습니다. 그는 고등학교 회장 출신이었지요. 리더십도 있었어요. 그러나 술을 즐겨 했고, 도박을 즐겼고, 술로 인해서 경찰서에 끌려갑니다. 경찰관이 그에게 이렇게 질문했습니다. "얘야, 너 매일 이렇게 사는 것이 최선이냐? 너 이렇게 사는 것이 좋아하냐?" 그 말을 듣고 있던 트로트맨은 "저도 이러한 삶이 싫습니다"라고 대답했습니다. 경찰의 충고를 받아들인 후 그는 즉시 교회를 찾아나가게 됩니다. 마침 그 교회는 성경 암송을 특기로 하는 교회였어요. 성경 말씀을 계속 외우다가 도슨 트로트맨이 회심을 경험하게 됩니다. 그러한 전통 때문에 네비게이토 선교회는 지금까지 성경암송을 매우중요한 전통으로 가지고 있죠. 자그마한 해안가 선교로 시작된 네비게이토 선교회는 지금도 전 세계에서 수많은 젊은이들을 제자화 하는 사역을 잘 감당하고 있습니다.

시간 관계상 제가 아는 모든 사람들의 이야기를 일일이 여러분들에게 전할 수가 없어요. 탁월한 설교가였던 스펄전. 스펄전 이야기 다 아시죠? 10대 때, 추운 겨울날 예배드리러 가다가 자기네 교회에 가지 못하고 너무 추워서 조그만 교회에 들어가게 됩니다. 그 교회 이름은 여러분 잘 아시는 대로 "초기 감리교 채플"(Primitive Methodist Chapel) 입니다. 그야말로 원시적인 순수한 감리교회였었죠. 한 10여명 모여 있는데, 그날따라 목사님이 눈 때문인지 예배에 나오시질 못했어요. 대신 어느 평신도가, 허술하게 생긴 평신도가 나와서 메시지를 전합니다. 그 때 본문은 이사야서 45장 22절, "땅의 모든 끝이여 내게도 돌이켜 구원을 받으라"는 말씀이었습니다. 10분 정도 설교를 마친 후 새로운 인물인 찰스 스펄전의 얼굴을 바라봅니다. 그러면서 "자네는 왜 이렇게 비참해 보이는가? 젊은이, 당신은 주님을 바라보아야 하네. 이 말씀에 순종치 않으면 자네는 살아도 비참하고, 죽어도 비참할 것이네. 순종하면 구원을 얻을 것이네." 이 말을 듣고 스펄전은 깊은 찔림을 받습니다. 그 때 이후로 그가 그리스도를 인격적으로 만나고 마음의 평강을 찾았다고 고백하고 있습니다. 그래서 스펄전은 자기가 설교할 때마다 죄인들에 대해서 반드시 언급하고 지나간다고 고백하고 있는 글을 봤습니다. 심지어 "설교시에 죄에 대해서 언급하지 않고 지나가는 설교자는 설교가 어떠한 것인지 제대로 알지 못하는 설교자다"라고 고백할 정도로 그는 자기의 회심 사건이 자기 평생에 신앙의 매우 중요한 기초를 형성하고 있는 것을 발견할 수 있습니다.

여러분, 제가 오늘 아침에 감히 여러분들에게 도전합니다. 여러분이 정말 진정한 사역자가 되기를 원한다면 하나님과 깊은 만남의 경험을 가지셔야 됩니다. 하나님의 부르심에 대한 확신을 갖기 전에, 하나님이 누구신지 예수 그리스도가 누구신지 여러분이 인격적으로 만나지 못했다면 주님의 사역을 시작해서는 절대로 안 된다고 생각을 합니다.

영적 지도자의 고난

본문으로 돌아갑니다. 예레미야 선지자에게는 여러 가지 아픔이 있었습니다. 20장 1,2절을 보면 제사장 바스훌이 예레미야를 붙들어서 때리고, 목에다가 나무고랑을 채웠습니다. 여러분 이 조 시대 영화 같은 것을 보면 "칼"이라고 부르는 도구가 등장하는데, 이 형틀은 긴 널빤지에 구멍을 뻥 뚫어서 목에다 씌우는 것입니다. 예레미야가 목에 찼던 나무고랑이 이와 비슷하지 않았을까 생각해 봅니다. 예레미야의 고난은 제가 일일이 나열하지 않아도 여러분 더 잘 아실 것입니다. 마지막 순간에는 구덩이에 던져지잖아요. 시드기야 왕이 예레미야 선지자를 붙들어서 물이 없는 진창 구덩이에 던져버립니다. 그러한 육체적인 고난은 물론이거니와 그에게 있어서 정말 큰 고난이 10절에 기록되어 있는데요. 10절 말씀을 한번 보시기 바랍니다. "나는 무리의 비방과 사방이 두려워함을 들었나이다. 그들이 이르기를 고소하라 우리도 고소하리라 하오며 내 친한 벗도 내가 실족하기를 기다리며 그가 혹시 유혹을 받게 되면 우리가 그를 이기어 우리 원수를 갚자 하나이다." 여기서 등장하는 고난 중에 하나는 바로 친한 벗들이 자기를 공격한다는 것입니다. 본문을 보면 '샬롬의 사람들'이라고 기록되어 있거든요. 그러니까 아마 예레미야와 매우 가까이 지냈던 정말 스스럼없이 모든 것을 다 터놓고 지냈던 친구들이였을 가능성이 있습니다. 그런데 이 예레미야가 멸망과 파멸의 메시지를 전하자마자 그들의 태도가 갑자기 변한 것입니다. 친구들이 갑자기 적으로 변했어요. 그래서 그들은 예레미야가 실족하기를 기다려요. 여러분, 우리도 가장 친한 친구들로부터 배신을 당할 때 정말 참기 힘든 고통을 경험하지 않습니까? 원수가 우리를 욕하고 떠나는 것은 당연하게 받아들일 수 있습니다. 그러나 자기가 가장 믿고 신뢰했던 친구가 자기를 욕하고 떠날 때 매우 슬프고 외롭고 힘듭니다. 예레미야는 그것을 견뎌냈어요.

당시의 모든 선지자는 예레미야의 메시지와 다른 메시지를 선포했어요. 그 메시지의 내용이 23장에 가면 나오는데요. 23장에 등장하는 선지자들을 우리는 소위 거짓 선지자라고 부릅니다. 23장 14절을 봅시다. "예루살렘 선지자들 가운데도 가증한 일을 보았나니 그들은 간음을 행하며 거짓을 말하며 악을 행하는 자의 손을 강하게 하여 사람으로 그 악에서 돌이킴이 없게 하였은즉 그들은 다 내 앞에서 소돔과 다름이 없고 그 주민은 고모라와 다름이 없느니라" 심지어 선지자들이 간음을 행했어요. 물론 영적인 간음일 수도 있고, 실제적인 간음일 수도 있습니다. 거짓을 말했지요. 악한 자들을 돌이킬 생각을 하지 않았어요. 16절에 보면 도리어 악과 함께 악에 동참해서 헛된 것들을 가르치고 묵시를 자기 마음대로 지어서 선포했어요. 여호와의 말씀이 아닌 자기의 말을 백성들에게 전달했습니다. 여러분 이 시대에도 얼마나 많은 사역자들이 자기 마음대로 자기 뜻대로 말을 지어서 성도들을 가르치고 있는지 모르겠습니다. 제가 어느 특정교단을 지칭하고 싶은 마음은 없습니다마는 기독교를 왜곡시키고, 진리를 왜곡시키는 수많은 사역자들이 이 땅에 있습니다. 멸망을 외쳐야 될 순간에 평안을 외치는 엉터리 사역자들이 있습니다. 17절 말씀 보면 그들의 입에서 나오는 모든 주제는 평강이에요. 이스라엘이 이제 곧 망해야 되는데 그들은 거꾸로 선포했어요. 이스라엘은 평안할 것이다. 영원히 멸망하지 않을 것이다. 하나님의 말씀과 반대되는 선포를 하고 있는 모습이 잘 묘사되어 있습니다.

게다가 32절을 보면 그들은 거짓 꿈을 예언합니다. 거짓과 헛된 자만으로 백성을 미혹합니다. 여러분, 이 시대에 얼마나 많은 사람들이 하나님의 말씀의 권위를 파괴시키는지 모릅니다. 저희 학교는 여러분들이 아시는 대로 하나님의 말씀의 무오성을 가르치는 학굡니다. 계시의 절대성, 계시 의존사상, 일점일획도 틀림이 없는 하나님의 말씀이라고 믿고 가르치는 학교입니다. 그러나 이 시대에 말씀의 권위를 부정하는 사람들이 너무 많습니다. 종교 다원주의자들이 득세하지요. 뉴에이져들이 기독교를 공격합니다. 기독교는 너무 공격적이다. 너희들이 너무 공격적인 선교를 한다. 물론 선교적인 주제를 제가 이 시간에 언급하고 싶은 생각은 없습니다.

진리를 위해 목숨을 걸라

그러나 기독교는 본질적으로 공격적입니다. 방법에 있어서가 아니라, 내용이 공격적이에요. 하나님만이 절대적인 신이시오, 예수 그리스도만이 유일한 구세주시오, 절대적인 선언을 하는 종교에요. 여러분 잘 아시는 존 힉(John Hick)이라는 학자가 있지요. 현대 신학자들 가운데서 종교다원주의자의 대표와 같은 분이라고 저는 생각을 합니다. 존 힉(John Hick)은 정말 신실한 기독교인이었어요. 제가 존 힉(John Hick)에 대해서 좀 더 알고 싶어서 1980년대에 출간된 그분의 책 〈God has many names〉을 한 번 읽어봤어요. 유니버스 칼리지에서 법학을 공부했구요, IVF 출신이에요. 영국 장로교회에 다녔어요. 우리하고 뿌리가 비슷해요. Presbyterian Church of England에 다녔어요. 그는 에딘버러에 가서 철학을 공부하고 싶어했어요. 갔습니다. 거기서도 크리스챤 유니온이라는 단체에서 신앙생활을 정말 철저하게 잘 했어요. 성경공부하고, 기도하고, 전도하고. 그러네 거기서 이상한 책을 접하기 시작하지요. 여러분, 책 선정을 잘하셔야해요. 아무 책이나 읽으면 여러분의 신앙이 망가지고, 여러분의 신학이 망가집니다. 존 힉이 에딘버러에서부터 이상한 책을 접하기 시작했어요. 소위 자유주의 신학. 처음에 그의 신앙적인 고민은 사실 심판, 불의, 절망 등으로부터 시작되었습니다. 하나님이 공의로우신 분이라면 어떻게 이 세상에 이러한 불의와 사악함이 존재할 수 있느냐? 거기서부터 출발했어요, 버밍행으로 이주하면서부터 그는 다양한 종교와 사상들을 접하게 됩니다. 버밍햄으로 건너가면서부터 그의 결정적인 신학적 전환이 시작됩니다. 다양한 타종교를 접하게 됩니다. 이슬람, 불교, 힌두교, 유교, 시크교. 그러면서 그의 신학에 결정적인 전환이 찾아오기 시작해요. 그러면서 자기말로 "코페르니쿠스적인 혁명"(Copernican Revolution)이 일어났다고 고백했습니다. 여러분 코페르니쿠스 아시죠? 천동설, 지동설. 완고한 전통적인 주장들 속에서도 꿋꿋하게 지동설을 주장했죠. 하늘이 도는 것이 아니라 지구가 도는 것이다. 코페르니쿠스의 주장과 같은 대전환이 그의 신학적 세계에서 일어난 것입니다. 그가 스스로 그렇게 고백하고 있어요.

그때부터 그는 모든 종교는 구원에 이르는 길이다. 예수 그리스도 없이 우리는 구원을 받을 수 있다. 예수 그리스도가 우리 신학의 중심이 되는 것이 아니라, 하나님이 중심이 되어야 된다. 굉장히 그럴듯 하죠? 모든 다원주의자들의 강조점은 예수님을 철저히 배격하고 하나님만 강조합니다. 신(god). 실체(the Reality), 궁극적 실체(the

Ultimate Reality)에만 관심을 둡니다. 절대자는 인정해요. 그러나 구세주는 인정하지 않아요. 우리의 유일한 구세주인 예수 그리스도를 인정하지 않아요. 구원의 길은 다양하다. 그래서 그들은 소위 "그리스도 중심의 신학"(Christocentric Theology)을 배격한 채 "하나님 중심의 신학"(Theocentric theology)만을 강조하는 것이지요. 신 중심의 신학. 예수 그리스도를 빼버려요. 여러분, 대다수의 다원주의자들이, 현대 자유주의 신학자들이 가장 싫어하는 이름이 예수에요. 하나님은 강조하지만 예수 그리스도는 강조하지 않아요. 제가 WCC를 반대하고 적극적으로 비평적인 입장에 서 있는 이유는 바로 그들이 예수 그리스도를 강조하지 않기 때문이에요. 하나님은 강조하고 사회 구원은 강조하면서도 우리의 유일한 구세주인 예수 그리스도를 강조하지 않아요. 그분의 도덕성을 강조합니다. 그분의 탁월한 윤리를 강조합니다. 그러나 그 분 자신이 예수 그리스도요, 그 분 자신이 구세주라는 사실을 강조하지 않아요. 예수 그리스도를 뺀 기독교를 선포하려는 사람들이 이 시대에 너무 많아요. 저희 학교는 예수 그리스도를 생명처럼 생각하는 학굡니다.

결어

벌써 시간이 많이 갔습니다. 많은 사람들이 이 시대를 가리켜서 소망 없는 시대라는 말합니다. 이 시대에 정말 누가 이 진리의 말씀을 보수할 것이냐가 고민입니다. 적지 않은 신학교들이 이제는 더 이상 하나님의 말씀에 대한 절대적인 권위를 인정하기를 원치 않아요. 예수 그리스도가 유일한 구세주라는 사실을 인정하고 싶어 하지 않아요. 예수 그리스도를 신화적 사건으로 해석하고 싶어 해요. 진리가 혼탁해진 이 시대에 누가 나가서 진리를 보수하고 지킬 것인가? 이 시대에 누가 하나님의 말씀을 붙들고 한국교회를 책임질 것이냐? 이 시대에 누가 인간이신 예수 그리스도, 신이신 예수 그리스도를 용감하게 선포할 것이냐? 하나님은 일꾼들을 기다리고 계십니다.

아모스 8장 11절 여러분 다 외우는 말씀이죠? "보라 날이 이를지라 내가 기근을 땅에 보내리니 양식이 없어 주림이 아니며 물이 없어 갈함이 아니요 여호와의 말씀을 듣지 못한 기갈이라" 마치 이 시대를 가리켜서 하신 말씀 같습니다. 먹을 것이 없는 시대가 아닙니다. 2만 불, 여러분 우리는 한국 역사상 어느 시대보다 물질적으로 넉넉합니다. 이 시대의 기근은 물질적 기근이 아닙니다. 정신적 기근이죠. 많은 사람들이 자살을 하잖아요. 어느새 우리나라가 전 세계에서 자살률이 가장 높은 나라들 가운데 한 나라가 되었어요. 사람들이 방향을 잃어요. 무엇 때문에 살아가야 되는지. 어디로 가야 되는지 모릅니다. '슈스케' 아세요 여러분? 인터넷을 보니까 슈스케 슈스케 난리가 났어요. 수수께끼가? 궁금해서 보니까. 슈퍼스타 K였습니다. 하도 난리들을 피워서 궁금해서 제도 한번 봤어요. 슈퍼스타 K에 5억의 상금이 걸려 있어요. 백만 명의 젊은이들이 슈퍼스타가 되기 위해서 출전합니다. 저는 그것을 보면서 이 시대의 젊은이들이 추구하는 것이 무엇인가를 발견하게 되었습니다. 부와 명예와 권력과 쾌락. 한국 청년들의 단면을 보여주는 슈스케를 보면서 마음이 많이 아팠어요. 참가한 사람만 백만 명이에요. 우리가 이 시대를 어떻게 바라보고 책임져야 하는지를 생각하게 하는 현상이라고 생각합니다. 우리가 주님의 일을 할 때 가수들만큼의 열정만 있어도 좋겠다는 생각을 종종 합니다. 매스컴에서 '나가수'라는 용어가 자주 등장해요. 나가수가 뭔지 저는 잘 몰랐거든요. 인터넷에 들어가 보니까 나가수라는 말이 '나는 가수다'의 약어라는 사실을 알 수 있었습니다. 소위 한국 최고의 가수들의 경쟁 무대였습니다. 임 재범씨 노래 부르는 것을 보니까 정말 정열적이에요. 박 정현, 보셨어요? 정말 정열적입니다. 죽기 살기로 노래하는 사람들을 보면서 이 시대를 책임질 영적 지도자들이 저만큼만 열정적이었으면 좋겠다는 생각이 듭니다. 정말로 밤새워 노래 연습하는. 목에서 피가 날 정도로 연습하는. 조 용필씨가 그랬죠. 폭포 옆에 가서 목에서 피가 나올 정도로 연습했어요. 우리 말씀을 맡은 사역자들이 저 정도 열정만 있으면 좋겠습니다. 정말 피를 토하고 말씀을 연구하고, 피를 토하고 설교를 연습하고. 백스터가 얘기한 것 같이 그냥 대충대충 준비해서 던지는 메시지가 아니라, 하나님이 말씀하신 것 같이 예수 그리스도가 우리 앞에 서서 말씀하신 것 같이 선포할 수 있는 사역자들이 있으면 얼마나 좋겠나 하는 생각을 하게 됐습니다. 여러분, 오늘 잘 오셨습니다. 이 시대를 책임질 수 있는 일꾼들을 하나님이 부르시고 계세요. 우리 학교에 오면 유명해지거나 권력을 갖거나 부요하게 살지는 못하지요. 저희 교단은 그렇게 큰 교단은 아닙니다. 그러나 한 가지 자부심이 있어요. 말씀에 생명을 걸 수 있는 사역자들을 키우고 싶은 우리의 소망이 있습니다. 말씀을 위해서 죽을 수 있는, 말씀 때문에 순교할 수 있는, 예수 그리스도 때문에 자기의 생명을 내놓을 수 있는 사역자들이 여기 모여서 공부하고 있습니다. 아무쪼록 여러분, 오셔서 진리를 배우고, 열정을 배우고, 우리 한번 이 시대를 같이 책임지는 일꾼이 됩시다.

〈기도〉

하나님 아버지 감사합니다. 죄 많은 저희들을 부르셨습니다. 나약한 저희들을 부르셨습니다. 쓸모없는 저희들을 부르셨습니다. 그러나 우리가 하나님의 부르심에 순종할 때 하나님 저희들을 통해서 엄청난 일을 이루실 것을 기대합니다. 기독교에 소망이 없다고 여기저기서 아우성입니다. 그러나 소망이 있습니다. 우리 합동신학대학원을 통해서 한국교회가 소성되기를 소원합니다. 이곳에서 자라는 일꾼들을 통해서 한국교회에 다시 한 번 부흥의 불길이 일어나기를 소원합니다. 아버지, 저희들을 그렇게 사용해 주시옵소서. 예수님 이름으로 기도합니다. 아멘.

열정의 불꽃을 살리자

디모데후서 1장 3-8

김만형 (기독교교육학)

여러분 사역자에게서 가장 중요한 것이 무엇일까요? 여러분 뭐라고 생각하시는지요? 저는 그동안의 사역을 돌아보면서 하나님 앞에서 발견하는 것은 사역자에게 중요한 것은 열정이 아닌가 하는 생각을 해 보게 됩니다. 어떻게 느껴지세요?

　제가 우리 학교 생각을 종종 합니다. 좀 더 좋은 학교가 되기를 바라는 것입니다. 그래서 다른 사람들의 이야기도 주의해서 듣습니다. 제가 우리 합신 학생들에게 대한 평가를 이쪽 저쪽에서 많이 듣게 되는데 긍정적인 평가도 있고 약간 부정적인 평가도 있습니다. 긍정적인 평가들은 다 좋으니까 우리가 들을 이유가 없지요. 그러나 부정적인 평가에 대해서는 좀 더 관심을 갖고 우리가 봐야 되지 않을까 하는 생각을 하게 됩니다.

열정이 없다?

제가 개척교회를 하기 전에는 담임목회를 하는 목사님들과 만날 기회가 많이 없었습니다. 또한 예전에는 제가 다른 교단의 교회에서 부목사로 섬기고 있었기 때문에 우리 교단 목사님들과 교류를 할 기회가 그렇게 많지 않았습니다. 제가 교회를 개척하지 이제 10년이 되었는데, 개척을 하고 노회 활동과 총회 활동을 하면서 이런 저런 모임에 가 보니까 많은 목사님들이 우리 합신 학생들에 대해서 염려하는 것이 있음을 알게 되었습니다. 그것은 열정이 없다는 것입니다.

"열정이 없다." 이 부분이 물론 상대적이라고 저는 생각이 되어집니다. 그러면서 그분들이 늘 하는 이야기는 자기들은 열정이 있었다고 이야기를 하거든요. 옛날같지 않다라는 거지요. 그러나 상대적임에도 불구하고 우리가 되씹어 보고 되씹어 봐야 하는 부분이 이 부분이 아닌가 저는 생각합니다. 곧 열정이 없다는 것입니다.

열정이 없다는 말은 다른 말로 바꾸어 이야기한다면 복음에 대한 열정, 사역에 대한 열정, 이것이 없으니까 사람이 진취적이지 않다는 말과도 같은 것입니다. aggressive 하지 않다는 것이지요. 또 사람이 진취적이지 아니하면 거기에서는 창의성도 나오지 없다는 의미이기도 합니다. 그래서 많은 우리 동료 목회자들이 우리 합신 출신 사역자들을 가리켜서 하는 이야기가 시키는 일은 잘하는데 좀 더 진취적이고 좀 더 창의적인 일들을 하지 못한다는 것입니다.

저는 일반 사회에서는 이런 이야기를 해도 그러나보다 하고 넘어갈 수 있다고 봅니다. 그러나 저는 우리 사역자들 세계에 있어서는 이 문제는 심각한 문제라고 생각합니다. 사역자들에게 있어서 열정이 없다는 평가는 어떤 면에서는 아주 치명적인 평가라고 여기기 때문입니다. 여러분, 사역자에게 가장 중요한 것은 열정입니다. 복음에 대한 열정, 사역에 대한 열정, 영혼에 대한 열정, 말씀에 대한 열정, 이 열정이 있어야 합니다. 사실 이 열정과 관계해서 이야기를 하면 여러분이나 저나 느끼듯이 열정이 있을 때가 있는가 하면 열정이 없을 때가 있습니다. 여러분 많은 사람들이 이런 이야기를 하는 것을 들어보셨을 것입니다. "한 때는 내가 열정이 있었는데. 어딘지 모르게 합신에 들어와서 열정이 많이 식었어." 여러분 가운데 혹시 그런 사람이 있습니까? 처음 열정이 늘 있기를 힘쓰시기 바랍니다.

은사를 불일듯하게 하라

그러나 솔직히 우리의 사역을 돌아보면 우리에게 열정이 있을 때가 있는가 하면 열정이 식을 때가 있습니다. 이런 사실은 모든 사람들의 공통적인 현상입니다. 오늘 성경에 언급된 디모데에게도 그런 현상이 있었던 것 같습니다. 그래서 바울이 그에게 권면하는 핵심내용을 오늘 성경에서 보게 되는데, 네가 안수 받을 때 받았던 은사를 불일듯하게 하라는 것입니다. 이것은 안수 받을 때, 그러니까 다른 말로 바꾸어 말하면 하나님 앞에서 부름을 받을 때 하나님이 너에게 주신 특별한 은혜가 있는데 그것이 지금 꺼져가고 있다는 것을 전제한 것입니다. 그 은혜가 지금 사라져 가고 있다는 것입니다. 그래서 사도 바울이 그것을 다시 불일듯 하게 하라고 이야기를 합니다. 바울은 디모데의 가정적인 배경과 사역자로서 그가 지나왔던 과정들을 이야기하면서 그에게 다시 불일듯 하게 하라고 합니다.

여기서 불일듯 하게 하라는 이야기는 여러분이 잘 아시다시피 화로에 계속해서 불을 살리는 것을 염두에 둔 표현입니다. 계속해서 불을 지피라는 것입니다. 화로의 불이 계속 살아나야 하는데 팬을 돌리는 일이 필요합니다. 이렇게 팬을 돌리듯이 계속해서 노력을 해가지고 열정이 살아나도록 할 필요가 있다는 것입니다, 저는 이 사실을 보면서 몇 가지 중요한 사실을 발견하게 됩니다.

우리 안에도 열정이 식어갈 수 있다는 것입니다. 저에게 동의하는 싸인들을 해주셔서 감사합니다. 우리 안에 열정이 식어갈 수 있습니다. 그런데 문제는 그 열정이 식음으로 말미암아 은사가 효율적으로 발휘되지 않을 수 있다는 것입니다. 열정이 식어버리면 하나님이 우리에게 주신 은사들이 참 많이 있는데 그 은사를 힘 있게 쓸 수가 없습니다. 아마 우리 어느 정도 인생을 살아보신 우리 교수님들이라든지 이런 분들은 잘 아실 것입니다. 자기가 하는 일에 대한 열정이 있을 때 그 열정을 불태울 때, 그럴 때 자기에게 있는 은사와 달란트와 재능이 마음껏 발휘됩니다. 그런데 어떻습니까? 시간이 지나면서 열정이 식어 갑니다. 그러면 어떻습니까? 그 은사들이 점점 시들어져 가는 것을 느낍니다. 우리 교수님들도 처음 막 열정이 있어서 강의를 열심히 할 때는 그 강의에 어디서 그런 아이디어가 나오는지 본인 스스로도 놀랄 정도입니다. 이것은 설교자들도 마찬가지입니다. 그런데 열정이 식어 가면 어떻습니까? 강의 스킬이 둔탁해지죠. 설교자도 마찬가지입니다. 설교자도 열정이 있어서 하나님의 말씀을 열정 있게 전할 때는 어디서 그런 능력이 나오는지, 성령의 인도하심이 얼마나 강한지, 많은 통찰력을 가지고 말씀을 전합니다. 그러나 시간이 지나면서 열정이 식어 가면 설교가 둔탁해지는 것입니다. 여러분 그래서 가끔 안식년을 마치고 오신 목사님들이 안식년에 너무 많이 쉬어가지고 열정이 많이 식어 버려서, 다시 그것을 불태우는데 한참 시간이 걸린다고 이야기 하곤 합니다. 이런 이야기들은 전부다 열정과 연관이 있는 것입니다.

열정과 은사는 서로 연관되어 있습니다. 우리가 잘 아는 달란트 비유를 봐도 그렇습니다. 두 달란트를 가진 자가 둘을 남깁니다. 다섯 달란트를 가진 자가 다섯 달란트를 남깁니다. 한 달란트 받은 자는 그것을 사용하지 않았습니다. 달란트를 사용하지 않으면 어떻습니까? 놀랍게도 이게 계속해서 사라지게 되어 있습니다. 우리 안에도 그런 일이 있을 수 있다는 것입니다. 그래서 사실은 이 열정이 식지 않도록 우리가 늘 노력해야 됩니다.

여러분 왜 열정이 식습니까? 왜 우리의 은사가 둔탁해져 갈까요? 여러분 한번 생각해보십시오. 여러분 처음 신학교를 올 때 여러분이 가지고 있었던 마음의 열정과 또 이곳에서 지금 여러분이 지내면서 여러분의 열정에 차이가 있는지. 여러분들이 신학교를 지원해서 오면서 여러분이 가지고 있던 은사와 달란트를 사용해서 사역하던 것과 지금 여러분이 사역하는 모습과, 여러분이 한번 비교해 보세요. 계속해서 여러분이 열정을 가지고 있고, 가지고 있는 열정이 계속해서 타고 있는지, 아니면 나도 모르는 사이에 언젠가 식어져 버려 가지고 주춤해져 있지는 않은지.

세월을 이기라

우리 인생은 세월이 지나면서 열정이 식을 수 있습니다. 세월이 지나면 무뎌지게 되어 있습니다. 왜냐하면 우리는 모두 다 익숙해지는 것에 늘 안주하는 그런 경향이 있기 때문입니다.

여러분 저는 분명하게 이야기할 수 있습니다. 여러분이 지금부터 계속해서 이 열정을 불태우지 않으면, 하나님 앞에서 뭔가 우리가 받은 은사들을 다시금 불태우는 일을 불일듯하게 하지 않으면, 앞으로 더 무뎌지면 무뎌졌지 좋아지지 않을 수 있다는 것입니다.

저는 바울을 보면서 바울의 위대함이 바로 여기에 있다고 생각합니다. 그는 마지막 까지 하나님 앞에 설 때 까지 그가 최선을 다해 열정을 불태우면서 그 가운데서 그가 가지고 있는 은사와 달란트도 더 빛났다라고 생각합니다.

여러분 우리는 모두 다 시간이 지나면서 자기도 모르는 사이에 무뎌질 가능성이 있습니다. 이것을 늘 인식하셔야 합니다. 무기력해질 수 있습니다. 이것을 늘 인식하셔야 합니다. 사람이 또한 어느정도 세월을 지내다 보면 지쳐가지고 열정이 식어질 수 있습니다. 여러분 이 신학교에 있는 동안에 공부에 지쳐서 열정이 식는 일은 없습니까? 혹시. 여러분이 공부에 지쳐서 열정이 식는다면 이 공부가 문제가 있지 않을까 저는 생각을 합니다.

왜냐구요? 여러분이 공부하는 것은 다른 공부가 아닙니다. 여러분이 공부하는 것은 단순한 신학이 아닙니다. 여러분은 복음을 공부하고 있고, 진리를 공부하고 있습니다. 이것은 생명을 살리는 것입니다.

여러분 진리를 깨달아가면서 느끼는 열정이 있어야 합니다. 복음을 다시 한 번 정리하면서 이 복음으로 말미암는 열정이 내 안에서 불타 올라와야 합니다. 그런데 단순히 공부만, 숙제만 해치우고, 내가 해야 될 일들에 집중한 나머지 복음에 대한 열정, 진리에 대한 열정, 그것을 탐구하고 그것을 깨달아 가고 그것을 알아가면서 그것을 다른 사람에게 소개하고자 하는 열정이 내 안에서 불타지 않는다면 그 공부가 무슨 의미가 있겠습니까? 안그렇습니까 여러분.

사역의 피곤을 이기라

또 우리 안에 열정을 식게 만드는 것이 있습니다. 그것은 사역에 너무 지치는 것입니다. 여러분이 학교에서 공부하고, 또 교회 사역을 하다 보면 너무 지칩니다. 또한 우리 교단은 그렇지 않으리라고 생각합니다만, 교회 사역을 하다 보면 사역에 재미가 없다든지 내가 원치 않는 일을 자꾸 한다든지 그러면 지칠 수 있습니다. 여러분 어떻습니까? 제가 예전에 백석대학원에서 가르친 적이 있는데 제 강의를 듣는 전도사님들이 늘 와서 하는 이야기가 '우리 교회는 교회에서 전도사님들 데려다가 봉고 운전만 시켜요'라는 것입니다. 이 말은 전도사님들이 섬기는 교회에서 무슨 집회가 있으면 늘 봉고를 운전하는 일을 도맡아 한다는 것입니다. 그것도 새벽 집회 때부터 저녁 집회까지 계속 운전하느라고 학교를 못 오는 것입니다. 우리 합신 교단은 그런 교회는 없을 것입니다. 그렇죠?

인생의 어려움을 이기라

우리가 사역을 하면서 사람에 치이기도 합니다. 그러다 보면 열정이 식습니다. 인생을 살면서 어려움을 겪습니다. 그러면 열정이 식습니다. 제가 보니까 인생을 살면서 경제적인 이슈도 중요한 부분을 차지합니다. 제가 성도들을 관찰하면서 살펴보니까 경제적인 이슈가 신앙에 치명적인 영향을 끼치는 것입니다. 이런 문제들을 극복해 나갈 수 있도록 영적으로 성숙한 사람이면 전혀 문제가 아닙니다. 그런데 문제는 그렇게 되기까지 한참 시간이 걸리는 것입니다. 경제적으로 어렵다보니까 돈이 없으니까 어쩔 수 없이 신앙이 점점 더 식어져가는 것입니다.

사역자들은 그렇지 않습니까? 여러분 어떠세요? 신학교에서 공부하면서 경제적인 이슈로 말미암아 고통을 겪다 보면 침체하고 마음이 억눌리지 않습니까? 또 어쩌면 여러분 가정에서 신경 써야 될 일들이 많이 있어서, 형제나 부모님를 돌아보아야 하는 것들, 이것들 때문에 우리의 열정이 식지 않습니까? 사실 그렇습니다. 그래서 우리가 사역자로 나서기에 앞서서 제일 먼저 기도해야 될 부분이 있다면 하나님 내가 인생을 사는 동안에 내 가정이 문제가 되지 않도록 은혜를 주옵소서 라는 것입니다.

저는 제일 처음에 신학을 하기로 결정할 때 제일 먼저 기도했던 것이 그거였습니다. 제가 차남이지만 장남의 역할을 했습니다. 제일 큰 형님이 일찍 세상을 떠났고, 저 바로 위에 형님이 폐기종으로 인해 정상적인 활동을 할 수가 없었습니다. 그러니까 저의 집에서는 유일한 희망이 저였습니다. 제일 건강하게 생겼기 때문입니다. 저희 집이 제가 어렸을 때 쌀가게를 운영했는데 제가 쌀 80kg을 지고 배달하고 다녔습니다. 우리 아버지가 저를 봤을 때 그래도 건강하고 집안에서 일을 제일 잘 할 것 같았던 것입니다. 그래서 이제 공부를 시켜서 아버지가 원하는 일을 하기를 바랬는데, 이 놈이 신학을 한다고 그러는 것입니다. 아버지에게는 보통 일이 아니었습니다. 그래서 우리 아버지는 저희 집 앞에 툇마루가 있고 툇마루 앞에 기둥이 있는데 그 기둥에다 저를 묶어 놓기도 했습니다. 교회를 못가게 하는 것입니다. 교회 가면 신학교 간다고 그러니까요. 제가 고등학교 1학년 때 신학을 하기로 결정을 했는데 신학교를 가려면 3년을 더 지내야 될 상황이었습니다. 저는 고등학교 1학년 때 아버지에게 그렇게 당하고 나서 그 후로는 신학을 공부한다는 말을 하지 입 밖에도 내지 않았습니다. 그냥 전략적으로 그렇게 했습니다. 아버지하고 또 싸울 것 같았기 때문입니다.

그 때 제가 제일 먼저 했던 기도가 있었습니다. "하나님 제가 주님을 위해서 이렇게 헌신하는 동안에 가정에 너무 어려움이 없도록 해 주십시오. 저는 하나님을 위해서 살기를 원하는데 그래도 가족은 주님이 돌아보아 주셔야 하지 않겠습니까? 필요한 것들을 공급해 주세요." 이렇게 하나님 앞에 기도했습니다. 감사한 것은 하나님이 제 기도를 들어 응답해 주신 것입니다. 제 밑으로 여동생 한 명 남동생 두 명이 있는데, 남동생 두 명이 그래도 사업을 잘했습니다. 그래서 하나님의 은혜 가운데 부모님들 또 다른 식구들이 그렇게 어려움을 겪지 않도록 도와 주셨습니다. 여러분 그렇잖습니까! 사역자로 나섰는데 사역자가 식구들 신경 쓰면서 뭐 도와주고 해줘야 되는, 그런 데 신경 쓰면 사역자는 사역하기 너무너무 힘들지 않습니까? 그런 것에서만 자유할 수 있어도 저는 좋다고 생각하는데 이런 것들이 있으면 결국은 계속해서 의기소침이 되는 것입니다. 결국 이런 것으로 인해서 많은 사역자들이 열정이 식어져 갑니다. 열정이 식으므로 은사가 뒷걸음을 칩니다. 우리 중에 수 많은 사역자들이 사역의 길을 나섰지만 이런 가정의 문제들 때문에 어려움을 겪고 있는 것이 아닌가 라는 생각을 해보게 됩니다.

영혼을 불쌍히 여기라

이제 저는 중요한 이슈는 다시 은사를 불일듯하게 하는 것, 다시 한 번 우리 안에 불을 지피는 것이고 봅니다. 바울은 디모데에게 이 일을 계속하라고 강조하고 있습니다. 여러분, 열정은 식을 수 있습니다. 문제는 식는 것이 아니라 그걸 다시 불일듯하게 하는 것입니다. 여러분 불일듯하게 하는 것은 계속해서 힘써야 되는 일입니다. 여러분 불을 피워봐서 알겠지만 계속 힘쓰지 않으면 불을 활활 타도록 유지할 수가 없습니다. 사도바울은 늘 그것을 암시하고 있는 것입니다. 불을 타게 하는 것은 그냥 되는 것이 아닙니다. 계속해서 힘써야 합니다. 여러분 불을 지펴야 되는 돼 계속 불을 피지 않으면 그 불은 죽습니다. 열정을 계속해서 불태워야 되는데 열정을 불태우지 않으면 죽습니다. 그러면 여러분 자기도 모르는 사이에 삯꾼 사역자 되는 것입니다.

불이 없는데도 괜찮다고 생각하고 신학교를 졸업하면 안됩니다. 교회에서 사역이 주어지고 내가 풀타임 사역자로 일을 하게 되면 그때는 내가 열정을 불태울 수 있으리라 생각하는 사람들이 있습니다. 어리석은 생각입니다. 오늘 내가 열정을 불태우지 않으면 나중에 열정을 불태울 수가 없습니다. 나중에 열정을 불태우는 것은 오늘의 열정을 불태우는 것의 연장선상에 있는 것입니다. 언젠가 열정이 생기겠지 하고 생각합니까? 아닙니다. 하나님 앞에서 우리는 계속해서 열정이 불타오르도록 씨름해야 하는 것입니다.

예수님이 이 땅에 오셔서 보여주신 가장 중요한 모범이 있다면 열정이었습니다. 예수님은 영혼을 향한 열정이 있었습니다. 그래서 그 영혼들을 볼 때마다 불쌍히 여기는 마음이 들어서 다양한 방법으로 여러 가지 아이디어를 내 가지고 가르쳤습니다. 예수님이 오병이어의 기적을 나타낼 때 오병이어의 기적을 단순히 나타낸 걸로 많은 사람이 생각하는데 오병이어의 기적 앞에 보면 예수님이 사람들을 보면서 민망히 여기셨다고 이야기하고 있습니다. 그들을 불쌍히 여기는 마음이 있었습니다. 그런 열정이 있었기 때문에, 그 열정이 예수님으로 하여금 기적을 일으키게 만들었던 것입니다.

예수님의 많은 사역자들을 보시기 바랍니다. 사람들을 불쌍히 여기는 마음, 그 열정 때문에 그들은 부지런합니다. 예수님의 하루 스케줄을 보세요. 아침 새벽부터 일어나서 기도합니다. 아침부터 움직이면서 오전에는 가르치고 낮에는 심방하시고 저녁에는 병든 자들 치료하셨습니다. 또 기도하시러 한적한 곳에 가셨습니다. 이 스케줄을 보시기 바랍니다. 열정이 없으면 감당하지 못하는 일입니다.

저는 우리 요즘 신학생들을 볼 때마다 참 마음이 아픈 것이 있습니다. 그것은 교회 사역의 무게가 별것 아닌 것 같은데 낑낑대고 있는 것입니다. 여러분 제가 한 부서를 맡긴다고 하면 많아야 40-50명입니다. 웬만한 2-300명 사이즈의 교회를 보면 어린이 청소년 40-50명 이렇게 될 수 있습니다. 그런데 그것가지고 낑낑대는 것입니다. 제가 그런 것을 볼 때마다 도대체 열정이 있나 라는 생각을 하게 됩니다. 뭘 생각하면서 사역을 하나 하는 생각이 듭니다.

하나님 앞에서 저도 부끄러운 사람입니다. 저도 연약한 사람이고 저도 자신할 수 없습니다. 그러나 제가 사역을 시작한 때를 생각하면 그렇게는 안했던 것 같습니다. 내가 풀타임 사역을 제일 먼저 시작할 때 제게 맡겨진 구역이 서초동과 강남구 서초구를 제외하고 나머지 강북 전체, 강서 전체, 강동 전체, 수원 여기까지 해서 한 300가정 됐어요. 그리고 제가 청년부 100여명을 맡았어요. 그리고 제가 교육부서 디렉팅 했습니다. 일의 많고 적음을 떠나서 주는 일이면 무조건 감사함으로 열심히 했습니다.

생각을 은혜로 채우라

저는 최근에 예수님의 비유를 보면서 참 의미있는 비유를 하나 보게 되었습니다. 예수님께서 그런 비유를 하나 들었습니다. 사단이 한 사람의 마음에서 물러난 다음에 그 마음이 빈집이 된 것입니다. 마음이 빈 집이 되었는데 사단이 나중에 와보니까 그 집이 청소가 돼서 그대로 있는 것입니다. 그래서 그 사단이 다른 귀신들을 여럿 데리고 와서 그 마음을 지배한 것입니다. 그런데 문제는 그 사람의 형편이 처음보다 나중이 더 심해졌다는 것입니다. 저는 우리의 심령이 그렇다고 봅니다. 우리의 마음이 하나님의 성령의 은혜로 뭔가 채워지지 않으면, 우리가 어떤 면에서 예수 안에서 구원받고, 예수 안에서 어떤 면에서 성령이 내 안에 들어와 계신다고 하지만, 내 안에 성령의 능력으로 가득 채워지지 않으면 사단이 쉽없이 우리를 향해서 도전하는 것입니다. 그 비유의 핵심이 그것입니다. 우리의 마음이 성령의 은혜로 말미암아 주님의 은혜로 가득 채워지지 않으면, 우리가 조금이라도 빈틈을 두면, 사단은 그것을 노린다는 것입니다. 그러면서 우리로 하여금 제 역할을 하지 못하게 하는 그러한 일들을 우리 안에도 벌어질 수 있는 것입니다.

그래서 우리가 계속해서 불을 지펴야 합니다. 저는 사역자는 그런 면에서 한시도 빈틈이 없어야 된다고 생각합니다. 어떻게 해야 될 것인가?

오늘 성경을 보면서 제가 흥미로운 것을 하나 발견했습니다. 6절입니다. 6절을 보면 "그러므로 내가 나의 안수함으로 네 속에 있는 하나님의 은사를 다시 불일듯 하게 하기 위하여" 그리고 그 다음 뭐라고 이야기합니까? "너로 생각하게 하노니" 여러분 이 부분을 좀 주의하시기 바랍니다. 불일듯 하는 일은 어디에서부터 시작되느냐? 생각으로부터 시작된다는 것입니다.

사도 바울이 저는 생각을 강조하는 부분을 상당히 의미있다고 생각합니다. 여러분 믿음이 뭡니까? 저는 믿음이 생각과 연관이 있다고 생각합니다. 믿음은 단순히 내가 믿고 그걸로 끝나 그게 아닙니다. 생각하는 것(reasoning)입니다. 여러분 잘 아시는 히브리서 11장에 아브라함이 믿음의 조상이라고 이야기할 때 아브라함이 어떤 믿음을 보였습니까? 하나님께서 이삭을 데려가지만 다시 그를 살리실 것을 생각한지라고 합니다. 이것이 믿음입니다. 믿음은 생각하는 것(reasoning)과 연관이 있는 것입니다.

우리의 심령에 불을 태우는 것도 저는 생각과 연관이 있다고 생각합니다. 여러분이 멍하게 있으면서 진로나 걱정하고, 앞으로 어떤 일이 생길 것인지 걱정하면서 있으면 여러분 안에서 열정을 불태울 수가 없습니다. 생각을 잘해야 합니다.

먼저 하나님이 나를 부르셨다는 그 생각에 집중하시기 바랍니다. 또한 하나님이 나에게 맡겨준 영혼들이 있다는 그 생각에 집중하시기 바랍니다. 제가 개척을 하면서 개척의 열정이 어디에서 나왔느냐? 다른데서 나오지 않았습니다. 하나님의 부르심에서 나왔습니다.

하나님이 나를 부르실 때 나를 목회자로 부르셨는데 내가 지금까지 사역하면서 교회의 필요에 따라서 어떨 때는 교육을 하고 어떨 때는 기획을 하고, 물론 심방도 하고 성도들을 가르치기도 했지만, 목회를 제대로 못한 것입니다. 한 번은 하나님이 제 뒤통수를 치면서 한번 깨닫게 한 것이 있었습니다. 하나님이 하신 말씀입니다. "야, 너 그렇게 있다가 나한테 올래? 내가 너를 목사로 부를 때, 너를 신학을 시킬 때는 그래도 한 영혼이라도 씨름하면서 부여안고 그들을 위해서 울고 그들을 위해서 참으로 안타까와 하고 이런 모습으로 네가 있다가 와야지 내가 그걸 기대했는데 너 그렇게 있다가 올래. 그래 너 일찍 은퇴하고 비영리 법인 하나 운영하고 학교에서 가르치기나 하고 그러면서 있다가 올꺼야!" 이 말씀이 저로 하여금 개척을 길을 걷도록 만들습니다. 무엇입니까? 하나님이 나에게 맡겨준 영혼들이 있다는 것입니다. 이것 때문에 내 심령에 열정이 불태워졌습니다. 식었던 열정이 다시 살아난 것입니다. 사라졌던 열정이 다시 살아났습니다. 저의 심령이 다시 불태워졌습니다.

사랑하는 여러분, 여러분 생각을 잘 하셔야 합니다. 하나님 나를 부르셨다는 생각, 하나님이 나에게 영혼들을 맡기시고 말씀을 맡기셨다는 그 생각 그것으로 여러분의 생각을 가득 채우십시오. 그걸 곰곰이 잘 생각해 보십시오. 하나님이 나를 어떻게 구원하시고 나를 어떻게 여기까지 인도하셨는가를 생각해 보시고, 앞으로 나를 통해서 이루실 일들을 생각하십시오. 그러면 여러분 안에 열정이 불태워지리라고 저는 믿습니다.

여러분들이 지금 맡겨진 일들, 하는 일들을 통해서도 하나님께서 참으로 놀라운 일들을 이루실 것이라는 그 생각으로 가득 채우십시오. 제가 부탁합니다. 특별히 우리 신학생들, 여러분 다음에 내가 잘 할 생각 마세요. 제가 그런 이야기 많이 합니다. 여러분 지금 맡겨진 일에 성공하세요. 지금 맡겨진 일에 성공 못하면 다음 일도 성공 못합니다. 내가 지금 맡겨진 일에 주님의 열정을 가지고 성공하리라 이런 생각으로. 내가 오늘 성경에서 이야기하는 것처럼 고난도 각오하고, 힘든 일이 있어도 내가 어떤 면에서는 너무너무 고통 스러운 일을 당한다 할지라도 내가 이 일에 한 번 뛰어들리라. 제가 봤을 때 바울이 디모데에게 네가 고난을 받으라 한데는 이유가 있다고 생각해요. 디모데가 너무 안일해졌습니다. 너무 평이해졌어요. 너무 좋아진 것입니다. 그러니까 일부러 바울이 복음과 함께 고난을 받으라고 이야기 하는 것입니다.

복음의 열정이 합신의 정신이다

사랑하는 여러분, 합신의 과거 선배들은 어떤 면에서는 안일 할 수가 없었습니다. 여러분 잘 아시다시피 합신의 과거 선배들은 합신을 나오면서 거의 다 있던 교회에서 쫓겨났었습니다. 그들은 다른 교단, 다른 교회에서 이리 저리 부딪치면서 좌충우돌 하면서 생존을 위해서 싸워야만 했고, 그래서 안일할 수가 없었습니다. 그리고 복음에 대한 열정, 뭔가 잘해 보겠다는 그 열정을 가지고 계속 최선을 다하고 하나님 앞에서 열정을 불태우면서 어떤 면에서는 오늘 날까지 왔다고 해도 과언이 아니에요. 여러분이 그런 모습을 본받으셔야 합니다. 그 정신을 본받으셔야 됩니다. 물론 다 그런 것은 아닐 수도 있습니다. 그러나 합신의 정신은 그것이었습니다. 우리의 숙제는 일당 천이 되는 사람, 일당 천을 감당하는 사람이 된다고 저는 믿습니다.

사랑하는 여러분, 일당 천의 사람이 될 수 있기를 부탁을 드립니다. 합신은 작잖아요 교단도. 그러니까 어때요? 여러분이 일당 천의 사람이 되세요. 제가 우리 교역자들에게 일당 최소한 50명, 서구 사회에서는 35명이 maximum, 한 사람이 감당할 사람이 35명이라고 그러는데 50명은 커버해라. 50명, 교사 없이도 혼자서 할 수 있는 능력을 키워라. 제가 그렇게 이야기를 하는데 여러분 그렇게 하면서 자꾸 능력을 키워가세요. 그러셔서 여러분을 통해서 하나님께서 놀라운 역사를 이루어갈 수 있기를 진심으로 소원합니다. 하나님이 감당할 능력도 주시리라고 저는 믿습니다. 계속해서 우리의 생각을 가지고 열정을 불태우면서 하나님이 우리를 향해서 가지고 있는 계획과 뜻을 이루어 드리는 멋있는 삶을 살아가는 우리 모두가 될 수 있기를 주의 이름으로 축원합니다.

〈기도〉

아버지, 감사합니다. 오늘도 말씀을 통해서 다시 한번 우리의 심령에 불태워야 될 것이 무엇인가를 생각하게 하심을 감사합니다. 사도 바울이 디모데에게 권면했던 이 말씀, 오늘도 사도 바울이 이 자리에 온다면 우리에게 똑같은 말씀을 하시리라고 저는 믿습니다. 우리가 너무 안일해지지는 않았는지요. 우리가 너무나도 평안한 가운데 머물려고 하고 있지는 않는지요. 존귀하신 주님 다시 한 번 우리의 생각을 고쳐주시고, 우리의 마음을 고쳐 주셔서 어찌하든지 하나님이 나를 부르실 때 주셨던 놀라운 은혜의 감격 그것이 불일듯 하게 되어져서 우리에게 맡겨진 일들을 잘 감당해 하나님의 뜻을 이루고 하나님의 역사를 이루고 하나님을 기쁘시게 하는 우리 귀한 합신의 식구들 될 수 있도록 은혜를 더하여 주시옵소서. 아버지께서 우리에게 힘주심을 믿습니다. 성령이 우리와 함께 하시기 때문에 우리는 능히 감당하고도 남음이 있을 줄 믿습니다. 도와주옵소서. 예수님의 이름으로 기도합니다. 아멘.

수직적 제자훈련

신명기 6장 4-9절

김명호 (기독교교육학)

오늘 현대를 살아가는 저희 세대에 가장 어려운 일 중에 하나가 자녀 교육이라고 생각을 합니다. 그 어떤 사람도 자녀 교육에 대해서 자신 있게 이야기할 수 있는 사람이 없습니다. 오죽하면 어떤 기업가가 자식하고 골프는 내 맘대로 안된다라고 이야기를 했겠습니까? 자식들이 정말 마음대로 안되지요.

이 가운데 많은 분들이 부모로서 자식을 키우고 있다고 생각을 합니다. 뿐만 아니라 신학교에서 훈련받는 동안에 여러분들의 대다수는 유초등부나 중고등부를 맡아 사역하고 계십니다. 아니면 주일학교의 교사로서 섬기는 분들도 있을겁니다. 그런 우리들에게 다음 세대 아이들을 어떻게 키울까 라고 하는 것이 큰 숙제가 아닐 수 없습니다.

오늘 우리는 다음 세대가 끊어지는 위기를 만났습니다. 한국교회

2005년도 통계를 보면 자신이 기독교인이다라고 말하는 사람들이 860만명이라고 추산을 했습니다. 그 가운데 600만명 정도가 매주 교회에 출석을 하고 있는 것으로 전해집니다.

그런데 다음 세대가 점점 죽어가고 있습니다. 현재 19살 미만이 1,200만명 정도로 추산합니다. 그런데 2031년에는 그 숫자가 740만명까지 줄어들 것이라고 추산을 하고 있습니다. 물론 아이를 낳지 않는 문제 때문에 인구가 줄어들고 있습니다. 그런데 숫자가 줄어드는 것만 문제가 아니고 다음 세대 아이들이 교회를 떠나고 있는 것이 더 심각한 문제입니다. 30년 전만 해도 교회에 출석하는 사람들의 숫자의 절반 정도가 어린이들이였습니다. 젊은이까지 포함을 해서 말입니다. 그런데 현재 통계를 보게 되면 다음 세대의 비율이 출석교인수의 27% 정도를 차지한다고 합니다. 다음 세대가 점점 없어지고 있는 거죠.

또 하나의 문제는 이 아이들이 몸으로 교회를 떠날 뿐만 아니라 마음으로도 교회를 떠나고 있다는 것입니다. 교회에 나오기는 하는데 부모님들에게 핍박 받으면서 나오는 애들이 참 많습니다. 마음은 이미 교회를 다 떠나가버렸어요. 교회에 이름을 걸고 있는 아이들 가운데 1/5은 출석을 안하고 있구요, 나오는 아이들 가운데에서도 2/3는 지각을 하고 있는 상황입니다. 그래서 우리는 그 아이들이 교회에 나와 앉아 있는 것만으로도 아주 대견스럽게 생각을 하고, 그것으로 만족하는 경우들이 참 많습니다. 중고등부에 다니는 학생들이 대학에 올라가면 2/3가 교회를 떠나고 있는 것이 현재의 상황입니다.

지금까지 기성세대가 목회하는 목회 현장은 그나마 괜찮았어요.

그런데 여러분 신학생들이 앞으로 목회하게 될 다음 세대는 아마도 더욱 심각하지 않을까 라고 생각을 하게 됩니다. 그래서 여러분을 바라볼 때 마다 마음이 무겁습니다. 저희의 선배들은 조금만 열심히 하면 교회가 됐어요. 그런데 여러분의 세대는 그것이 힘들거라는 거죠. 아이들은 컴퓨터와 인터넷 매체 또 휴대폰들을 통해서 수많은 정보들을 받아들이고 있습니다. 그들은 이 땅의 가치에 의해 점령당하고 성경적 가치는 계속 함몰되고 있습니다. 복음의 가치, 구원의 의미, 이런 것들은 이미 그들의 관심사에서 멀어져 버렸고, 신앙의 대는 계속해서 끊어져 가고 있는... 그래서 두꺼운 밧줄이 이제는 한낱 실가닥 하나만 남아 있는 그런 위기 속에 오늘 우리 아이들이 신앙 생활을 하고 있다는 것입니다.

마태복음 28장에 보면 "그러므로 너희는 가서 모든 족속으로 제자를 삼으라" 하는 명령을 우리가 받았습니다. 우리는 땅끝까지 복음을 전해야 되는 것에 대해서 지금까지 참 많은 관심을 가져왔습니다. 우리가 살아가는 동시대에 살고 있는 사람들에게 복음을 전하고 땅끝까지 선교 활동을 하는 것은 우리에게 주어진 굉장히 큰 사명이고 또 우리가 이것을 놓쳐서는 안됩니다. 이러한 사명을 수평적 제자훈련이라고 말할 수 있습니다. 그러나 동시에 주님께서 우리에게 부탁하신 그 복음 전파는 수평적으로 옆으로 가는 것 뿐만이 아니라, 우리 세대에서 다음 세대로 이어지는 수직적 제자훈련도 반드시 포함되어야 합니다.

디모데후서 2장 2절에 보면 사도 바울은 "제자 삼으라"라고 하였던 예수님의 명령을 자기의 삶 속에 이렇게 표현을 하고 실천을 합니다. "또 네가 많은 증인 앞에서 내게 들은 바를 충성된 사람들에게 부탁하라 그들이 또 다른 사람들을 가르칠 수 있으리라." 사도 바울이 디모데에게 자신에게서 들었던 복음을 충성된 사람들에게 가르치라고 부탁하고, 그 충성된 사람들이 또 다른 사람들을 가르칠 수 있도록 하라고 부탁을 했죠. 저는 이것이 그저 단순히 내 옆에 있는 사람들에게 복음을 전하고 그들이 또 다른 사람들에게 복음을 전한다는 의미 뿐만 아니라 generation to generation, 세대에서 그 다음 세대로 이어지는 그러한 수직적 제자 훈련도 포함하고 있다고 생각을 합니다.

그런 의미에서 여러분들이 지금 교회에서 맡고 있는 어린이, 청소년 사역은 굉장히 중요한 사역이고, 의미있는 사역입니다. 문제는 여러분들의 대다수가 여러분들이 지금 하고 있는 일들을 지나가는 과정으로만 하고 있다라는 것입니다. 앞으로 담임목사가 되기 위해, 신학교가 끝나면 목회로 나아가기 위해서 잠시 거쳐가는 정거장 정도로 생각을 하고 있지. 그것이 내 사역이라고 믿고 거기에 전념하는 사람들이 그렇게 많지 않다라고 하는 것에 오늘 우리의 심각한 문제가 있다고 저는 생각을 합니다.

어린이 사역, 청소년 사역은 잠시 머물다 그만둘 일들이 아닙니다. 이것들은 우리 교회 안에 정말 중요한 사역이여야 합니다. 거쳐가는 사람이 맡아서 할 수 있는 일이 아닙니다. 이 일에 우리의 생애를 던질 수 있는 사람들이 있어야 합니다.

여러분, 역사상 위대했던 나라들이 무너졌던 것을 가만히 살펴 보십시오. 그렇게 강력한 대국, 앗수르가 멸망했던 것은 경제력 때문이 아니었습니다. 도덕적인 타락 때문이었습니다. 위대했던 로마 제국이 멸망했던 것도 지도층의 도덕적인 몰락 때문이었습니다. 오늘 이 시대에 모습들을 살펴보면 지금은 대단한 것처럼 보이지만 언젠간 속절없이 무너질 것이라는 생각을 떨쳐내기가 쉽지 않습니다. 어떻게 보면 지금 우리가 살아가는 대한민국의 역사는 역사상 가장 부유한 시대일지 모릅니다. 대한민국 역사상 힘들지 않은 때가 어디 있었습니까? 매일 매일이 힘들었어요. 정말 힘들게 힘들게 우리의 역사를 이어 왔습니다. 그런데 지금처럼 풍요로운 시대가 없었습니다. 이것이 언제까지 이어질건가? 좋게 이야기하는 사람들이 있지요. 앞으로 20년, 30년 뒤에 세계 경제를 한국이 쥘 것이다. 그것은 희망사항을 담은 예측이구요. 아직도 우리는 남북으로 대치된 상황이고, 만약 통일이 된다고 하면 그 통일 비용을 얼마나 대야 될지에 대해서 전혀 예측도 안되고 준비도 안되어 있는 불안한 시대에 살아가고 있습니다. 그런 시대를 살아가는 오늘 우리는 어떻게 하면 우리 다음 세대를 믿음 안에서 키워낼 수 있을까 라고 하는 숙제를 풀어가야만 합니다.

　　본문에 보면 우리가 어떻게 신앙을 이어갈 수 있는지를 보여주고 있습니다. 여러분 잘 알다시피 신명기는 다시 전하는 율법입니다. 시내산에서 하나님께서 주신 율법을 이스라엘 백성들이 받았습니다. 그 사람들을 우리는 출애굽 제 1세대라고 말할 수 있겠죠. 그런데 그 출애굽 1세대는 광야에서 다 죽고 이제 가나안에 들어갈 제 2세대는 하나님의 율법을 직접 받은 적이 없습니다. 그래서 다시 한번 율법을 전하는 것이 신명기의 말씀입니다.

　　대부분의 신앙의 제1세대는 하나님을 경험적으로 알아갑니다. 출애굽 제 1세대는 하나님께서 홍해바다는 가르시고 경험을 하고, 구름기둥과 불기둥으로 이스라엘 백성들을 인도하시는 하나님을 경험했습니다. 먹을 물이 없을 때는 반석을 쳐서 물을 내시는 기적을 목도하고 경험하면서 그들의 신앙을 가졌습니다. 그런데 제 2세대는 직접 경험한 것이 아니고 우리 아버지와 어머니의 이야기를 통해 신앙이 그들의 마음 속에 자리잡게 됩니다. 하나님께서 역사하셨던 일에 대해서 늘 한 다리 건너서 듣게 되지요. 그래서 하나님이 나의 하나님이라고 생각하기 보다는 우리 아버지의 하나님, 우리 어머니의 하나님으로 생각이 되어집니다. 이러한 제 2세대를 향한 우리 교육의 목표가 무엇입니까? 그들이 하나님을 만나는 경험을 통해 자신의 하나님으로 받아들여 믿음의 제 1세대가 되도록 만드는 것이 우리 교육의 목표라고 할 수 있습니다. 우리 부모의 하나님이 아니라 나의 하나님으로 경험하고 나의 하나님으로 고백할 수 있도록 만들어 가는 것이죠.

그런데 신앙이 1세대에서 2세대로 내려오면서 그들의 관심사가 바뀝니다. 2세대의 관심사는 하나님이 아니에요. 이미 우리 어머님 아버님이 이루어 놓으신 일들을 풍성하게 누리는 것에 더욱 관심을 갖게 마련입니다. 그래서 그 땅에 정착하고 뿌리를 내리고, 영향력을 확산하고, 은금을 불려 나가는 것이 그들의 관심사가 될 수 밖에 없습니다. 2세대의 의식 속에 하나님은 그들을 풍요롭게 만드는 도우미 정도로 전락을 하게 됩니다. 이것이 제 2세대의 신앙의 모습입니다.

그런데 그것이 제 3세대로 넘어가보세요. 그들은 하나님도, 하나님이 하신 일도 알지 못합니다. 심지어 우리 부모님이 어떻게 하나님을 만났고 섬겼는지 조차를 잊어버립니다. 그래서 부모들이 말하는 하나님이 누구인지도 모릅니다. 농사만 잘 되게 해주면 바알이든 아세라든 좋은 신이라고 생각하게 됩니다. 이스라엘 백성의 역사를 보게 되면 신앙의 2세대에서 3세대로 넘어가면 막바로 사사시대가 이어집니다. 여러분 영적 암흑시대는 우리의 신앙의 1세대가 2세대를 거쳐 3세대로 넘어오는 순간 막바로 이루어지는 것입니다.

핵심은 이거에요. 신앙 교육이 뭡니까? 세대가 아무리 바뀌어도 영원한 1세대 신앙을 만드는 것입니다. 그런데 이 일을 누가해야 됩니까? 저는 주일학교를 담당하고 있는 전도사님들이 할 수 있는 일은 아니라고 생각을 합니다. 이 일은 부모들이 할 일입니다. 오늘 본문은 이렇게 이야기 합니다. "이스라엘아 들으라 우리 하나님 여호와는 오직 유일한 여호와시니 너는 마음을 다하고 뜻을 다하고 힘을 다하여 네 하나님 여호와를 사랑하라" 하나님 사랑에 대한 명령을 주시고 난 다음에 이어서 주시는 말씀 보세요. 6절. "오늘 내가 네게 명하는 이 말씀을 너는 마음에 새기고" 그 다음에 누구에게요? "네 자녀에게 부지런히 가르치며 집에 앉았을 때에든지 길을 갈 때에든지 누워 있을 때에든지 일어날 때에든지 이 말씀을 강론할 것이며 너는 또 그것을 네 손목에 매어 기호를 삼으며 네 미간에 붙여 표로 삼고 또 네 집 문설주와 바깥 문에 기록할지니라" 여기에 자녀들을 가르치는 일들을 부모들에게 명령하시는 것을 볼 수가 있습니다. 오늘 교회 교육의 가장 심각한 문제는 자녀들을 교육해야 될 책임을 부모가 가지지 않고 주일학교와 소위 전문가라고 하지만 실상은 전문성도 별로 없는 교육전도사에게 맡긴 거라고 생각합니다. 신앙교육은 교회에 가서 이루어지는 것이라 생각하고 집에서는 신앙교육을 포기하고 교회에 떠넘기고 있는 현실이 오늘날 가장 심각한 문제라고 생각을 합니다.

그렇다면 부모들이 자녀교육을 온전하게 이루어내기 위해서 어떻게 해야 합니까? 먼저 부모들이 하나님 앞에 온전한 신앙인으로 서는 것이 필요합니다. 오늘 본문에 그렇잖아요. "너는 마음을 다하고 뜻을 다하고 힘을 다하여 네 하나님 여호와를 사랑하라." 여호와를 사랑하는 자, 그들이 자녀에게 그 여호와의 신앙을 넘겨줄 수있다라고 하는 것입니다. 부모들이 신앙 인격과 신앙생활 속에서 예수 그리스도를 만날 수 있어야만 자녀들에게 신앙을 전수해 줄 수 있다라고 하는 것입니다.

자녀들이 아버지 어머니의 모습을 바라보면서 참 아름답다, 멋있다, 나도 저렇게 되고 싶다고 생각하도록 만들어야 된다는 것이죠. 어떤 글을 보니까 이런 얘기를 합니다. 존 웨인이라고 하는 영화배우 있죠. 그분이 죽고 나서 자녀들이 TV 인터뷰를 하면서 이런 말을 했다고 해요. "존 웨인, 우리 아버지는 여러분이 스크린에서 보는 연기자로서의 존 웨인과 우리 가정에서 우리 아빠로서 보는 존 웨인이 전혀 다를 것이 없었습니다. 존 웨인은 둘이 아니고 하나입니다." 인격자라는 얘기죠. 그 말을 받아서 빌리 그래함 목사님의 아들이 이런 얘기를 했어요. "우리 아버지 빌리 그래함은 TV에서 여러분들이 많은 대중 앞에서 보는 그런 빌리 그램함과 가정에서 내가 아빠로서 만나는 빌리 그래함이 똑같은 빌리 그래함이었습니다. 두 개의 빌리 그래함이 아니라 하나의 빌리 그래함입니다."

여러분들은 어떠세요? 저는 사실 이 부분에 있어서 자신이 없더라구요. 우리 집 애가 저에 대해서 교회에서 목회하는 김명호와 집안에서 아이들이 아빠로서 만나는 김명호가 하나일까? 라고 물어보면 뭐라고 대답을 할까 궁금해지더라구요. 여러분 새벽기도회만이 아니고 철야기도도 매일 해서 우리의 자녀의 신앙 생활이 좋아진다면 얼마나 좋겠어요? 그런데 문제는 집에서는 매일 가정 예배를 드리고 새벽기도회는 매일같이 나가는데도 불구하고 우리 크리스챤들의 가정들 가운데 많은 아이들이 신앙을 버리고 신앙 생활을 포기하는 모습들을 보게됩니다. 그런데 놀라운 것은 부모들이 교회에 열심일수록 아이들이 교회를 뛰쳐나가는 성향이 크더라는겁니다. 그 아이들을 만나서 얘기를 들어보면, 부모님들의 신앙생활에 대해 "지겹다"고 말합니다. 자녀들 앞에서 부모들이 이중인격자로 보이니까 기독교에 대해서 환멸을 느낀다는 것입니다.

여러분, 기독교가 왕성하고 크리스챤의 숫자가 많은 나라일수록 그 나라는 타락하고 망할 확률이 많다는 것을 우리들이 놓쳐서는 안될 겁니다. 지난 번 대선에서 많은 목사님들과 크리스챤들이 장로님이 대통령 되면 우리 나라는 굉장히 좋아질거라고 생각을 했잖아요. 그런데 오늘 우리 기독교의 모습은 어떻습니까? 사회 속에서 손가락질을 받는 대상으로 점점 더 어두워지고 있는 모습들을 보잖아요.

여러분 도가니라는 영화 보셨나요? 저는 마음이 아파서 보지 못했어요. 그런데 그 영화를 보고 나온 친구들이 그런 얘기를 하더라구요. 영화를 보는 내내 너무 힘들었다구요. 뒤에서 계속 교회 욕을 해대는데 정말 고개를 들 수가 없었다고 이야기를 하더라구요. 어떻게 보면 그게 오늘 교회의 모습이에요. 어떤 사람들은 비판의식이 강한 386세대들이 교회를 곤경에 몰아 넣기 위해서 이러한 영화를 만들었다고 말합니다. 그런 의도적인 면도 분명히 있을겁니다. 그러나 그 스크린에 나타나는 모습이 오늘 우리 교회의 모습이라고 우리는 솔직히 인정해야만 합니다.

동시에 비슷한 시기에 상영된 완득이라고 하는 영화를 보신 분들은 상대적으로 당당하게 어깨를 펴고 나왔다고 하더라구요. 그 어렵게 살아가는 외국인 노동자들을 돌보는 모든 일들의 뒷 배경 속에 교회의 모습들이 있더라는 말이죠. 여러분, 사람들이 우리의 삶을 지켜보면서 "나도 저렇게 살고 싶다"라고 말할 수 있는 매력적인 신앙 생활 하는 것이 정말 중요합니다. 자녀 교육이 온전하게 되려면 부모된 우리가 먼저 하나님의 말씀 앞에 온전히 서는 것이 필요하다는 것입니다.

이제 두 번째 생각해야 될 것이 부지런히 가르치는 것입니다. 자녀들에게 부지런히 가르치는데 어떻게 가르칩니까? 집에 앉았을 때에든지, 길을 갈 때든지, 누워 있을 때든지, 일어날 때에든지, 시간과 장소를 가리지 말고 부지런히 가르쳐야 합니다. 우리의 삶에 모든 순간들을 말씀을 나누고 신앙을 전하는 순간으로 삼아야 된다는 거죠. 교육학에 보면 "learning moment"라는 표현을 쓰고 있어요. 어떤 순간에 "아하!" 하고 깨닫는 순간을 말합니다. 우리 자녀들이 살아가는 모든 삶의 순간 속에서 "신앙이라는 것이 이런 것이구나. 아하! 하나님은 이런 분이구나"라고 깨닫도록 돕는 교육이 필요하다는 것이죠. 그런데 그 교육은 일주일에 한 번 교회에 가서 배울 수 있는 것이 아니라는 겁니다. 일상 생활 속에서 이루어지는 것입니다.

아침에 학교 가기 전에 아침 식사를 하는 자리에서 아이들을 말씀으로 격려해주는 엄마 아빠의 메시지. 아이들을 데리고 여행을 가면서 이동하는 차안에서 나누는 대화. 그러한 순간들이 그 아이들에게 하나님을 함께 나누는 정말 좋은 "가르침과 배움의 순간"으로 사용되어져야 한다는 것입니다. 아이들이 한 단계 성장하게 될 때 마다 그 아이들의 연령에 적합하게 신앙에 대해서 설명하는 것도 필요합니다. 유치원에 입학할 때, 초등학교 입학할 때 그리고 중학교, 고등학교, 대학교에 입학할 때마다 그 순간을 우리의 삶 속에 하나님의 역사하심을 나누는 귀한 시간으로 만들어야 됩니다. 군대 입대를 앞두고 있는 아이, 또는 취직과 결혼을 앞두고 있는 우리의 자녀들을 바라보면서 그 순간 순간을 신앙을 전수하는 정말 귀한 기회로 활용해야 한다는 것이죠.

    때로 자녀들이 사춘기가 접어들면서 엄마 아빠에게 대들기도 하고, 시비를 거는 그 순간이야 말로 복음을 함께 나누고 신앙을 전수해 줄 수 있는 정말 중요한 시간이라고 생각합니다. 제가 지금까지 살아온 삶을 가만히 돌이켜 보면 그 부분에 있어서 참 많은 실수를 했고, 아쉬움이 많다고 생각합니다. 몇 년 전입니다. 제 막내아들이 고등학교 시기에 귀를 뚫겠다고 저에게 얘기를 했어요. 그것 가지고 실갱이를 참 많이 했습니다. 예전 같으면 그게 말이 됩니까? 여자 아이가 귀를 뚫는 것 까지는 이해가 됩니다. 제 딸아이도 고등학교 3학년 때 귀 뚫겠다고 찾아왔었거든요. 그런데 이제 갓 중학교 졸업 한 남자 아이가 귀를 뚫겠다고 저한테 허락을 해 달라고 하는 겁니다. 그런 아이들과 씨름을 하는 갈등의 순간들. 그 순간들이야 말로 어떻게 보면 된다 안된다를 이야기 하기 이전에 우리가 어떤 존재고, 하나님이 우리를 어떻게 인도하셨는지를 나눌 수 있는 절호의 찬스가 아니었나 하는 생각을 합니다.

어떤 분이 그런 얘기를 하더라구요. 어른들은 늘 머리카락을 시커멓게 물들이면서 요즘 청소년들이 한 두 가닥 머리털을 하얗게 염색하는 것 가지고 왜 그렇게 신경 쓰냐고. 너무 불공평하다고 이야기를 하는 이야기를 들었습니다. 우리 나름대로 가지고 있는 패러다임을 가지고 우리 아이들을 판단할 때가 얼마나 많습니까? 엊그제도 앉아서 식사를 하는데 어떤 연세드신 사역자 한 분이 그런 얘길 하시더라구요. 자기는 성경 찬송을 꼭 들고 다니는데, 아들놈이 성경 찬송은 안가지고 다니고 핸드폰을 가지고 성경을 보고 있어서 심하게 욕을 해줬다고 그러시더라구요. 성경도 안가지고 다니면서 무슨 신앙생활이 되겠냐고 흥분을 하시면서 요즘 아이들은 이게 문제라고 말씀하시더라구요. 그래서 제가 그 얘기를 듣다가 이렇게 말씀드렸습니다. "그런데 저도 아이패드로 성경을 보거든요." 여러분, 성경책을 갖고 다니느냐, 핸드폰이나 아이패드를 가지고 성경을 보느냐가 뭐 그리 중요합니까? 성경을 아이패드로 보면 영적으로 질이 떨어지는 사람이고, 거룩하게 성경을 옆구리에 끼고 다니면 정말 거룩한 사람인가요? 우리는 시대를 따라 변하지 않는 진리를 가지고 아이들을 가르치지 않고, 자신에게 익숙한 나름대로의 패러다임을 가지고 아이들을 판단하고 우리 방식대로 살라고 윽박지르고 있지는 않습니까?

여러분, 우리가 하나님과 더불어 정말 살아온 삶을 우리 자녀들에게 전수해 줄 수 있는 정말 좋은 찬스가 우리 주위에 참 많이 있습니다. 어느날 갑자기 딸아이가 와가지고 심각한 얼굴로 "엄마, 나 엄마에게 고백할게 있는데요" 라고 이야기하는 그 순간들이 있을 수 있습니다. 아마도 언젠가는 다들 경험을 하실 거라고 생각을 합니다. 어떻게 보면 그런 이야기들 듣고 심장이 멎을 것 같은 충격들을 받게 되는 그러한 순간들이야말로 무조건적으로 나를 사랑하셨던 하나님의 사랑을 그들에게 보여줄 수 있는 정말 좋은 순간이라고 생각이 듭니다. 그럼에도 불구하고 우리는 그러한 소중한 기회들을 다 날려버려요. 정말 좋은 기회들을 다 잃어버려요. 고래고래 소리지르고 화내는 일로 끝내 버리는 때가 참 많이 있다는 것이죠.

문제는 이것입니다. 우리 부모들이 그러한 삶의 중요한 순간들을 부모들이 자녀에게 신앙을 가르치고 전수할 수 있는 정말 좋은 순간으로 삼아야 하는데, 그 일을 교회가 해야 된다고 착각한다는 것입니다. 자녀교육, 대를 이어가는 교육은 부모 혼자서 할 수 있는 일도 아니고, 교회 혼자서 감당할 수 있는 일도 아닙니다.

최근에 미국에서 아틀란타 조지아에 있는 노스포인트교회의 앤디 스탠리 목사님을 중심으로 몇 가지 의미있는 일들이 벌어지고 있습니다. 거기서 만들어 놓은 책이 도서출판 디모데에서 출간이 됐습니다. 〈THINK ORANGE〉라고 하는 책인데요. 번역하면 오렌지를 생각하라는 말입니다. 책이 완전히 오렌지 색깔로 뒤덮여 있어요. 도대체 오렌지가 뭐길래 오렌지를 생각하라고 말하는지 이야기를 들춰보니까 이런 내용이었습니다. 교회와 부모들이 함께 힘을 합해서 다음 세대를 키워내야 한다는 것입니다.

교회 안에서 가르치는 사역은 촛불로 상징됩니다. 촛불은 선포되는 진리의 빛을 의미합니다. 요한계시록에도 보면 교회를 촛대로 표현하지요. 교회에서 가르치는 사역은 촛불이 타오르는 노란색으로 연상이 됩니다. 그런데 가정에서 어머니와 아버지가 아이를 끌어안고 보여주는 사랑은 빨간색이라 할 수 있습니다. 세상 어디에서도 얻을 수 없는 부모의 사랑과 애정은 펄펄끓는 사랑의 열기를 표현하는 빨간색으로 표현할 수 있습니다. 문제는 이게 다 따로 따로 논다는 거죠. 지금까지 가정은 가정대로, 교회는 교회대로 아이들 교육을 해왔는데 이제 이것을 하나로 합치자는 겁니다. 빨간색과 노란색이 합쳐지면 오렌지 색깔이 됩니다. 그래서 '오렌지를 생각하라'는 캠페인을 벌리며 모든 교회 교육 시스템을 교회와 가정이 협력해서 하는 시스템으로 바꾸어 가고 있습니다.

교회는 제2의 가정입니다. 가정은 제2의 교회입니다. 이 둘이 합력하여 손을 잡을 때 하나님의 역사가 일어납니다. 교회는 어떻게 하면 부모들이 가정에서 자녀들의 영적인 성장을 책임지고 신앙을 가르칠 수 있도록 도울 수 있는지 고민해야 합니다. 교회는 부모들을 무장시켜서 이들이 삶의 모든 순간에 자녀들에게 영적인 이야기들을 나눌 수 있도록 도와주어야 합니다.

여러분 주일날 교회에서 부모님들이 부르는 찬송과 우리 아이들이 주일학교에서 부르는 찬송이 너무 달라요. 이질적이에요. 부모님이 부르는 찬양을 아이들이 모르고, 아이들이 부르는 찬양을 부모들이 모른단 말이죠. 이래가지고는 교회에서 나누었던 말씀에 대해 함께 나눌 수가 없다는 거에요. 부모와 자녀들이 같은 찬양을 부르고, 주일날 부모들이 받았던 말씀과 주일학교에서 자녀들이 들었던 말씀이 똑같을 수 있도록 할 수는 없을까요? 부모와 자녀들이 집으로 돌아가는 차 안에서 "오늘 넌 뭘 배웠니? 무슨 생각을 했니? 아빠는 이런 생각을 했단다"라고 말하면서 복음과 신앙에 대해서 이야기할 수 있는 분위기를 만들어갈 수는 없을까요? 아이들 도시락 통 안에 자녀들에게 말씀 한마디라도 적어 넣고 그 아이들에게 사랑한다고 고백하고 격려하는 메시지를 집어 넣으면서 교육할 수는 없을까요? 이런 부분에 대해서 오늘 교회는 성도들을 깨우치고 그들을 훈련시켜야 된다는 이야기입니다.

그런 면에서 여러분이 섬기고 있는 주일학교 교육, 청소년 교육은 단지 여러분이 청소년들을 재미있게 잘 가르치는 문제가 아니라는 것입니다. 여러분들이 부모님과 청소년과 교회가 함께 연계할 수 있는 방안을 찾을 필요가 있다는 것입니다. 저는 그런 측면에서 여러분들에게 도전합니다. 지금까지 우리가 하고 있는 교육의 시스템을 모두 다 뒤집어 놓고 고민할 수 있는 기회를 갖기를 바랍니다. 지금까지 전통적으로 해왔던 주일학교 교육, 청소년 사역으로 만족할 것이 아니라, 우리 아이들에게 강력한 영향력을 끼칠 수 있는 교육방법이 무엇인지에 대해서 고민하시기를 바랍니다. 그리고 부모들을 이 교육의 틀 안에 끌어 들이고 더불어 함께 사역할 수 있는 방법들을 한번 찾아보시기 바랍니다.

오렌지 사역의 중요한 원리 몇 가지만 나누겠습니다. 첫 번째 원리는, 하나님과의 관계보다 더 중요한 것은 없다. 우리의 가장 기본적인 관계는 하나님과의 관계입니다. 이보다 더 중요한 것은 없습니다.

두 번째, 부모보다 아이들에게 하나님과의 관계에서 더 큰 영향을 줄 수 있는 사람은 없다. 여러분, 이 사실을 분명히 기억하셔야 됩니다. 부모보다 아이에게 하나님과의 관계에서 더 큰 영향을 끼칠 수 있는 사람은 없습니다.

세 번째, 교회보다 부모에게 더 큰 영향을 끼칠 수 있는 기관은 없다.

네 번째, 교회가 부모와 손을 잡을 때 아이에게 영향을 끼칠 수 있는 교회의 잠재력은 극대화된다.

따라서 다섯 번째, 부모가 교회와 손을 잡을 때 아이에게 영향을 끼치는 부모의 잠재력은 극대화 될 수 있다.

그러므로 오늘 우리가 다음 세대를 이어갈 수 있는 교회 교육과 부모가 자녀에게 하는 가정 교육의 극대화는 가정과 교회가 함께 손을 잡을 때 이루어진다는 것이죠.

저는 디모데가 그런 모습을 가지고 자라났다고 생각을 합니다. 외조모 로이스와 어머니 유니게, 이것은 가정에서 디모데를 사랑으로 키워낸 모습을 표현하는 것이지요, 동시에 바울은 그를 아들로 생각하고 그의 영적인 멘토로서 그를 키워갔습니다. 이런 면에서 바울의 사역은 교회의 역할이라고 생각합니다. 제대로 된 믿음을 세대로 이어주는 가정과 교회. 그런 연대성을 여러분들이 생각을 하시면서 사역을 준비해 가실 수 있기를 바랍니다.

여러분 우리가 꿈을 가졌으면 좋겠습니다. 사실 우리가 가지고 있는 문제점은 아이들에게 있는게 아닙니다. 부모들에게 있고, 오늘 우리 지도자들에게 있습니다. 그런데 문제는 부모들이 우리 자녀들에게 그냥 잘 먹이고 잘 입혀서 잘 크고, 자기 능력대로 성장해서 대학 가면 성공했다고 생각을 합니다. 그래서 동물적인 사고방식을 가지고 아이들에게 공부하라고 아우성만 쳤지, 무언가 그 어린 생명들에게 기대를 걸고 계시는 하나님의 놀라운 안목, 비전, 믿음의 눈으로 그 아이들을 보는 것을 우리들이 놓치고 있는 것이 아닌가 싶습니다. 이 시대를 절망하게 만드는 것은 청소년이 아니라 청소년을 맡아 키우는 우리들에게 있습니다. 우리 모두 하나님의 안목을 가지고 우리에게 맡겨진 사역을 온전히 감당할 수 있기를 바랍니다.

〈기도〉

사랑의 하나님 아버지, 오늘 우리에게 맡겨주신 사역들을 다시 되돌아보면서 하나님께서 우리들에게 주셨던 그 교훈들을 다시 되새겨 봅니다. 하나님, 우리가 먼저 주님을 온전히 아는 신앙인이 되게 해 주시옵소서. 가르치는 자, 그리고 훈련하는 자의 입장에 서기 전에, 먼저 우리가 하나님을 알게해 주시옵고, 우리의 마음과 우리의 영혼과 우리의 모든 것을 다 드려서 주님을 사랑하는 존재가 되게 해 주시기를 원합니다.

하나님, 이 믿음과 신앙이 우리의 세대에 끝날 것이 아니라 다음 세대로 이어질 수 있도록 우리를 사용해 주시기를 원합니다. 주님, 우리의 자녀들을 그저 교회에 맡기고 가정에서의 영적 훈련을 포기했던 우리의 모습을 회개합니다. 아주 짧은 시간 투자하는 것으로 자녀교육을 다 했다고 자만했던 저의 모습을 회개합니다. 이제 교회와 부모들이 함께 손을 잡고 우리의 다음 세대에 거룩한 영향력을 끼칠 수 있는 그런 은혜를 저희에게 허락해 주시옵소서. 주님, 이 귀한 사역에 사랑하는 우리의 학우들이 눈을 뜨게 해주옵시고, 이 시대에 우리에게 맡겨주신 귀한 영혼들을 하나님의 사람들로 든든히 세워가는 일에 귀하게 쓰임받도록 도와주시옵소서. 예수님의 이름으로 기도합니다. 아멘

세상 속의 교회, 교회 속의 세상

요한일서 2장 15-16절

방선기 (기독교교육학)

"이세상이나 세상에 있는 것을 사랑치 말라 누구든지 세상을 사랑하면 아버지의 사랑이 그 속에 있지 아니하니 이는 세상에 있는 모든 것이 육신의 정욕과 안목의 정욕과 이생의 자랑이니 다 아버지께로 쫓아 온 것이 아니요 세상으로 쫓아 온 것이라."

오늘 저는 이 본문을 가지고 설교하지만 설교가 본문에서 나왔다기 보다는 요즘 한국 교회를 보면서 마음속에 가지고 있던 생각을 묵상하는 가운데 이 본문을 택했다고 볼 수 있겠지요. 정확하게 말하면 그런 의미에서 강해 설교는 아니라고 생각합니다.

제목을 "세상 속의 교회, 교회 속의 세상"이라고 정하고 여러분들에게 말씀을 나누려 합니다.

제가 파주 쪽으로 말씀을 전하러 갈 일이 있었습니다. 그런데 파주 자유로를 지나서 파주 그래서 문산까지 가는 길에 보면 큰 배가 산위에 하나 있습니다. 혹시 아실지 모르겠습니다. 큰 배가 있는데 사실은 배가 아니지요. 배같이 생긴 건물이지요. 그런데 어쨌든 굉장히 멋있고 한 번 쯤 들어가서 식사하고 싶고, 식당으로 기억이 됩니다. 큰 배가 있는데 사실은 배가 아니지요. 배는 아무리 멋있어도 산위에 있으면 배가 아닙니다. 배는 바다에 떠 있어야 배가 되지요. 아무리 멋있는 배도 육지에 있다면 배가 아니고 건물이라고 말할 수 있고 경우에 따라서 고철덩어리라고 말할 수 있지요. 배는 항상 바닷물과 접해 있어야 됩니다. 그런데 배가 바닷물과 항상 접해 있어야 되는데 너무 가까워져서 배 안에 바닷물이 들어가게 되면 그때부터 다른 문제가 생기지요. 배 안에 바닷물이 조금 있으면 몰라도 슬슬 많아지게 되면 그 배는 가라앉게 됩니다. 배가 바닷물 속에 있는데 바닷물이 배 속에 너무 많이 들어가게 되면 침몰하게 되고 말지요. 그 배는 역시 배가 아니지요. 그것도 고철 덩어리가 되고 맙니다. 이 배와 바닷물과의 관계를 교회와 세상과의 관계로 생각해 볼 수 있습니다.

교회는 세상 속에 있어야 되요. 그런데 세상 속에 있다 보면 세상 죄와 타협하게 될 것 같아서 세상 하고 멀리 떨어져 있게 되면 그것은 진정한 의미의 교회가 아니에요. 하나님은 교회가 세상 속에 있도록 부탁했습니다. 물론 세상하고 멀리 떨어져 있는 수도원, 기도원 필요하다고 생각합니다. 그러나 그것은 엄밀히 말해서 교회라고 할 수 없지요. 교회는 세상 속에 있어야 합니다. 그런데 교회가 세상 속에 있어야 되는데 그 교회가 세상 속에 있다가 세상이 교회 안에 들어오게 되면 그때부터 문제가 일어나지요. 교회 안에 세상이 많이 들어오게 되면 결국은 교회는 사라져 버리고 더 이상 교회라고 부를 수 없게 되어 버린다는 거예요.

저는 이것을 지난해 유럽에 프랑스에 안식년에 있으면서 유럽교회를 조금 보고 느낄 수 있었습니다. 유럽 교회 어디든 그렇지요. 프랑스 같은 나라는 어디에 가도 조그만 곳에 가도 그 중심에 예배당 하나 성당 하나는 엄청나게 크고 화려합니다. 규모나 내부 장식을 보게 되면 옛날에 얼마나 교회가 얼마나 흥황 했는지 강했는지 알 수 있습니다. 그 당시에는 세상에 많이 영향을 미쳤겠지요. 그러나 지금은 아무 힘을 못 씁니다. 이것은 개신교 뿐 아니라 가톨릭교회도 힘을 쓰지 못합니다. 결국 저는 그것을 보면서 그 교회가 굉장히 힘이 있었는지 모르지만 그 속에 자꾸 세상이 들어가면서 결국 더 이상 교회 역할을 하지 못하게 되었기 때문이 아닌가 생각합니다. 저는 지금 한국 교회를 보면서 그런 것들을 종종 보게 됩니다. 꽤 힘이 있는 것 같은데 그것이 하나님의 힘이 아니라 세상의 힘이라면 세상의 힘이 교회 들어와서 힘을 발휘한다면 유럽 역사와 크게 다를 것이 없지 않겠냐 생각합니다.

그래서 오늘 나눌 말씀은 일종의 작은 교회 론이 될 수 있겠지요. 제일 먼저 생각할 것은 '세상 속의 교회' 입니다. 먼저 교회가 세상 속의 교회가 되어야 됩니다. 저는 직장사역을 쭉 해왔기 때문에 그런 세미나에 많이 참석을 했습니다. 한 번은 캐나다에서 있었는데 그 세미나 시간에 강의를 나와서 하려고 하는데 그분이 목사님 이예요. 그런데 강의를 하지 않고 비디오 하나를 소개해 줍니다. 그 비디오가 자기 교회를 소개하는 비디오예요. 저는 참 의아했어요. 무슨 직장 세미나에 교회 비디오를 보여 주는가 생각했습니다. 그 비디오가 10분 15분짜리인데 그 비디오가 저한테 굉장히 인상적이었습니다. 그것을 넘어서 엄청난 도전이 되었어요. 여러분 생각해 보세요. 교회를 소개하는 비디오를 한다면 제일 첫 장면이 무엇일까요? 보통은 교회 건물이나 예배드리는 광경, 혹은 담임목사의 사진을 보여주겠지요. 그런데 이 비디오에서는 제일 먼저 월요일 날 교인들이 출근하는 장면을 보여줬어요. 교회 소개를 한다고 하면서 왜 저런 장면을 보여주나? 했더니 멘트가 나옵니다. "우리 교회는 월요일에 다 출근합니다." 그러고 나서 계속해서 일하는 것을 보여줍니다. 공장에서 일하는 사람 사무실에서 일하는 사람 쭉 보여줘요. 아니 교회 소개한다더니 뭘 저런 걸 보여주나? 그러더니 이렇게 표현합니다. "우리 교회는 일주일 내내 세상 속에서 이렇게 일하고 있습니다." 그러고 나서 맨 마지막에 모여서 예배드리는 광경을 20초 30초 보여줘요. 예배드리는 광경을 마지막에 보여주면서 "이렇게 세상 속에서 열심히 일하던 우리 교회는 주일에 함께 모여서 예배당에서 예배를 드립니다." 하고 끝이 났어요. 그게 교회 소개하는 비디오 전부였습니다. 그러고 나서 무슨 설명할 줄 알았는데 그냥 들어가요. 그런데 그것이 굉장히 충격이었어요. 저는 혼자 생각했어요. 저 사람이 저 비디오를 통해서 주려고 하는 메시지가 뭔가? 나 혼자 생각하게 되더라고요. 적어도 크게 두 가지를 발견했습니다. 교회는 건물이 아니라는 거지요. 그거 다 아는 이야기입니다. 그런데 교회를 소개할 때 건물을 먼저 소개하게 되거든요. 그런데 이 분은 저는 그 비디오에서 교회 건물을 못 봤어요. 그러면 교회는 못 봤냐? 아니에요. 그 교회를 봤어요. 그 교인들 다 봤어요. 그러니까 교회를 본거지요. 그 비디오는 분명히 교회를 소개한 거지요. 다들 교회 소개한다더니 뭘 소개한 거야 그러실지 모르겠어요. 그런데 저거 보면서 저 분은 정말 교회를 소개했구나. 교회는 건물이 아니라 성도들이라는 것 말이지요. 그리고 두 번째 깨달은 것은 교회는 예배당에 모였을 때가 굉장히 중요한데 목사님은 예배당에 모였을 때만 교회가 아니라 일주일 내내 흩어져 있을 때에도, 성도들이 각 처소에서 세상 속에 흩어져 있을 때도 교회를 떠나서 있는 것이 아니라 교회로서 세상에 존재한다는 것을 비디오를 통해서 가르쳐줬어요. 모르겠어요. 저는 그날 내가 들었던 강의는 다 잊어 먹었지만 그 비디오의 메시지는 지금까지 내게 남아 있습니다. 그 분은 아무 말도 안하고 엄청난 걸 가르쳐 준거예요. 저는 이게 세상 속에 교회가 갖는 모습이 아닌가 생각합니다.

제가 지난번에 어떤 교회에 가서 이 말씀을 나누었는데 그 교회 주변에 있는 사람들을 전도를 못했던 모양이에요. 그런데 한 번 전도를 했더니 어느 교회에서 나왔냐 그래서 어느 교회에서 나왔다 그랬더니 그 교회가 어디 있느냐? 그랬다는 거지요. 바로 옆에 가게에서 나온 사람이 그 교회가 어디 있냐고 그러더라는 거지요. 여기 있다고 했더니 아 그러냐고, 그 이야기를 듣고 새로운 목사님인데 처음에 와서 충격이 되었대요. 주변에 있는 사람들이 이 교회가 존재하는지를 모르더라는 거지요. 심각한 모습입니다. 그래서 그 분이 그때부터 지역 사회를 위해서 섬기고 전도를 하는 일을 해서 교회가 아주 많이 성장했다는 이야기를 하는데 굉장히 중요한 이야기 인 것 같아요. 세상 속에서 그 교회가 존재하는 것을 모른다면 굉장히 심각하지요. 그런데 그 모인 교회가 세상 속에서 그런 역할을 하는 것이 참 중요한데, 그것은 결국 주일에 해당되는 모습이 아닌가 생각합니다. 평일에는 교회는 건물로만 존재하지요. 예배당으로. 그렇다면 그 교회는 평일에 사라지는가요? 아니지요. 흩어진다는 거지요. 사도행전 8장 1절 4절에 "예루살렘에 핍박이 나서 사도 외에는 다 흩어지니라."고 했고 4절에 "흩어진 사람들이 두루 다니며 복음을 전했다."고 했습니다. 굉장히 중요한 이미지가 거기 담겨 있습니다. 예루살렘 교회가 핍박이 나서 사도 외에는 다 흩어졌어요. 그래서 예루살렘 교회가 문을 닫았냐? 아니요 문을 닫은 것이 아니라 예루살렘 교회가 흩어진 거지요. 그래서 이 흩어진 교회에 대한 관심을 가져야겠다고 생각합니다. 그러니까 세상 속에 교회가 되기 위해서 흩어진 교회가 세상 속에서 교회가 될 수 있어야 해요. 사실 제가 크리스천 직장인들 대하다 보면 그런 분들이 많아요. 잠수부 크리스천들이지요. 주일에는 예배당에 나와서 크리스천이지만 월요일부터는 물속으로 들어가요. 그런 분들은 월요일부터 교회가 아니고 주일만 교회예요. 그런 분들한테 세상 속에서 크리스천 티를 내는 거 이것이 교회 사명이다 그런 이야기를 합니다. 그런데 그렇게 이야기 하는 사람이 있어요. 무슨 직장까지 와서 크리스천 티를 내냐? 제가 그 얘기 듣고 직장에서 티를 안내면 어디서 내냐? 교회에서는 티를 안내도 다 알아준다. 교회에서 예수 믿는 티를 낼 필요 없잖아요. 다 알아주니까. 직장 속에서, 세상 속에서 크리스천이라는 티를 내야지 그 사람이 크리스천인 것을 알 수 있지요. 그러니까 그것이 바로 교회 사명이 되는 것이지요. 흩어진 교회가 크리스천 티만 내서는 안 되지요. 크리스천 살아야지요. 이게 힘들어 가지고 밥 먹을 때 기도 안한다는 사람도 있습니다. 교인들 가운데. 직장 동료들과 밥 먹을 때 기도 하냐고 했더니 주님 영광을 위해서 기도를 안 한다고 하는 분이 있었어요. 그래서 아니 그냥 부끄러워서 쑥스러워서 안한다는 건 이해가 되는데 주님 영광을 위해서 기도를 안 한다는 것이 무슨 이야기냐 했더니, 자기가 기도를 하면 주변에 있는 사람들이 다 자기가 예수 믿는 사람인지 알 거 아니냐. 그러다가 내가 실수를 하면 나 때문에 하나님 영광 가리지 않겠냐? 그래서 하나님 영광 위해서 아예 기도를 안 한다는 겁니다. 어이 그래서 이게 말이 되는 거 같아요. 그래서 하나님께 이거 말 되냐고 했더니 하나님이 저한테 이렇게 말씀하시는 거 같았어요. "내 영광 그만 생각하고 기도하고 먹으라고 해라." 저는 세상 속에 교회가 되기 위해서 교회가 지역사회 영향을 미치는데 굉장히 중요하지요. 그런데 시간이 가면 갈수록 느끼는 것이 세상 속에 흩어진 교회로 성도들이 세상 속에서 교회로 보여지고 정말 교회답게 사는 것이 중요하다고 생각합니다. 그럴 때 세상 속에 영향력을 미칠 수 있고 그것이 진정한 교회 모습이 되는 것이 아닌가 생각합니다. 그래서 저는 사실 목회자들이 이 사람들이 흩어져서 세상 속에서 교회 역할을 할 수 있도록 돕고 또 가르치고 도전하는 거 참 중요하다는 생각을 합니다. 성도들이 아프리카에 가지는 못해도 주변 사람들과 구별된 모습으로 살며 조금 더 나아가서 사람들에게 하나님의 사람으로 인정을 받고 더 나아가서 복음까지 전할 수 있다면 그게 바로 세상 속에 교회를 만드는 것이 아닌가 생각을 합니다.

두 번째는 '교회 속에 세상' 입니다. 이게 사실 제가 오늘 나누고 싶은 말씀입니다. 교회 속의 세상 바다 위에 떠 있는 배속에 구멍이 나서 그렇든, 틈이 나서 그렇든 물이 슬슬 바닷물이 들어오기 시작하면 배는 조금씩 가라앉습니다. 마찬가지로 교회 속에 세상이 들어오기 시작하면 교회는 조금씩 가라앉습니다. 지금 그런 위기를 느끼게 됩니다. 오늘 본문에서 교회 안으로 들어오고 있는 세상의 물은 과연 어떤 것인가를 보여 줍니다. 요한 1서 2장 15절 16절에서 말하는 세 가지입니다. 육신의 정욕, 안목의 정욕, 이생의 사랑. 이게 지금 교회 안에 들어오고 있습니다. 그것은 아버지에게서 온 것이 아니라 세상에서 온 거예요. 그래서 겉모습은 교회인데 교회 안에 세상이 있어서 세상하고 너무 비슷해져가요. 요즘 여러분들이 다 아는 이야기입니다. 충격적인 소식들이 많이 들어오지요. 목회자들이 돈 문제로 물의를 일으키고, 성적인 면에서도 죄를 범하신 분들이 많이 나타나고 또 교단 총회 선거 때 여러 가지 비리 이야기가 나옵니다. 이런 걸 들을 때마다 탄식을 하게 됩니다. 어떻게 교회 안에서 이런 일이 일어날 수 있나? 라는 탄식을 하다가 사탄이 이 세 가지를 교회 속에 자꾸 부어주는 구나 이런 생각이 들었어요. 이게 사탄이 사용했던 가장 유효한 효과적인 무기였지요. 잘 아는 대로 창세기 3장 6절에서 이브를 유혹할 때 사용한 방법이 이 세 가지 아닌가요? 선악과를 보니 먹음직도 하고 보함직도 하고 지혜롭게 할 만큼 탐스럽기도 했다고 했지요. 이게 사탄이 그들 마음속에 집어넣었던 요소입니다. 그래서 죄를 범하게 되지요. 또 사탄이 예수님을 시험할 때 사용했던 무기도 마찬가지에요. 돌로 떡이 되게 하라. 성전에서 뛰어 내려라. 세상 권세를 줄 테니까 절하라. 이것도 똑같은 거지요. 사탄이 아주 유효하게 사용했던 무기인데 현대 교회 속에도 요것을 가지고 들어오는 거 같아요. 그런데 그것을 육신의 정욕, 안목의 정욕, 이생의 자랑 이걸 사실은 굉장히 포괄적인 이야기입니다. 저는 이것을 보면서 오늘 현실에 더 구체적으로 적용해보면, 돈 , 섹스, 권력이라는 거지요. 이 제목으로 리처드 포스터는 책을 쓰기도 했는데 이 세 가지가 사탄이 하나님의 사람들 교회를 무너뜨리기 위해서 사용하는 세상의 물이라고 생각합니다. 교회라는 배를 침몰시키기 위해서 세상에서 끌어당기는 물이다. 이렇게 생각하면 좋을 거 같아요. 한국교회에 물의를 일으킨 문제도 바로 이 세 가지입니다. 사탄이 가장 효과적으로 사용했던 방법을 지금 사용하고 있는 거지요. 그래서 저는 그런데 이런 이야기도 , 어떻게 그런 굉장히 영향력 있던 목회자들이 그런 실수를 할 수 있는가? 어떻게 그런 사람들이 그럴 수가 있는가? 라고 사실은 비난하고 정죄하기 쉽습니다. 교계 신문가운데도 그런 것들을 아주 뭐라고 하나? 꼬집는 것을 사명으로 생각하는 교계 신문들도 있지요. 그런데 저는 그것을 보면서 그런 생각을 했어요. 어떻게 지도자들이 그럴 수가 있느냐? 라기보다 지도자들까지도 그렇게 된 걸 보니까 많이 들어왔구나. 이제 교회 안에 세상 물이 가득 찼구나. 그런 생각이 들어요. 사실은 우리 안에 물이 잔뜩 들어왔었는데 그게 아직 잘 노출이 안됐다가 그런 분들 사건으로 인해서 드러났을 뿐이라는 거예요. 그래서 저는 그때 그 이야기를 들으면서 비판이나 회개도 중요한데 일단 나 자신을 돌아보게 됩니다. 돈, 섹스, 권력 이런 문제에 대해서 나는 어떤 건가? 사실 저도 나름대로 유혹을 받지 않으려고 애를 쓰지요. 그래서 돈의 유혹을 안 받기 위해서 돈이 필요한 영역을 많이 없애는 것이 중요 하겠다 생각을 합니다. 돈이 필요한, 특별히 요즘 우리나라에서는 목사님들도 이 부분에 있어서는 허약하시더라고요. 애들 교육이라는 것에 돈이 한 번 들어가기 시작하면 대책이 없어요. 저는 요즘 중요한 운동 중에 하나가 돈 안들이고 교육하자 이게 교회에서 해야 될 운동입니다. 거기에 돈이 많이 들어가니까 자꾸 돈에 끌려서 실수하게 되요. 어느 목사님이 애들을 유학을 보내고 나서 그때부터 돈 얘기를 많이 하시더라는 거예요. 왜냐면 자꾸 돈이 들어가니까 말이지요. 그래서 과도하게 돈을 필요로 하는 영역이 있으면 아예 끊어 버리는 게 유혹에 빠지지 않는 좋은 길이라는 거예요. 그게 교회도 그런 거 같아요. 교회 헌금에서 물론 해야 할 하나님의 일이 있습니다. 그런데 경우에 따라서 그것으로 인해서 과도한 돈의 필요를 느끼게 된다면 교회도 역시 돈의 유혹을 받게 되고 실수할 수 있게 될 수 있다는 거지요. 그 목표가 정말 하나님의 원하시는 중요한 일이라 하더라도 그것이 과도한 돈의 필요를 느끼게 된다면 실수의 여지가 있다는 거지요.

사실은 저도 돈이라는 것에 많이 흔들리는 것을 보게 됩니다. 저는 그러지 않을 줄 알았어요. 왜냐면 월급을 많이 받던 직장에 잘 다니다가 그만두고 목회자가 되고 그런 과정이 있으니까 돈에 대해서 자유로울 줄 알았어요. 그런데 살다보니까 그게 오래 안가더라고요. 예를 들어서 강의를 하러 가게 될 때 강사료 때문에 가지는 않겠다고 다짐을 합니다. 그래서 강사료 주면 감사히 받지요. 그런데 언젠가 그런 적이 있어요. 가서 지방에서 8시간인가 강의를 했는데 강사료를 받았는데 사실은 내가 생각한 것보다 너무 적었어요. 그러니까 갑자기 '어이럴 수가 있어?' 라는 생각이 드는 순간 내가 왜 그곳을 갔는지에 대해서 다시 생각해보게 되었습니다. 분명히 돈 때문에 간 것이 아니라고 생각했는데 결국 돈 때문에 기분이 안 좋아진 것이지요.

그러니까 돈 수 억, 수십억의 실수하는 사람보고 그럴 수 있냐 그러는데 나는 그런 기회가 안 주어져서 그러는 거지 나도 얼마든지 그럴 수 있겠다고 생각하게 되었습니다.

물론 전도사들은 현재 이 문제는 아주 자유로울 것 같은데 그렇지 않지요. 다 정도의 차이일 뿐이지 똑같은 유혹을 받고 있다는 거지요. 여러분들이 어떤 일을 결정할 때 돈에 의해서 좌지우지 된다면 이미 돈의 유혹을 받고 있는 거예요.

두 번째는 성적인 문제지요. 이거 성적인 것도 사탄이 유혹하는 가장 중요한 통로지요. 잘 알고 있는 거라 생각을 합니다. 저는 이 부분도 아주 심각하게 생각을 하게 됩니다. 사실 뭐 아름다운 여성을 보면 다시 보게 되지요. 그런데 이것 때문에 실수 하지 않기 위해서는 고린도전서 7장에는 음행에 빠지지 않기 위해서 아내와 함께 성생활 하는 거 강조하지요. 고린도 전서 7장 아주 중요합니다. 그리고 저는 거기서 제일 중요하게 생각하는 부분은 기도하는 것 외에는 분방하지 말라는 말씀입니다. 부부들 중에 너무 오래 분방하는 사람들이 많은 거 같아요. 그런데 그렇게 하는 것이 유혹이 기회가 될 수 있다는 것을 기억해야 합니다. 그래서 저는 가능한 한 아내와 함께 하는 편입니다. 어느 교회에 집회를 인도하러 갔는데 아내와 같이 갔더니 우리 친척 어른이 무슨 집회하는데 부부가 같이 왔냐고 말씀하시더라고요. 그래서 마음속으로 '이게 안전합니다.' 라고 했던 기억이 납니다. 이거 굉장히 중요합니다. 교회 생활하면서도 목회자들 특히 조심해야 된다고 봅니다. 제가 알고 있는 목사님 LA 에서 목회하는 목사님인데 정말 그분을 보면서 많이 배웠어요. 제일 인상적인 것은 사무실에 CCTV 가 있는 것에요. 교회를 감시하기 위해서가 아니라 모든 사람들이 자기를 볼 수 있는 CCTV를 설치한 것이지요. 자기는 하나님이 보시고 온 교인이 다 보기 때문에 아무 짓도 못한대요. 그거 굉장한 결심이지요. 이 분은 목회자로서 그런 위험성이 있다는 걸 안거지요. 상담을 하면서라든가, 하여튼, 그래서 저도 그런 문제, 직장 성윤리 문제에서도 종종 그런 것을 가르치지만은 차를 탈 때 여직원하고 탈 경우 제 옆자리는 철저하게 아내 자리입니다. 제 옆자리는 다른 여자가 앉을 수 없어요. 물론 여자만 몇 명 탔을 경우에는 어쩔 수 없이 앉게 되겠지만요. 그렇지 않은 경우는 뒷자리에 앉도록 하지요. 뭐 그렇게 까지 하냐? 라고 말하지만 안전하게 하는 것이 좋아요. 왜냐면 세상에서는 그게 대단하게 아니라고 하는데 바로 그런 세상의 생각이 교회 안에 들어오게 되니까 문제가 심각해지는 거지요. 제가 프랑스에 있는 어느 가톨릭 평신도 단체를 방문하게 된 적이 있습니다. 재미있더라고요. 남자들만 있어요. 왜 여 성도는 없냐고 했더니 그 사람들은 다른 곳에 따로 모인대요. 왜 따로 모이냐고 했더니 그게 안전하다고 그러더라고요. 굉장히 인상적이었어요. 다 그래야 된다는 건 아니지만 성 문제가 교회 안으로 세상이 들어올 수 있는 통로가 된다는 것을 명심해야 합니다.

권력과 명예는 앞의 두 가지 보다 조금 더 미묘하다고 생각을 합니다.

저 같은 경우도 돈과 섹스는 아주 조심을 해요. 그래서 내 나름대로는 크게 문제가 없다고 생각해요. 그런데 명예 의 문제는 심각하게 들어오더라고요. 예를 들어 어떤 모임에 갑니다. 그런데 모임이 얼마나 하나님 보시기에 중요한 일이냐 보다는 그 모임에서 나를 알아주느냐 그렇지 않으냐로 내 마음이 흔들리는 경우가 있어요. 안 그러려 하는데 그렇게 되죠. 아무리 중요한 모임이라도 나를 별로 중요하게 여겨주지 않으면 그런 곳에 가서 시간 쓸 필요가 있을까? 라는 생각이 스치지요. 그래서 교계의 행사에 관한 광고에서 자기의 이름이 있느냐 없느냐에 따라서 행사를 대하는 태도가 달라지는 거지요. 교회도 마찬가지입니다. 교회 성도들도 내가 어떤 일을 충성하는데 알아주지 않으면 분명히 달라요. 물론 목회하는 입장에서는 교인들의 정성을 알아 줘야 봉사를 잘하니까 알아주는 그런 지혜도 필요합니다. 그러나 알아주지 않아도 진짜 열심히 하는 성도가 진짜 성도 아니겠어요. 이거 중요합니다. 그래서 그런 유혹이 있을 때마다 이런 찬송이 생각이 납니다. "이름 없이 빛도 없이 감사하며 섬기리라." 제일 실천하기 어려운 것이지요. 권력의 문제는 더 심각하지요. 교회 안에서 일어나는 갈등의 대부분은 결국 힘겨루기의 문제지요. 누가 더 힘이 세냐? 그런데 이게 교회 들어왔어요. 이게 오래 동안 쌓여서 더 이상 숨길 수 없으니 표출이 되는 거지요. 교회 안에서는 그런 문제가 없는데 지도자들이 그런 추태를 부리는 것이 아니라 교회 안에 그런 문제가 가득차서 드디어는 표출이 된 거라는 거지요. 교회 안에서도 장로님 선택하기 위해서 선거할 때보면 세상과 다를 게 없는 것 같아요. 경우에 따라서 더 심할 수도 있고요. 세상이 교회 안에 들어온 거지요.

그래서 저는 우리 모두가 오늘 교회가 세상 속에 교회가 되어야 한다는 것과 지금 교회 속에 세상이 있다는 것을 조금 더 심각하게 느꼈으면 좋겠습니다. 결국 우리가 교회 속에 세상이 들어왔다는 것을 빨리 인식을 하고 그리고 그 교회에 지체인 내 속에도 이미 그게 들어왔다는 것을 인식하고 그리고 그것을 결국, 배속에 물이 들어오면 물론 구멍 막아야 되고 빨리 물을 퍼내야 되지요. 우리가 세상이 들어올 수 있는 구멍을 막고 이미 들어온 세상 물을 퍼내는 작업을 해야 하는데 이것이 바로 회개고 개혁인 게 아닌가 생각합니다. 그런데 개혁이나 회개가 조금 너무 추상적인 쪽으로 흘러가지 않게 다음 위해서는 구체적으로 이 영역에서 우리 자신을 돌아보고 내 속에 이미 들어와 있는 세상을 퍼내는 작업을 해야 하지 않겠나 생각합니다. 우리가 신학교에서 공부하는 것은 결국 하나님의 교회를 제대로 만들어가기 위해서라고 생각합니다. 그렇다면 이 두 가지를 꼭 기억해야 합니다. 교회는 세상 속에 있어야 한다. 교회를 순결하게 지키겠다고 세상에서 멀어지면 안 되지요. 그런데 아무리 세상 속에 있어도 세상이 교회로 들어오지 않도록 들어왔으면 교회 안의 세상 물을 빨리 퍼내야 합니다. 이것이 앞으로 우리가 목회자로서 가져야 될 것이 아닌가 생각합니다. 그런 교회를 꿈꾸면서 목회를 준비하시는 여러분들이 되시기를 바랍니다. 같이 기도하시겠습니다.

폭풍 속에서 하나님의 인도와 나의 순종

사도행전 27장 14-26절

정경철 (선교학)

반갑습니다.

'우리 주님을 믿으면 멸망치 않고 영생을 얻는다'고 하는 이 말씀이 얼마나 귀하고 귀한지!

이러한 소식을 들어도 깨닫지 못한 사람이 얼마나 많은지요! 또 이 복된 소식을 전하기 위해서 이렇게 합신에 오신 여러분! 정말 사랑하고 또 환영합니다.

또 너무 오랜만에 이렇게 말씀을 전하니까 감격스럽고 또 떨립니다. 이런 소식을 들어야 될 사람 중에, 종족 중의 하나가 제가 일했던 아프가니스탄과 파키스탄의 국경 도시에 있는 탈레반들이지요. 거기에 과격 무슬림들이 많이 판치고 있죠. '탈레반'이라고 하는 뜻은 '학생들'이라고 하는 뜻인데 제가 여기 콧수염만 기르면 탈레반이 되지요. 거기서 살 때는 콧수염을 길렀습니다. 내가 입은 이 복장이 탈레반 복장입니다. 이 모습에 내가 콧수염 기르고 총만 들면 영락없이 탈레반모습이 되는거에요. 슬라이드가 지금 떴는데요. 지금 사도행전 27장 오늘 이 내용 잘 알지요, 사도행전 27:14-26절 말씀!

바울 일행을 태운 로마행 배가 큰 풍랑을 만났어요. 이와 같이 오늘날 이 세계가 굉장히 어렵습니다 여러분. 바울은 지난 20년 동안에 배를 많이 탔어요. 그가 이 배를 타고 간 일은 열한 번째 항해를 하고 있는 중입니다. 이제 이 배에 276명의 죄수들과 백부장, 선장, 선주, 군사들, 사공들 모두가 바울로 인해서 큰 하나님의 은혜로 구원을 받아 목숨을 건지게 되었다는 이야기입니다.

세계 교회와 선교 상황이 매우 어렵습니다. 이런 현실을 생각 하면서 크게는 한국 교회와 선교, 또 작게는 여러 우리 학우들 오늘 계신 여러분들이 나아 갈 길에 대해서 심각하게 고민을 하며 이 말씀을 준비했습니다.

오늘날 전 세계 동서남북으로 큰 폭풍이 풍랑이 일고 있는데, 첫째 다원주의, 상대주의라고 하는 폭풍이 불고, 둘째 이슬람 기독교에 1400년 동안의 최대의 이단이죠, 기독교 최대의 이단인 이슬람과 힌두교, 불교의 근본주의가 부상하고 있고, 셋째 세속주의, 즉 돈이 하나님보다 더 강한 그것도 글로벌한 힘으로 세속주의 풍랑이 불어 닥치고, 그리고 넷째, 환경의 재해라는 큰 풍랑이 판을 치고 있어요. 한쪽에서는 물이 많아서 홍수가 나서 난리고, 다른 한쪽에서는 물이 없이 가뭄이 되어서 큰 문제이고, 지구 한 편에서는 극도로 가난해져서 지구의 반은 가난합니다! 여러분! 우리 남북한의 상황이 세계의 경제적 현실을 그대로 반영해주고 있어요. 즉 우리나라 반인 남한은 아주 잘 살고, 절반 북한은 아주 못살 듯이, 세계의 절반은 잘 살고, 다른 절반은 아주 못살아요. 세계 인구의 절반이 하루 1-2 달러로 삽니다. 이러한 풍랑들은 거친 풍세, 광풍 대작과 위기와 혼란과 위태로움을 드러내고 있습니다.

마태복음 24장에 주님께서 종말론적 현상을 말씀하셨죠. 난리, 소문, 지진, 환난, 미워함, 거짓 선지자, 불법이 성함, 사랑이 식어짐, 이런 모든 것이 새로운 일은 아닙니다마는 그러나 21세기인 오늘날 2000년이 지난 지금에 대단히 큰 광풍들이 다시 몰아치고 있습니다. 동시에 위기, 핍박과 고난, 순교가 증가하고 있습니다. 매년 약 160,000명이 순교하고 있습니다. 이러므로 오늘날을 위기의 시대라고도 합니다.

1910년에 세계선교 대회가 에딘버러에서 있은 이후에 100년을 기념하면서 2010년에 4개의 큰 대회가 있었습니다. 도쿄 2010, 그리고 에딘버러에서 또 다시 2010 선교 대회, 그리고 세계 교회 대표들이 약 4000명이 모인 남아공에서의 케이프타운 로잔 3차 2010, 또 신학자 대표들이 모였던 보스턴의 2010 대회가 있으면서 지난 100년간의 선교를 여러 면에서 정리해 본 것입니다.

이러한 큰 4개의 큰 풍랑 속에서도 하나님께서 일으키시는 4개의 큰 파도가 일어나고 있음에 하나님을 찬양합니다.

첫째 비서구 교회(Global South-중국, 라틴아메리카 등)가 급성장하고 그들이 세계선교 참여하고 있습니다. 지역 교회의 중요성을 강조하고 Missional Church(선교적 교회)와 제자 양육의 필요성을 강조하고 있지요. 제 3세계 우리 한국이 그 중에 첫 주자죠. 중국 필리핀 또 아프리카 교회까지도 선교에 동참하는 놀라운 긍정적인 요소들이 있습니다. 그러나 세계 복음주의 신학 분과 위원회에서는 지금이 신학적으로 가장 위기의 시기라고 봅니다. 기독교의 영성이 무슨 영성인지? 기독교의 신학의 건강성을 누가 진단을 할 것인가? 성장은 좋지만은 그 성장이 올바른 내용을 담고 있는지? 복음이 무엇인가를 생각해봐야 한다는 겁니다.

둘째, 총체적 선교의 절대적 필요성에 의한 평신도 전문인 선교 시대 도래하고 있습니다. 큰 도전입니다.

셋째, 해외와 국내의 디아스포라(Diaspora) 공동체를 통한 새로운 선교 형태가 등장하고 있습니다.

넷째, 선교를 위한 파트너십이 확장되고 있습니다

동서남북에서 불어 닥치는 거대한 풍랑들에도 불구하고 세계 선교는 모든 대륙에서 모든 대륙으로 (From everywhere to everywhere) 동시 다발적으로 발생하고 있다는 점에서 매우 격려가 됩니다. 이는 분명코 하나님께서 일으키시는 새로운 파도들입니다.

구체적인 최근의 한 예를 들어보지요. 지금 중동과 북아프리카를 하나님께서 흔들고 계십니다. 어느 누구도 예상하지 못했던 일들이 무슬림들내부에서 일어나고 있습니다. 튀니지아에서, 이집트에서 민

중 항거가 일어났습니다. 또 이런 현상들이 다른 무슬림 나라에서도 일어나고 있습니다. 나는 카이로의 큰 운동이 일어난 전날 2011년 1월 25일 카이로에 있었습니다. 그 동안 30년 동안 이집트를 장기 집권했던 무바라크(Mubarak) 정권이 무너졌습니다. 아무도 그가 물러날 것을 예상하지 못했습니다. 그리고 다음날부터 한 주간(1월26일-2월 4일) 지중해의 섬, 말타(Malta)에서 북아프리카와 중동의 지도자 선교 대회에 참여하여 그곳 현지 지도자들과 선교 지도자들(약 200여명 참석)로부터 현 상황에 대한 구체적인 보고를 들었습니다. 바울이 파선 당한 바로 그 섬에서 우리는 모여 4개의 큰 풍랑속에서 일어나는 4개의 큰 변화의 파도를 목격하고 경험하고 있었습니다.

그곳에서 튀니지와 이집트와 예멘과 지금 중동에서 일어나고 있는 아랍 스프링(Arab Spring)의 주인공들인 그들을 만나면서 하나님께서 어떻게 이 시대를 향해서 말씀하시고 있는가를 들었습니다. 그들의 아픈 얘기를 들으면서 함께 기도하고 같이 눈물을 흘렸습니다. 그때 저도 좌초된 한 사람으로서, 바울의 마음과 같은 것은 아니지만은 하나님 이거 어떻게 하면 좋습니까 하며, 심히 근심하며 그들과 간구 드렸습니다. 2000년 전에 바울 일행이 탄 배가 좌초한 그 섬 말타(Malta, 우리말 번역에는 멜리데-사도행전 28:1)에 십자가가 세워져 있더라고요. 그곳을 바라보고 풍랑이 거세게 이는 파도를 바라보면서 풍랑 속에서 하나님께서 이끄시며 하시는 일을 깊이 묵상하고 오늘 말씀을 여러분 앞에 전하는 것입니다.

바울은 이미 많은 고통을 통과하고 있었습니다. 벨릭스 총독에게서 재판(행 24장), 암살의 위험과 베스도 총독의 재판(행 25장), 아그

립바와의 재판(행 26장)등 6번의 재판을 거치며 많은 환란을 겪었습니다. 그런데 왜 그가 탄 배가 파선을 만나며 죽을 고생을 합니까? 그냥 순풍을 타고 로마에 가면 안되나요? 살만 하면 풍랑이 오고, 그 풍랑이 지나면 또 다른 풍랑이 오고, 고생이 끝났나 싶으면 또 다른 풍랑이 오고…여러분, 참 합신 와서 고생 많습니다. 고생이 끝났다 싶으면 또 다른 풍랑이 오고… 이게 인생이지요. 그래서 인생을 큰 바다를 항해하는 배로 비유하기도 하지요.

바울은 우리가 하나님의 나라에 들어가려면 많은 환난을 겪어야 되리라고 했습니다. 신자가 환난을 당하면서 천국에 들어가게 됨이 하나님께서 정하신 필연성에 속하는 것이라고 우리 박윤선 목사님도 사도행전 주석에 기록해 두셨습니다.

그런데 왜 이렇게 큰 풍랑을 만나게 됐으며, 오늘날 저와 여러분이 직면해 있는 이 상황 가운데 이런 풍랑이 왜 일어났으며 무엇을 우리를 준비시키시고 목적이 무엇인가를 오늘 이 시간 좀 확실히 짚고 정리를 하자 이 말이죠.

1. 왜 풍랑이 일어났을까요?

첫째는 버릴 것을 버리도록 하기 위해서 풍랑이 일어났어요(사도행전 27:18-21).

바울 일행은 풍랑을 만나자, 살기 위해서 짐을 다 던졌습니다. 살기 위해서 버리는 것입니다. 로마로 가야 하는 하나님의 뜻을 바울은 이미 알고 있었습니다. 그러니 살기위해서 버려야 합니다. 저는요 전라도 여수 사람이에요. 저는 배를 잘 알고, 저는 바다를 잘 압니다. 파도를 탈 줄도 알아요. 저는 수영을 좋아해요. 파도 타는 거 좋아해요. 그러나 풍랑을 만나면 이건 다른 문제에요 여러분! 이건 죽느냐 사느냐 하는 문제에요. 살기 위해서는 버려야 돼요. 개인적으로는 죄를 버리고 회개하는 일입니다. 죄 짐을 버리는 것이에요. 숨겨진 죄들을 과감하게 회개하고 자르는 일입니다. 살기 위해서! 모든 무거운 것과 얽매이기 쉬운 죄를 벗어 버리고, 던져 버리고, 인내로써 우리 앞에 당한 경주를 경주하기 위해서도 그렇습니다.

교회적으로나 제가 속한 단체들, 선교 단체, 공동체적으로 버려야 될 것이 많아요. 케케묵은 전통, 구조, 전통적인 선교 패러다임, 맞지 않는 옷, 과거의 틀과 의식, 과거에는 보탬이 됐지만 현재는 방해가 되는 구조들이나 짐들, 몸의 불균형과 성장을 가져오는 비만증! 이런 것들은 단체적으로도, 공동체적으로도 살기 위해서 과감하게 버려야 됩니다. 물론 점진적으로 신중하게 해야겠지요. 그냥 살기 위해서, 생존(Survival)하기 위해서, 그저 단순히 유지 하는 것은 오히려 멸망으로 가는 지름길이에요.

21세기에 부는 새로운 폭풍중 하나가 '변화'(Change)인데, 이 변화의 새로운 폭풍은 아주 새롭고 도전적이고 놀라운 것입니다. 과거의 구조로는 안됩니다. 버릴 걸 버려야 되는데, 다 버리라는 것은 물론 아니지요. 저도 선교 초기에 유서를 쓰고 선교지 파키스탄으로 떠났어요. 우리 다 그랬잖아요. 여러분도 다 그러지요. 다 버리고 선교지로 갔어요. 올해가 제 선교 사역 24-25년 되었어요. 제 단체 대표 사역 때문에 한국에 온지 4-5년 됐는데 이사를 저도 4번이나 했어요.

4월 달되면 또 이사를 해야 돼요. 이사를 하는데 짐이 왜 이리 많은지요. 파키스탄에 갈 때는 가방 4개만 딱 들고 떠났는데 지금은 뭐 짐이 어떻게 많아졌는지 모르겠어요. 정말 버려야 됩니다. 과감히 버려야 돼요. 꼭 필요한 것만 남겨두고.

두 번째는 꼭 필요한 것만을 붙들도록 하기 위하여 풍랑이 일어났어요.

그러면 꼭 필요한 것이 무엇이냐? 그것은 하나님만 붙드는 거에요. 하나님만! 한국에 들어와 보니까 교회나 선교 단체마저도 선교 행사 등등 선교 포장이 많아졌어요. 선교까지도 겉치레 치장이 많아졌더라고요. 세미나도 엄청나게 많아졌더라구요. 교회에도 프로그램도 얼마나 많은지! 이러한 외형적인 것들이 얼마나 화려해졌는지 몰라요. 선교가 무엇인지? 목회가 무엇인지? 선교의 내용이 무엇인지? 선교의 주인공이 누구인지? 이러한 부분들은 많이 희석이 되어가고 있는 것을 느끼게 되었다는 말입니다. 탈레반 동네에 있을 때보다도 한국 내 한국(Korea) 족속, 우리 족속 내에 있을 때가 더 힘들더라구요. 조국인 한국 와서 좋기보다는 정말 우리 한국에 있기가 참으로 굉장히 어려운 4-5년을 보냈습니다. 저쪽에는 무슬림 탈레반이 있어서 물론 어렵지만, 한국에는 크리스찬 탈레반도 얼마나 많은지. 쓰잘데기 없는 일에 생명을 거는 사람들이 너무 많아요. 웃으시는 거 보니까 여러분도 해당되는 거 아닌가 모르겠네요. 이게 보통 일이 아니에요!

큰 풍랑을 만났을 때 풍랑을 보는 것이 아니고 하나님을 보는 거에요, 여러분! 풍랑을 보면 죽습니다. 여기 보니까는 '해와 달이 보이지 않고'(사도행전 27:20)라고 그 당시 상황을 기록하고 있어요. 여러분! 요즘 상황을 보면요, 아무것도 안보이잖아요! 보이지 않아요. 해도 달도 소망도 아무것도 보이지 않아요. 절망감에 휩싸여 있어요. 이때 풍랑을 보면은 보이는게 없어요. 선생님도 안보이고 해도 달도 안보여요. 절망만 보이는 거에요. 풍랑만 크게 보이는 거에요. 하나님은 안 보입니다.

이때 우리를 그토록 사랑했던 큰 권세 가지신 그 분을 봐야 돼요. 풍랑은 누가 일으킵니까? 하나님이 일으키는 거에요. 하나님께서 일으키시는 풍랑이에요.

"우리가 이 보배를 질그릇에 가졌으니 이는 능력의 심히 큰 것이 하나님께 있고 우리에게 있지 아니함을 알게 하려 함이라"(고린도후서 5:7)고 바울이 말씀하시고 그 다음에 곧 이어서 "우리가 사방으로 우겨쌈을 당하여도 싸이지 아니하며 답답한 일을 당하여도 낙심하지 아니하며"(고린도후서 4:8)라고 말씀하십니다. '능력의 심히 큰 것이 하나님' 께 있음을 알 때 우리는 버릴 것을 버릴 줄 알고 놓을 것을 놓을 줄 알게 되는 거에요.

그 하나님께서 이렇게 말씀하셨어요. '네 생명에는 아무 손상이 없을 것이다.'(행전 27:22) '바울아. 안심하라. 두려워 말라!' (사도 행전 27:24-25) 우리 모두 이 음성을 들읍시다. 박윤선 박사님은 그의 주석에서 '두려워말라' 라고 하는 말씀이 성경에 365번 있다고 썼습니다. 세보지는 않으셨다고 그렇게 돼 있더라구요. 누가 한 번 세보세요. 그러니까 우리 성도들이 이 '두려워 말라' 라는 신령한 약을 하루에 매일 한 첩씩 먹어라 이 말이죠. 성경에 365번 기록되었다 하니 말이죠! '두려워 말라.' '네가 가이사 앞에 서리라.' 그 당시에 주님이라고 표현하는 헬라어는 '큐리오스' 인데, 거짓 주인이었던 가이사 앞에 서리라는 뜻이죠. '너와 행선하는 자를 다 너에게 주리라.' '276명의 죄수들을 살릴 것이다."

　당신은, 여러분 하나님은 믿습니까? 어린 아이처럼 믿습니까? 하나님 한분이면 족하지 않습니까? 더 이상 무엇이 필요합니까? 무엇이 두렵습니까? 내게 이 보다 또 다른 많은 풍랑들이 올 때 그 풍랑이 문제의 핵심이 아니지요. 문제는 무슬림이 문제가 아니고, 내가, 우리가 문제라 이 말이지요. 본질적인 것, 하나님을 아는 것, 하나님의 말씀을 아는 것, 풍랑 속에서 계시는 그 풍랑 속에서도 권세를 가지신 하나님을 믿는 것. 나는 평안이 있는가? 왜 불안한가? 아직도 정리되지 못한 것이 있습니까? 하나님 보다 더 사랑하는 것이 있습니까? 여러분. 마귀도 하나님이 한 분인 것을 믿고, 16억의 무슬림도 하나님이 한 분인 것을 믿습니다. 하나님은 전능하다고 무슬림도 외칩니다. 여러분이 믿으시는 하나님은 어떤 분이십니까?

　탈레반의 위협 속에서도 과격 무슬림들의 위협이 무서운 것이 아니지요. 저는 그들과 친구를 하면서 많은 것을 배웠습니다. 그들 가운데도 주님께로 돌아오고 순교한 형제들도 있습니다. 샘물교회 21명의 형제 자매들이 돌아왔지만, 2명의 형제들은 아프가니스탄 땅에서 죽었지요. 나도 그 가운데 있었으면 두려웠을 겁니다. 저도 생명의 위협을 많이 받았습니다. 참 무섭더라구요. 어떤 사람은 목이 잘려 죽기도 하구요. 실제로 선교사도, 현지인도 죽기도 하였어요. 나를 죽이겠다고 위협하는 이메일을 받을 때 떨리더라구요. 몸이 신체적으로 떨리더라구요. 여러분 준비됐습니까?

요한 웨슬레가 미국 선교에서 대실패하고 사랑하는 여자에게 차이기도 하고, 아무튼 그럴 때 참 가슴 아프지요. 실패자로서 배 타고 귀국하는 중에 큰 폭풍을 만났습니다. 죽을 고생을 하고 죽음 앞에 두려워 떨 때 배 밑창에서 찬송 소리가 들려 왔지요. 모라비안 형제 자매들이었어요. 그냥 뭐 쾌재재 한 친구들을 만났었는데, 그 친구들이 배 밑창에서 천사의 얼굴을 하면서 찬송하는 그들을 보고 요한 웨슬레, 옥스퍼드 출신이 회개를 했어요. 그리고는 진젠도르프 백작을 만나서, 예수님을 배우게 됩니다. 또 모라비안 형제들과 함께 살아계신 하나님을 다시 알고 배우게 되었어요. 그리고 감리교회를 만드는 위대한 일을 해냈습니다.

탈레반 지역에서 만난 나의 하나님은 참으로 살아있는 하나님이었습니다. 바울은 하나님을 아니까 자기만 사는 것이 아니라 276명까지 다 살리게 된 거에요. 그 바울 한 사람 때문에, 죄수지만 다 산거지요.

세번째, 새롭게 정비시키려고 풍랑이 일어났습니다. 21세기의 선교나, 목회나, 하나님의 전략이 무엇입니까? 저는 뭐 간단합니다. 하나님의 전략은 사람이라고 생각합니다. 사람이다. 노예선에서 죽을 고비를 넘기고, 여기는 멜리데라고 돼있지만은 지중해의 말타(Malta) 섬이예요. 파워 포인트에 지금 뜬 이 섬이 말타섬이에요. 로마를 향해 가는 이태리 반도에 가까운 곳에 있지요. 그 섬에서 바울 일행은 3개월을 머무르게 됩니다. 3개월을 머무르게 되면서 바울은 자신이 로마에 가서 다시 만나야 할 로마 교회 성도들을 기억합니다. 사실 그들을 향해서 로마서를 미리 보냈었지요. 말하자면 우리 합동신학교 바울

교수님께서 그곳에 갈려고 로마서를, 즉 잘 정리된 조직 신학을 미리 보낸 것입니다. 그리고 이제 가서 그걸 가르치려고 섬에서 3개월 준비하고 있는 거에요. 아주 간단해요. 구약의 39권을 요약해서, 새롭게 그 시대에 맞게 재해석해서 지금 로마서라는 조직신학 책을 써서 로마에 있는 현지 친구들 만나려는 게지요. 그리고 이제 그것을 잘 가르치기 위해서 바울 자신이 새롭게 재정비를 했으리라고 봐요. 바울 사도도 새롭게 준비 되었고 누가도 바울과 같이 있었는데 새롭게 준비 되었다고 믿어요. 그리고 3개월 뒤에 파선된 배도 다시 제조 됐는데, 그 배 이름은 알렉산드리아 호였어요. 이 배의 이름조차도 똑같습니다. 사람도 똑같고 배도 똑같지만 내용은 달라졌어요. 분명히 달라졌어요. 새 술은 새 부대에 담아야 되지요. 이제 버릴 것을 버리고, 하나님을 다시 알고 다시 붙들고, 재정비 일을 계속 끊임없이 해야지요.

남을 가르치기 전에 지금 말타(Malta)라고 하는 섬에서 3개월 동안 재조정하는 작업이 다시 이루어진 것처럼 이 '합신'이라고 하는 이 섬으로 여러분들이 오셨는데, 다시 3년 동안 재조정하고 버릴 걸 버리고 재조정하는 작업을 교수님들과 이제 하나님 앞에서 무릎 꿇고 하는 것이에요.

여러분 정말 잘 오셨어요. 로마로 다시 가야합니다. 또 다른 바울, 21세기의 바울이 로마로 다시 가야 합니다. '바른 신학이 선교를, 목회를, 또는 목회의 열매를 보장해주는 건 아니지만, 바른 신학이 없으면 선교는 재앙이다' 고 미국의 어바나(Urbana) 총재인 짐 테베 선교사님이 말씀하셨어요. 다시 말씀드립니다. '바른 신학이 열매를 보장해주는 건 아니지만, 바른 신학이 없으면 선교는 뭐라구요? 재앙이라

이 말이에요.' '불이 좋은 거지만 잘못 쓰면 집을 태우는거다' 이 말이에요. 선교나 목회나 열심이 사람 잡아요. 생사람만 잡더라구요.

X라는 단체 알지요? 뭐뭐 XXX라는 단체! 이름을 말한거 아니니까 여러분 상상에 맡기겠어요. 좀 많이 이제 우리 이승구 교수님께서 많이 도와주셔가지고 그 단체가 좀 잡혀가고 있는 것 같습니다. 참 죄송합니다. 공개적으로 말씀드려서! 그러나 그 단체에 바른 신학이 내용이 들어가니까 저도 마음이 가볍고 다행스럽다고 생각합니다. 하나님의 일꾼들 모두가 바른 신학을 잘 배우도록 재정비해야 한다는 말입니다. 정말 여러분 여기 합신에 와 있는 이 동안에, 이 합신이라는, 말 타섬에 와 있는 이 귀중한 기간에 정비를 제대로 잘하셔야 합니다.

2. 그러면, 우리를 재정비시키시는 목적이 무엇일까요?

자, 이렇게 새 단장을 하시는 하나님의 목적이 무엇입니까? 이 사도행전에서 바울을 통하여 보여 주시는 하나님의 손가락의 방향은 어디입니까? 그것을 요약하자면 두 가지입니다. 한 가지는 시저를 만나는 일이고, 또 다른 한 가지는 그 때 당시 땅 끝인 스페인을 가는 일이에요.

첫째, 시저를 만나기 위해서 재정비 합니다.
사도행전은 시저를 만나는 일에 대하여, 여러분, 누가가 잘 기록을 했지요. 바울을 부를 때도 주님께서 "이 사람은 내 이름을 이방인과 임금들과 이스라엘 자손들 앞에 전하기 위하여 택한 나의 그릇이라 그가 내 이름을 위하여 해를 얼마나 받아야 할 것을 내가 그에게 보이리라"(사도행전 9:15) 그리고 폭풍 가운데도 말씀하셨어요. "저가 가이사 앞에 시저 앞에 서야 된다"(사도행전 27:24) 두 번째는 로마서에 그렇게 말씀했지요. '내가 다 복음을 전했지만 이제 스페인까지 로마 교회 너희들을 만나고 조금 쉰 뒤에 파송을 받아서 땅 끝까지 가야 된다, 스페인까지 가야 된다.' (로마서 15:22-24). 그리고 드디어 시저를 만날 것입니다. 사랑하는 여러분! 그 당시에 최고의 정치인이었고 모든 걸 장악했던 시저, 큐리오스라고 칭함을 받던 시저! 예수님만 가져야 될 명칭인 큐리오스(주님)를 만나야 됩니다. 그리고 시저에게 (큐리오스)에게 '당신은 큐리오스가 아닙니다' 라고 얘기해야 합니다. 내게 풍랑이 닥쳐와도 사단이 우리 앞에, 또 탈레반이 내 앞에, 여러분 앞에 총을 댄다해도 무릎을 꿇어서는 안됩니다. 이 시대정신 앞에 무릎을 꿇어서는 안됩니다. 오직 예수 그리스도 앞에만 우리 무릎을 꿇을 뿐입니다.

다원주의 풍랑 앞에, 이슬람의 근본주의 풍랑 앞에, 세속화의 풍랑 앞에, 우리가 무릎을 꿇어서는 안된다는 말입니다. 풍랑 속에서도 하나님의 큰 권세를 의지해서 무릎을 꿇지 말아야 합니다. 그런데 안타깝게도 바울은 죄수의 몸으로 시저를 만나는 거에요. 좀 장관이 되고, 또 장군이 되어서 시저를 만나며 안됩니까? 그러나 억울하게도 예수님처럼 십자가에서, 요셉처럼 중상모략당하는 죄인의 모습으로 가는 것이 우리의 모습이에요. '좀 폼 좀 나게 해주면 안됩니까? 하나님! 참으로 우리에게 그런 유혹이 있지요. '약함의 선교' 성육신 선교를 얘기하지만 사실상 우리는 폼 잡아 가며 선교하려고 하지 않습니까? 그러나 이러한 바울의 노예 된 모습을 통하여 하나님의 뜻은 이루어집니다.

여러 초대 교회 성도들의 역사로 말미암아, 300년 후에 결국 로마는 예수님 앞에 전반적으로 무릎을 꿇었던 것을 우리는 기억합니다.

두 번째, 스페인까지 가야 하기 때문에 새 단장, 재정비를 하는 것입니다.

땅 끝까지 복음을 전하기 위해서 이지요. 바울이 로마서에서 로마 성도들을 만나보고 그들과 교제하고 약간 만족을 받은 후에 그들의 보내심을 받아 스페인, 그 당시에 땅 끝까지 가기를 원했지 않습니까? 교회의 보냄을 받아서, 그러니까 지금 대한민국의 교회뿐 아니라, 세계의 모든 교회들로부터, 현지의 교회까지 모두 다 함께 선교를 하는 것이지 '독립군'은 안된다 이 말이에요. 선교는 교회가 하는 것이지요. 물론 평신도들이 자신의 직업을 통하여 해외에서 선교하는 일이 증가하고 있지만. 근본적으로 말해서 선교는 교회가 하는 게지요.

한국에 다가온 열방도 있습니다. 우리가 다가갈 열방도 있지만은 우리에게 다가온 열방에게도 우리는 적극적으로 다가가야 합니다. 우리 한국 내에 15만의 국내 무슬림들이 있습니다. 국내에 100만 명의 열방 사람들이 있지만은 무슬림만 해도 15만 명. 한국의 토종 한국 사람도 4만 명의 무슬림들이 있어요. 앞으로 10년은 잠깐인데, 2025년이면 최하 50만 명은 한국에 무슬림이 있을 것 같기도 합니다. 우리 한국 교회가, 그리고 여러분들이 어떻게 해야 합니까? 다가갈 열방과 다가온 열방을 위해서 우리 모두 다시 한 번 준비하십시다. 다시 한 번 초점을 맞춥시다.

마무리하겠습니다.

앞으로 10년 후, 또는 20년 후가 되면, 즉, 2020년, 2030년이 되면 또 다시 엄청나게 다른 세상이 될 것입니다. 한국도 다른 사회가 될 것입니다. 신학교 모습은 어떻게 될지! 교회는 어떻게 될지!

현상유지나 자체수급만을 위한 생존을 위해 급급해서는 안될 것입니다. 내가 참석한 그 말타 선교대회에서 참 저는 많이 울었습니다. 앞으로 될 일을 바라보면서 세계에 이런 격변 속에서

세계교회들이 방황하고 있는 것을 보았습니다. 한국에 언더우드 박사님을 보낸 미국 장로교회 (PCUSA)가 작년 (2011년) 5월 11일, 33년간의 긴 논쟁 후에, 남자나 여자나 동성연애자도 목사안수를 받도록 결의했어요. 세계 교회가 흔들리고 있어요. 신학적으로, 영성으로 여러 면에서 흔들리고 있어요. 이런 것을 볼 때 '우리가 어찌할꼬' 하며 안타까운 마음이 앞서지요.

이런 상황에 주님께서 파도를 일으키시고 우리를 이끌어 갈 때 어쩌면 저와 여러분이 전혀 가보지 못한 그러한 길로 우리를 이끄실지도 모릅니다. 우리 모두 이러한 주님의 부르심에 응답합시다.

주님의 파도를 타십시다. 주님이 만드시는 그 파도는 세상의 거센 풍랑을 이길 수 있는 역 파도입니다. 주님의 사랑의 파도에 밀려 사단에게 무릎 꿇지 않고 우리 모두 순종하시기를 간절히 바랍니다.

〈기도〉

　거대한 풍랑 속에서 이끄시는 하나님 우리 아버지 우리 모두를 긍휼이 여겨 주옵소서. 불쌍히 여겨 주옵소서. 우리의 숨은 죄를 회개하오니 용서하여 주옵소서. 우리를 정결케 하여 주시옵소서.

　그리하여 하나님 당신만, 당신의 능력과 약속만을 믿도록, 의지하도록 우리의 연약한 믿음을 강하게 하여 주옵소서. 어린 아이처럼 당신만을 믿도록 도와주옵소서. 그리고 죄인들을 사랑하시는 주님의 마음을 우리 마음에 더욱 가득 채워 주시옵소서. 우리 안에 주님의 영광을 회복시켜 주시옵소서. 그래서 세상의 거친 풍랑 속에서도 요동치 않는 하늘의 평안을 세상이 우리 안에서 보게 하여 주시옵소서. 주님의 사랑의 파도에 떠밀려 이 시대의 다원주의와 세속적 가치관과 시대정신과 더 나아가 사단과의 영적 전쟁에서 무릎 꿇지 않고 승리하는 우리 모두가 되게 하여 주시옵소서.

　우리만 승리하는 것이 아니라 복음을 듣지 못한 온 열방이 살아계신 하나님의 사랑을 알 수 있도록 당신의 아들 예수 그리스도의 피로 사신 한국 교회와 우리 모두를 사용하여 주옵소서.

　주여 우리 모두가 여기 있사오니 나를, 우리를 받아 주옵소서! 예수님의 이름으로 간절히 기도 드리옵나이다. 아멘